제2판

부동산학 원론

유선종 저

박영사

부동산은 인간의 삶에 필수불가결한 자산이다. 부동산은 주거, 상업, 공업, 산업, 레저 등 다양한 용도로 사용되며, 경제, 사회, 문화 등 모든 분야에 영향을 미치는 중요한 자원이다. 또한, 부동산은 투자 대상이기도 하여, 개인과 기업의 자산 형성과 증식에 중요한 역할을 한다.

부동산학은 이러한 부동산의 경제적, 사회적, 법적, 행정적, 기술적 측면을 연구하는 학문이다. 부동산학은 부동산 관련 직종에 종사하는 사람들에게 필수적인 학문으로, 부동산의 가치, 가격, 거래, 개발, 경공매, 투자, 금융, 정책 등을 이해할 수 있다.

이 책은 부동산학의 기본 원리와 개념을 체계적으로 정리하여 설명하고 있으며, 부동산 관련 업역에 종사하는데 필요한 기초 지식을 함양할 수 있도록 구성하였다. 총3부로 구성되어 있으며, 제1부는 부동산학의 기본원리(총론), 제2부는 부동산투자, 부동산금융, 감정평가, 부동산개발, 자산관리, 경매와 공매, 부동산정책 등 부동산학의 각론으로 구성하였다. 제3부는 부동산학의 주요 담론으로 부동산산업 윤리와 프롭테크로 구성하였다.

이번 원고는 개정을 최소화하려고 노력하였으며, 시간의 경과로 인해 변경된 데이터를 수정하고, 크고작은 법률과 정책의 변화 등을 반영하였다. 구체적인 내용으로는 도시형생활주택에 반영된 소형주택의 정의, 한국인터넷자율정책기구(KISO)와 네이버부동산과의 자문회의에서 도출된 주상복합의 법적근거, 부동산투자(부동산운영수지분석), 부동산금융(주택담보대출 상환방식 비교), 부동산감정평가(개별주택가격 산정체계, 공시가격 현실화), 부동산거래와 중개(주택임대차보호법의 변경으로 인한 최우선 변제액과 보증금의 범위, 전세사기피해자 지원 및 주거안정에 관한 특별법, 공인중개사법 개정에 따른 부동산중개보수 요율표, 전자계약 시스템), 부동산경매와 공매(2023년 5월

서문 PREFACE

제정된 전세 사기 피해 지원을 위한 특별법에서 주택임차보증금에 대한 당해세 우선적용의 예외) 등이다.

이 책을 통해 독자들이 부동산학의 기본 원리를 이해하고, 부동산에 대한 올바른 이해를 바탕으로 부동산 관련 업무를 수행할 수 있기를 바란다.

끝으로 이 책의 원고작업을 하는 과정에서 도움을 주신 건국대학교 부동산학과 신은정 겸임교수, 김광일 겸임교수, 김성혜 겸임교수, 서울벤처대학원대학 부동산학과 최민섭 교수, 영산대학교 부동산학과 송선주 교수 등 이 책으로 강의하시는 분들에게 섬세한 지적과 격려를 받았고 이러한 내용을 충실히 반영하려고 노력하였다. 이 자리를 빌려 머리숙여 감사드린다. 그리고 이 책의 출간에 도움을 주신 박영사의 노현 이사와 편집부의 전채린 팀장, 원고 구성에 도움을 준 건국대학교 부동산학과 석사과정 김지은 원생에게 감사를 드린다.

Soli Deo Gloria!

2024년 1월
건국대학교 해봉부동산학관 연구실에서
유선종 드림

우리나라의 부동산학 교육은 건국대학교 부동산학 교육과 출발점을 같이한다. 건국대학교에서 부동산학이 시작된 지 50년이 지나고, 학부과정에 부동산학과가 개설된 지 35년이 지나고 있다. Univ. of Pennsylvania의 Wharton School처럼 학부 부동산학과와 일반대학원 석박사과정, 그리고 부동산대학원이 '부동산 스쿨'을 표방하는 '부동산과학원'으로 성장하고, 해봉부동산학관이라는 단독건물을 갖게 된 오늘날의 모습을 보면, 1985년 부동산학과 1기생으로 입학한 뒤 지금까지 부동산을 공부하며 강단에 있는 필자로서는 그저 감개무량할 따름이다.

부동산학은 부동산시장의 작동원리를 체계적으로 설명하고, 부동산산업을 국가 경제의 한 축으로 건전하게 기능할 수 있도록 부동산현상을 연구하는 응용학문이다. 우리나라는 제조업 중심의 경제성장이 한계를 보이는 가운데, 일자리 창출과 성장잠재력 제고 효과가 높은 서비스산업이 신성장 동력으로 등장하고 있다. 특히, 부동산산업은 우리나라 국민경제에서 큰 비중을 차지하여 성장 가능성이 크나, 사업체 규모가 영세하고, 개별 서비스로 분절되어 있어 종합서비스 제공이나 부가가치 창출의 측면에서 주요 선진국의 부동산산업 수준에 미치지 못하고 있다. 부동산서비스산업진흥법에서 부동산서비스는 "부동산에 대한 기획, 개발, 임대, 관리, 중개, 평가, 자금조달, 자문, 정보제공 등의 행위"를 말하고, 부동산서비스산업은 "부동산서비스를 통하여 경제적 또는 사회적 부가가치를 창출하는 산업"을 말한다고 규정하고 있다. 또한 부동산서비스사업자는 건전하고 투명한 부동산시장의 조성과 소비자의 신뢰 형성을 위하여 노력하여야 한다고 규정하고 있다.

이 책은 법률에서 정하는 부동산서비스의 정의에 기초하여, 제1부 부동산학의 기본원리와 제2부 부동산투자, 부동산금융, 감정평가, 부동산개발, 자산관리, 경매와 공매, 부동산정책 등의 내용으로 부동산학의 각론 내용을 구성하였다. 제3부는 건전하고 투명한 부동산시장의 조성과 소비자의 신뢰 형성이라는 관점에서 부동산산업윤리를 다루었고, 4차산업혁명이라는 시대의 변화를 반영하여 프롭테크의 내용으로 구성하였다.

제1부 부동산학의 기본원리에서는 부동산학이 추구하는 가치를 비롯해서 부동산의 개념과 특성, 부동산산업의 분류, 법률적 기초, 경제적 기초, 수학적 기초, 경제성분석, 계량분석, 기술적 기초 등 제반분야에서 파생되는 원리 중 부동산학의 기초적인 이론을 정리하였다.

제2부 부동산학의 각론에서는 부동산투자, 부동산금융, 감정평가, 부동산거래 및 중개, 경매와 공매, 부동산개발, 자산관리, 부동산정책 등으로 구분하여 기술하였다. 부동산경매·공매에 대한 선호가 많다는 점에 착안하여 기존의 원론에서는 다루지 않던 내용(경매의 절차, 입찰, 경매배당, 권리분석, 압류재산 공매 등)을 추가하였다. 본서에 사용된 원고 중 일부는 필자의 저서 '생활속의 부동산 13강'을 바탕으로 수정·가필하였다.

제3부 부동산학의 주요 담론에서는 부동산산업윤리, 프롭테크로 구성하였다.

은사님이신 조주현 교수님께서 집필하셨던 부동산학원론(건국대학교출판부)이 절판된 지 수년이 지났지만, 감히 부동산학원론의 집필은 엄두도 못내고 지내왔기에 부동산학원론이라는 책을 집필하기까지 오랫동안 정말 많이 망설였다. 언젠가는 책을 쓰겠지 하는 생각으로 자료를 모으고 작업을 조금씩 진행해 오고 있었다. 그러던 중 COVID-19로 인해 대면강의를 못하게 되어 온라인 강의를 하게 되면서 1학년을 대상으로 하는 부동산학원론에서 대면강의도 못하고, 교재도 구할 수 없는 강좌를 운영하게 되어 학생들에게 매우 미안한 마음이 있던 상황에, 박영사의 호의에 힘입어 용기를 내게 되었다.

이 책을 집필하는 과정에서 부동산학이 얼마나 많은 분야와 연결되는 학문인지 다시 한 번 인식하였다. 이 방대한 부동산영역을 아무도 학문이라고 생각하고 있지 않던 시절에 홀연히 부동산의 학문적 체계화를 위해 애쓰신 김영진 교수님의 탁월한 선견에 절로 고개가 숙여진다. 그동안 김영진 교수님의 뒤를 이어 부동산학계를 이끌어오신 걸출한 선배학자님들이 부동산학의 다양한 학문영역에 수많은 돌탑을 쌓아놓았다. 필자 또한 후학의 한 사람으로서 부동산학의 성과로 작은 돌 하나를 얹어놓는다는 낮은 마음과 우리나라에서 부동산학 교육이 정규학위과정으로 시작된 지 50주년을 기념하는 의미를 담아 탈고하고자 한다.

끝으로 이 책의 원고작업을 하고 있다고 말씀드렸을 때 기꺼이 원고를 감수해주시겠다고 말씀하시고 섬세하게 조언해주신 조주현 교수님께 머리 숙여 감사를 드린다. 그리고 이 책의 출간에 도움을 주신 박영사의 노현 이사와 편집부의 전채린 과장, 원고 구성에 도움을 준 건국대학교 부동산학과 신은정 초빙교수, 원고 교정에 도움을 준 서울벤처대학원대학교 부동산학과 박사과정 김상연 원생, 건국대학교 대학원 부동산학과 박사과정 김세율 원생, 석사과정 고성욱 원생과 강민영 원생에게 감사를 드린다.

Soli Deo Gloria!

2020년 9월
건국대학교 해봉부동산학관 연구실에서
유선종 드림

목차 CONTENT

PART 02
부동산학의 각론

목차 CONTENT

PART 03
부동산학의 주요 담론

부동산학원론

PART

01

부동산학의 기본원리

CHAPTER
01
부동산학의 이해

부동산학

1. 부동산의 정의

부동산(不動産)이라는 것은 무엇인가? "움직여 옮길 수 없는 재산으로 토지나 건물 등"이라고 국어사전에 기술되어 있다. 우리나라 민법 제99조에서는 "① 토지 및 그 정착물은 부동산이다. ② 부동산 이외의 물건은 동산이다"라고 정의하고 있다. 토지와 정착물은 서로 다른 각각의 부동산이다. 토지와 독립된 부동산으로는 주택·아파트·빌딩 등의 건물을 들 수 있으며, 토지의 일부로 취급되는 것으로는 축대·도로·교량 등의 공작물을 들 수 있다. 이와 같은 건물과 공작물을 합쳐 정착물이라 하고, 정착물은 건물, 수목의 집단과 농작물 등과 같이 지속적으로 토지에 부착되어 이용되고 있고 사회적, 경제적으로 인정되는 독립된 물건이다.

2. 부동산학의 정의

우리나라 최초의 부동산학 연구는 1969년 2월 김영진(金永鎭) 교수의 건국대학교 행정대학원 석사학위 논문인 「부동산의 학문적 체계화에 관한 연구」이

다. 이를 계기로 1970년 봄학기에 정규 학위과정으로 건국대학교 행정대학원
에 부동산학 전공과정이 신설되었고, 1972년에는 건국대학교 행정대학원 부동
산학과로 확대개편되었다.

김영진 교수는 "부동산학이란 부동산활동의 능률화 원리 및 그 응용기술을
개척하는 종합응용과학이다"라고 정의[1]한다. 여기서 부동산활동의 능률화란 부
동산활동을 더욱 높은 수준으로 과학화하고 기술화하는 것을 의미한다.

조주현 교수는 "부동산학은 부동산의 가치증진과 관련된 의사결정과정을
연구하기 위하여 부동산에 대해 법적·경제적·기술적 측면에서 접근을 시도하
는 종합응용사회과학이다"라고 정의한다. 즉, 부동산학은 이러한 기본원리를 바
탕으로 복잡한 현실적 사회문제를 해결하고자 하는 응용과학이라는 것이다.[2]

안정근 교수는 "부동산학이란 토지와 토지상에 부착되어 있거나 연결되어
있는 여러 가지 항구적 토지개량물에 관하여, 그것과 관련된 직업적·물적·법
적·금융적 제 측면을 기술하고 분석하는 학문연구의 한 분야"라고 정의하고
있다.[3]

방경식 박사는 "부동산학은 부동산활동이 어떻게 바람직하게 이루어져야
할 것인가를 연구하는 학문이라 할 수 있다. 즉 부동산학은 부동산인간, 부동산,
부동산활동 및 부동산현상 등의 내·외적 측면을 연구하여 그 논리를 찾아내 이
론을 정립해 보고 규칙성을 찾아 법칙을 세워보며, 부동산문제 해결을 위한 대
책을 강구하고자 사고의 체계를 정리하는 학문이다"라고 정의한다.[4]

이와 같이, 부동산학의 정의는 '부동산활동의 능률화 원리 및 그 응용기술
을 개척하는 종합응용사회과학'이라는 관점에서 출발하여, 학문의 발달과 시대
및 사회의 변화에 따라 부동산개발과 부동산금융으로 확대되고 있다. 부동산학
은 부동산을 둘러싸고 있는 법률적, 제도적, 경제적, 사회적, 기술적(물리적)인
부동산의 제반 상황 및 조건 등을 연구하는 학문이라 할 수 있다.

1 김영진, 부동산학총론, 범론사, 1987, p.26
2 조주현, 부동산학원론, 건국대학교출판부, 2012, p.3
3 안정근, 현대부동산학(4판), 양현사, 2011, p.3
4 방경식·장희순, 부동산학개론, 부연사, 2007, p.43

3. 부동산학의 학문적 정체성

　　부동산학의 학문적 정체성과 관련해서는 여러 가지 논란이 있었다. 과거에 경영학이나 행정학 등이 시대적인 요구에 의해 하나의 학문으로 자리매김하게 되었듯이, 부동산학에 대해서도 다른 응용학문처럼 초기에는 학문의 정체성과 관련된 다양한 논란이 있었다. 1970년에 학문적 체계를 갖추기 시작한 부동산학은 50여 년의 시간을 지나면서 급속한 산업화와 도시화를 경험하고, 신도시개발, 88올림픽, 부동산실명제, 외환위기, 리먼사태, 공유경제, 4차산업혁명, 프롭테크 등 다양한 시대적인 변화와 요구를 경험하면서 학문적 정체성과 관련된 논란은 자연스럽게 사라지게 되었다.

　　부동산학은 부동산활동 및 부동산현상 등을 연구하여 그 논리를 찾아내 이론을 정립하고 규칙성을 찾아 법칙을 세워보며, 부동산문제 해결을 위한 대책을 강구하고자 사고의 체계를 정리하는 학문이라 할 수 있다. 부동산학을 종합적인 응용사회과학이라 할 때, 응용사회과학이라 함은 인간의 생활에 실제적으로 응용되는 것을 목적으로 하는 사회과학을 뜻하는데, 부동산학은 부동산의 합리적인 배분과 효율적 이용이라는 목적을 달성하기 위한 수단에 대한 이론으로, 그 실천방법을 제시할 수도 있고 유용성을 검증할 수 있는 응용과학이다.

　　새로운 접근방법의 발견에 의해 분과학문이 탄생하는 자연과학과는 달리, 사회적 수요가 충분할 경우에 새로운 분과학문으로 자리매김하는 것이 사회과학이라는 측면에서 부동산학은 사회과학의 한 분야로서 충분한 수요가 있다. 또한 전문영역으로서 관련 학회를 중심으로 학자들의 연구가 축적되고, 문제해결의 과학성과 객관성이 갖추어지는 등 부동산학은 명실공히 사회과학의 한 축으로 자리매김하였다.[5]

4. 부동산학의 접근법

　　부동산학의 접근법은 제도적 접근법과 의사결정과정적 접근법, 종합식 접근법으로 구분할 수 있다. 제도적 접근법은 부동산학은 부동산 관련 법률, 정책,

---

조직에 관한 연구를 중심으로 하며, 부동산시장에 대한 광범위한 공적개입을 전제로 한다.

의사결정과정적 접근법은 부동산시장의 자율성을 전제로 합리적인 의사결정의 분석에 초점을 둔 접근법이다. 의사결정과정적 접근법에 의하면 부동산학은 의사결정분야와 이를 지원하기 위한 분야, 기초분야로 나뉜다.[6]

- 의사결정기초분야: 부동산관련법, 부동산기술, 기초적인 금융수학
- 의사결정지원분야: 부동산마케팅, 부동산관리, 부동산평가, 부동산컨설팅,
  시장분석, 권리분석, 중개, 경매
- 의사결정분야: 부동산투자, 부동산금융, 부동산개발, 부동산정책 및 도시계획

종합식 접근법은 기존의 제도적 접근법에 대한 비판에서 출발한다. 부동산학의 이론은 어느 학문의 단편적인 측면으로 접근해서는 체계화가 곤란하며 부동산을 법률적·경제적·기술적(물리적)인 복합개념으로 이해하고, 그러한 측면의 이론을 토대로 유기적인 사고방식에 따라 부동산학 관련 이론을 구축해야 한다는 접근법이다.

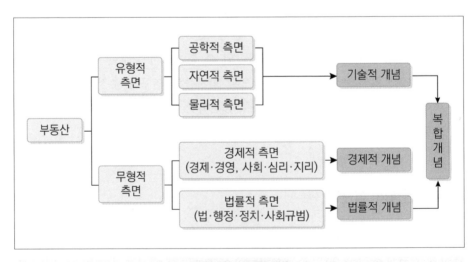

부동산학의 복합개념

---

5. 부동산학이 추구하는 가치

1) 형평과 효율

경제학에서 무엇을 생산할 것인가, 어떻게 생산할 것인가, 누구에게 분배할 것인가는 언제나 화두이다. 여기서 '무엇'과 '어떻게'는 효율성에 대한 것이고, '누구에게 분배할 것인가'에 대한 문제는 형평성에 관한 것이다. 시장경제체제에서는 '효율성'이라는 시장논리가 우선시되지만, 시야를 넓히게 되면 '형평성'도 매우 중요한 화두라는 것을 알게 된다.

부동산학도 예외는 아니다. 부동산은 일반재화와는 다른 다양한 특성을 지니고 있어, 그 소유와 이용에 있어서 사회적 영향이 크다. 형평성은 효율성과 상충하는 경우가 많은데, 예를 들어 효율을 중시한 경제성장정책을 펴다보면 소득이 특정계층에 집중되어 소득배분의 형평성이 악화될 수 있다. 부동산은 공공재인 동시에 사적재화의 성격을 가지고 있어 사익과 공익이 충돌하는 경우가 많다.

예를 들어 토지공개념[7]을 찬성하는 측은 소득분배의 형평성을 강조하고 있고, 반대하는 측은 토지라는 자원을 활용하는 효율성을 강조한다. 우리나라의 헌법은 토지 보유 등 개인의 재산권을 보장하는 동시에 제122조에 '국가는 국민 모두의 생산 및 생활의 기반이 되는 국토의 효율적이고 균형 있는 이용·개발과 보전을 위해 법률이 정하는 바에 의해 그에 관한 필요한 제한과 의무를 부과할

부동산학이 추구하는 가치

7　토지가 공공재라는 생각에 바탕을 두고 있는 토지공개념은 토지의 공공성이나 합리적 이용을 위해 필요한 경우 권리나 사용을 제한할 수 있도록 하는 제도다.

수 있다'고 규정하는 등 공공의 이익을 위해 재산권의 일부를 제한할 수 있는 토지공개념을 담고 있다. 헌법에 이와 같이 명시된 이유는 필요한 만큼 무한하게 생산할 수 없고, 현세대와 미래세대가 살아갈 삶의 터전이라는 토지의 성격 때문이다. 따라서 부동산학이 추구하는 가치는 이러한 공익과 사익을 형량하여 효율성과 형평성의 균형점을 찾는 데 있다.

📝 참고 REFERENCE ┃ **배분과 분배**

　배분은 효율적이어야 한다. 시간적 제약이 있는 상황에서 전공과목의 리포트를 작성하는 데 2시간 안에 마칠 수 있는 과제와 3시간 안에 마칠 수 있는 과제가 있는데, 배점이 같다면 2시간 안에 마칠 수 있는 과제를 하는 것이 효율적일 것이다.

　분배는 공정(형평)해야 한다. 조별과제를 하는 과제에 참여한 학생들이 참여한 정도에 대한 합당한 학점을 받아야 한다. 조별과제에 참여를 제대로 하지 않은 학생이 같은 학점을 받게 되면 '조별과제 잔혹사'가 되는 것이다.

　"기회는 평등하고 과정은 공정하며 결과는 정의로울 것"이라는 문재인 대통령 취임사는 효율과 형평의 조화를 이루어 보겠다는 의지로 험난한 과제에 도전한 것이라고 볼 수 있겠다.

---

2) 부동산윤리

　부동산활동은 인류의 생활공간이며, 국가형성의 기반이라는 중요한 의미를 지님에 따라 높은 사회성, 공공성이 강조되는 전문영역이고, 고가인 재산을 다루는 분야이므로 부동산활동 주체에게 높은 윤리적 소양이 요구된다.

　부동산의 공익을 보호하기 위한 방안, 부동산윤리에 대한 의식제고 방안으로는 법률에 의한 타율적 규제와 윤리적 가치에 의한 자율적 규제로 구분할 수 있다. 법률을 통한 규제는 타율적 방안으로 비교적 단기간에 윤리의식 수준을 향상 시킬 수 있으나 경직성으로 인해 현대 사회의 빠른 변화에 대처하기에 한계가 있으며, 급격한 사회 변화에 유연하게 대응할 수 있는 윤리적 가치의 중요성이 높아지고 있다.

　감정평가사에게는 평가윤리가 있고, 중개업자에게는 중개윤리, 부동산개발과 부동산금융 분야도 철저한 법률규정 준수는 물론이고, 직업윤리적 측면에서도 고객과 투자자의 신뢰를 확보하고, 종사자의 윤리준수에 대한 자세가 확립되어 있어야 한다. 미국의 경우 4E(Ethic, Education, Exam, Experience)로 요약되는 부동산 전문교육의 기본적 틀에서 윤리교육을 우선적으로 실시하고 있다.

부동산윤리에는 사용자가 근로자와 지켜야 할 도리인 고용윤리, 동업자 또는 동업단체와 지켜야 할 도리인 조직윤리, 의뢰인과의 관계에서 지켜야 할 도리인 서비스윤리, 일반공중의 복리증진을 도모하는 공중윤리가 있다. 오늘날 산업구조의 변화로 사회가 분화되고 저출산고령화 등 인구구조의 변화로 사회상이 변화하는 가운데 부동산관련 전문영역인 부동산산업윤리의 중요성이 더욱 강조되고 있다.

이러한 윤리규정의 준수는 부동산산업의 유관기관과 종사자의 자율성에 맡기는 것이 이상적인 모습이지만, 자율적 윤리규정 준수가 중개, 평가, 관리, 개발, 금융 등 부동산산업의 각 분야에 뿌리내리기 전까지 부동산산업의 종사자들이 윤리규정을 실천할 수 있도록 기존의 법적 시스템과 조화를 이룰 수 있는 구체적 실천방안 도입을 모색할 필요가 있다.

SECTION 02+ 부동산의 개념과 특성

1. 부동산의 개념

부동산은 유형적 측면과 무형적 측면으로 구분할 수 있고, 유형적 측면에서는 기술적(물리적) 개념, 무형적 측면에서는 법·제도적 개념과 경제적 개념으로 구분할 수 있다. 따라서 부동산은 상황이나 관계 또는 사람의 관점에 따라서 법·제도적, 경제적, 기술적(물리적) 개념으로 분류할 수 있다.

1) 법·제도적 개념

법률적 측면에서 부동산은 협의의 부동산과 광의의 부동산을 포함한다. 협의의 부동산은 '토지 및 그 정착물'(민법 제99조 제1항)을 의미하며, 광의의 부동산은 협의의 부동산과 의제부동산(준부동산이라고도 함)을 포괄한 개념이다.

토지의 소유권은 정당한 이익이 있는 범위 내에서 토지의 상하에 미친다(민법 제212조). 토지의 구성물은 흙, 지하수 등을 말한다. 이는 토지의 구성부분으로 토지와 별개의 물건이 아니고, 토지소유권은 그 구성물에도 미친다. 일반적으로 건물과 공작물 등은 토지의 정착물로 토지와 분리되어 성립할 수 없다. 우리나라는 토지와 건물을 구분하여 독립된 객체로 취급하도록 부동산등기법에서 규정하고 있다. 즉 소유권을 기준으로 하면 건물은 토지와 별개의 부동산이다.

의제부동산은 어떤 재화를 객관적으로 판단해 보았을 때 사실상 부동산의 범주에 포함될 수는 없지만, 그 자체가 가지고 있는 성질이 부동산의 성질과 유사하여 부동산과 같은 제도적 장치에 의해 관리하는 것을 보다 가치가 있다고 보아 부동산으로 분류된 것을 말한다. 의제부동산은 내구적 성질이 있어야 하고, 경제가치가 크고 소재가 확실해야 하며, 독점적 성격이 있어야 한다.

의제부동산은 특정의 부동산 또는 동산과 부동산의 집단(집합물)으로, 공장 및 광업재단 저당법에 의한 공장재단[8]과 광업재단,[9] 선박법 및 선박등기법에 따라 등기된 20톤 이상의 선박, 입목에 관한 법률에 따라 소유권 보존등기를 받은 입목, 어업권, 항공기·자동차·중기 등으로, 이들이 준부동산으로 의제될 때 저당권 및 임차권 설정 등의 실익이 있다. 부동산의 권리는 등기에 의한다면, 의제부동산의 권리는 등기나 등록의 공시수단에 의한다.

2) 경제적 개념

경제적 측면에서 부동산은 자산, 자본, 생산요소, 소비재 등으로 인식된다. 자산은 경제적 가치가 인정되는 물건으로 자산의 가치는 사용가치와 교환가치로 구분할 수 있다. 부동산은 개인이나 기업에 있어서 가장 중요한 자산 중의 하나이다. 또한 토지는 자본·노동과 더불어 3대 생산요소 중의 하나이고, 토지를 자본의 일종으로 인식하기도 한다. 토지는 인간생활에 필요한 재화를 생산하는 데에 필수

---

8   공장 및 광업재단 저당법 2조 2항 "공장재단"이란 공장에 속하는 일정한 기업용 재산으로 구성되는 일단의 기업재산으로서 이 법에 따라 소유권과 저당권의 목적이 되는 것을 말한다.

9   공장 및 광업재단 저당법 2조 3항 "광업재단"이란 광업권과 광업권에 기하여 광물을 채굴·취득하기 위한 각종 설비 및 이에 부속하는 사업의 설비로 구성되는 일단의 기업재산으로서 이 법에 따라 소유권과 저당권의 목적이 되는 것을 말한다.

불가결한 생산요소일 뿐만 아니라 생활의 편의를 제공하는 소비재이다.

3) 기술적(물리적) 개념

부동산은 자연이나 공간, 위치, 환경 등으로 인식된다. 부동산을 대상으로 전개하는 활동은 3차원적 공간에 대한 활동이다. 농촌 등 토지이용의 밀도가 낮은 부동산활동은 수평공간의 활동이 중심이고, 도시 등 토지이용의 밀도가 상대적으로 높은 부동산활동은 주로 입체공간(공중공간, 지중공간)의 활동이 중심이다. 인구밀도가 높은 도시에서는 공중공간의 높이와 지중공간의 깊이가 확대되어 가는 현상이 심화되고 있으며, 공중권(예: 홍익대학교 정문) 등 입체공간에 대한 법률관계 및 구분소유권, 지하이용, 구분지상권, 선하지 등 공간이용에 대한 감정평가가 확대되고 있다.

'토지의 소유권은 정당한 이익이 미치는 범위 안에서 토지의 상하에 미친다(민법 제212조)'라고 규정하여 정당한 이익이라는 일정한 범위로 사적공중권과 사적지하권을 제한하고 있다.

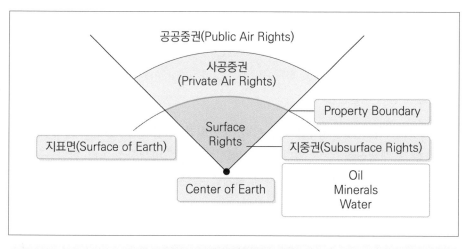

토지 소유권이 미치는 범위

2. 토지의 특성

부동산의 특성은 부동산이 본원적으로 지닌 자연적 특성, 인간이 부동산과의 관계에서 인위적으로 부동산에 특성을 부여할 때 나타나는 인문적 특성으로 나눌 수 있다. 자연적 특성에는 선천적, 고정적인 특성으로 부동성(지리적 위치의 고정성), 부증성(비생산성), 영속성(내구성), 개별성(이질성)이 있고, 인문적 특성은 가변적이고 신축적인 특성으로 용도의 다양성, 병합·분할의 가능성, 사회적·경제적·행정적 위치의 가변성이 있다.

1) 자연적 특성

(1) 부동성(위치의 고정성)

토지 그 자체는 움직일 수 없고 지리적 위치도 바꿀 수 없다는 특성을 '부동성', '위치의 고정성', 또는 '비이동성'이라 한다. 이는 동산과 부동산을 구별하는 근거가 되고, 부동산활동을 임장활동화시킨다. 예를 들어 감정평가는 탁상분석에 그치지 않고, 현장 확인 등 임장활동을 한다. 또한 대상부동산의 인근에서 일어나는 변화는 부동산가격결정에 영향을 주는데 이를 외부효과라 한다. 예로 광역교통망인 GTX 역의 신설은 당해 인근지역의 주택가격을 상승시킨다.

(2) 부증성(비생산성)

토지는 다른 생산물처럼 노동이나 생산비를 투입하여 물리적 절대량을 늘릴 수 없고 재생산할 수도 없다는 특성을 '부증성', '비생산성'이라 한다. 공유수면의 매립이나 산지 개간으로 농지나 택지를 확대하는 것은 부증성의 예외가 아니라 토지이용의 전환이라 할 수 있다.

토지는 유한하여 독점소유욕을 발생시키고, 토지가격 급등과 토지부족문제의 근원이 되며, 토지이용을 집약화시키고 토지의 희소성을 유발시킨다. 이 희소성 때문에 단기적으로 지역시장에서는 수요에 의해 가격이 불안정해지기 쉽다.

(3) 영속성(내구성)

토지는 사용이나 시간의 흐름에 의해 소모나 마멸되지 않는 특성을 '영속성', '불변성'이라 한다. 토지의 수익 등 유용성은 영속적이므로, 이용이익(임대소득)이 소유이익(자본소득)으로 자본화된다. 건물은 시간의 경과에 따라 감가상각의 대상이 되지만 토지는 영속성으로 인해 감가상각이 되지 않는다.

(4) 개별성(이질성)

토지는 위치, 지형, 면적, 지세, 지반, 접근성 등 개별적 특성을 고려할 때 동일한 토지는 없다는 특성이다. 즉, 토지는 부동성으로 인해 위치를 이동할 수 없어 개별성이 매우 강하게 나타나는데 이를 '개별성', '비대체성', '이질성'이라고 한다. 이러한 특성으로 인해 부동산의 가격 및 수익은 개별화된다. 그러나 이러한 물적 특성의 관점이 아닌 사회적, 경제적인 관점에서는 용도면에서 유용성이 유사한 토지는 많아 대체성이 있다. 토지의 가격이나 수익이 개별로 형성되어 일물일가의 법칙이 배제되고, 토지의 가격이 개별성에 근거하여 형성되므로 감정평가에서 개별분석이 필요하다.

2) 인문적 특성

(1) 용도의 다양성 및 합병분할의 가능성

토지는 상업용지, 공업용지, 주거용지, 공공용지 등 여러 가지 용도로 사용될 수 있는데, 이를 '용도의 다양성'이라고 한다. 토지의 용도는 다양하므로 두 개 이상의 용도가 동시에 경합하는 경우가 있으며, 용도의 전환(농지가 주거지로, 임야가 농지로)이 가능하다. 또한 토지를 이용주체의 편의와 이용목적에 따라 법률이 정하는 범위 내에서 합필 또는 분필할 수 있는 특성을 '합병분할의 가능성'이라고 한다.

(2) 위치의 가변성(사회적·경제적·행정적)

부동산을 둘러싼 인문적 환경, 즉 사회적, 경제적, 행정적 '위치의 가변성'은 부동산에 대한 정부의 정책 등의 변동으로 부동산의 위치가 변화하는 특성이다. 예를 들어 인구유입으로 인해 인구가 증가하거나, 1인 가구의 증가로 인한 가족구조의 변화, 지하철 노선의 신설, 도시계획의 변화, 부동산세제의 변화 등을 꼽을 수 있다. 이러한 변화는 토지의 수급활동, 거래 및 이용활동, 유용성 등에 영

향을 미치고, 부동산투기 또는 부동산경기 침체의 원인이 되는 등 부동산 수요
와 공급에 영향을 주게 된다.

3. 토지의 분류

토지는 무한히 연속하는 지표 및 지하의 구성 부분으로 형성되고 있으나,
물권의 객체인 물건이 되기 위해서는 지표의 일부를 일정범위로 구획·구분하여
야 하며, 구분된 토지만이 개개의 물건으로 취급된다. 토지도 상품으로서 동산
과 같이 자유로이 거래의 대상이 될 수 있으나, 재산으로서의 특징과 중요성 때
문에 동산과는 법적인 규제를 달리하고 있다. 즉, 토지는 경제적으로 생산의 요
소나 자본이 되는 땅이고, 법률적으로는 물권의 객체가 되는 땅을 의미한다.

1) 용도 등에 따른 분류

택지는 일반적으로 주거용·상업용·공업용으로 이용 중이거나 이용 가능한
토지이다. 택지개발촉진법에서 정하는 바에 따라 개발공급되는 주택건설용지 및
공공시설용지를 의미하기도 한다.

후보지는 택지(주거, 상업, 공업), 농지(전, 답), 임지(용재림) 상호간에 다른 유
형의 지역으로 전환(용도변경)되는 지역에 속한 토지를 말한다. 예를 들면 농지
(답)에서 택지(주거)로 전환과정에 있는 토지의 경우이다.

이행지는 지역간 용도변경이 진행되고 있는 것으로, 택지지역(주거, 상업, 공
업) 내에서 주거지역이 상업지역으로 이행되거나, 농지지역 내에서 전이 답으로
이행되는 경우를 말한다. 후보지와 다른 점은 후보지가 택지, 농지, 임지 등 상
호간에 다른 유형으로 전환되는 것인 데 반해, 이행지는 택지, 농지, 임지 등 상
호간에 전환되는 것이 아니라 택지지역 내에서 공업지역이 주거지역으로 이행
되는 것으로 보면 된다.

획지는 물리적으로 연속하고 토지를 인위적으로 선을 그어 나눈 것으로, 인
위적, 자연적, 행정적 조건에 따라 다른 토지와 구별되어 이용되고 있거나, 구별
되어 이용되는 것이 합리적인 일단의 토지를 말한다. 부동산가격은 이용용도에
따라 결정되므로 획지는 가격수준을 구분하기 위한 경제적인 개념이다.

필지는 하나의 지번이 붙는 토지의 등록단위로서, 공간정보의 구축 및 관리 등에 관한 법률과 부동산등기법상 하나의 토지소유권이 성립하는 범위로 거래의 단위이기도 하다. 이는 인위적 구획이기 때문에 2필지 이상을 1필지로 합병(합필)할 수도 있고, 1필지를 여러 개의 필지로 나눌(분필) 수도 있다.

2) 이용상태 및 소유권 유무에 따른 분류

부지는 건물을 세우거나 시설을 들이기 위한 용도로 제공되고 있는 토지로, 주택, 철도, 도로, 하천의 바닥 토지 등에 사용되는 포괄적 용어이다. 대지는 건축물이 건축되어 있거나 건축될 토지로서 공간정보의 구축 및 관리 등에 관한 법률에 의하여 각 필지로 구획된 토지를 말한다.

건부지는 통상적으로 건물이 서 있는 부지로, 건물 등의 용도에 제공되고 있는 부지를 말한다. 공지는 건부지 중 건물을 제외하고 남은 토지로 조경, 주차장 등으로 사용된다. 나지(나대지)는 토지에 건물 기타의 정착물이 없는 토지를 말한다. 건부지에 비하여 최유효이용이 기대되기 때문에 시장성도 높고, 토지가격에 대한 감정평가의 기준이 된다.

포락지는 지적공부에 등록된 토지가 물에 침식되어 수면 밑으로 잠긴 토지로 소유권이 인정되지 않으며, 등기부상 소유자와 관계없이 국유이다. 법지는 택지의 유효지표면 경계와 인접지(도로 등)가 경사진 토지부분으로, 법률상 소유의 대상이 되나 사용수익이 사실상 불가능한 토지이다. 예를 들면 해안가의 절벽, 토지의 붕괴를 막기 위한 경사면의 토지 등을 들 수 있다. 빈지는 지적공부에 등록되어 있지 않은 토지로, 해안선으로부터 지적공부에 등록된 지역까지의 사이를 일컫는다. 소유권의 경계를 특정할 수 없어 법률적인 소유는 불가능하지만 경제적인 실익이 있는 토지로, 바닷가의 갯벌 등이 여기에 해당한다.

3) 도로상태 및 기타에 따른 분류

맹지는 타인의 토지에 둘러싸여 도로에 직접 연결되지 않은 한 획지의 토지를 말한다. 맹지에는 건물을 세울 수 없으므로 맹지는 주변 토지의 가격보다 상대적으로 낮게 거래된다. 사도를 개설하여 도로에 연결시켜야 이용할 수 있다.

선하지는 고압전력선 등 전력을 공급하는 송배전 전선 아랫부분 토지에서 양쪽으로 일정한 너비를 추가한 면적, 즉 송전선로의 양측 최외선으로부터 일정한 너비를 수평으로 더한 범위 안에서 정한 직하의 토지 중 지지물의 용지를 제외한 토지를 말한다. 그 목적을 위하여 지상권 또는 임차권을 설정하는 경우가 많다.

SECTION 03 + 부동산산업의 분류

1. 부동산산업의 정의

부동산산업은 부동산을 대상으로 하는 본인의 활동 또는 타인의 부동산활동을 대신하거나 보조하고 그 대가를 받기로 하는 일을 계속하려는 업역을 말한다. 부동산산업의 범주[10]에 대한 정의는 관점에 따라 차이가 있으나, 일반적으로 부동산(토지, 건물, 기타 개량·구축물) 의사결정을 행하거나 이를 돕는 분야 및 부동산 생산계획단계에서 부동산업자의 의사결정이나 그 지원이 개입되는 부문과 생산된 부동산의 유통·관리과정에 관여되는 부문으로 정의하고 있다.

2. 부동산산업의 분류

한국표준산업분류(KSIC)상의 부동산업은 '자기소유 또는 임차한 건물, 토지 및 기타 부동산(묘지 제외)의 운영 및 임대, 구매, 판매 등에 관련되는 산업활동'으로 정의하고 있다. 이로 인해 부동산산업에서 큰 비중을 차지하고 있는 주택건축, 비주택건축, 숙박업, 보관 및 창고업 등 부동산개발, 재개발을 중심으로 하는 건설업과 리츠, 자산운용, 부동산펀드, 담보대출 등을 중심으로 하는 부동산금융업은 각각 다른 산업으로 분류되고 있다.

---

10 지대식·이수욱·전성제·윤현지, 부동산산업의 발전방향과 향후과제, 국토연구원, 2010, pp.9~10

✎ 한국표준산업분류상의 부동산업

대분류	중분류	소분류	세분류		세세분류	
L 부동산 및 임대 업	688 부 동 산 업	681 부동산 임대 및 공급업	6811	부동산 임대업	68111	주거용 건물임대업
					68112	비주거용 건물임대업
					68119	기타 부동산임대업
			6812	부동산개발 및 공급업	68121	주거용 건물개발 및 공급업
					68122	비주거용 건물개발 및 공급업
					68129	기타 부동산개발 및 공급업
		682 부동산 관련 서비스 업	6821	부동산 관리업	68211	주거용 부동산관리업
					68212	비주거용 부동산관리업
			6822	부동산중개 및 감정평가업	68221	부동산자문 및 중개업
					68222	부동산감정평가업

3. 부동산업의 종류

한국표준산업분류는 부동산업의 범위를 부동산임대업, 부동산공급업, 부동산관리업, 부동산중개업, 부동산감정업 등으로 규정하고 있고, 통계청(2019) 서비스업조사 및 전국사업체조사에 따르면 부동산산업의 종사자수는 520,591명으로 나타났고, 사업체수는 160,152개, 매출은 129조 5,702억원으로 나타났다.

1) 부동산공급업

부동산공급업은 토지·건물 혹은 복합부동산을 개발한 후 분할하여 판매하는 산업활동이다. 부동산공급업은 택지조성업, 건물분양업, 복합부동산분양업, 도시개발업, 부동산개발업 등 다양한 형태가 있다. 택지조성업은 일반택지와 특수택지로 구분할 수 있는데, 주거·상업·공업용 택지, 농지·묘지 등의 용도에 적합한 토지를 개발하여 판매하는 산업이다. 건물분양업은 단독주택, 공동주택, 공관, 기숙사 등 주거용 건물분양과 호텔, 상업용 건물, 업무용 건물, 오피스텔 등 비주거용 건물분양으로 구분할 수 있는데, 수요자에게 필요한 건물을 직접

건설하지 않고 건설업자에게 위탁하여 도급건설한 후, 이를 분양판매하는 업이
다. 복합부동산분양업은 레저시설과 그 부지, 콘도미니엄, 가족호텔, 별장, 골프
장, 관광농원 등을 도급으로 개발·건설하여 판매하는 업이다. 도시개발업은 신
도시 및 불량한 기존도시를 계획·건설·개발하는 종합산업으로 신도시개발업과
도시재개발업이 있다.

　　부동산개발업은 택지조성, 건물의 신축, 환경부조화 건물의 용도변경, 위락
단지 개발 등 사업을 기획단계부터 처분단계까지 전 과정을 관리하는 부동산개
발을 업으로 영위하는 것을 말한다. 이와 유사한 영역으로 건설업은 공사의 종
류에 따라 일반건설업·특수건설업·전문건설업으로 구분되며, 이 가운데 일반
건설업 및 특수건설업을 영위하려면 국토교통부 장관의 면허를 받아야 하고,
전문건설업을 영위하려면 서울특별시장, 각 광역시장 및 도지사의 면허를 받아
야 한다.

　　우리나라에서 건설업과 개발업을 명확히 분류한다는 것은 다소 모호한 부
분이 있다. 세법에서는 건설업과 개발업의 구분이 없고 주택신축매매업과 부동
산매매업으로 대별되는데 주택신축매매업은 법인에 있어서 회계상 약간의 혜택
과 특별부가세가 면제되는 것 외에는 부동산매매업과 다를 바 없다. 그러나 굳
이 개발업(시행사)과 건설업(시공사)을 구분한다면 건설업은 발주자에 의해 공사
비를 받고 공사를 대신 해주는 업 등을 말하며, 개발업은 부동산을 매입하여 프
로젝트를 기획하고 사업성을 검토한 다음 사업성이 양호하다고 판단되면 사업
을 추진하는 의사결정을 내리게 되는데, 이때 주로 공사는 도급을 주는 형태이
지만 경우에 따라서는 자체조직으로 건물을 지어 분양이나 임대 또는 자체 운영
하거나, 이런 일련의 과정을 사업시행자를 대신하여 일정한 대가를 받고 사업을
추진하는 업을 말한다.

2) 부동산임대업

　　부동산임대업은 부동산 또는 부동산상 권리 등의 대여로 인하여 수입금액이
발생하는 사업으로 토지 및 건물을 임대함에 있어서 주거·상업·공업·농업·임
업·광업·관광용 등의 토지 및 기타 토지에 관한 권리 및 업무용·창고용·기타
용도의 건물 등을 임대하는 산업이다. 복합부동산임대는 관광농원, 별장, 레저시
설, 골프장 등의 부동산이 해당된다.

임대주택[11]은 임대를 목적으로 제공되는 건설임대주택 및 매입임대주택을 말한다. 임대주택은 임대를 목적으로 민간건설업자가 건설·공급하는 건설임대주택과 순수 민간의 자금 또는 주택도시기금의 융자지원 등으로 임대사업자가 매매 등에 의하여 소유권을 취득하여 임대하는 매입임대주택으로 구분된다. 또한 건설임대주택의 종류는 공공건설임대주택, 민간건설임대주택으로 나누어진다.

3) 부동산서비스업

부동산서비스업은 많은 자기자금이나 시설보다는 일정한 자격과 전문지식만 있으면 누구나 영위할 수 있는 부동산산업 중 하나이다. 서비스업의 성패를 가름하는 데에는 자금보다는 개인의 능력과 사회의 신뢰가 더 영향을 미친다.

(1) 부동산중개업

부동산중개업은 '공인중개사법'에 근거하여 타인의 부동산거래를 중개하고 보수를 받는 업이다. 공인중개사 자격이 요구되며, 부동산학개론·민법·토지공법·부동산중개 등의 이론에 관한 지식이 요구되는 활동이다.

공인중개사법에서는 부동산중개업을 다음과 같이 정의하고 있다. '중개업은 다른 사람의 의뢰에 의하여 일정한 보수를 받고 토지·건물·토지의 정착물 기타 재산권 및 물권에 대하여 거래당사자 간의 매매·교환·임대차 기타 권리의 득실·변경에 관한 행위를 알선하는 것을 업으로 하는 것'을 말한다. 2006년부터는 법률이 개정되어 경매입찰대행 대리신청도 개업공인중개사의 업무영역이 되었다.

(2) 감정평가업

감정평가는 토지 등[12]의 경제적 가치를 판정하고 그 결과를 화폐액으로 표시하는 것을 말한다. 감정평가업은 '감정평가법'에 근거하여 타인의 의뢰를 받고

---

11 임대주택법 제2조 제1호
12 토지 및 그 정착물, 동산, 저작권·산업재산권·어업권·광업권 기타 물권에 준하는 권리, 공장 및 광업재단저당법에 의한 공장재단과 광업재단, 입목, 자동차·건설기계·선박·항공기 등 관계법령에 의하여 등기 또는 등록하는 재산, 유가증권 등을 말한다.

> 감정평가법인 등의 업무
> - 공시지가 표준지의 적정가격의 조사 · 평가
> - 표준주택 공시가격의 조사 · 평가
> - 공공용지의 매수 및 토지의 수용 · 사용에 대한 보상평가
> - 국 · 공유토지의 취득 또는 처분을 위한 평가
> - '국토의 계획 및 이용에 관한 법률'에 의한 선매토지 매수를 위한 평가
> - 징발토지에 대한 보상평가
> - 개발부담금의 부과징수를 위한 토지평가
> - '산업입지 및 개발에 관한 법률', 기타 법령에 의하여 조성된 주거용지 · 공업 용지 · 관광용지의 공급 노는 분양가격 산정을 위한 평가
> - 토지구획정리사업, 도시재개발 또는 경지정리에 의한 환지, 체비지의 매각 또는 환지 청산을 위한 평가
> - 토지의 관리 · 매입 · 매각 · 경매를 위한 평가
> - 법원에 계류 중인 소송 또는 경매를 위한 감정평가
> - 금융기관, 보험회사, 신탁회사 등의 담보물 감정평가
> - '동산 · 채권 등의 담보에 관한 법률'에 따른 동산 등의 담보평가
> - 다른 법령의 규정에 의하여 감정평가사가 행할 수 있는 토지 등의 감정평가
> - 감정평가와 관련된 상담 및 자문
> - 토지 등의 이용 및 개발 등에 대한 조언이나 정보 등의 제공

대상 부동산의 가격을 평정해 주고 그 보수를 받는 것을 업으로 한다. 이는 부동산의 거래나 관리가 필요한 때, 전문가에게 의뢰하여 그 가격을 정확하게 평가받음으로써 당사자 간의 이해를 촉진시키고 거래사고를 미연에 방지할 수 있다. 감정평가업을 하려면 감정평가사 국가시험에 합격하여 자격을 취득하고 실무수습을 받은 후 국토교통부에 등록해야 하며, 한국부동산원(구 한국감정원), 감정평가법인, 개인사무소, 금융기관, 공기업, 민간기업 등에서 전문자격사로 활동할 수 있다. 감정평가산업은 1972년 제도 도입 이래 부동산 시장을 중심으로 성장하며 적정과세와 공정보상, 담보평가 등의 업무를 담당하는 산업이다.

(3) 부동산관리업

부동산관리업은 공동주택단지나 빌딩과 같이 규모가 크고 전문적인 조직과

지식을 필요로 하는 부동산의 관리활동을 계약문서에 의해 대행해 주고 보수를 받는 업무영역이다. 공동주택의 관리를 담당하는 주택관리사는 '주택법'과 '공동주택관리법'에 근거하고 있다. 일정기준[13] 이상의 아파트 관리는 주택관리사의 자격이 있어야 하며 건축구조, 공동주택의 이론과 실무 등의 지식이 요구되는 활동이다.

주택관리사는 공동주택을 안전하고 효율적으로 관리하고 공동주택 입주자의 권익을 보호하기 위하여 공동주택의 운영·관리·유지·보수 등을 실시하고 이에 필요한 경비를 관리하며 공동주택의 공용부분과 공동소유인 부대시설 및 복리시설의 유지관리 및 안전관리를 하는 등 주택관리서비스를 수행한다. 대규모 공동주택의 각종 시설 및 환경을 유지관리하며, 공동시설의 유지 및 보수와 관련된 각종 회계 업무, 즉 공과금 납부대행, 관리비 징수 등의 업무를 담당한다. 공동주택의 부가시설인 노인정과 어린이 놀이터 및 복지시설을 관리하고, 공동주택 주민의 안전관리와 입주, 퇴거에 관한 업무를 수행한다. 전기기술자, 경리, 경비, 청소직원 등의 업무를 지휘·감독하고 이들의 노무와 인사를 관리한다. 공동주택이나 빌딩과 같은 대규모 건물은 복잡한 시설과 전문적 지식을 요구하는 설비 등으로 구성되어 있어서 전문가에게 그 관리를 대행시키는 것이 효과적이다.

(4) 부동산컨설팅업

부동산컨설팅은 의뢰인이 필요로 하는 전반적인 부동산 정보를 컨설턴트가 조언 또는 권고의 형식으로 제공한다. 부동산업이 중개, 재산관리, 경매, 개발, 이용, 취득, 처분, 부동산세무 및 부동산금융, 부동산법률 등 다방면에 걸쳐 기능이 분산되어 있으나, 부동산컨설팅은 이 모든 기능에 대하여 때로는 일부에, 때로는 종합적이고 각 부분 상호 간에 걸쳐 유기적으로 자문과 상담을 수행하는 것을 말한다.

부동산권리분석사, 부동산경매분석사, 빌딩관리사, 부동산분양상담사, 부동산투자상담사 등의 자격은 부동산의 세부 전문분야들을 다루고 있으며 부동산

---

13 300세대 이상의 공동주택, 150세대 이상으로 승강기가 설치된 공동주택, 150세대 이상으로서 중앙집중식 난방방식(지역난방방식을 포함)의 공동주택, '건축법'에 따른 건축허가를 받아 주택 외의 시설과 주택을 동일건축물로 건축한 건축물로서 주택이 150세대 이상인 건축물

컨설팅의 영역에 포함될 수 있으나, 영리를 추구하는 민간기관 또는 소규모의 단체에서 수행하는 관계로 공적인 자격인증의 수준에는 미치지 못하고 있다.

컨설턴트 자격인증은 부동산컨설팅업을 영위하거나 사회적으로 공인받고 있는 부동산관련업체(감정평가법인, 부동산투자자문, 부동산신탁, 부동산개발, 부동산 컨설팅, 건설·시행·시공, 도시계획, 금융, 설계, 법무, 공기업, 대기업의 건설부문, 금융기관의 부동산자산관리팀 등)를 대상으로 일정한 교육과 연수과정을 이수한 자를 대상으로 부여하고 있으나 국가가 인정하는 공인된 자격은 아니다. 부동산컨설팅 교육을 하는 기관(단체)으로는 한국부동산개발협회, 한국부동산투자자문협회, 한국공인중개사협회, 한국감정평가사협회, 한국리츠협회, 한국능률협회, 한국생산성본부 등 20여 개가 있으며, 사업성분석·개발, 경매 능 전문분야에 대한 독자적인 커리큘럼을 운영하고 있다.

국내에서 활동하고 있는 부동산컨설팅업체는 영세업체가 대부분이라서 시장의 규모를 파악하는 것은 어려운 일이지만, 통계청(전국사업체조사, 2019)에 의하면 부동산업은 총 사업체수 160,152개, 총 종사자수 520,591명으로 나타났다. 이 중, 부동산컨설팅이 포함될 수 있는 부동산자문 및 중개업에서는 총 99,299개의 사업체와 총 153,883명이 종사하는 것으로 조사되었다.

(5) 부동산금융업

부동산금융업은 부동산을 채권담보의 수단으로 하여 금융활동을 하는 업무영역으로, 주택문제 해결을 위하여 장기저리의 부동산(주택)자금을 풍부하게 조달하여 주택공급을 확대, 촉진하고자 주택건설용 택지의 합리적인 조성과 제공을 하려는 노력으로 택지의 건설과 개량, 그리고 주택과 관련된 사업에 대하여 자금을 대여하고 이를 관리하는 특수금융사업이다.

우리나라에서 주택담보대출이 큰 비중을 차지하고 있는 이유는 외환위기당시 기업대출이 부실화되면서 파산에 내몰렸던 금융기관의 입장에서 소비자금융(Retail Banking) 형태로 주도되는 주택담보대출로 무게중심이 옮겨졌기 때문이다. 외환위기 이후 부동산금융산업은 저금리 기조하에서 주택 및 상업용 부동산시장의 호황, 간접투자상품의 증가, 부동산개발금융(PF대출)의 확대 등 선순환구조 속에서 비약적인 성장을 하였다. 또한 부동산투자에 대한 불패신화도 있지만, 주택담보대출은 대부분이 변동금리대출로 금리변동 위험을 소비자들에게 전가하는 구조이며, LTV비율을 낮게 적용함에 따라 담보대출채권이 부실화될 가능성이 상대적으로 낮아 금융기관에 있어서 우량하고 안정적인 자산으로 인식되었다.

우리나라의 부동산금융기관은 한국주택금융공사(주택연금), 한국농어촌공사(농지연금), 한국자산관리공사, 주택도시보증공사 등 공기업과 권원보험, 신용평가회사, 신탁회사, 리츠회사, 생명보험회사 및 주택저당회사, 시중은행 및 제2금융권 등이 있다. 한국주택금융공사가 주택담보대출을 유동화하는 모기지론(보금자리론)을 2003년에 발행하면서 주택수요자의 구매력이 크게 신장되었다. 주택저당증권(MBS)은 주택담보대출채권을 유동화 기관에 매각하고 이를 기초로 하여 발행되는 수익증권이다. 우리나라에서 주택저당대출채권의 유동화는 한국주택금융공사가 주도하고 있다.

부동산간접투자상품으로는 신탁, ABS, 리츠, 부동산펀드 등이 있다. 부동산펀드는 불특정 다수의 투자자에게서 자금을 모아 부동산에 직접투자하거나 부동산관련 대출, 부동산관련 유가증권 또는 부동산관련 권리 등에 운용하여 발생된 수익을 투자자인 수익자에게 배당하는 투자신탁(수익증권)상품이다.

부동산펀드는 투자기간이 비교적 긴 편인데 중도환매가 불가능하므로 투자자들의 유동성 확보를 위해 증권시장에 상장할 수도 있다. 증권시장에 상장 또는 등록된다는 점에서 부동산펀드는 리츠와 같지만, 상장 또는 등록되는 증권이 부동산펀드는 수익증권인 데 반해 리츠는 주식의 형태이다. 부동산펀드가 부동산 침체기에서도 성장세를 보이는 이유는 외국투자자들이 국내 수익형 부동산들을 처분하려고 매물을 내놓는 시점과 저금리에 자금을 운용해야 하는 기관투자가(연기금, 생보사 등)의 이해가 맞물렸기 때문이다.

부동산펀드는 자산운용사들이 국민연금, 군인공제회 등 연기금이나 보험 등 기관투자가로부터 수천억 원대 자금을 받아 사무용 빌딩, 백화점, 호텔, 주차장 등 수익형 부동산을 인수해 수익을 창출한다. 임대료나 해당 부동산을 재매각해 얻은 차익을 토대로 투자자에게 일정정도의 수익금을 배분하는 사모형식의 부동산펀드가 일반적이다. 부동산펀드와 리츠(REITs, 부동산투자회사)는 이란성 쌍둥이로 비유된다. 일반투자자로부터 자금을 모아 운영한 뒤 수익을 돌려준다는 점에서 비슷하지만 소관부처와 규제방식이 다르기 때문이다. 도입은 리츠가 빨랐지만 시장 규모는 부동산펀드가 더 크다.

(6) 권원보험업

대상부동산의 권원관계에 있어서 하자여부를 조사·확인해 주고 일정한 수수료를 받는 것을 권리분석업이라 하고, 부동산의 권원(title)을 보증하여 주고 수수료를 받는 업을 권원보험업이라 한다. 권원보장보험은 부동산의 매입 시에 돈을 지불하고 얻게 되는 권리들에 대한 일종의 보증수단이다. 부동산만이 권원보장보험의 대상이 될 수 있으며, 유체동산은 권원보장보험의 가입대상이 될 수 없다. 미래에 발생될 사건에 대해 보장을 받는 다른 보험들과는 달리 권원보장보험은 이미 존재하고 있는 하자에 대하여 보험가입을 하는 것이다. 보험료는 보험가입 시 규정된 보상금액에 따라 결정된다.

권리분석활동은 미국에서 발달한 것으로 부동산권원(소유권)의 진실성과 법률적 가치를 분석·판단하는 전문가의 활동이다. 부동산의 매수자 측에서 소유권의 하자유무 확인을 의뢰하면 권원보험회사는 전문권리분석사로 하여금 권리관계의 양태를 조사하여 소유권에 하자가 없다는 최종판정을 내리면 매수자가 대상부동산을 안심하고 매수하게 하는 기능을 담당한다. 권원보험은 일종의 보증보험 성격으로 부동산등기부를 열람하여도 발견할 수 없는 하자나 부담(제한) 등을 이유로 불측의 손해를 입는 경우에 대비하여 부동산의 소유권을 보증해 주는 역할을 한다.

(7) 에스크로우업

에스크로우(Escrow)란 중립적인 제3자 또는 기관이 쌍방대리인의 자격으로 매매에 관련된 보증금이나 보증 또는 그것에 해당하는 재산과 서류 일체를 계약조건이 종료될 때까지 보관하는 것을 의미한다. 에스크로우는 에스크로우 회사를 방문하여 보증금을 예치하고 지침서를 제출하는 행위를 통해 개설된다. 에스크로우가 개설되면 에스크로우 담당자는 권원조사를 하고 사전권원조사보고서를 작성한다.

매수인이 주택구입비용과 관련하여 신규로 대출을 받을 것인지, 이전의 대출을 승계할 것인지를 결정하고, 매수인이 신규로 대출을 받는 경우에는 기존의 대출금을 대환하도록 도와주고 신규 대출을 위해 필요한 모든 서류를 준비하게 된다. 에스크로우 담당자는 매수인에게 매매대금을 에스크로우 회사에 예치시키게 하고, 절차가 마무리되면 매수인을 보험에 가입시키면서 등기를 하게 된다. 에스크로우 절차가 완료되어 등기를 마치면, 매수인이 예치시켜 놓은 매매대금을 매도인에게 지급하고, 지급 후에는 에스크로우 종결내역서 사본을 작성하여 모든 이해관계인에게 송달하고 모든 절차를 마치게 된다.

따라서 에스크로우는 부동산 매매계약 체결 후 권리이전과 대금지불을 제3의 독립적인 에스크로우회사가 대행하는 제도로 매도인과 매수인 양측을 보호하고, 부동산거래와 관련된 금융업자, 변호사, 부동산중개인 및 그 이해당사자 간의 이해관계 등 부동산거래와 관련하여 발생하는 모든 업무를 제3자의 입장에서 공정하게 실행하는 역할을 수행한다. 부동산거래에 있어서 에스크로우 회사에게 모든 업무를 맡길 때에는 그 모든 것을 한 기관에서 관리하기 때문에 일률적이고 정확하며 절차가 신속하지만 통상 거래가의 0.1~0.2%의 에스크로우 비용이 발생한다.

에스크로우업은 부동산거래계약에 따른 대금의 수수나 소유권이전 업무 등을 대행하며 그 외에도 거래완결에 필요한 세금·금리·보험금·임료 등의 청산과 재금융 등의 업무도 한다.

연습문제
EXERCISE

01 부동산학의 학문적 정체성에 대한 기존의 논의에 대해 약술하라.

02 부동산의 복합개념을 설명하고, 부동산학의 학문영역과 어떻게 연계되는지 설명하라.

03 토지의 자연적 특성이 부동산 활동에 미치는 영향에 대해 설명하라.

04 토지의 인문적 특성이 부동산 활동에 미치는 영향에 대해 설명하라.

05 정착물의 예시를 10개 기술하고 그 이유를 설명하라.

06 의제부동산(준부동산)의 예시를 10개 기술하고 그 이유를 설명하라.

07 부동산학이 추구하는 가치인 형평과 효율에 대해 사례를 들어 약술하라.

CHAPTER 02 부동산학의 법률적 기초

SECTION 01 + 토지

1. 공간정보의 구축 및 관리 등에 관한 법률에 의한 구분

토지는 이용현황에 따라 '공간정보의 구축 및 관리 등에 관한 법률'상의 지목을 기준으로 분류하고, 이용계획에 따라 '국토의 계획 및 이용에 관한 법률'상 용도지역, 용도지구, 용도구역의 기준으로 분류한다.

1) 지목의 분류

지목은 토지의 주된 용도에 따라 토지의 종류를 구분하여 지적공부에 등록한 것으로, 그 종류와 구분방법 등을 '공간정보의 구축 및 관리 등에 관한 법'에서 정한 바에 따라 지적공부에 등록·공시하는 '지목법정주의'를 채택하여 운영하고 있다. 즉, 지목은 연속한 한 면의 지표 위에 인위적으로 선을 그어서 경계를 만든 후, 그 용도에 따라 지적공부인 토지대장 또는 임야대장에 등록한 토지의 구분이다.

2) 지목의 역할

지목은 토지 과세목적의 수단(과세지, 비과세지, 면세지)으로 활용되며, 토지의 경제적 가치를 표현하고 토지관련 정책정보를 제공하는 데 이용된다. 세금부

과의 기준으로만 기능하던 지목이 오늘날에는 토지이용을 관리하기 위한 인·허
가 그리고 종합적 토지정보망 구축 등에서도 중요한 역할을 담당하고 있다. 즉
지목에 따라 토지이용이 가능한 정도가 정해져 있어, 불법적 토지이용을 규제하
는 공법적 기능을 담당하고 있다. 지목의 지정은 하나의 필지에는 하나의 지목
만을 지정할 수 있다는 '일필일목의 원칙'이 있으며, 어떤 토지가 여러 가지의
용도로 이용하고 있는 경우에는, 그 용도 중에서 주된 것을 택하여 지목을 지정
한다는 '주지목추종의 원칙'이 있다.

3) 지목의 종류

지목은 1910년 토지조사 당시 18개 지목으로 시작하여 현재는 28개의 지목
으로 구분되고 있다. 지목은 토지 분류의 한 유형으로 토지의 소재, 지번, 경계,
면적, 좌표 등과 함께 필지를 구성하는 하나의 요소이다. 국토교통부 지적통계
연보(2023)에 따르면 면적 기준으로는 임야(63.1%), 답(10.9%), 전(7.5%), 도로
(3.4%), 대(3.3%)로 나타났고, 이들 5개 지목을 합치면 전 국토의 88.3%를 차지
하는 것으로 나타났다. 지번수 기준으로는 답(20.0%), 전(18.2%), 대(19.2%), 도로
(16.9%), 임야(12.4%)로 나타났고, 이들 5개 지목을 합치면 전 국토의 86.7%를
차지하는 것으로 나타났다.

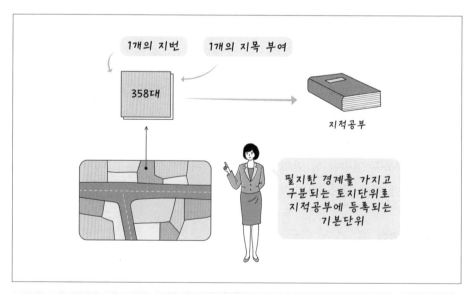

필지

✎ 지목의 종류와 기준(면적과 지번수 비율)

종류	기준	면적(㎢)	면적비율
		지번수(필)	지번비율
전	물을 상시적으로 이용하지 않고 곡물·원예작물(과수류는 제외한다)·약초·뽕나무·닥나무·묘목·관상수 등의 식물을 주로 재배하는 토지와 식용으로 죽순을 재배하는 토지	7,501,269	7.47%
		7,186,329	18.19%
답	물을 상시적으로 직접 이용하여 벼·연(蓮)·미나리·왕골 등의 식물을 주로 재배하는 토지	10,986,197	10.94%
		7,903,973	20.00%
과수원	사과·배·밤·호두·귤나무 등 과수류를 집단적으로 재배하는 토지와 이에 접속된 저장고 등 부속시설물의 부지	616,125	0.60%
		283,966	0.73%
목장용지	• 축산업 및 낙농업을 하기 위하여 초지를 조성한 토지 • 축산법 제2조 제1호에 따른 가축을 사육하는 축사 등의 부지 • 위의 토지와 접속된 부속시설물의 부지	559,774	0.56%
		164,977	0.42%
임야	산림 및 원야를 이루고 있는 수림지·죽림지·암석지·자갈땅·모래땅·습지·황무지 등의 토지	63,427,357	63.15%
		4,905,552	12.42%
광천지	지하에서 온수·약수·석유류 등이 용출되는 용출구와 그 유지에 사용되는 부지	6	0.00001%
		306	0.001%
염전	바닷물을 끌어들여 소금을 채취하기 위하여 조성된 토지와 이에 접속된 제염장 등 부속시설물의 부지	83,628	0.08%
		14,043	0.04%
대(垈)	• 영구적 건축물 중 주거·사무실·점포와 박물관·극장·미술관 등 문화시설과 이에 접속된 정원 및 부속시설물의 부지 • '국토의 계획 및 이용에 관한 법률' 등 관계 법령에 따른 택지조성공사가 준공된 토지	3,342,654	3.33%
		7,582,628	19.19%
공장용지	• 제조업을 하고 있는 공장시설물의 부지 • '산업집적활성화 및 공장설립에 관한 법률' 등 관계 법령에 따른 공장부지 조성공사가 준공된 토지 • 위의 토지와 같은 구역에 있는 의료시설 등 부속시설물의 부지	1,086,707	1.08%
		317,529	0.80%
학교용지	학교의 교사와 이에 접속된 체육장 등 부속시설물의 부지	314,357	0.31%
		50,923	0.13%
주차장	자동차 등의 주차에 필요한 독립적인 시설을 갖춘 부지와 주차전용 건축물 및 이에 접속된 부속시설물의 부지	44,950	0.04%
		41,162	0.10%
주유소용지	• 석유·석유제품 또는 액화석유가스 등의 판매를 위하여 일정한 설비를 갖춘 시설물의 부지 • 저유소 및 원유저장소의 부지와 이에 접속된 부속시설물의 부지	20,809	0.02%
		22,745	0.06%
창고용지	물건 등을 보관하거나 저장하기 위하여 독립적으로 설치된 보관시설물의 부지와 이에 접속된 부속시설물의 부지	148,232	0.15%
		144,735	0.37%
도로	• 일반공중의 교통 운수를 위하여 보행이나 차량운행에 필요한 일정한 설비 또는 형태를 갖추어 이용되는 토지 • '도로법' 등 관계 법령에 따라 도로로 개설된 토지 • 고속도로의 휴게소 부지 • 2필지 이상에 진입하는 통로로 이용되는 토지	3,453,155	3.44%
		6,481,400	16.91%

종류	기준	면적(㎢)	면적비율
		지번수(필)	지번비율
철도용지	교통 운수를 위하여 일정한 궤도 등의 설비와 형태를 갖추어 이용되는 토지와 이에 접속된 역사·차고·발전시설 및 공작창 등 부속시설물의 부지	144,420	0.14%
		145,603	0.37%
제방	조수·자연유수·모래·바람 등을 막기 위하여 설치된 방조제·방수제·방사제·방파제 등의 부지	211,625	0.21%
		291,698	0.74%
하천	자연의 유수가 있거나 있을 것으로 예상되는 토지	2,871,335	2.86%
		779,004	1.97%
구거	용수 또는 배수를 위하여 일정한 형태를 갖춘 인공적인 수로·둑 및 그 부속시설물의 부지와 자연의 유수가 있거나 있을 것으로 예상되는 소규모 수로부지	1,752,842	1.75%
		1,493,789	3.78%
유지 (溜地)	물이 고이거나 상시적으로 물을 저장하고 있는 댐·저수지·소류지·호수·연못 등의 토지와 연·왕골 등이 자생하는 배수가 잘 되지 않는 토지	1,428,185	1.42%
		401,614	1.02%
양어장	육상에 인공으로 조성된 수산생물의 번식 또는 양식을 위한 시설을 갖춘 부지와 이에 접속된 부속시설물의 부지	23,469	0.02%
		12,073	0.03%
수도용지	물을 정수하여 공급하기 위한 취수·저수·도수·정수·송수 및 배수시설의 부지 및 이에 접속된 부속시설물의 부지	54,972	0.05%
		63,399	0.16%
공원	일반공중의 보건·휴양 및 정서생활에 이용하기 위한 시설을 갖춘 토지로서 '국토의 계획 및 이용에 관한 법률'에 따라 공원 또는 녹지로 결정·고시된 토지	311,456	0.31%
		65,286	0.17%
체육용지	국민의 건강증진 등을 위한 체육활동에 적합한 시설과 형태를 갖춘 종합운동장·실내체육관·야구장·골프장·스키장·승마장·경륜장 등 체육시설의 토지와 이에 접속된 부속시설물의 부지	392,419	0.39%
		36,548	0.09%
유원지	일반공중의 위락·휴양 등에 적합한 시설물을 종합적으로 갖춘 수영장·유선장·낚시터·어린이놀이터·동물원·식물원·민속촌·경마장 등의 토지와 이에 접속된 부속시설물의 부지	50,727	0.05%
		14,869	0.04%
종교용지	일반공중의 종교의식을 위하여 예배·법요·설교·제사 등을 하기 위한 교회·사찰·향교 등 건축물의 부지와 이에 접속된 부속시설물의 부지	59,429	0.06%
		53,278	0.13%
사적지	문화재로 지정된 역사적인 유적·고적·기념물 등을 보존하기 위하여 구획된 토지	28,320	0.03%
		5,735	0.01%
묘지	사람의 시체나 유골이 매장된 토지, '도시공원 및 녹지 등에 관한 법률'에 따른 묘지공원으로 결정·고시된 토지 및 '장사 등에 관한 법률' 제2조 제9호에 따른 봉안시설과 이에 접속된 부속시설물의 부지	282,265	0.28%
		265,141	0.67%
잡종지	• 갈대밭, 실외에 물건을 쌓아두는 곳, 돌을 캐내는 곳, 흙을 파내는 곳, 야외시장, 비행장, 공동우물	1,256,869	1.25%
	• 영구적 건축물 중 변전소, 송신소, 수신소, 송유시설, 도축장, 자동차운전학원, 쓰레기 및 오물처리장 등의 부지 • 다른 지목에 속하지 않는 토지	579,273	1.47%
지목 합계: 28개		100,443,553	100.0%
		39,513,579	100.0%

자료: 국토교통부, 2023년 지적통계연보(2022.12)

4) 토지의 형질변경과 지목변경

지목을 새로이 정하거나 이미 등록된 지목을 변경 또는 말소하는 과정을 비롯하여, 지목변경을 수반하는 등록전환대상 토지, 관계 법령에 의한 토지의 형질변경 또는 건축물의 사용승인 등으로 인하여 지목을 변경하여야 할 토지의 소유자는 등록전환사유 발생일로부터 60일 이내 소관청에 신청하여야 한다.

토지의 형질변경은 절토·성토·정지·포장 등의 방법으로 토지의 형상을 변경하는 행위를 말한다. '국토의 계획 및 이용에 관한 법률'(이하 국계법)에서는 절토·성토·정지·포장 등의 방법으로 토지의 형상을 변경하는 행위와 공유수면의 매립(경작을 위한 토지의 형질변경은 제외)을 토지형질변경으로 규정하고 있으며, 토지형질변경은 '국계법'에 의한 개발행위에 해당한다. 토지형질변경을 하고자 하는 자는 특별시장·광역시장·시장 또는 군수로부터 개발행위허가를 받아야 한다.

일반적으로 토지형질변경은 전·답의 지목을 대지로 전환하기 위하여 이루어지는 경우가 많다. 타 지목을 대지로 전환하는 주목적은 건축행위를 가능하게 하여 경제적 가치를 높이는 데 있다. '국계법'에서 토지의 형질변경을 허가대상으로 삼고 있는 것도 형질변경행위 그 자체를 통제하기 위함이 아니라 그 이후의 건축행위를 규제하기 위한 목적이라고 볼 수 있다. 도시계획구역 내 개별필지의 법적 성격을 판단할 때에는 지목이 중요한 역할을 한다. 지목이 대지인 경우에는 건축에 큰 문제가 없지만, 지목이 전 또는 답인 경우에는 형질변경허가를 받아야만 건축을 할 수가 있다.

2. 국토의 계획 및 이용에 관한 법률에 의한 구분

1) 용도지역

국토는 '국계법'에 의해 용도지역, 용도지구, 용도구역으로 나눈다. 용도지역은 토지의 이용 및 건축물의 용도, 건폐율, 용적률, 높이 등을 제한함으로써 토지를 경제적·효율적으로 이용하고 공공복리의 증진을 도모하기 위해서 서로 중복되지 않게 도시·군관리계획으로 결정하는 지역을 말한다. 용도지역으로 지정[1]된 곳에서 건축물을 건축하려는 경우에는 건축물의 용도·종류 및 규모에 따

---

1 용도지역 지정여부는 국토교통부 토지이용규제정보서비스(luris.mltm.go.kr), 해당 시·군·구청 또

라서 일정한 제한을 받을 수 있다.

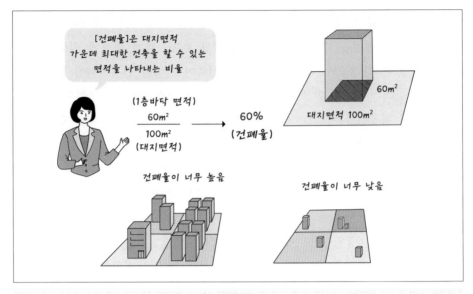

건폐율

용적률

___

는 일사편리(https://kras.go.kr)에서 부동산종합증명서를 통해 확인할 수 있다.

✎ 용도지역의 지정목적

용도지역		세분	지정목적	건폐율[2]	용적률[3]
도시 지역	주거 지역	제1종전용	단독주택 중심의 양호한 주거환경 보호	50	50~100
		제2종전용	공동주택 중심의 양호한 주거환경 보호	50	50~150
		제1종일반	저층주택 중심의 주거환경 조성	60	100~200
		제2종일반	중층주택 중심의 주거환경 조성	60	100~250
		제3종일반	중·고층주택 중심의 주거환경 조성	50	100~300
		준주거	주거기능에 상업 및 업무기능 보완	70	200~500
	상업 지역	중심상업	도심·부도심의 상업·업무기능 확충	90	200~1,500
		일반상업	일반적인 상업 및 업무기능 담당	80	200~1,300
		근린상업	근린지역의 일용품 및 서비스 공급	70	200~900
		유통상업	도시 내 및 지역 간 유통기능의 증진	80	200~1,100
	공업 지역	전용공업	중화학공업, 공해성 공업 등을 수용	70	150~300
		일반공업	환경을 저해하지 아니하는 공업의 배치	70	150~350
		준공업	경공업 수용 및 주·상·업무기능의 보완	70	150~400
	녹지 지역	보전녹지	도시의 자연환경·경관·산림 및 녹지공간 보전	20	50~80
		생산녹지	농업적 생산을 위하여 개발을 유보	20	50~100
		자연녹지	보전할 필요가 있는 지역으로 제한적 개발 허용	20	50~100
비도시 지역	관리 지역	계획관리	보전이 필요하나 자연환경보전지역으로 지정이 곤란한 경우	40	50~100
		생산관리	농·임·어업생산을 위해 필요, 농림지역으로 지정이 곤란한 경우	20	50~80
		보전관리	도시지역 편입이 예상, 계획·체계적 관리 필요	20	50~80
	농림지역		농림업의 진흥과 산림의 보전을 위하여 필요	20	50~80
	자연환경보전지역		자연환경 등의 보전과 수산자원의 보호·육성	20	50~80

---

2 건폐율은 '건축면적(1층 바닥면적)/토지면적'의 비율로, 토지 전체에서 건물이 차지하고 있는 면적의 비율을 말한다. 만약 40%라고 하면 토지가 100일 때 건물이 40의 비율이다.

3 용적률은 '건물연면적/대지면적'의 비율로, 지상으로 건물을 올릴 수 있는 면적의 비율을 나타낸다. 건폐율을 수평적인 제한이라고 하고, 용적률은 수직적인 제한이라고 한다. 연면적에 지하층 등은 포함되지 않는다.

2) 용도지구

　　용도지역의 지정만으로는 토지이용에 대한 소기의 목적달성이 부족한 경우, 용도지구를 통해 용도지역의 기능을 증진시키게 된다. 즉, 용도지구는 토지의 이용 및 건축물의 용도·건폐율·용적률·높이 등에 대한 용도지역의 제한을 강화 또는 완화하여 적용함으로써 용도지역의 기능증진을 꾀하고 미관·경관·안전 등을 도모하기 위하여 도시·관리계획으로 결정하는 지역이다.

　　용도지구는 도시 내 지역별 기능이나 특성에 따라 경관지구, 고도지구 등이 있으며, 지구는 지역과는 달리 토지마다 반드시 지정하여야 하는 것은 아니다. 경관·특정용도제한지구는 지역실정에 맞게 시·도 조례로 세분하여 용도지구 명칭 및 지정목적, 행위제한사항 등을 정하여 도시·군관리계획으로 결정할 수 있다. 또한 시·도 조례로 용도지구를 신설할 수 있으나, 당해 용도지역·용도구역의 행위제한을 완화하는 용도지구를 신설할 수는 없고 행위제한을 강화하는 용도지구 신설만 허용한다.

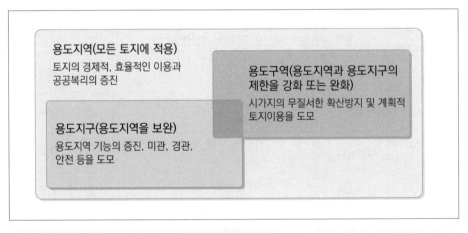

Zoning의 위계

용도지구의 지정목적

지구명	지정목적
경관지구	경관을 보호·형성하기 위하여
① 자연경관지구	① 산지·구릉지 등 자연경관을 보호 또는 유지하거나 형성
② 특화경관지구	② 지역 내 주요 수계의 수변 또는 문화적 보존가치가 큰 건축물 주변의 경관 등 특별한 경관을 보호 또는 유지하거나 형성
③ 시가지경관지구	③ 지역 내 주거지, 중심지 등 시가지의 경관을 보호 또는 유지하거나 형성하기 위하여 필요한 지구
방재지구	풍수해, 산사태, 지반의 붕괴 기타 재해의 예방
① 시가지방재지구	① 건축물·인구가 밀집되어 있는 지역으로서 시설 개선 등을 통하여 재해 예방이 필요한 지구
② 자연방재지구	② 토지의 이용도가 낮은 해안변, 하천변, 급경사지 주변 등의 지역으로서 건축 제한 등을 통하여 재해 예방이 필요한 지구
보호지구	문화재, 중요시설물 및 문화적·생태적으로 보존가치가 큰 지역의 보호·보존
① 역사문화환경보존지구	① 문화재·전통사찰 등 역사·문화적으로 보존가치가 큰 시설 및 지역의 보호·보존
② 중요시설물보호지구	② 중요시설물의 보호와 기능의 유지 및 증진 등
③ 생태계보호지구	③ 야생동식물 서식처 등 생태적 보존가치가 큰 지역의 보호·보존
취락지구	녹지지역·관리지역·농림지역·자연환경보전지역·개발제한구역 또는 도시자연공원구역의 취락을 정비
① 자연취락지구	① 녹지지역·관리지역·농림지역 또는 자연환경보전지역 안의 취락을 정비
② 집단취락지구	② 개발제한구역 안의 취락을 정비하기 위하여 필요
개발진흥지구	주거기능·상업기능·공업기능·유통물류기능·관광기능·휴양기능 등을 집중적으로 개발·정비
① 주거개발진흥지구	① 주거기능을 중심으로 개발·정비
② 산업·유통개발진흥지구	② 공업기능 및 유통·물류기능을 중심으로 개발·정비
③ 관광·휴양개발진흥지구	③ 관광·휴양기능을 중심으로 개발·정비
④ 복합개발진흥지구	④ 주거기능, 공업기능, 유통·물류기능 및 관광·휴양기능 중 2 이상의 기능을 중심으로 개발·정비
⑤ 특정개발진흥지구	⑤ 주거기능, 공업기능, 유통·물류기능 및 관광·휴양기능 외의 기능을 중심으로 특정한 목적을 위해 개발·정비
특정용도제한지구	주거 및 교육환경 보호나 청소년 보호 등의 목적으로 오염물질 배출시설, 청소년 유해시설 등 특정시설의 입지를 제한

3) 용도구역

토지의 이용 및 건축물의 용도·건폐율·용적률·높이 등에 대한 용도지역 및 용도지구의 제한을 강화하거나 완화하여 따로 정함으로써 시가지의 무질서한 확산방지, 계획적이고 단계적인 토지이용의 도모, 토지이용의 종합적 조정·관리 등을 위해 도시·군관리계획으로 결정하는 지역이다. 국토교통부 장관(수산자원보호구역은 해양수산부장관)이 직접 결정·관리한다.

✎ **용도구역의 지정목적**

구역명	지정목적
개발제한구역	도시의 무질서한 확산을 방지하고 자연환경을 보전하여 도시민의 건전한 생활환경 확보
시가화조정구역	도시지역과 그 주변지역의 무질서한 시가화방지, 계획적·단계적 개발을 도모
수산자원보호구역	수산자원의 보호·육성
도시자연공원구역	도시의 자연환경 및 경관을 보호하고 도시민에게 건전한 휴식공간을 제공

4) 지구단위계획

도시계획 수립대상지역의 일부에 대하여 토지이용을 합리화하고 그 기능을 증진시키며 미관을 개선하고 양호한 환경을 확보하며, 그 지역을 체계적·계획적으로 관리하기 위하여 수립하는 도시관리계획을 말한다.

지구단위계획은 유사한 제도의 중복운영에 따른 혼선과 불편을 해소하기 위하여 종전의 도시계획법에 의한 상세계획과 건축법에 의한 도시설계제도를 도시계획체계로 흡수·통합한 것이며, 이 중 제2종 지구단위계획은 비도시지역의 난개발문제 해소와 계획적·체계적인 관리를 위하여 국토이용관리법과 도시계획법이 '국토의 계획 및 이용에 관한 법률'로 통합되면서 도입된 제도이다.

지구단위계획은 기반시설의 배치와 규모, 가구 및 획지의 규모와 조성계획, 건축물에 대한 용도·건폐율·용적률·높이, 교통처리계획 등의 내용을 포함하여 수립한다. 지구단위계획구역에서 대지면적의 일부를 도로·공원 등 공공시설 부지로 제공[기부채납(寄附採納)하거나 공공시설로 귀속되는 경우에 한함]하는 경우, 건축법에 따른 공개공지 또는 공개공간의 의무면적을 초과하여 설치한 경우 등은 지구단위계획으로 해당 대지의 건축물의 건폐율·용적률·높이를 완화하여 적용할 수 있다. 지구단위계획구역에서 건축물을 건축하거나 건축물의 용도를 변경하려면 그 지구단위계획에 맞게 건축하거나 용도를 변경하여야한다.

도시관리계획과 상위계획

3. 부동산종합증명서

토지와 건축물의 표시와 소유자에 관한 사항, 토지의 이용·규제에 관한 사항, 부동산의 가격에 관한 사항 등을 부동산종합공부시스템을 통해 18종의 부동산공부에 대한 정보를 '부동산종합증명서'에 담았다. 2014년까지는 부동산 공적장부가 5개 법령, 2개 부처, 4개 시스템의 18종으로 분산하여 관리되어 오고 있었다. 부동산관련 증명서는 지적관련 7종(토지대장, 임야대장, 공유지연명부, 대지권등록부, 지적도, 임야도, 경계점좌표등록부), 건축물관련 4종[(건축물대장[4](총괄표제부), 건축물대장(일반건축물), 건축물대장(집합표제부), 건축물대장(집합전유부))], 토지이용

---

4 건축물의 위치·면적·구조·용도·층수 등 건축물의 표시에 관한 사항과 건축물 소유자의 성명·주소·소유권 지분 등 소유자 현황에 관한 사항을 등록하여 관리하는 대장을 말한다.

관련 1종(토지이용계획확인서), 가격관련 3종(개별공시지가[5]확인서, 개별주택가격확인서, 공동주택가격확인서), 등기관련 3종[등기부등본(토지), 등기부등본(건물), 등기부등본(집합건물)] 등 총 18종이다.

정부는 개별법에 의해 관리해 오던 부동산관련 부동산공부(지적, 건축물, 등기, 가격 등) 18종을 1종의 종합공부인 '부동산종합공부시스템 일사편리(https://kras.go.kr)'로 구축하였다. 부동산관련 공적장부를 일원화하여 제공함으로써 행정정보 제공의 편의와 신뢰도가 증진되었고, 업무의 중복처리를 줄여 행정의 효율성도 증가하였다. 또한 정보제공의 일원화를 통한 과세, 부동산관련정책, 각종 인·허가, 국유재산관리 등에 대한 정보활용절차와 부동산종합정보의 간소화 및 부동산종합증명서 관련 현황통계를 통하여 시·군·구 정책수립에 기여하였다. 나아가 정보품질을 개선한 부동산통합정보를 구축하여 공간정보 유통 활성화를 위한 핵심정보를 제공하고, 다양한 행정정보와 민간정보를 융합하여 위치정보 중심의 행정 고도화 및 공간정보산업 활성화에 기여하고 있다.

SECTION 02 + 건물

1. 건물의 특성

건물은 토지의 정착물인 건조물로서 토지와 함께 부동산으로 인정된다(민법 제99조 제1항). 그 범위는 사회통념에 의하여 결정되는바, 지붕과 담장[6]이 있고, 거주·저장 등의 목적에 쓰이는 것을 가리킨다. 건물은 토지에 붙어서 지붕, 기둥, 벽, 창 및 바닥으로 구성하여 일정한 형상을 갖춘 주거나 업무, 영업 등의

---

5 개별공시지가는 토지관련 국세 및 지방세의 부과기준, 개발부담금 등 각종 부담금의 부과기준에 활용되며, 개별공시지가는 해당 연도 1월 1일을 기준일로 하여 5월 31일까지 결정·공시한다. 지가산정에 사용하기 위하여 시장·군수·구청장이 시·군·구 부동산가격공시위원회의 심의를 거쳐 매년 결정·공시하는 개별토지의 단위면적당 가격을 말한다.

6 판례(대법원 2001.1.16., 선고, 2000다51872, 판결)에 의하면 독립된 부동산으로서의 건물이라고 하기 위하여는 최소한의 기둥과 지붕 그리고 주벽이 이루어지면 된다.

용도에 쓸 수 있도록 만든 건조물로 상당한 수명이 있어서 독립된 부동산으로 등기할 수 있는 구조체를 말한다.

외국에서는 건물을 토지의 일부로 인정하나 우리나라에서는 토지로부터 독립한 부동산으로 취급하여 독립적으로 등기할 수 있다(부동산등기법 제14조 제1항). 이러한 취급은 거래에는 편리하지만 대지의 사용 등에 관하여는 복잡한 법률관계를 초래한다. 건물은 구조상 및 거래상 독립성이 있으며 1개의 건물로서 등기할 수 있고, 거래를 할 수 있다.[7]

건물은 용도, 건축양식, 구조형식, 건축재료, 지붕 및 건축법 등에 따라 분류하는데,[8] 건물의 가치를 다르게 하는 구성요소는 전체나 부분을 나타내는 형상, 높이나 면적을 나타내는 규모, 전체나 부분을 구성하는 구조, 성능이나 종류가 다른 설비, 공사비, 설계비, 유지관리비 같은 경비, 전체나 부분의 용도, 한식, 양식 혹은 절충식으로 표현하는 건축양식 등이 있다.

1) 비영속성

건물은 토지와는 달리 재생산이 가능한 내구소비재로 내용연수를 가진 부동산이다. 주택·아파트 및 빌딩 등의 건물은 토지와는 달리 인위적인 축조물이기 때문에 재생산이 가능한 내구소비재이며 내용연수를 가진 부동산이므로 토지의 자연적인 특성의 하나인 영속성이 아닌 비영속성의 특성을 갖는다.

2) 생산가능성 및 동질성

건물은 개축이나 증축 등으로 그 규모를 증가시킬 수 있을 뿐만 아니라, 일정한 설계에 따라 다량의 아파트나 연립주택 및 빌딩 등을 건축할 수 있기 때문에 건축에 의한 생산가능성이라는 특성을 지니고 있다. 건물은 인위적인 축조물이기 때문에 동일한 형태나 구조 및 규격의 건물을 생산할 수 있으므로 동질성의 특성을 가진다.

---

7   이병태, 법률용어사전, 법문북스, 2010
8   방경식, 부동산용어사전, 부연사, 2011

2. 건물의 종류

건축법에서는 건축물을 9개의 시설군과 29개의 용도로 구분하고 있다.

✎ 건축법상 건물의 종류

용도	종류
단독주택	단독주택, 다중주택, 다가구주택, 공관(公館)
공동주택	아파트, 연립주택, 다세대주택, 기숙사
제1종 근린생활시설	슈퍼마켓과 일용품 등의 소매점, 휴게음식점 또는 제과점, 이용원, 미용원, 목욕장 및 세탁소, 의원·치과의원·한의원·침술원·접골원, 조산원, 산후조리원, 안마원, 탁구장, 체육도장, 지역자치센터, 파출소, 지구대, 소방서, 우체국, 방송국, 보건소, 공공도서관, 지역건강보험조합, 마을회관, 마을공동작업소, 마을공동구판장, 변전소, 양수장, 정수장, 대피소, 공중화장실, 그 밖에 이와 비슷한 것, 지역아동센터, 가스배관시설
제2종 근린생활시설	일반음식점, 기원, 휴게음식점 또는 제과점, 서점, 테니스장, 체력단련장, 에어로빅장, 볼링장, 당구장, 실내낚시터, 골프연습장, 물놀이형 시설, 공연장 또는 종교집회장, 금융업소, 사무소, 부동산중개사무소, 결혼상담소 등 소개업소, 출판사, 제조업소, 수리점, 세탁소, 청소년 게임제공업의 시설 및 복합유통 게임제공업의 시설과 인터넷 컴퓨터 게임시설제공업의 시설, 사진관, 표구점, 학원, 직업훈련소, 장의사, 동물병원, 독서실, 총포판매사, 단란주점, 의약품 판매소, 의료기기 판매소 및 자동차영업소, 안마시술소 및 노래연습장, 고시원, 다중생활시설(500㎡ 미만)

CHAPTER 02

용도	종류
문화 및 집회시설	공연장, 집회장, 관람장, 전시장, 동·식물원
종교시설	종교집회장, 종교집회장에 설치하는 봉안당
판매시설	도매시장, 소매시장, 상점
운수시설	여객자동차터미널, 철도시설, 공항시설, 항만시설
의료시설	병원, 격리병원
교육연구시설	학교, 교육원, 직업훈련소, 학원, 연구소, 도서관
노유자시설	아동관련시설, 노인복지시설, 그 밖에 다른 용도로 분류되지 않는 사회복지시설 및 근로복지시설
수련시설	생활권 수련시설, 자연권 수련시설, 유스호스텔
운동시설	• 탁구장, 체육도장, 테니스장, 체력단련장, 에어로빅장, 볼링장, 당구장, 실내낚시터, 골프연습장, 물놀이형 시설, 그 밖에 이와 비슷한 것 • 체육관, 운동장
업무시설	• 공공업무시설 및 일반업무시설 – 금융업소, 사무소, 결혼상담소 등 소개업소, 출판사, 신문사, 오피스텔
숙박시설	일반숙박시설, 관광숙박시설, 고시원
위락시설	단란주점, 유흥주점이나 그 밖에 이와 비슷한 것, 유원시설업의 시설, 그 밖에 이와 비슷한 시설, 무도장, 무도학원, 카지노영업소
공장	물품의 제조·가공 또는 수리에 계속적으로 이용되는 건축물
창고시설	창고, 하역장, 물류터미널, 집배송시설
위험물저장 및 처리시설	주유소, 액화석유가스 충전소·판매소·저장소, 위험물 제조소·저장소·취급소, 액화가스 취급소·판매소, 유독물 보관·저장·판매시설, 고압가스 충전소·판매소·저장소, 도료류 판매소, 도시가스 제조시설, 화약류 저장소, 그 밖에 위의 시설과 비슷한 것
자동차관련시설	주차장, 세차장, 폐차장, 검사장, 매매장, 정비공장, 운전학원 및 정비학원, 차고 및 주기장
동물 및 식물 관련시설	축사, 가축시설, 도축장, 도계장, 작물 재배사, 종묘배양시설, 화초 및 분재 등의 온실, 식물과 관련된 위의 시설과 비슷한 것
자연순환관련시설	하수 등 처리시설, 고물상, 폐기물재활용시설, 폐기물처분시설, 폐기물감량화시설
교정 및 군사시설	교정시설, 갱생보호시설, 그 밖에 범죄자의 갱생·보육·교육·보건 등의 용도로 쓰는 시설, 소년원 및 소년분류심사원, 국방·군사시설

용도	종류
방송통신시설	방송국(방송프로그램 제작시설 및 송신·수신·중계시설을 포함함), 전신전화국, 촬영소, 통신용 시설, 그 밖에 위의 시설과 비슷한 것
발전시설	발전소로 사용되는 건축물
묘지관련시설	화장시설, 봉안당, 묘지와 자연장지에 부수되는 건축물
관광 휴게시설	야외음악당, 야외극장, 어린이회관, 관망탑, 휴게소, 공원·유원지 또는 관광지에 부수되는 시설
장례식장	의료시설의 부수시설
야영장시설	관광진흥법에 따른 야영장 시설로서 관리동, 화장실, 샤워실, 대피소, 취사시설 등의 용도로 쓰는 바닥면적의 합계가 300㎡ 미만인 것

3. 용도변경

1) 용도변경의 개념

건축물의 용도는 건축법에서 건축물의 안전·기능 및 미관의 향상이라는 건축법의 입법목적을 달성하기 위하여 건축물의 종류를 유사한 구조·이용목적 및 형태별로 묶어 분류한 것을 의미하며, 용도변경(conversion)은 건축법령에 의해 사용승인을 받은 건축물의 용도를 소유주의 필요에 의해 건축법 규정에 따라 다른 용도로 변경하는 행위를 말한다.

2) 용도변경의 절차

건축물을 이용하다 보면 필요에 따라 건축물의 용도를 변경해야 하는 상황이 발생한다. 소유하고 있는 건축물의 용도를 변경하려면 건축물의 용도를 확인한 다음 용도변경행위가 허가 또는 신고대상인지를 결정하고, 변경하고자 하는 용도의 건축기준 등 관계법령상의 용도변경 제한규정을 확인하여 용도변경 가능여부를 결정한다.

건축물은 29가지 용도로 구분하고 이 29가지 용도를 다시 9개의 '시설군'으로 분류한다(건축법 시행령 제14조). 건축물의 용도변경은 변경하려는 용도의 건축기준에 적합하여야 하며, 건축물의 용도변경을 하고자 할 때에는 건축법 시행령에서 규정된 시설군에 대한 기준에 따라 특별자치도지사 또는 시장·군수·구청장의 '허가'를 받거나 용도변경에 대한 '신고' 혹은 '건축물대장 기재내용 변경신청'을 해야 한다(건축법 제19조). 만약, 건축법에 의한 허가를 받지 않거나 신고 없이 무단용도변경을 한 경우에는 관할관청이 해당 용도변경 부분의 시가표준액 10%에 해당하는 금액을 이행강제금으로 부과할 수 있다.

용도별 시설군 구분

시설군(9개)	용도(29개)
1. 자동차 관련시설군	자동차관련시설
2. 산업 등의 시설군	운수시설, 창고시설, 공장, 위험물저장 및 처리시설, 자원순환 관련시설, 묘지관련시설, 장례식장
3. 전기통신시설군	방송통신시설, 발전시설
4. 문화 및 집회시설군	문화 및 집회시설, 종교시설, 위락시설, 관광휴게시설
5. 영업시설군	판매시설, 운동시설, 숙박시설, 제2종근린생활시설(다중생활시설)
6. 교육 및 복지시설군	의료시설, 노유자시설, 교육연구시설, 수련시설, 야영장시설
7. 근린생활시설군	제1종근린생활시설, 제2종근린생활시설(다중생활시설 제외)
8. 주거업무시설군	단독주택, 공동주택, 업무시설, 교정 및 군사시설
9. 그 밖의 시설군	동물 및 식물관련시설

건축물의 용도를 변경하고자 할 때에는 변경하고자 하는 용도가 '국토의 계획 및 이용에 관한 법률'에 의한 해당 용도지역·지구 안에서 건축할 수 있는 용도인지 고려해야 하며, 변경하려는 용도의 건축기준을 만족시켜야 한다.

예를 들면, 8호군 주거업무시설군인 단독주택을 7호군 근린생활시설군인 슈퍼마켓이나 일반음식점으로 용도변경하고자 할 때에는 상위 시설군으로 용도를 변경하는 경우에 해당되므로 시장, 군수, 구청장의 '허가'를 받아야 한다. 반대의 경우로 7호군 근린생활시설군인 음식점을 8호군 주거업무시설군인 단독주택으로 용도변경하고자 할 때에는 하위 시설군으로 용도를 변경하는 경우이므로 시장, 군수, 구청장에게 '신고'하면 된다.

허가대상	각 시설군에 속하는 건축물의 용도를 상위군에 해당하는 용도로 변경	예시: 5호군 판매시설에서 2호군 창고 시설로
신고대상	각 시설군에 속하는 건축물의 용도를 하위 군에 해당하는 용도로 변경	예시: 5호군 판매시설에서 8호군 업무 시설로
기재사항변경대상 (건축물대장)	동일한 시설군내에서 변경	예시: 7호군 제1종근린생활시설에서 7 호군 제2종근린생활시설로
임의변경대상 (건축물대장)[9]	용도별 건축물의 분류표상의 동일한 호에 속하는 건축물 상호간의 변경	예시: 6호군 교육연구시설(교육원)에서 6 호군 교육연구시설(학원)로

SECTION 03+ 부동산의 유형

부동산은 어떠한 기준으로 분류하느냐에 따라 그 내용이 상이해진다. 부동산의 유형을 용도별로 분류하여 주거용, 비주거용, 혼합형 부동산으로 분류할 수 있다. 주거용 부동산은 주거를 목적으로 이용되는 부동산으로 단독주택, 다

---

9 디딤건축사사무소, www.didim.co.kr

가구주택, 아파트, 공동주택 등이 있고, 비주거용 부동산은 주거전용으로 사용되지 않는 부동산을 의미하는 것으로 상업용, 산업용, 숙박용, 여가용, 종교용, 문화용, 공공용, 기타 부동산 등으로 분류할 수 있다.

1. 단독주택과 공동주택

주택은 세대의 구성원이 장기간 독립된 주거생활을 할 수 있는 구조로 된 건축물의 전부 또는 일부 및 그 부속토지를 말하며, 이는 단독주택과 공동주택으로 구분된다. 주택의 건축은 단독주택과 공동주택을 신축·증축·개축·재축하거나 건축물을 이전하는 것을 말한다.

단독주택은 1세대가 하나의 건축물 안에서 독립된 주거생활을 할 수 있는 구조로 된 주택을 말한다. 단독주택의 형태를 갖춘 가정어린이집·공동생활가정, 지역아동센터 및 재가노인복지시설을 포함하고, 다중주택, 다가구주택, 공관 등을 포괄한다.

공동주택은 건축물의 벽·복도·계단이나 그 밖의 설비 등의 전부 또는 일부를 공동으로 사용하는 각 세대가 하나의 건축물 안에서 각각 독립된 주거생활을 할 수 있는 구조로 된 주택을 말한다. 또한 주택법에서는 기숙사를 제외한 아파트, 연립주택 및 다세대주택으로 규정해 놓았고, 건축법에서는 공동주택의 형태를 갖춘 가정어린이집, 공동생활가정, 지역아동센터, 노인복지시설(노인복지주택은 제외) 및 원룸형 주택을 포함하고 있다.

✎ **우리나라 주택의 종류별 현황**   (단위: 호)

단독주택	공동주택			주택총계
	아파트	연립주택	다세대주택	
4,088,847	12,057,979	531,423	2,274,579	18,952,828

자료: 국토교통부, 2023년 부동산가격공시에 관한 연차보고서, 2022

단독주택과 공동주택의 구분

구분		기준
단독주택	단독주택	단독주택의 형태를 갖춘 가정어린이집·공동생활가정·지역아동센터·공동육아나눔터·작은도서관 및 노인복지시설(노인복지주택은 제외)을 포함
	다중주택	학생 또는 직장인 등 여러 사람이 장기간 거주할 수 있는 구조로, 1개 동의 주택으로 쓰이는 바닥면적의 합계가 660㎡ 이하, 3층 이하(지하층 제외)의 주택, 독립된 주거형태를 갖추지 않은 주택으로, 학생 또는 직장인 등 여러 사람이 장기간 거주할 수 있는 구조
	다가구주택	1동의 단독주택에 출입문을 별도로 설치하는 등 19세대 이하가 독립된 생활을 할 수 있도록 건축된 주택을 말함. 주택으로 쓰는 층수(지하층 제외)가 3개층 이하, 1개 동의 주택으로 쓰이는 바닥면적의 합계가 660㎡ 이하(1층 전부 또는 일부를 필로티 구조로 하여 주차장으로 사용하는 경우 필로티 부분은 층수에서 제외)
	공관[10]	정부의 고위관리가 공적으로 쓰는 저택
공동주택	아파트	주택으로 쓰는 층수가 5개 층 이상인 주택
	연립주택	주택으로 쓰는 1개 동의 바닥면적(2개 이상의 동을 지하주차장으로 연결하는 경우에는 각각의 동으로 봄) 합계가 660㎡를 초과하고, 층수가 4개 층 이하인 주택
	다세대주택	주택으로 쓰는 1개 동의 바닥면적(지하주차장 면적은 제외) 합계가 660㎡ 이하이고, 층수가 4개 층 이하인 주택(2개 이상의 동을 지하주차장으로 연결하는 경우에는 각각의 동으로 봄)
	기숙사	– 일반기숙사: 학교 또는 공장 등의 학생 또는 종업원 등을 위하여 사용하는 것으로서 해당 기숙사의 공동취사시설 이용 세대 수가 전체 세대 수의 50퍼센트 이상인 것 – 임대형기숙사: 공공주택 특별법 제4조에 따른 공공주택사업자 또는 민간임대주택에 관한 특별법 제2조제7호에 따른 임대사업자가 임대사업에 사용하는 것으로서 임대 목적으로 제공하는 실이 20실 이상이고 해당 기숙사의 공동취사시설 이용 세대 수가 전체 세대 수의 50퍼센트 이상인 것

주: 건축법시행령 별표1. 용도별 건축물의 종류. 2023.9.12. 개정

---

10 공관 중 우리나라와 외교관계를 수립한 나라의 외교업무수행을 위하여 정부가 설치하여 주한외교관에게 빌려주는 공관은 '국토의 계획 및 이용에 관한 법률'에 의한 기반시설 중 공공·문화체육시설의 하나이며, 도시관리계획으로 결정하여 설치하거나 도시관리계획으로 결정하지 않고도 설치할 수 있는 시설로서 도시계획시설로는 공공청사에 해당한다.

2. 아파트

아파트는 공동주택 중 주택으로 쓰는 층수가 5개 이상인 주택을 말하며, 층마다 여러 집으로 일정하게 구획하여 각각 독립된 가구가 생활할 수 있도록 만든 주거형태를 말한다. 아파트는 주택도시기금의 지원여부 및 주거의 용도로만 쓰이는 면적 등에 따라 크게 민영아파트, 국민주택 및 임대아파트 등으로 구분할 수 있다.

'구분소유권'은 집합건물법에 규정된 건물부분을 목적으로 하는 소유권을 말한다. 아파트는 각 세대마다 각각 소유권의 목적으로 할 수 있으므로 아파트의 소유자는 구분소유자에 해당한다. '구분소유자'는 구분소유권을 가지는 자를 말한다. 구분소유자는 건물의 보존에 해로운 행위나 그 밖에 건물의 관리 및 사용에 관하여 구분소유자 공동의 이익에 어긋나는 행위를 해서는 안 된다. 전유부분[11]이 주거의 용도로 분양된 것인 경우에는 구분소유자는 정당한 사유 없이 그 부분을 주거 외의 용도로 사용하거나 그 내부 벽을 철거하거나 파손하여 증축·개축하는 행위를 해서는 안 된다.

아파트의 관리방법과 기준으로 '공동주택관리법'과 '주택법'이 적용된다. 관리비는 일반관리비, 청소비, 경비비, 소독비, 승강기유지비, 지능형 홈네트워크설비유지비, 난방비, 급탕비, 수선유지비 및 위탁관리수수료 등 10가지 항목으로 공동주택관리법에 정해져 있다. 법령에서 정한 사항을 제외하고는 관리비로 징수할 수 없으며, 장기수선충당금[12] 및 안전진단 실시비용은 별도의 금액으로 구분하여 징수하여야 한다. 아파트의 입주자 및 사용자는 그 아파트의 유지관리를 위하여 필요한 관리비를 관리주체에게 납부해야 한다.

국토교통부의 공동주택관리정보시스템(www.k-apt.go.kr)을 통해 아파트 관

---

11 전유부분은 구분소유권의 목적인 건물부분을 말한다. 구분소유자는 그 전유부분이나 공용부분을 보존하거나 개량하기 위하여 필요한 범위에서 다른 구분소유자의 전유부분 또는 자기의 공유에 속하지 않는 공용부분의 사용을 청구할 수 있다. 이 경우 다른 구분소유자가 손해를 입었을 때에는 보상해야 한다. 공용부분은 전유부분 외의 건물부분, 전유부분에 속하지 않는 건물의 부속물 및 집합건물법에 따라 공용부분으로 된 부속의 건물을 말한다.

12 장기수선충당금은 공동주택의 관리주체가 장기수선계획에 따라 공동주택 주요 시설의 교체 및 보수에 필요한 금액을 해당 주택의 소유자로부터 징수하여 적립하는 것을 말한다. 임차인은 장기수선충당금의 납부의무자가 아니므로 임차인이 해당 주택의 소유자를 대신하여 장기수선충당금을 납부한 경우에는 이사할 때 해당 주택의 소유자인 임대인에게 납부금액을 정산하여 받을 수 있다.

리비 47개 항목(인건비, 제사무비, 제세공과금, 차량유지비, 청소비, 경비비, 소독비, 승강기유지비, 지능형 홈네트워크설비유지비, 수선유지비, 급탕사용료, 난방사용료, 가스사용료, 전기사용료, TV수신료, 수도사용, 생활폐기물수수료, 정화조오물수수료, 입주자대표회의 운영비, 물보험료, 장기수선충당금, 잡수입)을 검색할 수 있다.

3. 준주택

준주택은 주택 외의 건축물과 그 부속토지로서 주거시설로 이용 가능한 시설로 주택법에서 규정하고 있다. 이는 도시가 발달하면서 사람들의 주거형태가 다양화되면서 제도가 이를 뒷받침하기 위해 고안한 주택의 유형이다.

준주택은 고령화 및 1~2인 가구 증가 등 변화된 주택수요 여건에 대응하여 주택으로 분류되지 않으면서 주거용으로 활용이 가능한 주거시설의 공급을 활성화하기 위해서 도입한 제도로 기숙사, 고시원 등 바닥면적의 합계가 500㎡ 미만인 다중생활시설, 노인복지주택, 오피스텔 등이 있다. 노인복지주택은 단독주택과 공동주택 등 주택에 해당되지 않는 것으로 노인복지법에서 정한 노인주거복지시설 중 하나이다.

4. 도시형생활주택

도시형생활주택은 '주택법'에 근거하여 2009년부터 시행되었다. 늘어나는 1~2인 가구와 서민의 주거안정을 위하여 도시지역 내 필요한 곳에 신속하고 저렴하게 주택을 공급할 수 있도록 각종 주택건설기준과 부대시설 등의 설치기준을 적용하지 않거나 완화하였다. 도시형생활주택은 건축법상 건축물의 용도로는 공동주택에 해당하고, 쾌적성, 안전성이 보장되도록 건설기준을 완화하고 공급절차를 단순화하는 등 공급의 활성화를 도모하였다. 즉, 주차장 설치기준을 완화하고 관리사무소·조경시설 등 부대시설, 놀이터·경로당 등 복리시설규정은 설치의무를 면제하거나 완화하고 필요성이 낮은 부대·복리시설은 의무설치대상에서 제외된다.

도시형생활주택은 '국계법'에서 정한 도시지역에서만 건축할 수 있고 기반시설이 부족하여 난개발이 우려되는 비도시지역은 해당되지 않으며, 1세대당 주거전용면적 85㎡ 이하인 국민주택 규모의 300세대 미만으로 구성된다. 이는 단지형 연립주택, 단지형 다세대주택과 소형주택으로 구분되는데, '주택공급에 관한 규칙'에서 입주자 모집 시기와 모집 승인 신청 및 승인, 모집 공고와 공고 내용, 공급 계약의 내용 등 일부 규정만 적용받고, 입주자저축과 주택청약자격, 재당첨 제한 등의 규정은 적용받지 않는다.

단지형 연립주택은 세대당 주거전용면적 85㎡ 이하인 주거형태로서 주거층은 4층 이하, 연면적은 660㎡ 초과로 건축하되, 건축법 제5조 제2항에 따라 건축위원회의 심의를 받으면 1개 층을 추가하여 주택으로 쓰는 층수를 5개 층까지 건축할 수 있다. 건축물의 용도는 건축법상의 공동주택인 연립주택에 해당한다.

단지형 다세대주택은 세대당 주거전용면적 85㎡ 이하인 주거형태로서 주거층은 4층 이하, 연면적은 660㎡ 이하로 건축하되, 건축법 제5조 제2항에 따라 건축위원회의 심의를 받으면 1개 층을 추가하여 주택으로 쓰는 층수를 5개 층까지 건축할 수 있다. 건축물의 용도는 건축법상의 공동주택인 다세대주택에 해당

🖉 건축법상 공동주택과 주택법상 도시형생활주택의 차이

구분	공동주택(아파트, 연립, 다세대)	도시형생활주택 (단지형 연립·다세대, 소형주택 등)
감리	주택법 감리	건축법 감리
분양가상한제	적용	미적용
공급규칙	적용	일부 적용(분양보증, 공개모집)
건설기준	주택건설기준 등에 관한 규정 적용	일부 건설기준, 부대·복리시설 적용 제외
주차기준	세대당 1대 이상(세대당 전용면적 60㎡ 이하 0.7대 이상)	• 소형주택: 60㎡당 1대 • 상업·준주거지역 120㎡당 1대
입지지역	도시·비도시지역 중 허용지역	도시지역 중 허용지역
주거전용면적	-	• 단지형 연립·다세대: 85㎡ 이하 • 소형주택: 60㎡ 이하
사업계획승인	20세대 이상	30세대 이상(30세대 미만은 건축허가)
건설사업등록기준	20세대 이상	도시형생활주택 건축 시에는 30세대 이상

한다.

　소형주택은 세대별 주거전용면적이 60㎡ 이하로 독립된 주거가 가능하도록 욕실 및 부엌을 설치하고, 욕실 및 보일러실을 제외한 부분을 하나의 공간으로 구성하되, 주거전용면적이 30㎡ 이상인 경우에는 일반 아파트와 같이 다양한 평면계획(예: 침실3, 거실1, 각각의 면적 7㎡ 이상)을 구성할 수 있다. 다만, 주차장 등 부대시설 및 기반시설의 과부하 방지를 위해 침실이 2개 이상인 세대는 전체 소형주택 세대수의 1/3 이내로 제한하고 있으며, 세대를 지하층에 설치하는 것도 금지된다. 건축물의 용도는 건축법상의 공동주택(아파트·연립주택·다세대주택)에 해당하지만, 주택법에서 규정한 감리대상에서 제외되고 분양가상한제도 적용받지 않으며, 어린이놀이터와 관리사무소 등 부대시설 및 복리시설, 외부소음과 배치, 조경 등의 건설기준도 적용받지 않는다. 하나의 건축물에는 도시형생활주택과 그 밖의 주택을 함께 건축할 수 없고, 단지형 다세대주택과 그 밖의 도시형생활주택을 함께 건축할 수 없다. 단, 준주거지역이나 상업지역에서는 소형주택과 기숙사형을 함께 건축할 수 있으며, 단지형 다세대주택을 제외한 그 밖의 주택도 함께 건축할 수 있다.

5. 상업용 부동산

　상업용 부동산은 일반적으로 수입(임대수익 등)을 창출하며 자본소득의 가능성이 있는 자산을 말한다. 상업용 부동산은 부동산의 가치가 부동산으로부터 기대되는 미래의 수입액(임대수익)에 따라 결정된다는 점에서 주거용 부동산과 차이가 있다. 상업용 부동산에는 건축법상의 용도구분에 따라 업무시설인 오피스빌딩과 제1종 근린생활시설, 제2종 근린생활시설, 문화 및 집회시설, 판매시설, 운동시설, 위락시설 등과 주택겸용 소형점포와 시장, 상가 등이 있다.

　대내외적인 환경변화에 따라 부동산정책 결정 및 시장정보 수요자 충족을 목적으로 상업용 부동산에 대한 시장정보를 구축하고 있는데 이러한 상업용 부동산에 대한 시장정보는 수요층에 따라 다양화되고 있다.

　상업용 부동산 관련 파이낸싱은 부동산개발건설금융과 상업용 모기지금융 등 두 단계로 나누어지는데, 부동산개발건설금융은 개발건설단계의 자금조달을 위한 단기금융 성격으로, 건물이 준공된 이후 상업용 모기지금융으로 차환되는 것을 전제로 한다. 이후 건물이 준공되고 안정화[13]된 단계에서는 정상적으로 운용할 기간 동안의 자금조달을 위한 장기금융 성격인 상업용 모기지금융으로 차환하게 된다.

투자자와 임대인에게는 투자여부를 결정하고 투자성과평가가 가능한 지표

✎ 대규모 점포의 구분

업태/ 상가구분	정의
할인점	근린생활시설이 설치되는 장소를 제외한 매장면적의 합계가 3천㎡ 이상인 점포의 집단으로서 상품을 통상의 소매가격보다 저렴한 가격으로 계속하여 소매하는 점포의 집단
전문점	근린생활시설이 설치되는 장소를 제외한 매장면적의 합계가 3천㎡ 이상인 점포의 집단으로서 의류, 가전, 또는 가정용품 등 특정품목에 특화한 점포의 집단
백화점	근린생활시설이 설치되는 장소를 제외한 매장면적의 합계가 3천㎡ 이상인 점포의 집단으로서 다양한 상품을 구매할 수 있도록 현대적 판매시설과 소비자편익시설이 설치된 점포로서 직영의 비율이 30% 이상인 점포의 집단
쇼핑센터	근린생활시설이 설치되는 장소를 제외한 매장면적의 합계가 3천㎡ 이상인 점포의 집단으로서 다수의 대규모 점포 또는 소매 점포와 각종 편의시설이 일체적으로 설치된 점포로서 직영 또는 임대의 형태로 운영되는 점포의 집단
시장	다수의 점포에 도매업, 소매업 및 용역업이 혼재한 형태로 운영되는 점포의 집단
단지 내 상가	주택법 등에 의해서 일정규모의 공동주택 건립 시 주민의 편의를 도모하기 위해 설치되는 상가를 말하며, 주로 아파트 내 상가로 개발됨
근린상가	통상적으로 주거지가 중심이 되는 근린생활권에 입지한 빌딩으로 대체로 5층 미만이며, 건축법상의 근린생활시설 등 일상적 편의를 제공하는 업종이 입지한 상가
일반상가	상권의 위계상 도심 및 부도심에 위치한 상가로 건축법에 따른 제1종 근린생활시설 중 공공서비스의 성격이 아닌 것과 제2종 근린생활시설, 학원, 위락시설 등이 입지한 상가
테마상가	특정사업자가 주체가 되어 전체시설을 계획, 관리하는 상가의 한 형태
복합상가	주거시설, 산업시설 등과 상가시설이 복합되어 있는 상가
오피스 상가	도심지 대규모 오피스빌딩의 일부 층에 입지한 판매시설로서 대규모 오피스 빌딩의 고객을 대상으로 하며, 통상 아케이드상가라고도 함

자료: 양승철·이성원, 비주거용 부동산 가격의 가격형성요인에 관한 연구, 한국부동산연구원, 2005, pp.8~14.

---

13 안정화란 준공 후 시장의 입주율 수준만큼 임대가 완료되고 충분히 운영되어 장기 상업용 모기지 대출을 제공하는 대출기관이 신뢰할 수 있는 매출실적기록을 보유하는 것을 의미한다.

가 필요하며 사용자와 임차인에게는 사무·업무공간 확보를 위해 지역별 공실률, 임대료 및 관리비, 공급동향에 관련된 지표가 필요하다. 과세평가기관 및 감정평가사에게는 가격평가를 위한 기초자료로 공실률, 임대료, 관리비, 영업경비, 자본적 지출 등 수익과 비용에 관련된 지표들이 요구되고, 정책입안자에게는 상업용 부동산시장에 대해 적재적소에 필요한 정책수립을 위해 수급동향, 가격변화와 관련된 시장동향, 향후 시장전망에 관련된 지표가 주요 관심이 된다.

주상복합의 법적근거

'주상복합건축물'은 한 건물에 주거공간과 상업공간이 공존하는 건축물로 저층부는 상업용공간, 저층부 이상은 주거용공간으로 구성된다. 주거공간의 면적비율은 70~90% 미만 범위에서 지자체가 조례로 정하고 있다. 일반적으로 '주상복합건축물'은 상업지역 또는 준주거지역에 자리 잡는데, 주거와 상업 용도가 복합되어 20세대 이상이 주거하는 건물을 의미한다. 300세대 이상일 경우 주택법, 300세대 미만일 경우 건축법의 적용을 받는다.

통상적으로 '주상복합'의 정의를 건축법과 주택법에서 찾아볼 수 없어 법적근거가 없는 것으로 알려져 있지만, 지방세법 시행령, 주택공급에 관한 규칙, 공공주택 업무처리지침(국토교통부훈령), 간이과세배제기준(국세청고시) 등에서 법적근거를 찾아볼 수 있다.

주상복합 건축물에 대해서는 지방세법 시행령 제138조 ②항 2호 사목에 "하나의 건축물이 근린생활시설, 판매시설, 업무시설, 숙박시설 또는 위락시설의 용도와 주택의 용도로 함께 사용되는 것을 말한다"라고 규정하고 있다. 또한 주택공급에 관한 규칙 제31조에서 '주상복합건축물에 대한 우선 공급'을 명시하고 있고, 국토교통부훈령 제1512호 공공주택 업무처리지침에도 '주상복합'이라는 용어가 사용되고 있으며, 국세청고시 제2021−55호 간이과세배제기준 제3조에 "주상복합건물인 경우 주택면적 제외"라고 용어가 적시되어 있다.

　　상업용 부동산에 대한 관심은 IMF 이후 해외투자자본의 국내 유입으로 국내 부동산투자에 관심이 높아짐에 따라 자사 사옥관리 및 투자컨설팅을 목적으로 설립된 컨설팅업체들이 중심이 되었다. 민간기관으로는 오피스를 주된 투자와 관리대상으로 하는 교보리얼코, 신영에셋, 메이트플러스, 젠스타, KT이스테이트, LG서브원, 한화63시티 등을 비롯한 크고 작은 회사들이 있다.

매장용 부동산은 수익을 목적으로 상업활동에 이용되는 부동산으로 주로 임대시장이나 부동산중개업체를 통해 거래되며, 일반적으로 '상가'로 통칭된다. 매장용 부동산에는 개별상가건물이나 대규모 상가인 할인점, 전문점, 백화점, 쇼핑센터 등 여러 가지 상가가 포함된다. 매장용 부동산은 입지하고 있는 지역특성과 규모, 입점하는 업종이나 업태 등에 따라 단지 내 상가, 근린상가, 일반상가, 지하상가, 아케이드상가 등으로 구분된다.

SECTION 04 + 부동산의 권리

1. 물권

부동산의 권리는 물권의 형태로 표시하는데, 민법이 정하는 물권은 소유권, 점유권, 용익물권(지상권, 지역권, 전세권), 담보물권(저당권, 유치권, 질권)의 8종으로 구분된다. 민법 제185조는 '물권은 법률 또는 관습법에 의하는 외에는 임의로 창설하지 못한다'고 규정하여 이러한 물권의 종류 및 그 내용은 법률에 규정된 것에 한하여 인정함으로써 당사자가 자유롭게 창설할 수 없게 하고 있는데, 이를 '물권법정주의'라 한다.

1) 소유권

소유권은 재산권 중에서 기본이 되는 권리이며, 사유재산제의 표현이고, 사적자치의 원칙과 밀접하게 관련된다. 소유권은 존속기간의 제한이 없으며 소멸시효의 대상이 되지 않는 항구성을 가진 권리로, 소유권의 객체는 물건에 한한다. 소유자는 법률의 범위 내에서 소유물을 사용·수익·처분할 수 있다(민법 제211조). 토지소유권은 정당한 이익이 있는 범위 내에서 토지의 상하에 미친다(동법 제212조). 그러나 지중의 광물은 토지소유권이 미치지 않고 광업권의 객체로서 국유로 된다(광업법 제2조, 제7조).

2) 점유권

점유권은 물건을 사실적으로 점유하여 지배하는 권리이다(민법 제192조). 민법은 20년간 소유의 의사를 가지고 평온·공연하게 부동산을 점유한 자는 등기함으로써 소유권을 취득하도록 정하고 있으며(점유취득시효), 또 소유자로 등기한 후 10년간 소유의 의사로 평온·공연, 선의·무과실하게 점유한 때도 소유권을 취득한다고 규정(등기부취득시효)하고 있는데, 이것을 시효취득이라 한다.

3) 용익물권

용익물권과 담보물권은 특정한 목적을 위하여 물건을 지배하여 이익을 향수할 수 있는 권리이며, 이를 제한물권이라 하는데 소유권을 제한함으로써 성립하고, 스스로 그 내용을 제한받는 권리이다.

용익물권은 지상권, 지역권, 전세권으로 사용가치와 수익가치의 권능 중 일부가 소유권으로부터 분리되어 독립된 권리이다. 지상권은 타인의 토지에 건물 기타 공작물이나 수목을 소유하기 위해 타인의 토지를 사용하는 물권으로, 토지소유자와 지상권자의 지상권 설정계약과 등기에 의해 성립된다. 여기서 공작물은 지상공작물뿐만 아니라 지하공작물도 포함된다. 관습법상의 지상권(예: 분묘기지권 등) 또는 법정지상권[14]도 있으나, 보통은 당사자 간의 계약에 의하여 지상권이 설정된다.

지역권은 일정한 목적을 위하여 타인의 토지를 자기토지의 편익에 이용하는 권리로서 토지용익물권의 일종이다(민법 제291조). 자기 토지를 위하여 타인의 토지를 통행하거나, 타인의 토지에 수로를 만들어 물을 끌어가거나, 또는 타인의 토지에 통풍·일조·관망 등을 방해하는 건축을 하지 못하게 하는 등의 권리이다. 지역권에 있어서 편익을 받는 토지를 요역지(要役地)라 하고, 편익을 제공하는 토지를 승역지(承役地)라고 한다.

전세권은 전세금을 지급하고 타인의 부동산을 일정 기간 그 용도에 따라 사용·수익한 후, 그 부동산을 반환하고 전세금의 반환을 받는 권리로, 전세

---

14 관습법상 법정지상권은 동일인에게 속하고 있는 토지와 건물의 어느 한쪽이 경매 기타의 원인으로 말미암아 그 소유자를 각각 달리하게 된 경우에 당사자 사이에 그 건물을 철거한다는 특약이 없는 이상 건물소유자가 당연히 지상권을 취득하게 되는 것을 말한다.

권자는 전세금의 반환에 관하여 다른 채권자보다 우선변제를 받을 권리가 있다.

4) 담보물권

담보물권은 저당권, 유치권, 질권 등 채권변제의 확보를 목적으로 하는 물권으로, 교환가치와 지배권능의 전부 또는 일부가 분리되어 독립된 지배권이다. 저당권은 금전 대부로 채권자가 갖게 된 권리로, 민법상 채무자가 담보로 제공한 물건을 담보제공자가 점유·이용할 수 있도록 하고, 채무가 이행되지 않을 때 목적물을 경매해 그 대금에서 저당채권자가 다른 채권자보다 우선변제를 받을 목적으로 하는 담보물권을 말한다.

유치권은 타인의 물건 또는 유가증권을 점유한 자가 이에 관하여 생긴 채권의 변제를 받을 때까지 이를 유치할 수 있는 권리이다. 이는 타인의 물건을 점유하는 자가 그 물건에 관한 채권을 갖는 경우에는 그 점유자로 하여금 그 채권을 변제받을 때까지 물건의 반환을 거절할 수 있도록 하는 '공평의 원칙'에 기해서 인정되는 것이다.

질권은 채권자가 채무자 또는 제3자(담보제공자)로부터 채무의 담보로 제공받은 동산·유가증권·채권 등을 점유함으로써 채무의 변제를 간접적으로 강제하고, 채무를 이행하지 않으면 그 물건을 처분하거나 권리를 실행하여 그 대금으로 우선변제를 받을 수 있는 권리를 말한다.

✎ 근저당권 및 저당권의 차이

차이	근저당권	저당권
담보채권	장래의 증감·변동하는 불특정채권	현재의 확정액
부종성	결산일에 피담보채권이 확정되기 전까지 피담보채권이 소멸되더라도 유지	현재 채권이 소멸하면 함께 소멸
변제의 효력	변제하더라도 결산기 전이면 채권이 소멸하지 않음	변제하면 채권소멸
등기되는 금액	피담보채권 최고액(채권액이 최고액을 초과해도 최고액 이상의 우선변제권은 없음)	피담보채권액

5) 소유권의 공적제한

부동산의 소유권은 배타적인 권리이지만, 공공복리나 사회적 목표 달성을 위해 개인의 부동산소유권에 대하여 제한을 가할 수 있다. 이러한 정부의 공적 제한에는 경찰권, 과세권, 수용권, 귀속권 등이 있다.

경찰권은 공익을 보호하기 위하여 개인의 사적 부동산활동을 통제하는 정부의 권한으로 건축법, 소방법, 지역지구제 등 공법적 규제로 나타나며, 이는 부동산개발이나 사용 등에 대한 제한으로 행사된다. 수용권은 공공목적을 위해 필요한 경우에 개인의 재산을 취득할 수 있는 권한을 말하며, 적법한 절차에 따라 정당한 보상이 수반되어야 한다. 과세권은 정부가 부동산에 대하여 세금을 부과할 수 있는 권한으로 취득시, 보유시, 처분시에 행사된다. 귀속권은 소유권자가 생전에 부동산을 양도하지 않았거나 상속을 받을 사람이 없는 경우, 국가가 대상부동산의 소유권을 갖게 되는 권리를 말한다.

✎ 소유권의 공적제한

경찰권	• 공익을 보호하기 위하여 개인의 활동을 통제하는 정부의 권한 • 건축법, 소방법, 지역지구제, 환경보호법, 공해방지법 등
수용권	• 공공목적을 위하여 개인의 재산을 취득할 수 있는 권한 • 적법한 절차와 정당한 보상이 선행됨
과세권	• 개인이나 기업의 부동산에 세금을 부과할 수 있는 권한 • 취득과세, 보유과세, 양도과세
귀속권	무주부동산의 소유권을 국가에 귀속시킬수 있는 권한

2. 부동산등기

1) 등기부의 의의

부동산등기는 부동산의 귀속과 그 귀속의 형태를 외부에서 인식할 수 있도록 공시하는 방법을 말한다. 즉 부동산등기는 등기관이 부동산의 상황과 그 권리관계를 일정한 공적인 장부(등기부)에 기재하는 것 또는 이러한 기재 그 자체

CHAPTER 02

를 말한다.[15] 일반적으로 등기부와 대장의 내용이 일치되는 것이 원칙이지만, 일치하지 않을 경우 '부동산의 물적 상황'은 대장의 기재를 기초로 하고 등기는 이에 따르게 한다. 그러나 '권리 그 자체의 변동'에 관하여는 등기부를 기초로 하고 대장은 이에 따르게 한다.

부동산등기부는 주택이나 토지 등 모든 부동산의 권리관계가 기재된 공식적인 장부이다. 부동산을 매입하고자 하는 사람은 누구든지 해당 부동산의 소유자와 권리관계를 확인하기 위해 등기부등본을 볼 수 있어야 한다. 토지나 주택과 같은 부동산은 겉으로 봐서 누가 점유하고 있는지 또는 소유하고 있는지 알기가 쉽지 않다. 이를 위해 등기부에 해당 부동산의 표시와 그 부동산에 관한 권리관계를 기재해 일반인에게 공시하는데, 이것이 부동산등기제도이다. 따라서 등기부를 열람하거나 등기부등본을 발급받아 해당 부동산의 지번·지목·구조·면적 등 표시사항과 권리관계를 확인해야 한다.

부동산등기부는 전산정보처리조직에 의해 입력·처리된 등기정보자료를 대법원규칙으로 정하는 바에 따라 편성한 것으로, 대법원 인터넷등기소를 통해 365일 24시간 등기기록의 사항을 열람할 수 있으며 최초 열람 후 1시간 이내에는 재열람할 수 있다. 등기사항전부증명서 형태로 열람하는 경우에는 등기부에 기록되어 있는 모든 내용을 볼 수 있으나 열람 당시 효력이 있는 등기사항 및 그와 관련된 사항만을 볼 수 있다. 등기사항일부증명서 형태로 열람하는 경우에는 특정인 지분·현재소유현황·지분취득이력 등의 특정부분의 내용만을 볼 수 있다. 누구든지 수수료를 내면 등기기록 사항의 전부 또는 일부를 무인발급기 또는 인터넷등기소(www.iros.go.kr)를 통해 발급받을 수 있다.

2) 등기부의 구성

부동산등기부에는 토지등기부와 건물등기부, 그리고 집합건물등기부가 있다. 따라서 대지와 건물이 함께 거래되는 단독주택 같은 부동산을 거래할 경우에는 토지등기부와 건물등기부를 각각 별도로 열람해야 한다. 아파트나 연립주택 등과 같은 공동주택의 경우에는 집합건물등기부 하나에 토지와 건물에 대한 사항이 함께 기재되어 있다.

15 민법 제186조 및 '법령용어사례집'(법제처·한국법제연구원)

등기부는 세 가지 부분으로 구성되어 있다. ① 부동산의 소재지와 그 내용을 표시하는 표제부, ② 소유권에 관한 사항을 기재하는 갑구, ③ (근)저당권·전세권·지상권 등과 같은 소유권 이외의 권리에 관한 사항을 기재하는 을구로 구성되어 있다. 그러나 을구에 기재될 사항이 아예 없거나, 기재되었던 사항이 모두 해결되어 효력 있는 부분이 전혀 없으면, 을구는 없을 수도 있다.

✎ **등기부의 공시내용과 등기내용**

구분	공시내용	등기내용
표제부	부동산의 표시	• 토지: 접수일자, 소재지, 지목, 면적, 분할, 합병사항 • 건물: 접수일자, 소재지, 구조, 용도, 면적, 분할, 구분, 합병사항
갑구	소유권	• 소유권에 관한 등기 • 실거래가에 관한 등기(권리자 및 기타사항란) • 가등기, 가압류, 가처분, 압류, 경매, 예고등기, 파산, 화해 등에 관한 등기
을구	소유권 이외의 권리	• 지상권·지역권·전세권·저당권·임차권 등 등기

(1) 표제부

등기부의 표제부는 표시란과 표시번호란으로 나누어져 있다. 표시란에는 부동산의 소재지와 그 변경에 관한 사항이 기재되어 있고, 표시번호란에는 표시란에 등기한 순서가 기재되어 있다.

토지등기부의 표제부에는 처음으로 등기한 연월일과 소재지번·지목·면적·등기원인 및 기타사항 등이 기재되어 있다. 제곱미터(m^2)로 되어 있는 면적을 평수로 환산하려면 $3.305785m^2$로 나누면 된다(1평 = $3.305785m^2$, $1m^2$ = 0.3025평). 건물등기부의 표제부에도 처음으로 등기한 연월일과 소재지번·건물명칭·구조·용도·면적·등기원인 및 기타사항 등이 기재되어 있다.

(2) 갑구

등기부 갑구에는 소유권과 관련된 권리관계가 기재되어 있다. 따라서 해당 부동산 소유자의 변동내역이 모두 수록되어 있는데, 제일 마지막에 등기된 소유자가 현재의 소유자이다. 등기부의 갑구는 순위번호란과 사항란으로 나누어져 있다. 사항란에는 소유권에 관한 사항이 기재되어 있고, 순위번호란에는 사항란에 등기한 순서가 기재되어 있다. 소유권에 대한 압류, 가등기, 경매개시결정등기 그리고 소유권의 말소 또는 회복에 관한 재판이 진행중임을 예고하는 예고등기, 소유자의 처분을 금지하는 가처분등기 등이 모두 갑구에 기재되는 사항이다. 그리고 이러한 권리관계의 변경소멸에 관한 사항도 역시 갑구에 기재된다. 2006년 6월부터 갑구의 권리자 및 기타사항란에 부동산매매가액의 실제 거래된 거래금액이 기재되었다.

이와 같이 등기부의 갑구에는 소유자의 권리행사에 영향을 미치는 각종 등기설정과 변경, 말소에 관한 사항이 기재되어 있으므로 다음 사항에 유의하여 권리관계를 확인해야 한다. 즉, 소유권에 대한 압류, 가압류, 경매개시결정, 가처분 등 처분제한 등기가 기재되어 있는지 보아야 한다. 채권자가 채권확보를 위하여 채무자의 재산을 압류, 가압류한 경우에 그 채무자가 채무를 변제하지 못할 때에는 그 부동산은 경매가 될 것이기 때문이다.

(3) 을구

을구에는 소유권 이외의 권리인 저당권이나 전세권·지역권·지상권, 임차권 등이 등기되어 있다. 그리고 이러한 권리관계의 변경, 이전, 말소도 을구에 기재되어 있다. 따라서 등기부의 을구에서는 다음 사항을 유의해서 권리관계를 확인해야 한다.

첫째, (근)저당권이 설정되어 있는지 확인해야 한다. 담보물권(저당권과 근저당권)은 경매의 원인이 되므로 주의해야 한다. 등기부의 을구에 기재된 근저당권의 채권최고액은 채무자가 현실로 부담한 채무가 아니고 앞으로 부담할 최대한도의 채무액이라는 뜻이며, 실제 채무액은 채권최고액의 80~90% 정도 되는 것이 일반적이다. 채무자가 근저당권 채권을 변제하지 않으면 그 부동산은 경매가 진행될 수 있다.

둘째, 전세권·지상권·지역권 등이 설정되어 있는지 확인해야 한다. 이러한 용익물권은 저당권과는 달리 부동산의 일부분에도 설정될 수 있다. 전세권이 설정되어 있는 경우 특별한 사정이 없는 한 전세기간 내에는 전세권자를 임의로 내보낼 수 없다.

(4) 구분건물등기

아파트나 연립주택과 같은 공동주택 등 집합건물의 경우에는 표제부가 2장인데, 첫째 장은 건물 전체(1동)에 대한 표제부이고, 둘째 장은 구분된 각 세대의 건물에 대한 표제부(전유부분의 건물 표시)로 구분되어 있다. 등기기록에는 1동의 건물에 대한 표제부 및 전유부분마다 표제부, 갑구(甲區), 을구(乙區)가 있다.

1동의 건물 표제부에는 표시번호란, 접수란, 소재지번·건물명칭 및 번호란, 건물내역란, 등기원인 및 기타사항란이 있다. 구분한 각 건물 중 대지권이 있는 건물이 있는 경우 1동의 건물 표제부에 대지권의 목적인 토지의 표시를 위한 표시번호란, 소재지번란, 지목란, 면적란, 등기원인 및 기타사항란이 있다.

3) 등기의 효력

부동산에 관한 법률행위로 인한 물권의 득실변경은 등기해야 그 효력이 발생한다. 같은 부동산에 관해 등기한 권리의 순위는 법률에 다른 규정이 없으면 등기한 순서에 따라 정해진다. 등기부에 기입되어 있는 각 등기는 등기한 순서대로 순위번호가 부여되어 기재된다. 같은 구(갑구나 을구)에서는 그 순위번호에 따라 등기의 순위가 가려진다. 그러나 가등기가 있는 경우는 순위보전의 효력이 있어 본등기를 하면 그 본등기의 순위는 가등기 순위를 따른다. 등기부 갑구에 기재되어 있는 등기와 을구에 기재되어 있는 등기 사이의 등기순위는 접수일자와 접수번호에 의해 우선순위가 가려진다.

4) 등기의 공신력

등기의 공신력은 권리관계에 관한 등기부의 기재가 비록 실제의 권리관계와 부합하지 않더라도, 그것을 진실한 것이라고 신뢰하고 거래를 한 선의의 제3자를 보호하기 위하여 등기의 기재에 대하여 인정하는 것을 말한다.

우리나라의 민법은 등기의 공신력을 인정하지 않는다. 프랑스 민법에서도 부동산에 관하여는 공신력을 인정하지 않고 동산에 관하여서만 인정하는데, 우리나라의 민법도 프랑스 민법을 따르고 있다. 따라서 현행 등기제도로는 부동산 소유자에 대한 진정성을 확정하지 못하는 한계가 있다. 공신력을 인정하게 되면 부동산거래 당사자의 안전이 보호되는 반면, 진정한 권리자의 이익을 해할 우려

가 있으므로, 권원보험 등 이러한 거래의 왜곡을 피할 수 있는 보완을 할 필요
가 있다.

5) 등기의 종류

(1) 소유권보존등기

소유권보존등기는 토지·건물·구분건물 소유자의 신청에 의해 미등기의 부
동산에 처음으로 행해지는 소유권등기를 말한다. 즉 토지 소유권보존등기는 토
지 소유자의 신청에 의해 미등기의 토지에 처음으로 행해지는 소유권등기를 말
하고, 건물 소유권보존등기는 소유자의 신청에 의해 미등기의 건물에 처음으로
행해지는 소유권등기를 말한다.

(2) 소유권이전등기

소유권이전등기는 법률행위(매매, 증여, 사인증여, 재산분할, 양도담보, 교환, 계
약의 해제, 현물출자, 대물변제 등)를 원인으로 한 소유권이전등기와 법률규정(토지
등의 수용, 유동화자산의 양도 등의 설정, 상속, 판결, 경매)에 의한 소유권이전등기
등이 있다.

매매에 의한 소유권이전등기는 매매라는 법률행위로 소유권이 이전된 경우
이를 공시하기 위해 신청하는 등기를 말한다. 매수인의 소유권이전등기청구권은
10년간 행사하지 않으면 소멸시효가 완성된다.

증여에 의한 소유권이전등기는 부동산증여계약에 의해 소유권을 이전하는
경우의 등기를 말한다. 증여는 당사자 일방이 무상으로 재산을 상대방에 수여하는
의사를 표시하고 상대방이 이를 승낙함으로써 그 효력이 생기는 계약을 말한다.

상속에 의한 소유권이전등기는 사망으로 인해 소유권이 이전하는 경우에
하는 등기를 말한다. 상속은 사람의 사망으로 인해 재산상의 법률관계가 피상속
인으로부터 상속인에게 포괄적으로 승계되는 것을 말한다.

(3) 가등기·가처분·가압류

① 가등기

가등기는 소유권 등의 설정, 이전, 변경, 소멸의 청구권을 보전하기 위해 예비로 하는 등기를 말한다. 본등기는 가등기에 대응되는 개념으로서 가등기를 한 후에 그에 기한 본등기를 하면 본등기의 순위는 가등기의 순위로 소급된다. 즉, 부동산 소유권을 보전하기 위해 가등기가 설정된 경우 본등기가 이루어지면 가등기 후에 성립된 매매계약에 의한 매수인의 소유권은 모두 실효되거나 후순위가 된다. 따라서 가등기는 후에 될 본등기를 위하여 순위를 보전하는 효력이 인정되는바, 이를 순위보전의 효력이라고 한다.

② 가처분

가처분은 부동산의 매매 등으로 현상이 바뀌면 당사자가 권리를 실행하지 못하거나 이를 실행하는 것이 매우 곤란할 염려가 있을 경우에 법원의 결정으로 상대방에게 어떠한 행위를 하거나 하지 말도록 명하는 민사집행절차를 말한다.

부동산처분금지가처분의 경우, 가처분등기가 유효하게 기입된 이후 그 가처분의 취소판결을 얻어서 그 가처분등기가 말소되기까지 그 가처분등기 이후에 해당 부동산의 소유권을 취득한 매수인은 가처분권자에게 대항할 수 없다.

③ 가압류

가압류는 금전채권이나 금전으로 환산할 수 있는 채권에 대하여 동산 또는 부동산에 대한 강제집행을 보전하기 위한 민사집행절차를 말한다. 가압류를 설정한 사람이 자신의 채권을 변제받기 위해 해당 부동산의 경매를 청구할 수 있으므로 가압류가 설정된 부동산을 매매한 경우 매수인은 장래에 소유권을 잃을 위험이 있다.

연습문제
EXERCISE

01 지목의 의의와 역할에 대해 설명하고, 지목법정주의에 대해 설명하라.

02 용도지역, 용도지구, 용도구역의 차이를 설명하라.

03 부동산종합증명서를 발급받고, 발급받은 부동산종합증명서를 부모님께 설명하라.

04 건물의 용도변경에 대해 기술하고, 용도변경에 대한 '허가', '신고' 혹은 '건축물대장 기재내용 변경신청'이 발생하는 경우에 대해 기술하라.

05 건축법상 공동주택의 종류와 기준에 대해 설명하라.

06 민법이 정하는 물권 8종류에 대해 기술하라.

07 소유권이 공적으로 제한받는 경우에 대해 기술하라.

08 등기부의 표제부, 갑구 및 을구에 대해 기술하고, 집합건물 등기부에 대해 설명하라.

09 우리나라 등기의 공신력에 대해 설명하라.

10 소유권보존등기에 대해 약술하라.

CHAPTER

03 부동산학의 경제적 기초

SECTION 01 + 부동산수요와 공급

1. 부동산수요

1) 부동산수요의 개념

수요는 경제주체가 상품을 구입하고자 하는 욕구, 또는 구입할 능력이 갖춰진 상황에서 해당 재화를 구입하고자 하는 욕구이고, 수요자가 구입할 의사와 구매력이 있는 재화의 양을 수요량이라고 한다.

부동산수요는 부동산시장에서 구매력을 갖춘 수요자가 부동산을 구매하려는 의도를 말하며, 부동산수요량은 특정가격에서 수요자가 값을 치르고 구입할 의사와 능력을 갖춘 부동산의 양을 말한다. 부동산시장분석을 위해 측정되는 수요량은 구매능력을 지닌 수요자들이 일정한 기간 동안, 일정한 가격수준 등 주어진 조건에서 구매하려는 수량이다.

여기서 수요량은 구매력을 지닌 수요자들이 구매하려는 양이므로 유효수요이고, 일정한 기간 동안에 구매하려는 양이므로, '유량(flow)'이다. 수요량은 이미 구매한 것이 아니라 구매하려는 의도(욕구)이므로 과거의 개념이 아닌 미래의 개념이며, 구매 의도이므로 사전적 개념이다. 따라서 수요자들이 실제로 구입한 부동산의 수량과는 차이가 있을 수 있다.

2) 부동산수요의 종류

부동산수요를 구매능력 여부에 따라 구분하면 유효수요와 잠재수요로 구분되고, 부동산수요는 유효수요와 잠재수요를 합산한 개념이다. 잠재수요는 구매의사는 있으나 아직 구매력을 갖추지 못하여 유효수요층에는 포함되지 않으나 수요자의 사정·여건에 따라 향후 유효수요로 변화할 수 있는 예비수요를 말한다. 유효수요는 구매의사와 더불어 구매할 수 있는 능력까지 갖춘 수요로, 가격경쟁에 참여하고 있는 수요이므로 실질적 수요라고 한다.

또한 유효수요는 투기성 여부에 따라 가수요와 실수요로 구분된다. 가수요는 유효수요 중 부동산에 대한 이용의사가 없이 장차 가격이 오를 것을 기대하고 구입하는 투기적 수요를 의미한다. 실수요는 유효수요 중 부동산에 대한 실제 이용의사를 갖고 구입하는 수요로서, 가수요에 대비되는 개념이다.

참고 REFERENCE 주택수요와 주택소요

주택수요는 주택을 구입할 능력을 갖춘 자가 주택을 구입하고자 하는 욕구이고, 주택소요는 구매력이 없는 저소득층에게 국가가 복지차원에서 주택을 우선 공급하는 것으로, 인간 존엄성 유지에 필요한 최저주거기준 주택을 의미한다.

구분	주택수요(housing demand)	주택소요(housing need)
개념	시장원리에 따라 주택은 주택공급, 주택가격 및 주택교환량이 결정. 즉 시장참여자는 시장기능에 따라 참여하고, 구매능력이 있음	일정수준 이하의 주거수준에서 거주하는 가구가 가지고 있는 양적·질적 측면에서의 주택에 대한 요구로, 구매능력이 없는 저소득층을 대상으로 주거복지적 측면에서 주택문제를 접근
원리	시장경제상의 개념으로 시장의 자율기능으로 해결	사회적, 주택정책상의 개념으로 정부의 적극적인 시장개입이 필요
대상	구매력 있는 중산층	무주택 저소득층

3) 부동산의 수요곡선

수요곡선은 상품의 가격과 수요량 사이의 관계를 그래프로 나타낸 것으로, 가격이 상승하면 수요량은 감소하고 가격이 하락하면 수요량은 증가하는 관계로 반비례하는 형태를 보인다. 이때의 가격은 수요량에 영향을 미치는 요인이 된다. 부동산시장에서 수요량(D_n)에 영향을 미치는 요인에는 가격(P_n)뿐만 아니라 소득수준, 인구의 크기 등 다양한 요인이 있다. 즉 부동산시장의 수요함수는 어떤 재화의 수요량과 그 재화의 수요량에 영향을 주는 다양한 수요결정요인과의 관계이다.

부동산시장의 수요함수

$$수요량(D_n) = f(P_n, \ Y, \ P_0, \ P_1, \ P_2 \cdots\cdots P_{n-1}, \ T, \ A, \cdots)$$

- D_n : 수요량
- P_n : n재의 가격
- Y : 소득수준
- P_0 : 인구의 크기
- T : 소비자의 기호
- A : 광고선전
- $P_1, \ P_2, \cdots\cdots P_{n-1}$: n재 이외 대체재의 가격

---

2. 부동산수요결정요인

수요곡선에서 해당 부동산의 가격은 수요량만 변화시키나, 해당 부동산 가격 이외의 요인은 다른 요인이 고정되어 있다고 가정할 경우 수요를 변화시켜 수요곡선의 이동을 가져온다.

수요의 변화	수요량의 변화
수요의 변화는 해당 재화의 가격 이외의 요인으로 수요곡선 자체가 변화하는 것. 예를 들면, 소득수준이 상승(하락)하면 수요곡선 자체가 오른쪽(왼쪽)으로 이동	수요량의 변화는 해당 재화의 가격 변화에 따른 수요곡선상의 점의 이동

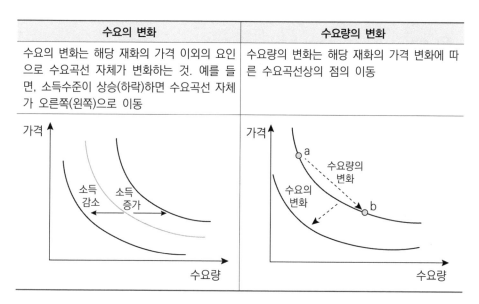

부동산수요의 결정요인은 부동산시장에서 부동산수요량을 결정하는 요인으로, 수요결정요인에는 해당 부동산의 가격, 인구, 가구 등 여러가지 요인이 있다. 수요결정요인 중 해당 부동산의 가격은 수요량을 변화시키나, 해당 부동산 가격 이외의 수요결정요인의 변화는 부동산 '수요의 변화'이지 '수요량의 변화'가 아니므로 수요곡선 자체의 이동을 가져온다.

부동산수요의 결정요인

인구와 가구	인구가 증가하거나 결혼, 핵가족화, 이혼 등으로 가구수가 많아질 경우 수요가 증가함
대체재의 가격	대체재의 가격이 인상하면 대체재에 대한 수요량이 감소함에 따라 대상재화에 대한 수요는 증가하고, 대체재의 가격이 인하하면 대체재에 대한 수요량이 증가함에 따라 대상재화에 대한 수요는 감소함
보완재의 가격	보완재의 가격이 인상하면 보완재에 대한 수요량이 감소함에 따라 대상재화에 대한 수요도 함께 감소하고, 보완재의 가격이 인하하면 보완재에 대한 수요량이 증가함에 따라 대상재화에 대한 수요도 함께 증가함
소득	주택은 정상재이기 때문에 수요자의 소득이 증가하면 주택에 대한 수요는 증가함
세금과 규제	세금이 중과세되거나 규제가 강화될 경우 수요는 감소함
담보대출금리와 융자지원	담보대출금리가 상승할 경우 주택구입자금의 조달비용이 커져 수요가 감소지만, 담보대출금리가 하락하면 주택구입자금의 조달비용이 낮아져 수요가 증가함. LTV(담보인정비율), DTI(총부채상환비율)이 증가하여 융자가 쉬워지면 수요는 증가함

📝 **참고** REFERENCE | **재화의 종류**

- 대체재: 대체재는 상품의 용도가 유사하여 한 상품 대신에 다른 상품을 소비하여도 효용에 별 차이가 없는 상품. 핫도그와 햄버거, 주택시장에서 다세대 주택과 연립주택은 상호 대체재 관계에 있음
- 보완재: 서로 효용을 더 높여주는 두 상품. 승용차와 휘발유, 부동산시장에서 주택과 택지는 보완재 관계임
- 독립재: 한 상품의 가격변화가 다른 한 상품의 수용 영향을 주지 않는 관계. 홍차와 소금과 같이 양자 간에 직접적인 관계가 없는 재화를 독립재라고 함
- 정상재: 다른 조건이 불변일 때, 소득이 증가(감소)할 때 수요가 증가(감소)하는 재화로 '우등재' 또는 '상급재'라고도 함
- 열등재: 다른 조건이 불변일 때, 소득이 증가(감소)할 때 수요가 감소(증가)하는 재화로 기펜재가 이에 해당되며, '하급재'라고도 함
- 중간재: 소득변동에도 불구하고 같은 가격에서 수요량이 변동하지 않는 재화

📝 **참고** REFERENCE | **LTV(Loan To Value, 대출비율)**

'주택담보비율' 또는 '담보인정비율' 또는 '대출비율'이라고 하며, 부동산가치에 대한 융자금의 비율

$$LTV = \frac{융자액(Loan)}{부동산가격(Value)}$$

📝 **참고** REFERENCE | **DTI(Debt To Income, 총부채상환비율)**

'연 총소득대비 상환액 비율' 또는 '총부채상환비율'이라고 하며, 연간 총소득에서 주택담보대출의 연간 원리금 상환액과 기타 부채의 연간 이자 상환액을 합한 금액이 차지하는 비율

$$DTI = \frac{해당\ 주택담보대출의\ 연간\ 원리금\ 상환액 + 기타\ 부채의\ 연간\ 이자\ 상환액}{연소득}$$

📝 **참고** REFERENCE | **DSR(Debt Service Ratio, 총부채원리금상환비율)**

'총부채원리금상환비율'이라고 하며, 연간 총소득에서 주택대출 원리금 외에 모든 신용대출 원리금을 포함한 총 대출 상환액이 연간 소득액에서 차지하는 비율

$$DSR = \frac{총대출상환액(주택담보대출의\ 연간\ 원리금\ 상환액 + 모든\ 신용대출의\ 연간\ 원리금\ 상환액)}{연소득}$$

1) 부동산수요의 가격탄력성

(1) 수요의 가격탄력성

수요의 가격탄력성은 재화의 가격변화율에 대한 수요량의 변화율을 말한다. 즉, 어느 재화의 가격이 변할 때 그 재화의 수요량이 얼마나 변하는지 나타내는 지표로서 수요량의 변화율을 가격변화율로 나눈 수치이다. 가격의 변화율과 수요량의 변화율은 절댓값을 사용한다. 따라서 탄력성의 값은 특별한 경우가 아닌 한 항상 양(+)의 값만 존재한다.

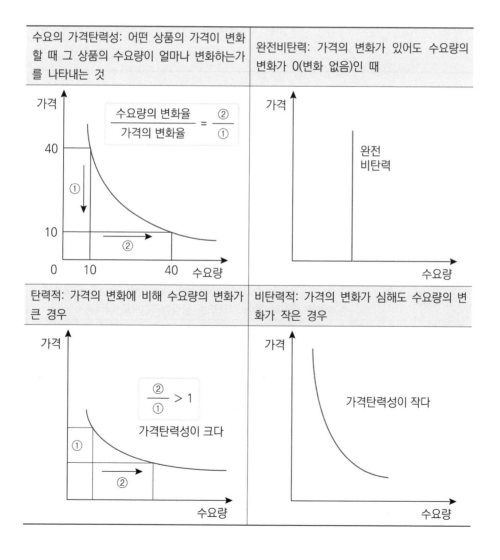

수요의 가격탄력성

$$E_p = \frac{\text{수요량 변화율}}{\text{가격 변화율}} = \frac{\dfrac{\text{수요량 변화분}}{\text{원래 수요량}}}{\dfrac{\text{가격 변화분}}{\text{원래 가격}}} = \left| \frac{\dfrac{D_2 - D_1}{D_1}}{\dfrac{P_2 - P_1}{P_1}} \right| = \left| \frac{\dfrac{\triangle D}{D}}{\dfrac{\triangle P}{P}} \right|$$

예제 어떤 지역의 주택가격이 10억원에서 8억원으로 하락했을 때, 그 수요량이 100세대에서 130세대로 증가하면 수요의 가격탄력성은 얼마인가?

해설 $\dfrac{\dfrac{30}{100}}{\dfrac{2}{10}} = 1.5$

참고 REFERENCE ｜ 가격탄력성의 종류

종류	종류	내용
완전 탄력적	$E_p = \infty$	탄력성이 무한대(∞)인 경우($E_p = \infty$). 일정한 가격 또는 그 이하에서만 수요량이 무한대(∞)이므로 가격이 조금만 인상되면 수요량은 '0'이 되므로 총수입은 '0'이 됨
탄력적	$1 < E_p < \infty$	탄력성이 '1'보다 크고 무한대(∞)보다 작은 경우($1 < E_p < \infty$). 수요량 변동비율이 가격 변동비율보다 더 크므로 총수입은 가격 인하시 증가하지만, 가격인상시 총수입은 감소함
단위 탄력적	$E_p = 1$	탄력성이 '1'인 경우($E_p = 1$). 가격 변동비율과 수요량 변동비율이 동일하여 가격을 인하해도 총수입은 증감이 없어 그래프는 직각쌍곡선으로 나타남
비탄력적	$0 < E_p < 1$	탄력성이 '0'보다 크고 '1'보다 작은 경우($0 < E_p < 1$). 가격인하시 가격인하율보다 수요량의 증가비율이 작기 때문에 총수입은 감소되고, 반면에 가격인상시 총수입은 증가
완전 비탄력적	$E_p = 0$	탄력성이 '0'인 경우($E_p = 0$). 공급자의 총수입은 상품가격에 수요량을 곱한 금액이 되므로, 가격인하에도 수요량이 변동하지 않으므로 가격을 인하할 경우 총수입은 감소

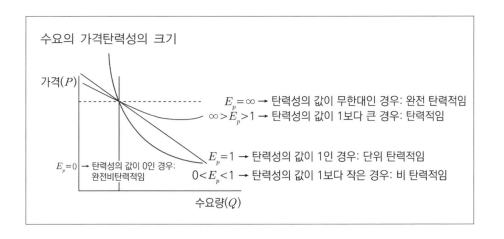

(2) 부동산수요 가격탄력성의 요인

부동산시장에서 부동산수요의 가격탄력성에 영향을 주는 요인은 대상부동산의 가격수준, 대체재의 수가 있다. 대체재가 많을수록 수요의 가격탄력성이 커진다. 부동산은 개별성으로 인하여 대체재가 거의 없으나, 지역별·용도별로 세분하게 되면 대체재가 많아져 수요의 가격탄력성이 커진다. 또한 부동산의 종류별 용도전환이 쉬워지면 대체재가 늘어나게 되어 수요의 가격탄력성이 커진다. 부동산수요의 가격탄력성은 단기에서 장기로 갈수록 탄력적으로 변하게 된다.

2) 부동산수요의 소득탄력성

수요는 가격변화에도 변동하지만 소득의 변화에도 변동한다. 소득의 변화율($\Delta Y/Y$)에 대한 수요량의 변화율($\Delta D/D$)을 수요의 소득탄력성(E_y)이라 한다. 수요의 소득탄력성은 소비자의 소득이 변화할 때 어느 재화의 수요량이 얼마나 변하는지를 나타내는 지표로 수요량의 변화율을 소득의 변화율로 나눈 수치이다.

수요의 소득탄력성

$$E_y = \frac{\text{수요량변화율}}{\text{소득변화율}} = \frac{\dfrac{\text{수요량변화분}}{\text{원래수요량}}}{\dfrac{\text{소득변화분}}{\text{원래소득}}} = \left|\dfrac{\dfrac{D_2 - D_1}{D_1}}{\dfrac{Y_2 - Y_1}{Y_1}}\right| = \left|\dfrac{\dfrac{\triangle D}{D}}{\dfrac{\triangle Y}{Y}}\right|$$

[예제] A부동산에 대한 수요의 가격탄력성 0.8, 소득탄력성 0.6이다. A부동산 가격이 4% 상승하고 소득이 3% 증가할 경우, A부동산 수요량의 전체 변화율(%)은?(단, A부동산은 정상재이고, 가격탄력성은 절댓값으로 나타내며, 다른 조건은 동일함)

[해설] **수요량의 전체 변화율(%)**

- $\dfrac{\text{수요량변화율}}{\text{가격변화율}}$ = 수요의 가격탄력성

  수요량변화율 = 수요의 가격탄력성 × 가격변화율

  가격 상승에 따른 수요량 변화분(감소분) $= 0.8 \times 4\% = 3.2\%$

- $\dfrac{\text{수요량변화율}}{\text{소득변화율}}$ = 수요의 소득탄력성

  수요량변화율 = 수요의 소득탄력성 × 소득변화율

  소득 증가에 따른 수요량 변화분(증가분) $= 0.6 \times 3\% = 1.8\%$

따라서, 가격 상승에 따라 수요량은 3.2% 감소했으나, 소득 증가에 따라 수요량이 1.8% 증가했으므로, 전체 수요량은 1.4%만큼 감소한다.

3. 부동산공급

1) 유량과 저량

공급은 생산자가 특정 기간 내에 팔려고 내놓는 재화, 서비스의 양으로 공급자가 가격과의 관계에서 사전적으로 기꺼이 제공하고자 하는 상품의 일정량을 말한다. 부동산공급은 공급자들이 판매하려고 의도한 부동산의 양을 말한다. 부동산시장분석을 위해 측정되는 공급량은 판매할 부동산을 보유한 공급자들이 일정한 기간 동안 가격수준 등 주어진 조건에서 판매하려는 수량이다.

부동산은 생산기간이 길어 생산과 판매에는 일정한 시차(공급시차)가 있으므로 단순히 부동산을 생산할 의도만으로는 공급이 될 수 없으며, 준공된 부동산만이 공급량의 범위에 포함된다. 주택의 신축공급은 생산부터 판매까지의 공급시차(단독주택 1~2년, 공동주택 3~5년)가 존재하므로, 부동산공급에서는 생산이 완료되어 시장에 판매할 수 있는 상태의 실질적 공급을 중시한다. 주택시장분석에서는 공급시차보다 짧은 기간을 단기, 공급시차보다 긴 기간을 장기라고 한다. 일반적으로 저량(stock)은 비축, 재고량을 말하며 어떤 특정시점을 기준으로 파악된 경제조직 등에 존재하는(또는 경제주체가 소유하는) 재화 전체의 양을 말하고, 유량(flow)은 일정 기간 동안 경제 조직 속으로 흐르는 양을 의미한다. 연말의 주택재고는 '저량'이고, 1년간의 부동산 공급량은 일정한 기간 동안에 판매하려는 양이므로 '유량'이다. 공급량에 영향을 미치는 조건은 다양하므로, 가격수준 등 일정한 조건 아래서 구매하려는 양이다. 이때 공급량에 영향을 미치는 조건을 '공급결정요인'이라고 한다.

유량(flow)	저량(stock)
• '일정한 기간 동안'에 걸쳐 측정되는 수량을 말하는 것으로, 경제학에서는 일반적으로 수요량과 공급량은 유량(flow)의 개념으로 간주함 • 부동산수요량은 구매력을 갖춘 수요자들이 일정 기간 구매하고자 하는 일정기간의 수요량을 의미. 여기서 일정기간이므로 유량(flow)개념의 기간이 됨 • 부동산공급량은 생산력을 갖춘 공급자들이 일정 기간 동안 판매하고자 하는 부동산의 공급량도 일정기간의 공급량이므로 유량(flow)의 개념. 주택의 구매에는 일정한 기간이 소요되므로 일반적으로 수요량이나 공급량은 일정 기간을 명시해야 그 의미가 명확해지는 유량(flow)개념이 되기 때문임 • 부동산시장 분석을 위해 측정되는 유량(flow)으로는 신규주택 수요량, 신규주택 공급량, 아파트 생산량, 주택거래량, 임대료 수입, 지대수입, 연간 이자비용, 순영업소득, 당기순이익, 가계소득, 근로자의 임금 등이 있음	• '주어진 일정 시점'에서 측정되는 수량을 말하는 것으로, 저량(stock)은 끊임없이 그 수량이 변화하므로 6월 말일 기준 등 '일정 시점'을 명시해야만 그 의미가 명확해지는 경우임 • 일반적으로 부동산시장 분석을 위해 측정되는 저량(stock)으로는 주택재고량, 실물자산 수량, 부동산투자회사의 순자산가치, 가계의 자산, 도시인구 규모 등이 있음

2) 부동산의 공급곡선

공급곡선은 경제학에서 생산물의 가격과 공급량 사이의 관계를 나타낸 것으로, 가격이 상승하면 공급량이 증가하기 때문에 그래프의 모양은 우상향하는 정비례 그래프가 된다.

(1) 토지의 물리적 공급곡선

토지는 부증성으로 인하여 공급이 제한되므로 가격에 대한 토지의 물리적 공급곡선은 수직으로 된다(완전비탄력적). 따라서 물리적 공급량은 수요에 즉각적으로 대응하지 못한다.

(2) 토지의 경제적 공급곡선

토지의 인문적 특성인 '용도의 다양성'으로 인해 토지의 경제적 공급(토지의 개발, 토지이용의 집약화, 공법상 규제상의 용도전환 등, 용도적 관점에서의 증가)은 가능하다. 따라서 택지 등 특정 용도의 토지는 경제적 측면에서 공급량 증가가 가능하므로, 가격에 대한 경제적 공급곡선은 우상향한다(탄력적).

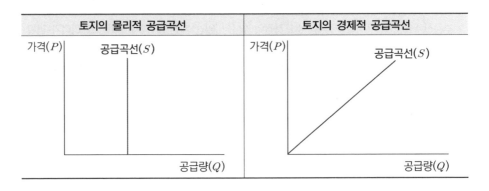

3) 부동산시장 공급함수

부동산시장에서 공급량(S_n)에 영향을 미치는 요인에는 가격(P_n)뿐만 아니라 생산요소의 가격, 기술, 자연력 등 다양한 요인이 있으므로 부동산시장에서의 공급함수는 다음과 같이 표현할 수 있다. 즉 부동산시장의 공급함수는 어떤 재화의 공급량과 그 재화의 공급량에 영향을 주는 다양한 공급결정요인과의 관계이다.

부동산시장의 공급함수

$$S_n = f(P_n, \ P_a, \ P_i, \ T, \ N, \ E, \ S)$$

- S_n : 공급량
- f : 공급함수의 기호
- P_n : n재의 가격
- P_a : 주택 저량의 공급자가 제공할 수 있는 대체재의 가격
- P_i : 생산요소의 가격
- T : 기술
- N : 자연력(홍수, 화재 등)
- E : 시장 또는 비시장의 힘
- S : 주택 저량의 매도자 수에 대한 공급자의 기대

공급의 변화	공급량의 변화
공급의 변화는 해당 재화의 가격 이외의 요인으로 공급곡선 자체의 이동을 의미. 예를 들면 건설비용이 상승하면 건설사는 공급을 늘리려 하므로 공급곡선 자체가 우하향으로 이동함	어느 한 공급곡선상에서 점의 이동을 의미하고, 다른 조건이 일정한 경우에 해당상품의 가격변화가 그 상품의 공급량을 변화시키는 것을 의미함

4) 부동산공급의 결정요인

부동산공급의 결정요인은 부동산시장에서 부동산공급량을 결정하는 요인으로, 공급결정요인에는 부동산가격과 건설비용, 기술수준 등 여러 가지 요인이 있다. 공급결정요인 중 해당 부동산의 가격은 공급량을 변화시키나, 해당 부동산 가격 이외의 부동산공급 결정요인의 변화는 부동산 '공급의 변화'이지 '공급량의 변화'가 아니므로 공급곡선 자체의 이동을 가져온다.

구분	내용
건설비용	• 건설비용의 상승은 공급원가를 증가시켜 공급 감소의 유인이 되기도 함 • 주택시장에서 주택건설에 소요되는 요소는 택지, 건축자재, 인력, 자본 등이 있으며, 이들 각 요소의 가격 상승은 공급을 감소시킴
기술수준	생산기술과 같은 기술수준의 향상은 공급원가를 감소시켜 공급을 증대시킴
세금	공급자에 대한 세금이 중과될 경우 공급이 감소함
금리	자금의 이자율이 상승할 경우 자금 조달비용이 높아져 공급이 감소함

5) 공급의 가격탄력성

어느 재화의 가격이 변할 때 그 재화의 공급량이 얼마나 변하는지를 나타내는 지표로서, 공급량의 변화율을 가격변화율로 나눈 수치로, 일반적으로 공급의 탄력성은 공급의 가격탄력성을 의미한다.

공급의 가격탄력성

$$E_s = \frac{공급량의\ 변화율}{가격변화율} = \frac{\dfrac{공급량\ 변화분}{원래의\ 공급량}}{\dfrac{가격변화분}{원래의\ 가격}} = \left| \frac{\dfrac{S_2 - S_1}{S_1}}{\dfrac{P_2 - P_1}{P_1}} \right| = \left| \frac{\dfrac{\triangle S}{S}}{\dfrac{\triangle P}{P}} \right|$$

· P_1: 변화 전 가격
· P_2: 변화 후 가격
· S_1: 변화 전 공급량
· S_2: 변화 후 공급량

예제 어떤 지역의 주택가격이 7억원에서 10억원으로 상승할 때에 그 공급량이 40세대에서 60세대의 주택으로 증가하면 그 지역의 주택에 대한 공급의 탄력성은 얼마인가?

해설 $\dfrac{\dfrac{20}{40}}{\dfrac{3}{7}} = \dfrac{20}{40} \times \dfrac{7}{3} = 1.167$

참고 REFERENCE │ 공급의 가격탄력성(E_s)의 종류

종류	종류	내용
완전탄력적	$E_s = \infty$	탄력성의 값이 무한대인 경우로 가격변화율에 대한 공급량의 변화율이 무한대
탄력적	$1 < E_s < \infty$	탄력성의 값이 1보다 큰 경우로 가격변화율보다 공급량의 변화율이 더 큼
단위탄력적	$E_s = 1$	탄력성의 값이 1인 경우로 가격변화율과 공급량의 변화율이 같음
비탄력적	$0 < E_s < 1$	탄력성의 값이 1보다 작은 경우로 가격변화율보다 공급량의 변화율이 더 작음
완전비탄력적	$E_s = 0$	탄력성의 값이 0인 경우로 가격변화율에 대한 공급량의 변화율에 차이가 없음

6) 부동산공급 가격탄력성의 특성

주택공급은 토지 등 생산요소에 대한 의존도가 매우 높다. 토지는 부증성으로 인해 단기적으로는 공급에 제한을 받으며 조정도 불가능하나, 장기적으로는 경제적 공급(용도변경 등)을 통해 어느 정도 공급의 조정이 가능하다. 주택신축시장에서 주택공급에 소요되는 기간이 길수록(짧을수록) 공급의 가격탄력성은 비탄력적(탄력적)이다.

 SECTION 02+ 부동산시장과 경기

1. 부동산시장

1) 부동산시장의 개념

일반적으로 시장은 자발적으로 재화의 교환이 매수자와 매도자 사이에 이

루어지는 곳으로 반드시 지리적 공간을 수반할 필요는 없다. 그러나 부동산시장은 부동산이라는 재화와 권리의 교환 및 가액결정, 경쟁적 이용에 따른 공간분배, 토지이용과 공간이용의 결정, 수요와 공급의 조절을 하기 위해 의도된 곳으로, 부동산에 대한 수요와 공급이 만나는 시장과 부동산이 거래되는 지리적 권역을 말한다.

부동산시장은 부동산이 갖는 부동성으로 인해 공간 작용범위가 일정한 지역에 한정되는 경향이 있고, 시장도 특정한 지역에 국한되는 지역성을 갖는 경향이 있다. 부동산의 개별성 때문에 질적인 차이가 발생하고, 전국적으로 지가가 보합세를 보이더라도 신도시 등 개발사업을 하는 지역은 그 지역을 중심으로 지가가 국지적으로 상승한다.

부동산시장은 부동산의 부동성으로 말미암아 임장활동이 강조되고, 다른 상품처럼 진열도 안 되며, 지방의 경우 유효수요도 일정한 한계가 있고, 시장참여자가 제한되기 때문에 공급도 탄력적이지 못하다. 이러한 연유로 부동산시장에 작은 충격이 가해져도 수요공급의 균형이 무너지기 쉬운 특성이 있다. 부동산의 공급은 단기간으로 고정되어 있고, 시장에서 부동산에 대한 수요가 있어도 공급에는 상당한 시간이 소요된다.

2) 완전경쟁시장과 부동산시장

시장은 독점적 경쟁시장, 과점시장, 독점시장 등 불완전경쟁시장과 완전경쟁시장으로 구분된다. 완전경쟁시장은 시장의 진입·퇴출이 자유로워야 하고, 공급자와 수요자 모두 의사결정에 필요한 경제적·기술적 정보를 완전하게 갖추고 있어야 하며, 자원의 완전한 이동성이 보장되어야 한다. 어느 공급자와 수요자도 공급 및 구매량의 조절을 통해 시장가격에 영향을 줄 수 없을 정도로 시장에 많은 수의 공급자와 수요자가 있고, 재화나 서비스가 동질일 경우 완전한 경쟁에 의해 가격이 형성되는 시장을 말한다. 부동산시장은 부동산의 부동성, 개별성 등 물리적 특성으로 인해 불완전경쟁시장이 형성된다.

특성	완전경쟁시장	부동산(불완전경쟁)시장
시장참여자	시장참가자의 진입·퇴출이 자유롭고 독점, 과점, 독점적 경쟁이 없음	참여자가 소수
정보의 공개	의사결정에 필요한 경제적·기술적인 완전한 시장정보와 상품지식	시장참여자는 제한적인 시장정보를 인지
자원의 완전한 이동성	이윤이 높은 곳으로 이동이 자유로움	자원의 이동에 제한이 있음
상품의 동질성	상품의 질은 동질적임	개별성의 특성이 있음
정부의 역할	정부의 시장개입 여지가 미미함	정부의 시장개입이 빈번함
가격	시장참여자의 수급과 완전한 정보로 합리적인 가격결정	수급의 상호작용이 불완전, 제한적인 정보로 가격결정이 왜곡
거래빈도	높은 구매빈도	구매빈도 높지 않음

3) 부동산시장의 특성

부동산상품은 부동산이 갖는 자연적 특성으로 인해, 거래되는 시장도 다른 재화와 달리 상이한 시장특성을 갖는다. 토지의 자연적 특성인 지리적 위치의 고정성으로 인하여 공간적인 범위가 일정한 지역에 한정되는 경향이 있다. 부동산의 자연적 특성 중 개별성, 지리적 위치의 고정성은 부동산거래의 표준화를 어렵게 하고, 부동산의 수요와 공급의 균형을 이루는 데 어려움을 초래하는 원인이 되고 있다.

부동산시장에서의 공급부족은 단기적으로 수년간 수요공급의 불균형을 초래하고, 이러한 이유로 단기적으로 가격형성의 왜곡을 초래할 수 있다. 또한 부동산거래는 실거래가신고제도에도 불구하고 정보탐색비용이 발생하는 등 정확한 매물과 가격정보를 얻기 위해서는 거래비용이 발생한다.

4) 주택의 여과현상

주택여과현상(filtering)은 주택의 질적변화와 가구이동의 관계를 설명하는 주택시장이론으로 주택이 소득계층에 따라 상하로 이동하는 현상으로 주택순환과정이라고 한다. 중·고소득층에게 주택취득의 분위기를 조성하여 주택금융을 지원하고, 이 층이 새 주택에 이사하여 생기는 빈집을 더 낮은 소득층에게 제공하여 나타나는 현상을 주택여과과정이라 한다. 주택의 여과과정이 원활하게 작동하는 주택시장에서 주택여과효과가 긍정적으로 작동하면 주거의 질이 개선되는 효과가 있다. 여과작용은 상향여과와 하향여과로 나뉜다. 상향여과는 저소득계층이 사용하던 주택 등이 재개발 등으로 고소득층의 사용으로 전환되는 현상을 말한다. 즉 낙후된 주거지역이 재개발되어 신규주택의 형태를 통하여 고소득층이 유입된 경우에 나타날 수 있다. 반면에 하향여과는 고소득계층이 사용하던 주택이 저소득층의 사용으로 전환되는 현상을 말한다.

5) 효율적시장 이론

증권시장은 자본배분의 가격결정기구로서의 기능을 수행하는데 가격기구의 정상적인 작동을 시장의 효율성이라고 한다. 증권시장에서 효율성은 운영의 효율성, 배분의 효율성 및 정보의 효율성 등 3가지 요건이 충족되었을 때 달성된다. 효율적시장은 주가가 모든 이용 가능한 정보를 반영하고 있으며, 새로운 정보에 즉각 반응하는 시장을 의미하며, 만일 시장이 효율적이라면 특정 투자자가 계속적으로 시장평균 이상의 수익을 얻는 것은 불가능하다고 본다.

효율적시장 가설은 정보효율성[1]과 관련이 있는 것으로서, 어떤 정보에 의해서도 증권시장에서 초과수익을 얻을 수 없다는 이론이다. 주가에는 일반에게 공개된 정보뿐만 아니라 공개되지 않은 과거의 역사적 정보, 모든 공개정보, 내부정보까지 포함한 모든 이용가능한 정보까지 반영되어 있으므로, 투자자는 어떠한 정보에 의해서도 초과수익을 얻을 수 없음을 뜻하는 말이다. 주가는 모든 이용 가능한 정보를 반영하고 있으며 새로운 정보에 즉각 반응하는 시장으로, 만일 시장이 효율적이라면 특정 투자자가 계속적으로 시장평균 이상의 수익을 얻는 것은 불가능하다고 본다.

부동산에 관한 다양한 정보는 부동산시장에서 가치의 중요한 준거가 된다. 따라서 부동산에 관한 새로운 정보가 얼마나 빠르게 부동산가치에 반영되는가를 나타내는 것을 시장의 효율성이라고 하고, 부동산에 관한 새로운 정보가 지체 없이 부동산가치에 반영되는 시장을 효율적시장이라고 한다.[2]

---

1 정보의 효율성은 시장에서 결정된 가격이 주어진 이용가능한 정보를 충분히 반영하고 있는 상태를 말한다. 즉, 주식의 시장가격이 이용가능한 정보에 기초한 기대가격 또는 예상가격과 평균적으로 일치할 때 정보효율성이 이루어진다.

2 안정근, 현대부동산학(4판), 양현사, 2011, pp.138~142

부동산시장이 효율적이라는 것은 부동산의 가치가 장차 수익의 변동이 예견되는 경우, 실제로 그러한 내용이 발생했을 때 가격이 변동하는 것이 아니라, 수익의 변화가 예견되는 즉시 반영된다는 것을 의미한다. 예를 들어 신도시가 개발된다는 정보에 의해 부동산가격이 급변하는 것은 그 지역의 토지시장이 효율적시장이라는 의미라 할 수 있겠다.

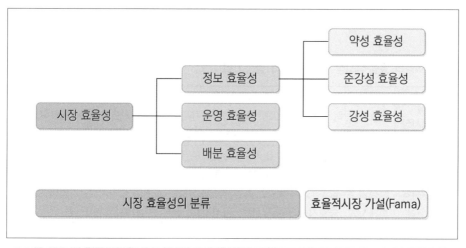

시장 효율성의 분류와 효율적시장 가설

Fama의 효율적시장 이론을 부동산시장에 적용해보면 부동산에 관한 정보가 부동산가치에 반영되는 정도에 따라 약성 효율적시장, 준강성 효율적시장, 강성 효율적시장으로 구분할 수 있다. 일반적으로 부동산시장에는 약성 효율적시장이나 준강성 효율적시장은 존재하지만, 강성 효율적시장은 존재하지 않는 이론적인 시장으로 인식하고 있다.

(1) 약성 효율적시장

과거의 자료에 기초해서 시장가치의 변동을 분석하는 것을 기술적 분석이라 한다. 이러한 기술적 분석에 의해 밝혀진 지표들은 이미 과거 가격변동의 양상, 거래량의 추세에 관한 정보 등 역사적 정보를 완전히 반영하고 있으므로, 어떤 투자자도 과거 부동산가격 변동의 형태와 이를 바탕으로 한 투자전략으로는 초과수익을 얻을 수 없는 시장이다. 약성 효율적시장은 과거의 역사적 자료를 통해 정상이윤 이상의 초과이윤을 획득할 수 없는 시장을 말한다.

(2) 준강성 효율적시장

현재 공표되는 사실을 토대로 시장가치의 변동을 분석하는 것을 기본적 분석(Fundamental)이라 한다. 이러한 기본적 분석을 하여 투자를 하더라도 새로운 정보가 공표되는 즉시 시장가치에 반영되기 때문에 공표되는 새로운 정보로 정상이윤 이상의 초과이윤을 획득할 수 없는 시장이다.

✎ **Fama의 효율적시장 가설(실증적 검증가설)[1]**

약성 효율적시장	현재의 주가는 과거 주가변동의 양상, 거래량의 추세에 관한 정보 등 역사적 정보를 완전히 반영하고 있으므로 어떤 투자자도 과거 주가변동의 형태와 이를 바탕으로 한 투자전략으로는 초과수익을 얻을 수 없음
준강성 효율적시장	현재의 주가는 공개적으로 이용가능한 모든 정보를 완전히 반영하고 있으므로 투자자들은 공표된 어떠한 정보나 이에 바탕을 둔 투자전략으로는 초과수익을 달성할 수 없음. 공식적으로 이용가능한 정보는 과거의 주가자료, 기업의 보고된 회계자료, 증권기관의 투자자료, 공시자료, 정부의 경제시책 발표 등
강성 효율적시장	어떠한 투자자도 공개적으로 이용할 수 있는 정보나 내부정보를 사용해서 초과수익을 얻을 수 없는 시장으로, 가격은 내부거래자가 배타적으로 소유한 정보를 비롯한 모든 정보를 이미 반영한 시장

현재의 부동산가격은 공개적으로 이용가능한 모든 정보를 완전히 반영하고 있으므로 투자자들은 공표된 어떠한 정보나 이에 바탕을 둔 투자전략으로는 초과수익을 달성할 수 없다. 공식적으로 이용가능한 정보는 과거의 부동산가격 자료, 부동산공기업의 발표자료, 공시자료, 정부의 부동산정책 발표 등을 말한다.

(3) 강성 효율적시장

공표된 정보, 공표되지 않은 정보를 가리지 않고 어떠한 정보도 이미 시장가치에 반영되어 있는 시장을 의미한다. 강성 효율적시장에서는 어느 누구도 어떠한 정보를 이용한다고 하더라도 그 정보는 이미 가치에 반영되었기 때문에 정상이윤 이상의 초과이윤을 획득할 수 없는 시장이다.

즉, 어떠한 투자자도 공개적으로 이용할 수 있는 정보나 내부정보를 사용해서 초과수익을 얻을 수 없는 시장으로, 부동산가격은 내부거래자가 배타적으로 소유한 정보를 비롯한 모든 정보를 이미 반영한 시장을 말한다.

 참고 REFERENCE | 레몬시장 이론

정보의 비대칭성 때문에 발생하는 현상을 설명하는 이론이다. 1970년 애컬로프 (George Akerlof)의 '레몬시장 이론(Market for Lemons)'이란 논문에서 쓰인 용어로 여기서 '레몬'이란 우리나라의 '빛 좋은 개살구'처럼 겉만 멀쩡한 물건을 가리킨다.

레몬시장은 애컬로프가 설명한 역선택 이론에서 등장하는 것으로 불완전한 정보에 기초하여 행동하기 때문에 발생하는 비정상적인 선택이 이루어지는 시장을 말한다. 예를 들면, 중고차시장에서 중고차를 파는 사람은 사는 사람에 비해 그 차에 대해서 더 많은 정보를 가지고 있다. 따라서 자신의 차가 결점이 많다면 이미 정해진 중고차 시장가격이 만족스럽기 때문에 시장에 자신의 차를 내놓게 되지만 질 좋은 차를 가진 사람은 자신의 차의 성능에 비해 평균적으로 책정된 시장가격이 만족스럽지 못하기 때문에 차를 시장에 내놓지 않으려고 한다. 결과적으로 시장에는 질이 안 좋은 차가 상대적으로 더 많아지므로 구매자는 품질이 좋은 상품보다 역으로 품질이 낮은 상품을 선택할 가능성이 높아진다. 이것이 역선택 이론이며 이러한 시장을 레몬시장이라고 한다.

---

6) 부동산가치와 정보비용

완전경쟁시장이나 강성 효율적시장에서는 정보비용이 존재할 수 없지만, 약성이나 준강성시장에서는 정보비용이 존재한다.[3] 정보가 부동산의 가치에 미치는 영향을 도출하기 위해 예시를 들어 설명하기로 한다. A가 투자하려는 토지에 향후 GTX 역이 개설될 가능성이 있다고 하자. 현재의 상태는 막연한 가능성의 상태일 뿐 GTX 역이 개설되는지 실제로는 알 수가 없다. 계산의 편의상 GTX 역이 확실하게 개설되는 것을 알게 되는 시기를 1년 후라고 가정하고, 현 상태에서 GTX 역이 개설될 확률과 그렇지 않을 확률을 각각 반반이라고 하자.

---

3 안정근, 현대부동산학(4판), 양현사, 2011, pp.144~146

> 가정
>
> GTX 역이 개설된다면 해당 토지는 2.2억원이 되고, GTX 역이 개설되지 않는다면 1.1억원이라고 가정한다. GTX 역이 개설되는지 여부는 아무도 모르지만, 계산의 편의를 위해 개설될 확률을 50%라고 하고, 이때 투자자의 요구수익률은 10%이다. 투자자 A는 GTX 역이 개설된다는 정보를 1천만원에 구매했다고 가정한다.

　　시장가치는 시장정보를 기초로 시장에서 형성되는 일반적인 가치이므로 1년 후 해당토지의 시장가치는 GTX 역이 개설될 확률을 반영한 가중평균치로 계산한다.

> 1년 후 시장가치 = 2.2억원 × 50% + 1.1억원 × 50% = 1.65억원

　　현재시점에서의 시장가치는 1년 후 시장가치를 현재가치로 할인하여야 하므로 요구수익률 10%를 적용하여 계산한다.

> 현재가치
>
> = 1년 후 시장가치 × $\dfrac{1}{(1+r)^n}$ = 1.65억원 × $\dfrac{1}{(1+10\%)^1}$ = 1.5억원

　　1년 후 GTX 역이 개설될 확률이 100% 라는 정보를 구매한 A의 입장에서는 해당토지의 가치는 투자가치가 되며, 1년 후 해당토지의 투자가치는 다음과 같다.

> 1년 후 투자가치 = 2.2억원 × 100% + 1.1억원 × 0% = 2.2억원

　　현재시점에서의 투자가치는 1년 후 투자가치를 현재가치로 할인하여야 하므로 요구수익률 10%를 적용하여 계산한다.

> 투자가치
>
> $= 1년 후 투자가치 \times \dfrac{1}{(1+r)^n} = 2.2억원 \times \dfrac{1}{(1+10\%)^1} = 2억원$

여기서 정보가치를 계산하게 되는데, 부동산소유자 A는 구입한 정보를 가지고 투자가치 2억원의 부동산을 시장가치 1.5억원에 구매하는 결과가 되므로 정보의 가치는 다음과 같다.

> 정보가치 = 투자가치 - 시장가치 = 2억원 - 1.5억원 = 5천만원
> 초과이윤 = 5천만원 - 1천만원 = 4천만원

부동산소유자 A는 5천만원의 가치가 있는 정보를 1천만원에 구매하였으므로 해당정보를 이용해 발생한 초과이윤은 4천만원이 된다. 이와 같이 특정 투자자가 초과이윤을 얻게 되었으므로, 시장에서 자원배분의 효율성이 달성되지 못하였고, 시장실패가 발생한 것을 알 수 있다. 따라서 부동산시장의 자원배분의 효율성을 달성하기 위해서는 초과이윤을 세금 등으로 환수하여 초과이윤이 '0'이 되도록 하여야 한다. 효율적시장 이론에서 약성 효율적시장이나 준강성 효율적시장의 경우에 나타나는 시장실패의 모습이라 할 수 있겠다.

2. 부동산경기

부동산경기는 부동산경기가 어떠한 요인으로 인해 확장과 수축을 반복하면서 순환하는 것을 말한다. 경제활동의 상승(확장) 과정과 하강(수축) 과정을 되풀이하는 변동을 경기변동이라고 하며, 이러한 국면의 순환을 경기순환이라고 한다. 부동산 경기순환은 하향시장, 회복시장, 상향시장, 후퇴시장, 안정시장의 국면으로 나눌 수 있다.[4]

---

4 방경식, 부동산용어사전, 부연사, 2011

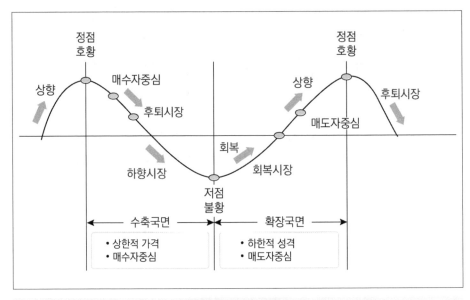

부동산경기 순환국면

1) 상향시장

　　부동산경기의 순환국면 중 시장이 활발해져 그 상태가 지속되는 시기로 일 반경기의 확장국면에 해당하며 회복시장에서 이어지는 호황의 국면이다. 여기서 는 모든 부동산이 종류와 크기에 관계없이 활발히 거래되어 거래가격이 점차 오 르며 가격이 최고도에 달한다. 시장에 참여하는 자가 많으며 경쟁적으로 가격이 나 임대료를 지급하여, 종전의 거래가격은 새로운 거래가격의 하한선이 되기도 하지만, 언젠가는 정점에 도달하여 후퇴할 시장이다. 이 국면의 시장에서는 언 제부터 후퇴가 시작될 것인지 예측하기 어렵다. 시장이 환경변화의 충격을 받으 면 곧 반전된다.

2) 후퇴시장

　　부동산 경기의 순환국면 중 정점에서 하향시장으로 후퇴하는 시장을 말한 다. 이 국면은 호황의 정점에 달한 국면이 반전하여 수축되는 국면이다. 이 국면 에서는 거래가 감소하고 가격상승이 중단되는 현상이 나타난다. 회복시장은 회 복의 기간이 긴 데 반하여 후퇴시장은 그 진행 속도가 빠른 것이 특징이다.

3) 하향시장

부동산 경기의 순환 국면 중 일반 경기가 최저점에 이르는 시장을 말하는 것으로 일반경기의 수축국면에 해당하는 국면으로 점차로 저점에 도달한다. 하향시장 국면에서는 대체로 거래가 저조하고 부동산의 가격상승이 둔화 내지는 보합세를 유지하거나 하락한다. 종전의 거래가격은 새로운 거래가격의 상한선이 된다. 이 국면이 장기화되면 공가율, 공실률이 증가하는 등 불황이 깊어진다. 또한 불황에 약한 부동산, 즉 대형주택·호화주택·교외의 분양택지 등은 거래가 감소하고 가격이 크게 하락한다. 고액을 지급할 수 있는 시장 진입자의 수요는 한정되어 있기 때문이다.

4) 회복시장

부동산경기의 순환국면 중 최저점에서 상향시장에 이르는 국면의 시장을 말한다. 경기의 하강이 저점에 이르러, 하락을 멈추고 상승을 시작하는 시장국면이다. 경기회복은 개별로 혹은 지역별로 일어나는 것이 보통이다. 당해 지역을 찾는 수요자의 동향이나, 주택이나 상가 및 택지의 거래동향, 형성되는 가격수준, 공실 및 공가의 동향, 건축자재의 수요, 건축허가 신청량 등을 관찰하면 회복국면을 감지할 수 있다. 후퇴국면이 급속하게 반응하는 데 비해, 이 회복국면은 장기에 걸쳐 나타나는 것이 특징이다.

5) 안정시장

부동산경기의 순환국면 중 시장이 안정되어 있는 국면을 말하는 것으로 위치가 좋고 규모가 작은 주택이 거래되는 시장을 말한다. 불황에 친하지 않은 부동산의 하방경직성[5]이라는 특징으로 인해 나타나는 특유의 시장으로 볼 수 있다. 불황에 강한 부동산시장, 즉 도심내 양질의 주택이나 신규 수요층의 필수구매는 비교적 안정되어 있어 경기후퇴의 영향도 적게 받는다. 이 안정시장을 형성하는 계층은 주로 신규수요와 임대수요층으로 주택이 긴급히 요구되는 수요층이다. 이 시장국면은 순환주기의 어느 국면에나 나타날 수 있는 특징이 있다.

---

5 수요공급의 법칙에 의해 내려야 할 가격이 어떤 사정으로 내리지 않는 것을 의미한다. 예를 들면, 종업원들의 임금인하거부로 임금의 하방경직성이 발생하는 경우이다.

연습문제

01 부동산수요와 부동산수요량을 설명하고, 부동산수요의 결정요인에 대해 기술하라.

02 주택수요(housing demand)와 주택소요(housing need)의 개념과 차이를 설명하라.

03 유량(flow)과 저량(stock)의 개념을 설명하고, 각각의 예시로 5개씩 기술하라.

04 완전경쟁시장과 부동산시장의 특성에 대해 설명하라.

05 Fama의 효율적시장 이론을 오늘날의 부동산시장에 적용해서 약성 효율적시장, 준강성 효율적시장, 강성 효율적시장 중 어디에 해당하는지 설명하고 그 이유를 기술하라.

06 부동산가치와 정보비용에 대한 예제를 만들고 친구에게 설명해보라.

07 오늘날의 부동산시장은 부동산 경기순환주기 중 어느 국면에 해당하는지를 설명하고 그 이유를 기술하라.

08 부동산가격의 하방경직성이라는 특성에 대해 토론해 보자.

CHAPTER 04 부동산학의 수학적 기초

SECTION 01＋ 화폐의 시간가치

1. 기본개념

　　일반적으로 투자는 현재의 지출과 미래의 수익을 교환하는 행위이다. 투자 의사결정을 할 때 현재의 지출과 미래의 수익은 이자와 기간을 고려할 때 화폐의 시간가치가 달라진다. 그러므로 서로 다른 시점에서 발생하는 현금흐름(Cash Flow, 현금수지라고도 함)을 비교하기 위해서는 이들 현금흐름을 현재가치로 계산해야 비교가 가능해진다.

> **참고** REFERENCE │ **Cash Flow**
>
> 　현금흐름(cash flow)은 현금유입(cash inflow)과 현금유출(cash outflow)을 통칭하기도 하고, 현금유입과 현금유출의 차이를 의미한다.

　　부동산투자의사결정은 투자로부터 기대되는 편익과 비용을 계산하여 의사결정을 하게 되는데, 투자한 금액이 투자한 시점에 회수되는 것이 아니라 수년 후에 회수되는 까닭에 화폐의 시간가치에 대해 이해할 필요가 있다.

부동산분석을 위한 도구로 기본적인 것은 현금흐름에 대한 현재가치와 미
래가치를 계산하는 것이다. 현재가치는 미래의 금액에 할인율이 주어졌을 때 이
를 현재기준으로 환원하면 얼마만한 가치가 있는가를 계산하는 것이고, 미래가
치는 이자율이 주어졌을 때 현재의 금액이 일정기간 후에 얼마가 되는가를 계산
하는 것이다. 즉, 현재의 1만원이 내년의 1만원과 같지 않고, 내년의 1만원이 현
재의 1만원과 같을 수 없다는 것을 계산으로 확인할 수 있다.

1) 단리와 복리

단리는 이자를 계산할 때 원금에 대해서만 일정한 시기에 약정한 이자율을
적용하여 계산하는 방법으로, 여기서 발생된 이자는 원금에 합산되지 않는다.
복리는 일정기간의 기말마다 이자를 원금에 가산해서 그 합계액을 다음 기간의
원금으로 계산하는 방법이다.

- 원금 1억원, 이자율(r) 10%로 3년간 투자했을 때, 3년 후에는 얼마인가?
- 단리: 1억원(원금) + 1,000(1년차) + 1,000(2년차) + 1,000(3년차) = 1.3억원
- 복리: 1억원(원금) $\times (1+0.1)^3$ = 1.331억원

연간 복리수익률을 기준으로 원금이 두 배가 되는 기간을 구하는 '72의 법
칙'이 있다. 72의 법칙은 일종의 약산 방식으로 72를 이자율로 나누면 원금이 두
배가 되는 기간과 같아진다는 규칙이다.

원금이 2배가 되는 기간(년) = 72/금리(%)

예를 들어 연 이자율이 3%라면 원금의 2배가 되는 데 걸리는 기간 = 72/3
= 24년이 소요된다. 이를 달리 표현하면 복리의 이율로 어떤 금액의 가치가 2
배로 증가하기까지 걸리는 시간을 구할 수 있다. 예를 들면, 100만원을 연 5%
(세후 수익률)로 저축해 200만원을 만드는 데 걸리는 기간은 72÷5 = 14.4년이
걸리고, 10% 수익률이라면 72÷10 = 7.2년이 걸린다.

2) 현재가치와 미래가치

　　현재가치(PV: Present Value)는 미래의 금액이 현재시점에서 얼마의 가치가 있는가를 나타낸다. 현가라고도 하는데 미래가치에서 복리의 이자액을 감하여 할인하는 과정으로 계산한다. 미래가치(FV: Future Value)는 현재의 금액이 미래시점에서 어느 정도의 가치를 갖는가를 나타낸다. 미래가치는 원금에 복리 이자액을 합산하는 과정으로 계산한다. 즉, 미래가치가 현재의 화폐가치를 미래 특정시점의 가치로 환산한 것이라면, 현재가치는 미래의 금액을 현재시점으로 할인한 가치이다.

3) 연금과 일시불

　　연금은 일정 기간 또는 종신에 걸쳐서 정기적으로 지급되는 일정액의 금전이다. 일시불은 연금 이외의 금전으로 일시금이라고 한다.

2. 미래가치

1) 일시불의 미래가치

　　일시불의 미래가치는 현재의 일정금액에 대해 이자율을 복리로 더하고 이를 장래 일정시점의 가치로 환산한 금액이다. 일시불의 미래가치는 일시불의 현재가치와 역수의 관계에 있다.

$$FV = PV(1+r)^n$$

　　A가 소유한 토지의 지가가 매년 5%씩 상승한다면 5년 후의 지가는 얼마가 될까? 해마다 5%씩 상승하지만, 2~5년차는 그 전년도의 몫이 포함된 금액에 다시 5%가 상승하므로 복리로 계산해야 한다. 대상토지의 지가가 10억원이라면 5년 후의 지가는 다음과 같다.

$$FV = 1,000,000,000 \times (1+0.05)^5 = 1,276,281,563$$

2) 연금의 미래가치

연금의 미래가치(FVA: Future Value Annuity)는 일정한 현금흐름이 규칙적으로 발생할 경우 미래의 일정시점에서 이러한 현금흐름이 가지는 가치의 크기라고 할 수 있다. 즉 매년 특정금액을 n년 동안 적립할 경우, n년 후의 미래가치를 의미한다.

$$
\begin{aligned}
FVA &= ANN(1+r)^{n-1} + ANN(1+r)^{n-2} + \ldots + ANN(1+r)^0 \\
&= \sum_{i=1}^{n} ANN\left[(1+r)^{n-1}\right] \\
&= ANN\frac{(1+r)^n - 1}{r}
\end{aligned}
$$

특정기간 동안 일정금액을 계속적으로 지급하는 동일액을 연금(annuity)이라고 한다. 예를 들어 정년퇴직자가 연금으로 매년 4천만원씩 받는다고 하자. 이 정년퇴직자가 이것을 한푼도 쓰지 않고 이자율 3%로 5년 동안 계속해서 적립한다면 5년 후에는 얼마나 될까?

$$
\begin{aligned}
FVA &= ANN\frac{(1+r)^n - 1}{r} \\
&= 40,000,000 \times \left(\frac{(1+0.03)^5 - 1}{0.03}\right) \\
&= 40,000,000 \times 5.30914 = 212,365,432
\end{aligned}
$$

여기서 ANN은 매년 말에 불입하는 연금액(annuity)이며, FVA는 연금의 미래가치이다. 5.30914는 연금내가계수(3%, 5년)이다. 연금의 미래가치는 감채기금계수와 역수의 관계에 있다.

3) 감채기금계수

미래에 일정금액을 얻기 위해 매기 불입해야 할 일정한 금액(예를 들면, 적금액)을 감채기금이라 하고, n년 후 1원을 만들기 위해 매년 불입할 액수를 감채기금계수라 한다. 매기 불입해야 한다는 측면에서 감채기금계수는 연금내가계수의 역수에 해당된다.

- 연금의 미래가치 = 매 기간 연금불입액 × 연금내가계수
- 매 기간 연금불입액 = 연금의 미래가치 / 연금내가계수

$$ANN = FVA \frac{r}{(1+r)^n - 1}$$

감채기금은 장래에 원하는 금액을 모으기 위해 매 기간마다 적립해야 할 액수를 말한다. 즉, 목돈만들기를 위해 매월 불입해야 하는 적금액을 의미한다. 예를 들어 전세보증금을 만들기 위해 5년 만기로 1억원 적금을 들었다. 이자율은 3%이다. 즉, 연금의 미래가치가 1억원이고, 매 기간 연금불입액(적금)은 다음과 같다.

$$\begin{aligned} ANN &= FVA \frac{r}{(1+r)^n - 1} \\ &= 100{,}000{,}000 \times \left(\frac{0.03}{(1+0.03)^5 - 1} \right) \\ &= 100{,}000{,}000 \times 0.188355 = 18{,}835{,}457 \end{aligned}$$

여기서 0.188355는 감채기금계수(3%, 5년)이다. 감채기금계수는 상환기금계수 또는 부채탕감계수라고도 한다.

3. 현재가치

1) 일시불의 현재가치

일시불의 현재가치는 장래 발생될 현금흐름을 현재시점의 가치로 환산한 금액을 말한다. 여기서 환산한다는 것은 할인율을 적용하는 것을 의미하는데, 할인율은 미래의 가치를 현재의 가치와 같게 하는 비율이다. 일반적으로 인플레이션 및 리스크프리미엄(미래 수익의 불확실성 등)을 고려한 이자율 또는 자본비용을 이용하는데, 여기에서는 계산의 편의를 위해 이자율로 할인하기로 한다.

$$PV = FV \frac{1}{(1+r)^n}$$

5년 후의 12억원은 현재 얼마만큼의 가치가 있을까? 일반적으로 자본시장에서는 미래의 불확실성보다 현재의 유동성을 선호하므로 5년 후의 12억원은 오늘날의 12억원과 같지 않다. 이를 비교하기 위해서는 적절한 값으로 할인해야 한다.

앞의 예제와 비교하기 위해 일시불의 미래가치에 나오는 값을 적용해 계산해 보기로 하자. A가 소유한 토지의 지가가 5년 후에 1,276,281,563원이고, 할인율이 5%라면 현재가치는 다음과 같다.

$$PV = 1{,}276{,}281{,}563 \times \frac{1}{(1+0.05)^5} = 1{,}000{,}000{,}000$$

2) 연금의 현재가치

연금의 현재가치(PVA: Present Value Annuity)는 장래에 일정한 현금흐름이 발생할 경우, 즉 동일한 금액의 수입이 계속 기대되는 경우, 일정한 할인율을 이용한 현재가치를 말한다. 즉, 연금 1원을 연이율 r로 n년 동안 받게 될 연금을 현재가치로 환원한 금액이다.

$$PVA = \frac{ANN}{(1+r)^1} + \frac{ANN}{(1+r)^2} + \cdots\cdots + \frac{ANN}{(1+r)^n}$$
$$= ANN \sum_{t=1}^{n} \frac{1}{(1+r)^t}$$
$$= ANN \frac{1-(1+r)^{-n}}{r}$$

예를 들어 정년퇴직자가 연금으로 매년 4천만원씩 20년 동안 받는다고 하자. 이 정년퇴직자가 연금으로도 받을 수 있지만, 일시불로 목돈을 받는다면 퇴직시에 받을 수 있는 일시불은 얼마나 될까? 할인율을 5%로 적용할 때 퇴직시에 받는 목돈은 연금의 현재가치를 모두 합한 결과가 된다.

$$PVA = ANN \frac{1-(1+r)^{-n}}{r}$$
$$= 40,000,000 \times \left(\frac{1-(1+0.05)^{-5}}{0.05}\right)$$
$$= 40,000,000 \times 12.46221 = 498,488,414$$

여기서 12.46221은 연금현가계수(5%, 20년)이다. 일시불로 목돈을 선택하면 약 5억원을 수령하지만, 매년의 연금을 선택하면 20년에 걸쳐 8억원(4천만원 × 20년)을 수령하게 된다.

3) 저당상수

저당상수는 대출액에 대한 매기(매월 또는 매년) 지불액을 결정하고자 할 때 사용되는 비율이다. 즉 저당상수는 대출금액에 대한 매기의 불입금 비율이다. 매기 불입해야 한다는 측면에서 저당상수는 연금현가계수의 역수가 된다.

연금의 현재가치 = 매 기간 연금수령액 × 연금현가계수
매 기간 연금수령액 = 연금의 현재가치 / 연금현가계수

$$ANN = PVA\,\frac{r}{1-(1+r)^{-n}}$$

저당상수는 대출금에 대한 매월 불입금을 계산하는 데 활용될 수 있다. 예를 들어 내집마련을 위해 30년 만기로 5억원 대출을 받았다. 이자율은 3% 고정금리이다. 대출상환을 위한 매년의 불입금은 다음과 같다.

$$
\begin{aligned}
ANN &= PVA\,\frac{r}{1-(1+r)^{-n}} \\
&= 500{,}000{,}000 \times \left(\frac{0.03}{1-(1+0.03)^{-30}}\right) \\
&= 500{,}000{,}000 \times 0.05101926 = 25{,}509{,}630
\end{aligned}
$$

여기서 0.05101926은 저당상수(3%, 30년)이다. 25,509,630원은 매년 불입금액으로 이를 12개월로 나누면 2,125,802원이 된다. 저당상수는 저당지불액 또는 부채서비스액이라고도 한다.

SECTION 02 + 부동산의 경제성분석

1. 비할인현금흐름분석

부동산의 경제성을 분석하는 방법에는 화폐의 시간적 가치를 고려하지 않는 전통적 분석기법 또는 비할인현금흐름분석법(NDCF: Non Discounted Cash Flow)과 화폐의 시간적 가치를 고려하는 할인현금흐름분석법(DCF: Discounted Cash Flow)이 있다. 일반투자가나 금융기관은 투자에 대한 위험과 수익을 평가하기 위한 지표로 여러 가지 재무비율을 사용하고 있으며, 이러한 비율은 투자계획이나 수익성 제고를 위한 보조수단으로 기능하고 있다.

1) 회수기간법

회수기간은 투자로 인한 현금유입으로 투자비용을 회수하는 데 소요되는 기간이다. 회수기간법에 의한 투자안의 의사결정기준은 투자비용에 대한 회수기간과 미리 정해 놓은 목표회수기간을 비교함으로써 이루어진다.

고려대상인 투자안들이 상호 독립적인 경우에는 목표회수기간보다 짧은 경우가 채택되며, 상호 배타적인 투자안일 경우에는 목표회수기간보다 짧은 투자안 중 회수기간이 가장 짧은 것이 채택된다.

회수기간법(payback period)의 장점은 투자안의 분석이 간단하고, 회수기간이 짧은 투자안을 선호함으로써 기업의 유동성을 향상시킨다. 즉, 회수기간이 짧을수록 자금이 빨리 회수되므로 기업의 유동성이 제고될 수 있다. 단점으로는 현금흐름의 시간적 가치를 고려하지 않는다는 점과 회수기간 이후의 현금흐름을 고려하고 있지 않기 때문에 투자의 수익성을 정확하게 알 수 없다는 점을 들 수 있다.

$$\frac{\text{투자액}}{\text{매년 현금유입액}} = \text{회수기간(회수기간이 짧은 것 선택)}$$

다음과 같은 현금흐름을 갖는 두 개의 투자안이 있다고 가정하자. 이 두 투자안의 자본회수기간을 비교하여 투자안을 평가한다.

(단위: 만원)

연도	현금흐름	
	투자안 A	투자안 B
0	−1,000	−1,000
1	500	100
2	300	300
3	200	400
4	100	600

여기서 투자안 A에 소요된 투자액(1,000만원)을 회수하는 데 걸리는 기간은 3년이고, 투자안 B에 소요된 투자액(1,000만원)을 회수하는 데 걸리는 기간은 3년 4개월이다. 따라서 투자안 A가 투자안 B보다 회수기간이 짧으므로 더 유리한 투자안이라고 할 수 있다.

2) 회계적 이익률법

회계적 이익률법(ARR: Accounting Rate of Return)은 회계장부상의 숫자에 기초한 연평균순이익을 연평균투자액 또는 총투자액으로 나눈 값을 말하며, 평균이익률이라고도 한다. 단일 투자안이거나 상호 독립적 투자안일 경우는 기업에서 미리 설정한 목표이익률보다 큰 투자안은 채택하고 작은 투자안은 기각한다. 상호 배타적 투자안일 경우에는 목표이익률보다 큰 투자안 중에서 회계적 이익률이 가장 큰 투자안을 선택한다.

$$\text{회계적 이익률} = \frac{\text{연평균순이익}}{\text{연평균투자액}} \quad \text{또는} \quad \frac{\text{연평균순이익}}{\text{총투자액}}$$

✏ **회수기간법과 회계적이익률법의 비교**

분석방법	정의	의사결정	단점	장점
회수기간법	• 투자에 소요된 모든 비용을 회수하는 데 걸리는 기간 • 연단위표시	상호 배타적인 투자대안 중 회수기간이 가장 짧은 것을 선택함	• 회수기간 이후의 현금흐름 미고려 • 회수기간 내 현금흐름에서 화폐의 시간적 가치 무시 • 가치의 가산원칙 적용불가 • 독립적 투자안에서 회수기간선정이 주관적	• 방법이 용이함 • 투자위험에 대한 정보 제공 • 기업 유동성정보 제공 • 시설 및 생산품의 진부화 위험 정보 제공 • 일정조건에서는 DCF법과 큰 차이가 없음
회계적 이익률법	• 평균이익률법이라고도 함 • 연평균순이익/연평균투자액 • 연평균순이익/총투자액	가장 높은 평균이익률을 가진 투자대안	• 화폐의 시간적 가치 미고려 • 현금흐름을 직접 고려하지 않고 장부상의 이익을 분석대상으로 함	• 간단하고 이해하기 쉬움 • 회계장부상의 자료를 쉽게 구하여 그대로 사용할 수 있음

회계적 이익률의 장점은 추정재무제표를 이용할 수 있으므로 자료수집이 용이하며 이해가 쉽다는 것이다. 반면 현금흐름의 시간적 가치를 고려하지 않고

있으며 현금흐름이 아닌 회계장부상의 수익에 기초를 두고 있으므로, 사전적인 의사결정을 사후적인 자료로 분석한다는 한계가 있다.

2. 할인현금흐름분석법

기존의 분석에서는 현금흐름이 매기마다 균등하다는 전제하에 논의를 전개 했지만, 통상적인 사업의 현금흐름은 불균등한 것이 일반적이다.

1) 순현가법

투자의사결정은 현재시점을 기준으로 이루어지지만 투자에서 얻어지는 대 가는 미래에 실현되는 것이 일반적이므로 이러한 투자안을 평가하기 위해서는 화폐의 시간가치를 고려해야 한다. 순현가법(NPV: Net Present Value)은 장래 기 대되는 소득을 요구수익률로 현가할인하여 더한 총액과 초기의 투자비용으로 지출된 지분(equity)을 서로 비교하여 투자여부를 결정하는 방법이다. 여기서 할 인율은 일반적으로 투자안의 요구수익률로 한다. 이와 같이 투자에서 발생하는 현금유입의 현재가치와 현금유출의 현재가치를 비교하여 투자여부를 결정하는 방법이다.

$$NPV = \frac{CF_1}{(1+r)^1} + \frac{CF_2}{(1+r)^2} + \cdots \frac{CF_n}{(1+r)^n} - CF_0$$

- CF : 현금흐름(cash flow)
- n : 기간
- r : 할인율
- CF_0 : 초기현금유출액

순현가(NPV) > 0이면 당해 투자를 채택하며, NPV < 0이면 당해 투자를 기각 한다. 즉, 순현가가 0보다 크다면 시간가치를 고려한 현금유입액이 현금유출액 보다 크다는 것을 의미하며, 이는 투자가치의 증가를 의미한다. 반대의 경우 순

현가가 0보다 작다면 투자가치의 감소를 의미한다. 상호 배타적인 투자안의 경우에는 NPV가 큰 순서대로 투자안을 선택한다.

어떤 투자자가 10,000만원을 투자하여 A부동산을 구입하려고 한다. 이 투자로 기대되는 현금흐름은 다음과 같다. 투자자의 자본비용(할인율)은 10%라고 가정한다.

(단위: 만원)

연도	0	1	2	3	4
현금흐름	10,000	6,500	3,000	3,000	1,000

투자자는 다른 B부동산의 구입을 동시에 고려하고 있다. 비교대상 부동산의 현금흐름은 다음과 같다.

(단위: 만원)

연도	0	1	2	3	4
현금흐름	10,000	3,500	3,500	3,500	3,500

A부동산의 NPV를 구하면,

$$NPV = \frac{6,500}{(1+0.1)^1} + \frac{3,000}{(1+0.1)^2} + \frac{3,000}{(1+0.1)^3} + \frac{1,000}{(1+0.1)^4} - 10,000 = 1,325만원$$

B부동산의 NPV를 구하면,

$$NPV = \frac{3,500}{(1+0.1)^1} + \frac{3,500}{(1+0.1)^2} + \frac{3,500}{(1+0.1)^3} + \frac{3,500}{(1+0.1)^4} - 10,000 = 1,095만원$$

따라서 A, B 모두 NPV > 0이므로 투자타당성이 있지만 A부동산이 B부동산보다 크므로 A부동산의 투자를 결정한다.

---

2) 수익성지수법

수익성지수(PI: Profitability Index)는 투자안으로부터 발생하는 현금유입의 현재가치를 현금유출의 현재가치로 나눈 값을 말한다. 의사결정기준으로는 단일

투자안 또는 상호 독립적 투자안일 경우 PI가 1보다 크면 채택하고 1보다 작으면 기각한다. 상호 배타적 투자안일 경우 수익성지수가 1보다 큰 투자안 중에서 수익성지수가 가장 큰 투자안을 선택한다. 앞의 사례 중 A부동산의 PI= 11,325/10,000=1.13이 된다.

수익성지수법의 장점은 내용연수 동안의 모든 현금흐름을 고려하고, 적절한 할인율을 사용하여 화폐의 시간가치를 반영하고 있으며, 수익성지수는 투자자금이 제한된 경우의 평가기준으로 유용하다는 것이다. 반면 단점은 수익성지수는 비율의 개념이기 때문에 가치가산의 원리가 성립하지 않으며, 수익성지수법에 의하여 선택한 투자안이 반드시 기업가치를 극대화시켜 주는 투자안은 아니라는 것이다.

$$PI = \frac{\text{현금유입의 현재가치}}{\text{현금유출의 현재가치(투자비용)}} = \frac{NPV + C_0}{C_0}$$

3) 내부수익률법

내부수익률(IRR: Internal Rate of Return)은 투자안의 순현재가치(NPV)를 0으로 만드는 할인율로, 이를 요구수익률과 비교하여 투자여부를 결정하는 방법이다. 내부수익률은 현금할인의 한 방법으로서 그 특징은 각 투자안이 가져올 장래의 현금수익의 흐름이 지닌 현재가치가 투자지출과 같아지도록 할인하는 이자율을 발견하는 데 있다.

즉, NPV(Net Present Value)가 0이 되게 하는 할인율이다. 이 이자율이 투자안의 내부수익률이고 그것은 자본의 한계효율을 나타내고 있다. 내부수익률(IRR)을 r로 정의하면 다음 식을 만족하는 r이 IRR이 된다.

$$NPV = -CF_0 + \frac{CF_1}{(1+r)^1} + \frac{CF_2}{(1+r)^2} + \cdots \frac{CF_n}{(1+r)^n} = \sum_{t=0}^{n} \frac{CF_t}{(1+r)^t} = 0$$

위 식에서 투자안의 현금흐름이 클수록, 즉 분자인 CF_1, CF_2, ……, CF_n 이 큰 값을 가질수록, 분모인 r값은 높게 되는데, 이는 결국 r이 투자안의 수익성의 척도가 된다는 뜻이 된다. 여기서 요구수익률을 i라고 할 때 $r > i$이면 이 투자안을 채택하고, $r < i$이면 이 투자안을 기각하게 된다. 순현가법에서 제시된 예시를 통하여 내부수익률을 구해보면 다음과 같다. 요구수익률은 10%라고 가정한다. 여기서 r을 재무함수를 이용하여 구해보면 18%가 된다. 이 투자안의 내부수익률이 투자자의 요구수익률(10%)보다 크므로 투자안을 채택하게 된다.

$$NPV(A) = -10,000 + \frac{6,500}{(1+r)^1} + \frac{3,000}{(1+r)^2} + \frac{3,000}{(1+r)^3} + \frac{1,000}{(1+r)^4} = 0$$

동일한 방법으로 투자안 B의 내부수익률을 구하면 15%가 된다. 따라서 이 투자안도 투자의 타당성을 갖는다. 다만 투자안을 비교할 때는 수익률이 높은 A안을 채택하게 될 것이다.

$$NPV(B) = -10,000 + \frac{3,500}{(1+r)^1} + \frac{3,500}{(1+r)^2} + \frac{3,500}{(1+r)^3} + \frac{3,500}{(1+r)^4} = 0$$

투자규모가 현저히 다른 경우에 순현가법은 순수익액을 기준으로 투자안을 평가하고, 내부수익률법은 수익률에 의하여 평가하기 때문에 현실과 괴리가 발생할 수 있다. 순현가법은 주어진 할인율을 이용하여 순현가를 구하는 반면, 내부수익률법은 순현가를 0으로 하여 그 조건이 충족되는 할인율을 구한다.

참고 REFERENCE   NPV와 IRR의 비교

분석 방법	순현가법(NPV)	내부수익률법(IRR)
정의	• 투자에서 발생하는 미래의 모든 현금흐름을 적절한 할인율로 할인하여 현가로 표시	• 미래 현금흐름의 NPV를 0으로 만드는 할인율 • 미래 현금유입의 현가와 현금유출의 현가를 동일하게 만드는 할인율
의사 결정	• 상호 배타적인 투자안의 경우는 NPV가 가장 큰 안 • 독립적인 안인 경우는 0보다 큰 대안	• 상호 배타적인 안의 경우 IRR이 가장 큰 안 • 독립적인 안의 경우 무위험이자율보다 큰 안
단점	• 상이한 자본지출요구액을 통제할 수 없음. 1백만원의 자본지출에 대한 10만원의 NPV와 50만원의 자본지출에 대한 동일한 NPV 사이 차별화를 할 수 없음 • 다른 투자성과 측정지표와 결합하여 사용하면 최적의 유용성을 지님	• 내부수익률로 재투자수익률을 가정하는 것은 비현실적임 • 내부수익률을 구할 수 없는 경우와 복수의 해가 존재하는 경우가 있음 • 가치의 가산원칙을 따르지 않음 • 할인율이 변동하는 경우 투자비교기준선정에 어려움이 있음
장점	• 측정된 모든 현금흐름을 고려하고, 화폐의 시간적 가치를 고려함 • 가치의 가산원칙을 준수하고, 기업의 가치를 극대화할 수 있는 투자안을 선택할 수 있음	• 측정된 모든 현금흐름을 고려함 • 화폐의 시간적 가치를 고려하기 때문에 이론적으로 우수한 방법

CHAPTER 04

SECTION 03+ 부동산계량분석

1. 계량분석

1) 계량분석의 의의

계량분석은 어떤 현상에 대해서 데이터를 수집한 뒤 이를 분석하여 문제해결에 유용한 정보를 얻는 행위이다. 즉, 계량분석은 데이터로부터 정보를 추출

하는 통계학적 분석방법을 토대로 변수들 간의 관계를 분석한다. 계량분석은 경제통계자료의 특징 분석, 경제이론의 검증, 경제정책의 분석, 미래에 대한 예측, 실증분석방법론의 개발 등 다양하게 활용된다.

부동산계량분석은 부동산시장 및 부동산투자와 관련된 수치정보와 계량분석적 연구에 대한 이해 및 분석능력을 제고하여, 부동산금융 및 투자, 부동산시장조사 및 정책분석에 응용할 수 있는 통계적 분석기법의 응용을 주된 내용으로 한다.

2) 계량분석 모형과 기법

계량분석의 근간이 되는 것은 통계이다. 계량분석에서 구득하는 정보는 기술적 정보와 처방적 정보로 구분된다. 기술적 정보는 자료 전체를 하나의 지표로 요약하고 묘사한 정보로 과거 추세, 패턴 형태를 계량 모델화한 것을 기술적 분석이라 한다. 처방적 정보는 자료로부터 변수 간의 인과관계를 분석하고 예측하는 작업을 통해 도출되는 통계적 분석 및 예측기법이다. 계량분석은 분석모형을 정립하고 실증적 자료를 적용하여 변수 간의 정량적인 인과관계를 추정하거나 목적달성에 가장 효율적인 변수와 그 값을 추정하는 일련의 과정이다. 계량분석모형은 상황을 단순화하고, 각 구성요소간의 중요한 구조적 관계를 규정한 것이다. 이와 같은 현상의 단순화 과정에서 개인의 주관이나 편견이 개입될 수 있으므로, 분석모형은 객관적 논리가 아니면 설득력이 떨어진다. 따라서 다양한 분석기법을 사용하더라도 모형 자체의 신빙성이 약하면 결과의 설득력도 떨어지므로, 정확성이나 정교성보다는 논리의 타당성에 힘을 들여야 한다.

3) 계량분석 자료의 유형

계량분석에서 이용하는 자료의 형태에는 횡단면 자료(Cross Sectional Data), 시계열 자료(Time Series Data), 패널자료(Panel Data) 등이 있다. 횡단면 자료는 일정시점에서 하나 이상의 변수에 대해 수집된 자료를 의미하는데, 예를 들어 2025년 전국 17개 시도의 주택가격과 소득, 인구와 세대수를 조사한 자료는 횡단면 자료이다.

시계열 자료는 일별, 주별, 월별, 분기별, 연도별 등 기간에 걸쳐 수집한 자료를 의미하는데, 예를 들어 1980년부터 2025까지 연도별로 서울특별시의 주택가격과 소득, 인구와 세대수를 조사한 자료는 시계열 자료이다. 시계열 자료는 거시경제변수를 측정한 자료에서 주로 많이 발생한다.

패널자료는 동일한 횡단면 단위에 기준을 두고 시간의 흐름에 따라 수집한 자료를 의미하는데, 예를 들어 전국의 노인가구를 패널로 선택한 후에 매년 그 가구를 대상으로 연금 등의 소득과 주거비 등의 지출을 조사한 자료는 패널자료 이다. 계량분석에서는 통계 소프트웨어를 통해 분석을 하게 된다.

2. 기술통계분석의 지표

1) 확률분포 중앙경향의 대푯값

미역국이 짠지 싱거운지는 한 스푼 떠서 맛을 보면 안다. 간을 보기 위해 미역 국을 다 먹어야 미역국이 짠지 싱거운지를 알 수 있는 것이 아니듯이, 데이터를 분석하기에 앞서 먼저 기술통계량분석을 한다. 기술통계량을 통해 최댓값과 최솟 값을 확인하고 데이터의 개수를 확인하는 과정에서 데이터의 입력값의 오류 여부 를 확인할 수도 있다. 또한 상관관계분석을 통해 변수들에 대해서 서로 상관관계 높은 변수를 사전에 파악해서 제거하거나 이들 관계를 체계적으로 분석한다.

확률분포의 중앙경향을 나타내는 대푯값은 분포의 중심위치를 나타내는 측 정치로, 도수 전체를 대표하는 값을 의미한다. 대푯값은 산술평균(mean), 중위수 (median) 및 최빈수(mode) 등이 있는데 이 중에서 산술평균이 가장 널리 이용되 고 있다. 예를 들어 서울 강남구의 아파트가격에 대한 자료를 구할 때, 아파트 가격의 분포 형태는 좌우대칭이 아니고 한쪽으로 기울어진 형태로, 평균은 자료 의 중심위치에 대한 좋은 측도가 되지 못한다(흔히 평균은 높은 가격으로 기운다).

산술평균(mean)은 모든 자료의 값을 합산하여 자료의 총수로 나눈 것이고, 중위수(median)는 자료의 크기를 순서대로 나열하였을 때 그 중앙에 위치한 자 료의 값, 최빈수(mode)는 자료 중에서 발생빈도가 가장 많이 나타난 값을 의미 한다. 예를 들어 서울 광진구의 아파트 평당 거래가격에 대한 조사결과가 아래 와 같다면 산술평균과 중위수[1], 최빈수는 다음과 같다.[2]

---

1   n이 홀수이면 median= $(n+1)/2$번째, n이 짝수이면 median= $n/2$번째와 $(n/2)+1$의 산술평균
2   조주현, 부동산학원론, 기술통계분석의 지표 참조

✏ **서울시 광진구 아파트 평당 거래가격 및 건수의 분포**

가격 (만원)	대푯값	거래건수	확률	누적건수	산술평균
2,000~2,500	2,250	5	0.08	5	188
2,500~3,000	2,750	6	0.10	11	275
3,000~3,500	3,250	7	0.12	18	379
3,500~4,000	3,750	9	0.15	27	563
4,000~4,500	4,250	10	0.17	37	708
4,500~5,000	4,750	8	0.13	45	633
5,000~5,500	5,250	7	0.12	52	613
5,500~6,000	5,750	8	0.13	60	767
계		60	1.00	60	4,125

산술평균(mean)

= (2,250 × 0.08) + (2,750 × 0.10) + (3,250 × 0.12) + (3,750 × 0.15) +
   (4,250 × 0.17) + (4,750 × 0.13) + (5,250 × 0.12) + (5,750 × 0.13) =
   4,125만원/평

중위수(median)
= 거래건수의 중간 30.5번째 = 4,000 + 500 × (3.5/10) = 4,175만원/평

최빈수(mode)
= 거래건수가 가장 많은 구간의 대푯값 = 4,250만원/평

2) 확률분포의 산포도 측정

산포도(dispersion)는 자료가 어떤 범위에 어느 정도로 분산되어 있으며 또 대푯값 주위에 얼마나 가까이 분포되어 있는지를 나타내는 측도로, 산포도가 작을수록 자료들이 대푯값에 밀집되어 있고, 클수록 자료들이 대푯값을 중심으로 멀리 흩어져 있다. 확률분포의 분산정도를 측정하는 방법에는 여러 가지가 있지만, 그중에 대표적인 것을 보면 범위(range), 사분편차(quartile deviation), 표준편차(SD: standard deviation), 변이계수(CV: coefficient of variation) 등이 있다.

(1) 범위

범위는 관찰된 최댓값에서 최솟값을 뺀 지표로, 범위는 분포의 이상치 (outlier)에 영향을 받는 단점이 있다. 따라서 이를 수정한 것이 사분편차로 이는 자료를 크기 순서로 나열했을 때, 전체 자료 중 1/4지점의 관찰치와 3/4지점의 관찰치의 절반에 해당하는 값이므로, 이상치의 왜곡에 민감하지 않을 수 있다. 자료를 순서대로 늘어놓고, 작은 값부터 시작해 25%위치에 있는 값을 제1사분 위수(lower quartile), 50%위치에 있는 값을 제2사분위수 또는 중앙값(median), 75%위치에 있는 값을 제3사분위수(upper quartile)라 한다.

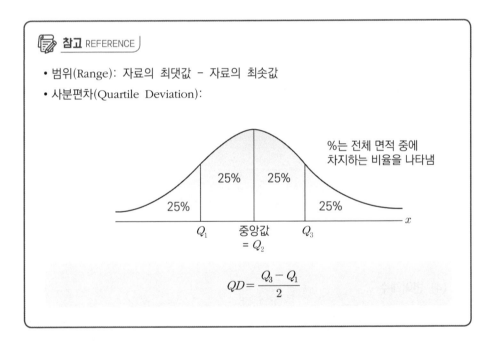

참고 REFERENCE

- 범위(Range): 자료의 최댓값 – 자료의 최솟값
- 사분편차(Quartile Deviation):

$$QD = \frac{Q_3 - Q_1}{2}$$

%는 전체 면적 중에 차지하는 비율을 나타냄

(2) 분산

분산(variance)은 편차(관측값－산술평균)들의 제곱합을 '자료의 수 － 1(n－1)'로 나누어서 구한다. 분산의 양의 제곱근을 표준편차라고 한다. 분산과 표준편차는 다음과 같은 순서로 구한다. 분산을 계산할 때 편차를 제곱하는 이유는 단순히 편차의 합계를 하면 항상 0이 되므로 이를 피하기 위한 것이다.

$$분산 = \frac{(편차)^2의\ 총합}{관측치의\ 수} = \frac{\sum_{i=1}^{n}(x_i - \overline{x})^2}{n-1}$$

(3) 표준편차

일반적으로 사용되는 것이 표준편차(SD: Standard Deviation)인데 이는 관찰치들이 평균으로부터 얼마나 떨어져 있는가에 대해 측정하는 개념이다. 표준편차는 분산에 제곱근을 취한 것으로, 편차(deviation)는 자료의 관측값에서 평균을 뺀 값(편차＝관측값－평균)이다. 산포도의 측도로 관측값에서 평균을 뺀 값을 모두 더한다면, 각 값들이 ＋와 －로 서로 상쇄되어 0이 되므로, 이에 대한 적당한 측도가 될 수 없다. 편차의 총합은 항상 0이고, 평균보다 큰 관측값의 편차는 양수이고 평균보다 작은 관측값의 편차는 음수이다. 또한 편차의 절댓값이 클수록 그 관측값은 평균에서 멀리 떨어져 있고, 편차의 절댓값이 작을수록 평균에 가까이 있다.

$$표준편차 = \sqrt{분산}, \quad s = \sqrt{S^2} = \sqrt{\frac{\sum_{i=1}^{n}(x_i - \overline{x})^2}{n-1}}$$

(4) 변이계수

변이계수(CV: Coefficient of Variation)는 분산의 상대적 측정치로, 표준편차를 산술평균으로 나누어 준 값이다. 변이계수가 작을수록 평균치 가까이에 분포하는 것으로 볼 수 있다. 분산(편차)을 비교할 때, 집단 간의 자료값의 크기에 따른 상대적인 비교를 위하여, 즉 자료의 단위가 다르거나, 단위는 같지만 평균의 차이가 큰 경우와 같이 여러 집단 간의 산포도를 비교하기 위해서는 산술평균을 무시하고 표준편차만을 가지고 분산도를 비교하는 것보다 표준편차의 산술평균에 대한 백분율을 구해 비교하는 변이계수로 비교할 수 있다.

$$CV = \frac{s}{X} \times 100 (\%)$$

상기의 표를 사용하여 범위, 사분편차, 분산, 표준편차, 변이계수 등 산포도를 계산해 보면 다음과 같다.

범위(Range) = 최댓값 − 최솟값 = 6,000 − 2,000 = 4,000만원/평

사분편차(Quartile Deviation)
(Q3 − Q1)/2 = 60건 중 45번째(3/4)값과 15번째(1/4)값의 차이의 절반 =
$\qquad$ [{4,500 + (8/8) × (500)} − {3,000 + (4/7) × (500)}]/2 = 857.14만원/평

분산(s^2)
= [$(2,250 − 4,125)^2(5) + (2,750 − 4,125)^2(6) + \cdots + (5,750 − 4,125)^2(8)$] / (60 − 1)
= 1,166,314

표준편차(SD) = 분산(s^2)의 양의 제곱근(s) = 1,079.96만원/평

변이계수(CV) = (표준편차/산술평균)(100%) = (1,079.96/4,125)(100%)
$\qquad$ = 26.18%

---

3. 상관관계분석

1) 상관관계분석의 의의

상관관계는 둘 또는 그 이상의 변수들간에 존재하는 관계 정도를 뜻한다. 이러한 상관관계를 분석하고자 하는 것이 상관관계분석(correlation analysis)이다. 회귀분석은 하나의 변수가 나머지 다른 변수들과의 선형함수이며 선형적 관계를 갖는가에 관심을 두었으나, 상관관계분석은 변수 간의 상호관계 정도를 분석하는 통계적 기법이다.

2) 상관관계분석의 목적

상관관계분석은 변수 간의 관련성을 분석하기 위해 이용된다. 즉, 하나의 변수와 다른 변수와의 밀접한 관련성을 갖고 변화하는가를 분석하기 위해서 이용된다고 할 수 있다. 예를 들어, 주택가격과 소득이 관련성이 있는지 여부, 담보대출과 주택정책의 관계, 특정지역의 아파트 가격과 수능점수와의 관련성 정도 등을 밝히고자 하는 데에 이용할 수 있다.

상관계수 r은 -1과 1 사이의 값($-1 \leq r \leq 1$)을 취하게 되는데 r이 0보다 클 때($r > 0$)는 두 변수가 같은 방향으로 변화하는 것을 말하며, 이때 두 변수간에는

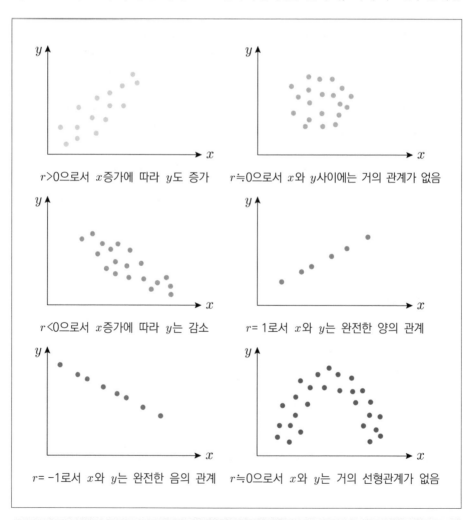

$r > 0$으로서 x증가에 따라 y도 증가 $r \fallingdotseq 0$으로서 x와 y사이에는 거의 관계가 없음

$r < 0$으로서 x증가에 따라 y는 감소 $r = 1$로서 x와 y는 완전한 양의 관계

$r = -1$로서 x와 y는 완전한 음의 관계 $r \fallingdotseq 0$으로서 x와 y는 거의 선형관계가 없음

상관계수의 분포

양(+)의 상관관계에 있다고 한다. 반대로 r이 0보다 작을 때($r<0$)는 두 변수가 반대 방향으로 변화함을 의미하며 이를 음(−)의 상관관계에 있다고 한다. $r=$ ±1을 완전상관관계, $r=0$을 무상관관계라고 한다. 일반적으로 상관계수 r이 ±1에 근접할 경우에는 두 변수 간의 상관관계가 높다고 말한다. 상관계수는 두 변수 간의 선형관계를 파악하기 위한 지표이기 때문에 이를 이용하여 두 변수 간의 비선형적관계를 파악하기 곤란한 단점이 있다.

4. 회귀분석

1) 회귀분석의 의의

사회과학이나 자연과학에서 불확실한 상황하에서 나타나는 현상을 설명하고 예측하는 문제를 정확하고, 과학적인 통계기법으로 분석하고자 하는 것이 회귀분석(regression analysis)이다. 회귀분석은 본질적으로 독립변수라 불리는 하나 또는 둘 이상의 변량들에 기초하여 종속변수에 미치는 영향력의 크기를 알아보려고 하는 분석기법이라 할 수 있다.

이변량관계는 서로 다른 두 확률변수 x와 y의 관계를 말하는데, 예를 들면 부동산담보대출을 하는 금융기관은 부동산의 감정가격 x와 대출가능금액 y에 관심을 둔다. 금융기관은 감정가격이 대출가능금액의 좋은 지표가 될 수 있는지에 관심이 있다. 그렇다면, 확률변수 x가 다른 변수 y의 믿을 만한 예측치인지를 어떻게 결정할 수 있을까? 이러한 질문에 답하기 위하여 이변량관계에 대해 수리적 방정식을 통한 모형을 만들 수 있어야 한다. 이와 같이 두 변수 간의 직선관계에 대한 모형이 단순회귀분석(simple linear regression analysis)이다.

회귀분석의 목적은 회귀식을 통한 종속변수의 예측에 있는데, 현재 수집된 데이터의 결과가 미래에도 계속되리라는 가정하에 적용된다. 즉, 회귀분석은 종속변수와 독립변수와의 의존관계를 분석하는 것을 말하며 이미 알려진 독립변수의 값으로 종속변수의 평균적인 값을 추정 또는 예측하는 데 관심이 있다.

- 단순회귀모형 $Y = a + bX + ei$
- 다중회귀모형 $Y = a + b_1X_1 + b_2X_2 + \cdots\cdots + b_iX_i + e_{ii}$

2) 회귀분석과 상관분석의 차이

회귀분석과 밀접한 관계에 있지만 개념적으로 다른 것으로 상관분석이 있다. 회귀분석은 독립변수의 주어진 값으로 종속변수의 평균값을 추정하고 예측하는 것이 목적이지만, 상관분석은 두 변수 간의 선형성의 정도를 측정하는 것이 목적이다. 회귀분석은 영향을 주는 변수를 독립변수로 영향을 받는 변수를 종속변수로 구분하지만, 상관분석은 독립변수와 종속변수의 구분이 없다.

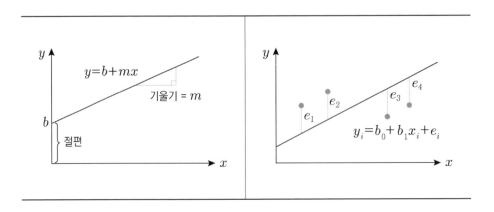

3) 회귀분석의 응용사례

(1) 헤도닉 기법

주택가격(또는 임대료)을 추정하는 방법으로는 헤도닉기법(hedonic approach)이 주로 이용된다. 헤도닉 가격모형은 주택의 매매가격(또는 임대료)을 그 주택이 지닌 여러 특성으로 설명하고자 하는 모형이다. 주택매매가격은 여러 가지 특성들의 묶음으로 구성되어 있으며 각각의 개별적 특성은 묵시적 가격을 가지고 있다는 개념에 기초한다. 따라서 주택매매가격(Y)은 이러한 개별적 특성들(X_n)의 묵시적인 가격의 합이라고 할 수 있다. 헤도닉 가격모형의 일반적인 형태는 다음과 같이 나타낼 수 있다. 변수에 대해 선형의 형태를 가진 추정식의 계수 값은 'X_i 변수가 1단위 변할 때, Y 변수가 몇 단위 변하는가'를 측정한다.

$$Y = \alpha + \beta_1 X_1 + \beta_2 X_2 + \cdots\cdots + \beta_n X_n + \epsilon$$
$$\text{또는 } \log Y = \alpha + \beta_1 X_1 + \beta_2 X_2 + \cdots\cdots + \beta_n X_n + \epsilon$$

(2) 헤도닉 모형 추정

아파트 매매가격을 종속변수(Y)로, 아파트특성변수와 기타환경요소(X)로 구분하여 분석하였다. 아파트 가격을 선형의 특성가격함수 형태로 나타내면 다음과 같다.

$$Y = \alpha + \beta_1 X_1 + \beta_2 X_2 + \epsilon$$

여기서 Y는 아파트 가격, α는 상수로 절편을 의미하고, β_1은 추정해야 할 계수, X_1는 아파트특성, X_2는 기타환경요소를 의미한다. 아파트특성변수는 평형, 단지규모, 경과연수, 기타환경요소변수는 지하철거리, 자가점유비율, 강남입지여부(더미)를 독립변수로 활용하여 헤도닉 가격모형을 추정하였다.

$$\begin{aligned}주택가격(Y) = {} & \alpha + \beta_1 X_{1평형} + \beta_2 X_{2단지규모} + \beta_3 X_{3Age} \\ & + \beta_4 X_{4Age^2} + \beta_5 X_{5주차대수} + \beta_6 X_{6지하철거리} \\ & + \beta_7 X_{7자가점유비율} + \beta_8 X_{8강남더미} + \epsilon\end{aligned}$$

✎ 변수 정의

변수		변수 정의
아파트특성	평형	아파트 평수(평)
	단지규모	단지 총 세대수(세대)
	Age, Age^2	준공일기준 건축 경과년도(년)
	주차대수	1개 단지 총 주차수(대)
기타환경요소	지하철거리	아파트로부터 지하철역까지 도보 시간(분)
	자가점유비율	자치구별 자가점유비율(%)
	강남더미	강남= 1, 강북= 0

(3) 추정결과

분석결과에서 R^2은 추정된 모형의 설명력을 나타내는 결정계수이며 추정된 모형에서 아파트 가격의 78.4%는 열거된 독립변수, 즉 회귀식의 설명력을 의미한다. 또한 추정계수별로 $t-$value는 추정계수의 신뢰도를 의미하고, VIF는 다중공선성[3]을 의미한다.

✎ 분석 결과

변수		β	t-value	VIF
아파트 특성	상수항	−2,013.723	−1.157	
	평형	1,120.725***	101.388	1.075
	단지규모	3.071***	9.534	4.001
	Age	−465.924***	−8.343	11.859
	Age^2	28.011***	14.067	11.620
	주차대수	0.611**	2.205	3.886
기타 환경 요소	지하철거리	−64.730***	−2.647	1.039
	자가점유비율	−17,424.369***	−6.956	1.409
	강남더미	17,455.969***	48.467	1.466
R^2		0.784		

---

3 독립변수들이 높은 선형종속관계(상관관계)가 존재하는 경우, 최소제곱 추정량의 계산이 불가능할 수 있고, 추정량의 분산이 커지는 문제가 발생한다.

추정 결과에 의하면 다른 조건이 동일한 다른 아파트에 비해 평형이 한 단위 더 넓으면 매매가격이 1,120만원 더 높으며, 지하철 거리는 도보로 1분이 멀어질수록 아파트 매매가격이 64만원 더 낮다는 것을 알 수 있고, 아파트 소재 위치가 강남에 있으면 아파트 매매가격이 17,455만원 더 높은 것으로 분석되었다. 그 외 변수들의 각 계수 값도 다른 조건이 동일할 때 해당 계수와 연관된 특정 독립변수가 한 단위 변하면 종속변수가 얼마나 달라지는가를 측정한다.

$$Y = -2,013.723 + 1,120.725 \times 평형 + 3.071 \times 단지규모$$
$$- 465.924 \times Age + 28.011 \times Age^2 + 0.611 \times 주차대수$$
$$- 64.730 \times 지하철거리 - 17,424.369 \times 자가점유비율$$
$$+ 17,455.969 \times 강남더미$$

Age와 Age^2 변수는 재건축에 대한 기대효과를 반영하여 이차함수 형태로 투입한 변수이다. 가격의 하락추세가 상승추세로 전환되는 변곡점은 약 8.3년으로 계산[4]된다. 그 의미는 아파트 준공 후 경과연수가 증가할수록 가격이 내려가다가 대략 약 8.3년의 시점 이후 매매가격이 상승하기 시작한다는 것을 의미한다.

(4) 추정결과의 활용

다음은 예측단계로서 추정된 분석결과를 활용하여 다음과 같은 값을 가진 아파트의 매매가격을 추정할 수 있다.

---

4 추정된 모형 $Y = ... - 465.924 \times Age + 28.011 \times Age^2 ...$ 에서 Age에 대해 미분하면, $\partial V / \partial Age = -465.924 + 56.022 \times Age$ 로 경과연수가 지날수록 1년에 약 56만원만큼 상승하여 가격하락 폭이 줄어드는 것을 알 수 있다. 가격의 하락추세가 상승추세로 전환되는 변곡점은 약 8.3년으로 계산된다. 이는 준공 후 약 8.3년이 경과되면 매매가격이 상승하기 시작함을 의미한다.

✎ **아파트 매매가격 추정 사례**

평형	32평
단지규모	620세대
Age	9년
Age^2	81년
주차대수	650대
지하철거리	8분
자가점유비율	60%
지역 입지	강남

추정된 모형에 각 변수에 해당하는 값을 대입하면 다음과 같다.

$$
\begin{aligned}
Y =\ & -2{,}013.723 + 1{,}120.725 \times (32) + 3.071 \times (620) \\
& -465.924 \times (9) + 28.011 \times (81) + 0.611 \times (650) \\
& -64.730 \times (8) - 17{,}424.369 \times (0.6) + 17{,}455.969 \times (1) \\
& = 40{,}709.7296 \ 만 원
\end{aligned}
$$

헤도닉모형을 활용하여 추정된 모형에 적용한 아파트 가격은 약 4억 710만 원으로 추정된다. 여기서 분석결과에 대해 유의해야 할 점은 선행연구[5]의 분석자료에 기초한 것으로, 현재의 서울시 강남지역의 아파트 가격과는 차이가 있는 바, 이는 모형에 투입된 분석자료의 시점에 따른 차이로 인해 가격차이가 있다는 점을 상기시켜둔다.

---

5 진영남·손재영, 교육환경이 주택가격에 미치는 효과에 관한 실증분석: 서울시 아파트시장을 중심으로, 주택연구, 한국주택학회, 2005

연습문제
EXERCISE

01   화폐의 시간가치 중, 저당상수에 대한 예시를 들어 사례를 기술하고
이를 친구에게 설명하라.

02   회수기간법과 회계적 이익률법의 의미에 대해 설명하고, 장단점을
기술하라.

03   Present Value와 Net Present Value에 대해 설명하고, 그 차이에
대해 기술하라.

04   NPV>0이 갖는 의미에 대해 기술하라.

05   Profitability Index에 대해 설명하고, PI가 1보다 크다는 의미에
대해 기술하라.

06   'NPV = 0이 되게 하는 할인율'이 갖는 의미에 대해 기술하라.

07   평균과 중위수의 차이에 대해 기술하라.

08   분산과 표준편차에 대해 예시를 들어 기술하고 이를 친구에게 설명하라.

09   두 변수에 대한 상관관계분석결과 $r = -1$인 경우에 대해 설명하고,
$r = 1$인 경우에 대해서도 설명하라.

10   회귀분석을 통해 신규주택분양가를 추정하는 과정에 대해 설명하라.

CHAPTER
05
부동산학의 기술적 기초

SECTION 01 + 건축기획

부동산학에서 기술적(물리적) 측면의 지식은 법률, 정책, 경제, 재무적 측면의 기초지식과 함께 기초적인 틀을 구성하고 있다. 특히 부동산개발, 도시계획 및 단지계획, 건축, 구조, 토목, 유지관리 등 다양한 관점에서 기술적 지식의 중요성이 대두된다.

건축물은 구조설계가 잘 되어 하중을 잘 지지하고 있는지, 도로선의 제한, 건폐율과 용적률 등 주어진 기술적 조건을 활용해서 부동산의 가치를 극대화하고 있는지 등의 준거로 중요한 역할을 담당하고 있다.

즉, 부동산학의 기술적 측면은 부동산에 대한 의사결정의 지원분야로서 건축, 토목, 단지계획, 도시계획의 기술적 지식을 망라한 영역으로 부동산의 실무활동인 부동산개발 및 건축물의 건설과 관리활동, 부동산평가 등을 지원하는 각종 공학지식을 체계적으로 집약한 공학분야와 부동산에 제공되는 각종 지식기술의 체계를 말한다.

건축기획은 건축을 하기 전에 자료의 분석을 통해 설계자의 의도를 도면에 형상화하는 단계로 건축물의 용도, 토지적합성, 사용자의 요구사항, 사회적 요구사항, 법적 문제 등을 고려하여 결정된다. 건축설계는 설계자의 의도를 구체적으로 도면 위에 표현하여 건축물로 만들어가는 단계를 말한다.

1. 건축계획

건축계획은 배치계획, 평면계획, 입면계획, 단면계획과 건축물의 각종 시설에 대한 세부계획으로 구분된다.

1) 배치계획

배치계획은 인근 동과의 간격 즉, 인동간격을 중심으로 하는데, 이는 집단주택지의 계획에서 건축물 상호의 간격과 필요한 일조 및 채광을 확보하고, 재해 특히 화재에 대한 안전성, 개인의 사생활보호를 위한 정원 등의 공간을 확보하기 위하여 두는 간격을 말한다. 남북 간의 인동간격은 동지를 기준으로 일조시간이 최소 4~6시간을 두도록 하고, 동서(측벽) 간의 인동거리는 통풍을 고려하여 여름에 시원하고 연소 방지상 최소 6m 이상 떨어져야 한다.

2) 평면계획

평면계획은 건물 내에서 일어나는 모든 종류의 활동, 규모 및 그 상호관계를 합리적으로 평면상에 배치하는 계획으로, 업종별 공간의 크기, 전용공간과 공유부분 및 서비스공간, 승강기, 계단 및 출구의 위치 등 건축법규상의 관계를 고려하여 계획한다. 입면계획은 평면적인 공간을 입체화시켜 건축공간을 실현하는 계획이고, 단면계획은 평면 또는 입면도의 일부분을 잘라서 단면상태로 표시하는 계획을 말한다.

2. 건축설계도서

건축설계도서는 건축도면의 형태로 공사에 관한 3차원적인 건축물을 2차원적인 용지에 표현한 것으로 각종 도면을 말한다.

1) 배치도

배치도는 도면을 기본으로 하여 대지 안의 어떤 위치에 건축물을 세울 것인가를 표시하는 도면으로 표시되는 내용은 건축물과 대지, 도로의 위치관계, 대지 안의 여러 시설 및 지형의 상호위치, 방위, 형상, 통로, 건축선 등을 표시하고 건축물은 수평투영면으로 표시된다. 배치도를 통하여 대지의 형상, 공사건물의 위치 및 모양, 방위, 건물입구, 인접도로와의 관계 등을 알 수 있다.

2) 평면도

평면도는 건축물의 평면구조를 나타내는 도면으로, 설계도면 중 가장 기본적이고 중요한 도면으로, 주로 1/50, 1/100 축척을 사용하고 있다. 평면도에 표기되는 내용은 도면명칭, 설계사무소명칭, 도면번호, 축척, 설계일자 등이 표제부에 기록되어 있다. 평면도를 통해 가구, 냉장고, 에어컨 등 가전제품, 조명기구, 콘센트 등의 용량과 위치 등을 알 수 있다.

- DK: Dining Kitchen(식당 겸용 부엌)
- LDK: Living Dining Kitchen(거실 + 식당 겸용 부엌)
- R: Bedroom(침실), L: Living Room(거실), K: Kitchen(부엌), D: Dining Room(식당), T: Toilet(화장실), B: Bathroom(욕실), St: Storage(창고)

---

3) 입면도

입면도는 건축물 외관의 수직 투영도(모양도, 외관도)를 말한다. 동서남북의 각 방위에서 본 도면을 평면도와 동일한 축적으로, 입면도를 통해 외부마감재료, 창문의 모양, 처마높이, 용마루 높이, 최고높이, 처마의 길이 등 표시하며 건축물 외면 각 부분의 형상, 창이나 출입구 등의 위치, 치수, 마감방법 등을 알 수 있다.

4) 단면도

단면도는 건축물을 수평(수평단면도), 또는 수직(수직단면도)으로 절단하여 표시한 도면으로, 평면도와 동일한 축척을 사용한다. 단면도를 통해 건축물과 대지와의 고저, 실내의 고저 등을 알 수 있다.

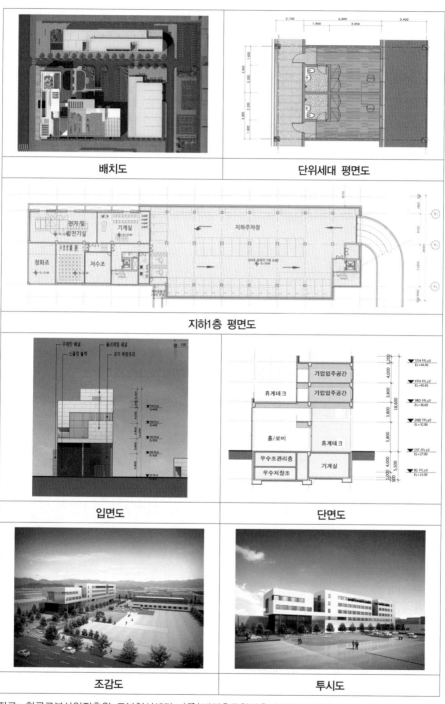

배치도	단위세대 평면도
지하1층 평면도	
입면도	단면도
조감도	투시도

자료: 한국로봇산업진흥원 로봇혁신센터, (주)범건축종합건축사사무소 설계

5) 조감도 및 투시도

조감도는 시점의 위치가 높은 투시도로 지표를 공중에서 비스듬히 내려보았을 때의 모양을 그린 그림이다. 투시도는 눈높이의 일정한 점에서 직접 눈으로 보는 것과 같은 원근감이 나타나도록 건축물을 입체적으로 작성한 도면이다.

SECTION 02+ 건축용어의 정의

1. 건축법상 정의

1) 대지면적

대지면적은 대지의 수평투영면적을 말한다. 대지에 건축선이 정해진 경우 그 건축선과 도로 사이의 대지면적이나, 대지에 도시계획시설인 도로·공원 등이 있는 경우 그 도시계획시설에 포함되는 면적은 대지면적에서 제외한다.

2) 건축면적

건물을 대지에 수평투영한 면적으로 보통 건물의 1층 바닥면적을 건축면적이라 한다. 건축면적은 건폐율 산정의 기준이 되는 면적으로 건축물의 외벽(외벽이 없는 경우에는 외곽부분의 기둥)의 중심선으로 둘러싸인 부분의 수평투영면적을 말한다.

3) 바닥면적

건축물대장이나 등기부등본 등 공부상 권리로서 등재되는 면적의 합인 연면적 산정과 용적률 산정 등 건축기준의 산정을 위한 기준으로, 건축물의 각 층 또는 그 일부로서 벽, 기둥, 그 밖에 이와 비슷한 구획의 중심선으로 둘러싸인 부분의 수평투영면적을 말한다.

벽·기둥의 구획이 없는 건축물은 그 지붕 끝부분으로부터 수평거리 1m를 후퇴한 선으로 둘러싸인 수평투영면적이 바닥면적이고, 주택의 발코니 등 건축물의 노대나 그 밖에 이와 비슷한 것의 바닥은 난간 등의 설치 여부와 관계없이 노대 등의 면적(외벽의 중심선으로부터 노대등의 끝부분까지의 면적을 말함)에서 노대 등이 접한 가장 긴 외벽에 접한 길이에 1.5m를 곱한 값을 뺀 면적을 바닥면적에 산입한다.

 참고 REFERENCE | **아파트의 분양면적**

아파트의 분양면적은 주택건설사업자가 분양하는 공동주택의 전용면적과 주거공용면적을 합친 면적을 말한다. 전용면적은 소유주의 전용공간으로 주거 용도로만 쓰는 면적이다. 여기서 아파트의 공급면적은 전용면적과 주거공용면적으로, 집합건물의 소유 및 관리에 관한 법률상 전유부분에 해당하는 전용면적은 발코니면적[1]을 제외한 아파트의 현관안쪽 면적으로 등기되는 실내면적이고, 주거공용면적은 계단, 복도, 현관 등 지상층 공용공간이다. 또한 아파트의 계약면적은 공급면적과 세대별 기타공용면적으로, 여기서 세대별 기타공용면적은 지하층(주차장), 관리사무소, 노인정, 옥탑, 전기실, 보일러실, 경비실 등이다. 대지공유지분은 전유부분 건물의 대지권을 말한다.

아파트의 면적구분

구 분		면적(예시)
건물	① 전용면적	84.91㎡(25.68평)
	② 주거공용면적	24.59㎡
	③ 공급면적(③ = ① + ②)	109.50㎡(33.12평)
	④ 세대별 기타공용면적	19.35㎡
	⑤ 계약면적(⑤ = ③ + ④)	128.85㎡(38.98평)
대지	⑥ 공유지분	43.99㎡(13.31평)

4) 연면적

하나의 건축물에서 각층 바닥면적의 합계를 연면적이라고 한다. 다만 용적률을 산정할 때는 지하층의 면적과 지상층의 주차용(당해 건축물의 부속용도인 경

1 발코니면적은 흔히 서비스면적으로 표시

우에 한함)으로 사용되는 면적, 공동주택의 주민공동시설면적, 초고층 건축물의
피난안전구역면적은 제외한다.

5) 층수

층수는 지상이나 지하를 막론하고 슬래브 켜의 수를 의미하지만, 건축법에
서 층수는 지하층을 제외하고 지상 건축물의 층(구조 바닥, slab) 개수만을 말한
다. 즉, 지상에 슬래브가 하나이면 1층 건축물 혹은 단층 건축물이며, 슬래브가
2개이면 2층이다.

층의 구분이 명확하지 않은 건축물에 대해서는 건축물의 높이 4m마다 하
나의 층으로 보고 그 층수를 산정하도록 규정하고 있다. 옥탑·지하층에서 수평
투영면적이 건축면적의 1/8 이하이고, 기계실 등으로 사용하는 경우는 층수에
넣지 않는다.

6) 지하층

건축물의 바닥이 지표면 아래에 있는 층으로서 바닥에서 지표면까지 평균
높이가 해당 층 높이의 2분의 1 이상인 것을 말한다. 지하층은 층수 산정에서
제외하고, 지하층은 용적률 산정을 위한 면적에서 제외한다. 지하층을 두는 건
축물은 지하층과 피난층 사이에 개방공간을 설치해야 하고, 방화구획을 설치해
야 하며, 주요 구조부는 내화구조로 해야 하고, 면적 등의 산정방법을 다르게 하
는 등의 규제가 있다.

7) 건폐율

건폐율은 대지면적에 대한 건축면적(대지에 건축물이 둘 이상 있는 경우에는
이들 건축면적의 합계)의 비율을 말한다. 건폐율은 대지면적에 대한 건축면적(1층
바닥면적)의 비율로서, 용적률과 함께 해당 지역의 개발밀도와 건축밀도를 가늠
하는 척도로 활용한다. 건폐율은 대지 내에 보다 많은 공지 확보를 도모하는 등
건축규제의 지표가 된다.

8) 용적률

용적률은 대지면적에 대한 건축물의 연면적, 즉 각층의 바닥면적을 합한 연면적이 차지하는 비율이다. 용적률을 산정할 때에는 지하층의 면적, 지상층의 주차용으로 쓰는 면적, 주민공동시설의 면적, 초고층 건축물의 피난안전구역의 면적은 제외한다. 용적율은 토지이용의 효과를 판정하고, 용적률이 올라갈수록 건축밀도가 높아진다.

2. 건축설계 관련 용어

1) 구조계산서

구조계산서는 건축물의 골조에 가해지는 고정하중, 적재하중, 적설하중, 풍압, 지진, 기타의 진동 및 충격 등에 대하여 안전여부를 확인하기 위해 수행하는 수치계산서를 말한다. 구조계산서에 따라 철근의 배치(배근도), 벽, 기둥의 크기 등이 결정된다. 철근콘크리트 또는 철근콘크리트 구조의 기둥, 벽, 슬라브, 기초 등의 건축물 골조의 구조와 철근의 배치 및 철근의 치수, 수량, 종별 등을 표시하는 배근도는 구조계산서에 의하여 표기하여야 한다.

2) 시방서

공사시방서는 설계자가 설계도에 기재할 수 없는 재료의 품질, 시공방법, 공사의 질, 시험방법, 계약조건 등 이해하기 어려운 내용을 문장 또는 수치로 표현한 것이다. 일반시방서는 공사에 관한 공통적인 사항으로 적용법규, 공법, 교육, 시험 및 검사사항 등 일반적인 사항에 대한 것을 표기하고, 특기시방서는 주요 사용자재 등에 대한 특기한 사양 및 조건 등을 표시한 시방서이다. 시공도는 실시설계도면으로 시공하기 어려운 일부분 또는 특정부분을 현장 시공작업자가 작업하기 쉽도록 상세하게 작성한 도면으로 평면시공도와 단면시공도 등이 있다.

3) 공사원가

공사원가는 공사시공과정에서 발생한 재료비, 노무비, 경비의 합계액으로 공사 시작부터 준공까지의 투입금액을 말하며, 건축공사의 경우 건축물을 완성할 때까지의 투입금액을 공사원가, 또는 설계예산내역이라 한다.

4) 실행예산

실행예산은 시공업체가 실제 공사를 하기 위하여 실 공사수량을 정밀히 계상하고 실시원가를 기입하여 도급금액 내에서 실제 투입할 금액을 산출한 예산이다. 실행예산은 발주자와 체결한 공사에 대해 계약금액의 범위 내에서 원가절감을 도모하고 공사완성 목표금액으로 공사예산을 관리하기 위한 관리지침으로 도급금액에 없는 가설공사비, 현장경비, 금융비용 등을 포함한다.

5) 턴키계약

턴키란 건축주가 "열쇠만 돌리면 사용가능하다"라는 뜻에서 유래되어 수급자가 공사계획, 금융조달, 토지확보, 구매, 설계, 시공, 시운전, 유지관리 등의 모든 서비스를 제공한 후 완전한 상태로 시설물을 발주자에게 인계하는 것으로 우리나라에서는 일반적으로 설계시공 일괄계약방식의 의미로 사용되고 있다.

6) 토공사

흙을 굴착해서 이동하기 위해 상차하고, 운반하여 성토장에서 요구하는 형태로 깔아서 함수량 조절을 한 다음 다짐을 하는 일련의 작업으로, 굴착·운반·성토[2]·절토[3] 등 토공을 위한 공사계획·설계·시공·운영 및 유지관리를 의미한다.

토취장은 토공계획구역 외부의 흙을 채취하는 장소로, 성토에 필요한 절토량이 부족할 때 토공계획구역 외부에서 토사를 굴착, 운반, 성토하기 위한 순성토에 필요한 흙을 채취하는 장소이다. 토취장을 선택할 때에는 채취가능토량, 제거할 표토, 토질과 함수량, 운반거리, 작업조건 등을 고려해야 한다.

사토장은 흙을 버리는 곳으로, 성토에 필요한 흙의 양보다 절토량이 많을

---

2   성토(흙쌓기)는 굴착된 흙을 돋우는 작업으로, 흙깎기에서 얻은 흙을 운반하여 수평층으로 흙을 돋우어 가는 작업

3   절토(흙깎기)는 흙을 굴착하는 작업으로, 토공계획선에 맞추어 노반, 비탈면 등을 만들기 위하여 지반을 굴착하는 작업

때, 토공계획구역 외의 토지에 흙을 버리는 장소를 말한다. 사토장을 선택할 때에는 사토할 면적, 토지가격 또는 임대료, 운반거리, 진입도로 등 작업조건 등을 고려해야 한다.

7) 하중과 응력

하중은 건축물에 미치는 물리적인 힘으로, 건축물은 하중에 대해 안전한 구조여야 한다. 하중은 장기하중과 단기하중으로 나뉜다. 장기하중은 건축물 자체의 무게(정하중)를 지지하는 고정하중과 가구, 비품, 설비, 사람들의 무게(동하중)를 지지하는 적재하중으로 구분된다. 단기하중은 바람 등에 의한 풍하중, 지각변동에 의한 지진하중, 적설에 의한 적설하중으로 구분된다.

✏️ **건물 하중의 전달 경로**

기초(Foundation)	건물의 자중, 적재하중, 풍력, 지진력 등의 외력을 받아 지반에 전달하는 하부의 지층 구조부분
기둥(Column)	지붕면에 작용하는 하중을 기초에 전달하는 부분
보(Beam)	상층부 바닥판의 하중을 기둥 또는 벽으로 전달하는 부분
바닥(Slab)	분포하중이나 집중하중을 표면에 놓고 집중시키는 편평한 판
내력벽 (Bearing Wall)	바닥판이나 보로부터 전달되는 하중을 기초로 전달하는 역할
건물 하중의 전달 경로	슬라브 → 보 → 기둥(내력벽) → 기초 → 지반

응력은 하중을 받는 부재나 구조물의 내부에서 생기는 하중에 저항하는 힘을 말하는데, 이는 장기응력과 단기응력으로 구분된다. 장기응력은 고정하중에 적재하중을 더한 값에 대한 저항력을 말하고, 단기응력은 장기응력에 일시적인 눈, 바람, 지진하중을 더한 하중에 대한 저항력을 말한다.

8) 터파기

터파기는 구조물을 건설할 때 그 구조물의 일부나 기초를 구축할 경우, 그 부분의 흙을 파내는 것을 말한다.[4] 터파기는 부분적으로 가늘고 길게 도랑형으로 파는 것을 트렌치 굴착이라고 하고, 전면에 걸쳐 단번에 파는 것을 모두파기

---

4 최상복, 산업안전대사전, 골드기술사, 2004

라고 한다. 터파기는 자연상태의 흙을 파 내려가기 때문에 흙의 성질, 형상에 따라서 굴착부위의 붕괴를 방지하기 위한 안전대책을 강구해야 한다. 터파기할 때는 흙막이 지보공을 설치하는 것을 원칙으로 하지만 얕게 파는 경우는 적당한 경사면을 주어 팔 수도 있다.

3. 건축구조의 분류

1) 구성양식에 의한 분류

가구식 구조는 목재, 강재와 같이 가늘고 긴 부재를 짜맞춘 구조로 나무구조, 강구조, 철골구조 등이 있다. 조적식 구조는 벽돌, 블록, 돌 등의 재료를 쌓아 올리는 구조로 벽돌구조, 블록구조, 돌구조 등이 있다. 일체식 구조는 각 구조가 일체식으로 연속성을 갖는 구조로 철근콘크리트구조, 철골·철근콘크리트구조 등이 있다. 조립식 구조는 공장제작, 현장조립 구조로, 알루미늄 커튼월구조, 조립식 철근콘크리트구조, 프리패브조 등이 있다.

2) 구조형식에 의한 분류

기둥식 구조는 기둥과 보를 강접합하여 벽이나 바닥을 기둥과 보의 골조가 일체로 구성된 구조체를 형성하고, 철근콘크리트구조, 철골구조, 철골·철근콘크리트구조 등이 있다. 벽식구조는 보와 기둥이 없이 슬라브와 벽체(내력벽)만으로 구성되어 시공이 용이하고 공사비가 절약되며, 실내공간 확장이 수월하고, 아파트, 기숙사, 호텔 등에 사용된다.

3) 시공과정에 의한 분류

건식구조는 물을 사용하지 않는 공법으로 목구조, 철골구조 등의 조립식공법이나 건자재를 사용하는 공법이다. 동절기 공사가 가능하고 공기가 단축되며 인력절감효과가 있다.

습식구조는 주로 시멘트모르타르, 현장타설 콘크리트 등과 함께 물을 사용하는 공법으로, 동절기 시공이 곤란하고 공기가 길다. 벽돌구조, 블록구조, 철근콘크리트구조 등이 해당되며, 인력의존도가 높은 공법이다.

　공장생산은 공장에서 주요부재를 생산하고 현장에서는 조립만 하는 공법이다. 동절기 공사가 가능하고 대량생산과 공기단축이 가능하다. 현장생산은 주요 구조부를 현장에서 제작, 가공하여 조립, 설치하는 구조로 콘크리트타설방식으로 현장에서 조성하는 방법이다. 현장 융통성이 좋고 소량생산에 유리하다.

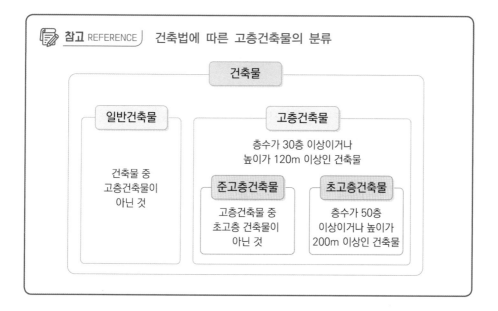

참고 REFERENCE | 건축법에 따른 고층건축물의 분류

건축물

일반건축물

건축물 중
고층건축물이
아닌 것

고층건축물

층수가 30층 이상이거나
높이가 120m 이상인 건축물

준고층건축물

고층건축물 중
초고층 건축물이
아닌 것

초고층건축물

층수가 50층
이상이거나 높이가
200m 이상인 건축물

연습문제
EXERCISE

01　배치계획, 평면계획, 입면계획, 단면계획에 대해 설명하라.

02　배치도, 평면도, 입면도, 단면도, 조감도, 투시도에 대해 설명하라.

03　대지면적, 건축면적, 바닥면적에 대해 설명하라.

04　층의 구분이 명확하지 않은 건축물에서 층을 구분하는 기준에 대해 기술하라.

05　지하층의 정의에 대해 기술하라.

06　건폐율과 용적률에 대해 예시를 들어 기술하고 이를 친구에게 설명하라.

07　구조계산서에 대해 기술하라.

08　시방서에 대해 기술하라.

09　공사원가와 실행예산의 차이에 대해 설명하라.

10　하중과 응력에 대해 설명하라.

11　건축법에 따른 고층건축물의 분류에 대해 기술하라.

부동산학원론

PART
02 부동산학의 각론

CHAPTER
06 부동산투자

SECTION 01 + 부동산투자의 특성

1. 투자와 투기

　토지시장에서는 매매당사자 간 협상력의 불균형과 시장정보의 불완전성, 그리고 장래에 대한 비합리적인 기대의 형성 등으로 인해 지가가 크게 왜곡되기도 한다. 따라서 일반재화시장에서는 가격조절기능이 적절히 작동함으로써 자원배분이 비교적 효율적으로 이루어지나, 토지시장에서는 여러 가지 제약조건으로 인해 자원배분의 효율성이 실현되기 곤란한 경우가 많다.

　즉 토지는 현실적인 필요에 의해 보유하고 이용하기보다는, 투기의 대상으로 단순히 지가의 상승과 이로 인한 자본이득의 취득을 목적으로 하는 가수요가 만들어져 본원적 가치보다 부풀려진 투기적 가격을 형성할 수 있다.

　또한 토지에 대한 투기적 가수요는 지가의 비정상적인 급등현상을 초래하고, 투기행위자는 막대한 불로소득을 취함으로써 투기심리를 사회적으로 확산시켜 근로의욕을 저하시킬 뿐만 아니라 국민들의 건전한 경제활동을 위축시키고 불로소득의 귀속에 따른 사회적 위화감을 조성하여 사회 전체의 안정을 깨뜨리는 결과를 가져오게 된다. 이와 같은 토지문제의 해소를 위해서는 토지투기의 근절과 적정한 지가의 형성을 도모하여 토지자원이 합리적이고, 효율적으로 이

용되도록 하는 것이 중요하다.[1]

부동산투자는 생산활동을 통하여 이윤을 획득할 것을 목적으로 오랜 기간 동안 용도(생산성)를 갖는 부동산에 자본을 투입하는 것을 말한다. 부동산투기 (speculation)는 양도차익을 목적으로 부동산을 보유하는 것을 말한다. 즉 생산활동에 이용하여 이윤을 추구하는 것보다는 단지 양도차익만을 목적으로 토지를 보유하는 것을 말한다.

부동산투자와 투기, 양자의 경계를 명확히 하기는 어렵다. 부동산투자와 투기에 반드시 수반되는 행위 중, 취득과 양도는 양자가 동일하게 존재한다. 다만, 보유단계에 있어서 투자는 유지관리에 힘을 들이고 장기적인 비용집행을 하지만, 투기는 이러한 과정에 별 관심이 없다.

이들을 구별하는 실익은 부동산정책상의 이론적 뒷받침과 정책집행의 행위기준이 되므로 명확히 구별될 필요가 있다. 정책당국에서도 단기적인 양도차익을 목적으로 하는 부동산투기는 중과세하지만, 경기부양을 위한 부동산투자는 장려하는 것으로도 알 수 있다.

1) 투기의 역기능과 순기능

부동산투기가 우리나라 사회경제 전반에 걸쳐서 미치고 있는 역기능을 살펴보면 다음과 같다. 개개인 간 이익의 불균형을 낳고 있으며, 나아가서 소득격차가 커지는 결과를 가져온다. 투기는 기업용의 실수요 용지 확보에 어려움을 주며, 기업경영의 생산원가 상승에 직접적인 영향을 미치게 된다.

또한 공공용지의 확보면에서 곤란을 겪게 함으로써 도시기반시설의 설치곤란 등 공공복리에 영향을 미치게 되어, 경제적 혼란과 경제발전의 분위기 조성에 좋지 않은 영향을 미치게 된다. 투기 풍조의 일반화와 만연은 노동의욕을 상실시키는 요인이 된다. 즉 토지의 효율적·합리적인 이용에 저해요인이 되고 국토의 최유효이용을 어렵게 만든다.

반면 순기능은 택지공급업자의 투기적 공급으로 택지부족문제가 완화되고, 주택건설업자의 투기적 공급으로 주택문제가 완화된다. 지역개발의 진행을 투기자금의 유입으로 원활하게 지원해 준다.

---

1 국토교통부, 2019년 부동산가격공시 연차보고서, 2020, p.23

✎ **부동산투자와 투기의 구별**

구별	투자	투기
주체	실수요자	가수요자
대상	성숙지	미성숙지
목적	정당한 기대이익	양도차익
가격	시장가격	투기가격
이용·관리의사	있음	없음
면적	필요량	필요량 이상
보유기간	장기	단기
보유단계의 차이	취득, 보유, 양도	취득, 양도

2) 버블과 자산디플레이션

버블(bubble)의 발생은 모든 재화에서 일어나는 것이 아니고 많은 재화 중 내구재에서 발생하는 경우가 대부분이며, 재화의 희소성, 모든 사람의 공통의 확신이 있을 때 버블가격이 형성된다.

일반재화는 사용하거나 구식화·진부화에 의하여 가치가 감소하지만, 토지는 사용하여도 마모되지 않으며 영속성으로 인해 감가상각을 필요로 하지 않는 점이 다른 재화와 다르다. 또한 특정의 입지조건을 가진 토지의 공급은 물리적으로 제한되어 있어서 희소성의 조건을 충분히 가지고 있다.

불확실성하에서도 일단 지가가 폭등하면 사람들은 가치상승의 기대가 부풀어 다시 지가폭등을 야기하는 악순환을 되풀이하게 된다. 그것은 영원히 계속되는 것이 아니라 결국 언젠가는 버블 붕괴의 시기를 맞이하게 된다. 그런데 붕괴의 시기가 어느 때인지, 언제 찾아올지 사전에 알고 있는 사람은 아무도 없다. 즉 버블은 불완전한 정보에 의하여 붕괴할 확률이 높다. 예를 들면, 지가의 상승이 계속될 때 투자자들이 더 많은 자본이득(Capital Gain)을 얻으려고 하는 때에 버블 붕괴의 확률이 높아지는 것을 추정할 수 있다. 일반적으로 지가 상승이 높지 않고 지가가 안정된 경우에는 버블 형성의 확률은 낮다.

버블의 시초는 유럽의 상업도시의 출현으로 인한 화폐경제의 확대에 의한 투기사건에 기인한다. 1634~1637년의 네덜란드의 튤립광풍, 1720년대 영국의 남해버블회사, 그리고 1920년대 미국 플로리다주의 토지투기를 예로 들 수 있다.[2]

(1) 네덜란드의 튤립 투기

역사에 기록된 네덜란드의 버블 사건은 토지자산이 아니고 튤립(tulip)을 대상으로 한 것이 흥미롭다. 16세기경 암스테르담에는 세계 최초의 증권거래소가 있었고 투기의 대상인 골동품, 카펫, 회화 등이 활발히 거래되었다. "왜 투기의 대상이 튤립일까?" 튤립은 원래 병에 약하며 병에 걸린 튤립이 돌연변이를 일으켜 독특한 품종이 나타나곤 했는데, 이들 중 아름다운 꽃은 높은 가격에 거래되면서 17세기경에는 튤립의 변종을 만드는 것이 유행하게 되었다. 이러한 결과로 투기의 대상이 되는 희귀한 품종의 튤립 구근(뿌리) 가격이 비정상적으로 상승하였고, 이를 거래하는 선물상품(futures) 시장도 형성되었다. 1636년 튤립 40개의 뿌리가 10만 플로린(florin, 당시의 금화)에 팔렸고, 한 뿌리에 6천플로린(당시 평균 연소득이 150플로린)에 거래된 품종이 최고가격에 거래되었다. 튤립 투기의 종말은 1637년 2월에 찾아왔다. 튤립 뿌리를 팔고자 하는 사람들이 최고조를 이루고 수요공급의 원칙에 의하여 튤립의 가격은 폭락했다. 튤립을 사기 위하여 타인자본을 조달한 투기자는 가격의 폭락으로 무일푼이 되었으며, 파산자가 속출하게 되어 국가적인 경제위기가 되었다.

(2) 영국의 남해버블회사 주식 투기

금융투기와 관련하여 '버블(Bubble)'이라는 표현이 처음 사용된 것은 영국의 남해버블회사(South Sea Bubble Company)에 대한 주식 투기 사건이다. 영국이 스페인 전쟁에서 승리한 후 남해버블회사는 막대한 재정을 원조하기 위해 발행한 국채를 인수하는 대가로 노예거래의 독점권 등 여러 가지 이권을 얻었고, 특히 스페인 식민지와의 무역에 관한 특권을 획득하였으며 미국과의 노예 및 무역에 관한 독점권으로 많은 이윤을 얻었다. 국채를 인수한 대가로 남해버블회사에서 발행된 주식은 폭등하였다. 이러한 독점권으로 발행된 주가는 계속 상승하고 많은 사람이 투기열풍에 말려들어 영국 전체에 주식 투기열풍이 만연하였다.

1720년 초 주당 100파운드였던 영국의 남해버블회사 주가는 남아메리카 은광산 발견소식 등으로 1,000파운드까지 10배 상승한 후 3개월 만에 150파운드

---

2 역사적인 버블 사건에 대하여는 맥키(Charles Mackey)의 '이상한 대중적 망상과 군중의 광기'와 알렌(Allen)의 'Only Yesterday' 등의 고전적 서적에서 살펴볼 수 있다.

로 폭락하였다. 그 무렵의 시대상은 정치가는 정치를 잊고, 변호사는 법정을 잊고, 무역상은 거래를 잊고, 상류계층의 귀족부인마저도 그 명예와 허영심을 잊어버렸다고 풍자하고 있다. 투기열풍은 무지한 일반대중만이 아니었다. 남해버블회사의 주식에 투자한 사람 중에는 물리학자 뉴턴도 있었는데, 그는 현재가치로 약 20억원 정도의 손실을 보았다고 한다.

(3) 미국 플로리다의 토지 투기

1920년대 미국은 자동차가 보급되기 시작되어 경제발전과 번영을 구가하던 시대로, 경제성장과 동시에 투기열풍이 일어났다. 미국의 플로리다가 부동산 붐의 대상이 된 것은 기후가 매우 온화하고 소득수준도 높고 교통이 편리하기 때문이었다. 소득수준의 향상으로 많은 사람의 레저가 급증할 것이 예상되었고 휴식처로서 플로리다는 가장 이상적인 기후조건을 충족하고 있었다. 이러한 이유로 플로리다의 부동산가격이 상승하고 한 번 자금유입이 되면 몇 배의 매매차익을 얻을 수 있었다. 사람들은 왜 지가가 상승하는가에 대한 이유에 대해서는 무관심하고 그저 가격이 상승한다는 그 자체에 대해서만 주목하게 되었다.

1925년 플로리다는 부동산에 대한 자본이득을 얻으려는 사람들로 인산인해를 이루었으며 전 해안선이 투기장이 되었고 해안선의 부동산가격은 폭등하였다. 그러나 1926년 가을에 20여 개의 허리케인이 마이애미를 급습하여 개발지역이 황폐해졌고 자연히 버블은 붕괴되었다. 1929년에는 미국에 대공황이 발생하여 토지 투기는 사라지게 되었다.

2. 부동산투자의 특징

1) 소득이득과 자본이득

투자가는 모든 투자대상에 대해서 위험을 고려한 일정한 투자수익률을 요구하고 있다. 첫째는 임대료와 같은 부동산의 소득이득(Income Yield)이다. 부동산가격이 안정된 사회의 경우, 부동산투자는 일반적으로 운용수익을 주목적으로 이루어진다. 둘째는 매각을 통해 얻어지는 양도차익으로 부동산의 가격상승에 따른 자본이득(Capital Gain)이다. 부동산가격이 급격히 상승하는 사회에서는 임대수익보다는 부동산가격 상승을 목적으로 하는 투자가 주류를 이루고 있다.

 참고 REFERENCE │ **내부수익률의 분해**

　투자자는 내부수익률의 분해를 통해 발생하는 수익이 연간운영(영업) 현금흐름에 의존하는지, 자산재매각 현금흐름에 의존하는지를 알 수 있다. 일반적으로 투자의 예측현금흐름이 운영기간 중에 발생할수록 수익발생의 확실성이 높아져 투자위험이 감소한다. 특히 영업현금흐름이 장기에 걸친 임대차계약에 의해 결정된다면 그 안정성은 보다 높아진다. 자산재매각은 현재 투자의 보유기간 이후에 발생할 예상현금흐름에 의존하게 된다. 따라서 장래 자산가격 상승에 대한 기대가 내부수익률에서 차지하는 비중이 높아질수록 투자자는 투자위험에 직면할 수 있다.

$$Total\ Return(IRR) = Income\ Yield + Capital\ Gain$$

　자산매각으로 인한 현금흐름(Capital Gain)의 현재가치와 자산운용(영업)으로 인한 현금흐름(Income Yield)의 현재가치를 더하면 현재가치의 합계(Total Return)가 나온다. Capital Gain은 자산매각으로 인한 현금흐름(예를 들면 양도차익), Income Yield는 자산운용(영업)으로 인한 현금흐름(예를 들면 임대료)이다.

---

2) 레버리지와 절세효과

　부동산투자에 있어서 레버리지(leverage)효과는 타인으로부터 빌린 자본을 지렛대 삼아 자기자본이익률을 높이는 것을 말하며 지렛대효과라고도 한다. 부동산은 세제상 감가상각, 장기의 자본소득에 비해 낮은 세율, 세액공제, 면세 등의 기회가 있어 세금을 줄이거나 최소화할 수 있다.

　예를 들면, 자기자본투자(1,000억원)에 의한 투자수익률이 7%라고 할 때,

- 수입(100억) − 경비(30억) = 배당 70억원
- 배당(70억)/자기자본투자(1,000억) = 7%

이때 증권투자상품으로 부채투자(600억원)를 5%로 모집하면 자기자본투자는 1,000억원−600억원=400억원이 된다. 자기자본투자(400억원)에 대한 투자수익률은 10%가 된다.

> • 수입(100억) − 경비(30억) − 부채이자(600억의 5%=30억) = 배당(40억원)
> • 배당(40억)/자기자본투자(400억) = 10%

이와 같이 자기자본(equity)투자에 부채(debt)투자를 포함할 때 자기자본의 투자수익률이 상승하는 것을 레버리지효과라 한다. 따라서 차입금 등의 금리비용보다 높은 수익률이 예상될 때에는 타인자본을 적극적으로 끌어들여 투자하는 것이 유리하다. 여기서 주의해야 할 것은 부채의 비율이 과도하게 높아지면 그에 따라 발생하는 차입위험(risk)이 커져 금리상승으로 인한 부담이 증가해 도산위험이 커질 수 있다는 사실이다.

3) LTV, DTI, DSR

주택담보인정비율로도 불리는 주택담보대출비율(LTV: Loan To Value)은 금융기관이 주택을 담보로 대출할 때 적용하는 담보가치 대비 최대 대출가능한도를 말한다. 즉, 집을 담보로 은행에서 돈을 빌릴 때 집의 자산가치대비 차입금의 비율을 말하며, 보통 기준시가가 아닌 시장가격의 일정비율로 정한다.

예를 들어, 시가 5억원 아파트를 30년 초과의 기간으로 대출받아 구입을 한다면 LTV 40%를 적용받아 2억원까지 빌릴 수 있다. 하지만 실제로 대출금액은 이보다 더 적은 것이 보통이다. 돈을 갚지 못해 담보로 잡은 주택을 경매처분할 것에 대비해 일정금액을 빼고 대출하기 때문이다.

LTV는 해당 주택담보가치에 초점을 맞추고 있기 때문에 소득이 없는 사람도 많은 돈을 빌릴 수 있다. 소득이 없는 배우자나 자녀 명의로도 대출을 받을 수 있으므로 부동산투기 방지에 한계가 있다.

총부채상환비율(DTI: Debt To Income)은 금융회사에 갚아야 하는 대출금 원금과 이자가 개인의 연소득에서 차지하는 비중을 의미한다. DTI가 적용되면 담보가치가 높더라도 소득이 충분치 않으면 대출받을 수 없다. 정부는 DTI를 통해 은행의 무분별한 대출 관행과 채무자의 부실을 방지할 수 있다. 예를 들면, 연간 소득이 5,000만원이고 DTI를 40%로 설정할 경우에 총부채의 연간 원리금상환 액이 2,000만원을 초과하지 않도록 대출규모를 제한하는 것이다. 다시 말해 LTV처럼 주택가격에 비례해 대출을 해주는 것이 아니라 대출상환능력을 고려해 대출한도를 정한다는 뜻이다. 따라서 소득이 없는 사람도 돈을 빌릴 수 있는 LTV의 한계를 보완하는 역할을 한다.

총부채원리금상환비율(DSR: Debt Service Ratio)은 주택대출 원리금 외에 모든 신용대출 원리금을 포함한 총 대출 상환액이 연간 소득액에서 차지하는 비중으로, 대출 상환 능력을 심사하기 위해 금융위원회가 마련한 대출심사 지표이다. 주택담보대출 이외에 금융권의 대출 정보를 모두 합산하여 계산한다. 종부채상환비율(DTI)은 소득 대비 주택담보대출 원리금에 신용대출 등 다른 대출의 이자를 더한 금융부채로 대출한도를 계산하는 반면 DSR은 주택담보대출의 원리금뿐만 아니라 신용대출, 신용카드결제액, 자동차 할부금, 학자금 대출, 카드론 등 모든 대출의 원금과 이자를 모두 더한 원리금 상환액으로 대출 상환 능력을 심사하기 때문에 더 엄격하다. DSR의 산정방법은 연소득은 그대로인 상태에서 금융부채가 커지기 때문에 대출 한도가 대폭 축소된다.

LTV, DTI, DSR 등 금융규제의 결과, 부동산가격이 안정화되고 투기열풍이 억제되며, 부실대출도 막는 효과가 있다. 그러나 대출규제가 지나치면 오히려 금융불안을 부추길 우려도 있다. 부동산경기가 침체되고 부동산시장이 불균형을 이루며 실수요자까지도 주택구입에 어려움을 겪는 등 부작용도 있기 때문이다.

- LTV = 주택대출금 / 주택가격
- DTI = (주택대출 원리금 상환액 + 기타 대출이자 상환액) / 연간소득
- DSR = 모든 대출 원리금 상환액 / 연간소득

SECTION 02+ 부동산투자의 위험과 투자분석

1. 부동산투자의 위험

부동산투자의 위험 중 포트폴리오로도 제어할 수 없는 위험이 있다. 부동산투자의 위험은 '체계적 위험(피할 수 없는 위험: Systematic Risk)'과 '비체계적 위험(피할 수 있는 위험: Nonsystematic Risk)'으로 구분할 수 있다.

체계적 위험 (피할 수 없는 위험)	시장 전체가 직면하는 위험으로 모든 부동산에 영향을 주는 위험. 예컨대, 경기변동, 이자율변동, 인플레이션, 경상수지, 사회·정치·제도적 환경 등 거시적 변수 등에 의해서 야기되는 위험은 시장에 있는 모든 부동산에 영향
비체계적 위험 (피할 수 있는 위험)	개별적인 부동산의 특성으로부터 야기되는 위험으로서, 투자대상을 다양화하여 분산투자(포트폴리오)를 함으로써 피할 수 있는 위험

1) 위험부담

위험부담은 손해·손상·손실의 가능성을 말하는데, 부동산투자와 관련된 위험부담은 사업위험부담과 금융위험부담으로 나눌 수 있다. 사업위험은 계획하거나 예측한 수준의 수입이 실현되지 않을 가능성을 말하는 것이고, 금융위험부담은 금융부채로 발생하는 부가적 위험을 말한다.

(1) 사업위험

부동산의 수익성(생산성)은 입지·시장 및 전반적인 경제상태의 작용에 영향을 받는다. 이러한 요인은 변동하기 때문에 부동산투자에 있어서 불확실성이나 위험은 상존하고 있다. 예를 들어, 지역의 경제기반이 쇠퇴하면 아파트의 공실률은 높아지는데 이러한 사업위험은 부동산을 소유하는 한 소멸되지 않는다.

(2) 금융위험

부동산의 투자자는 순자산에 대한 수익률을 높이기 위하여 지렛대효과를 이용한다. 투자자가 부채를 투자재원으로 사용하게 되면 매기간마다 원금과 이자를 지불하게 되는데 부채비율이 높으면 높을수록 지분(equity) 수익률이 높아질 수 있지만 부담할 위험도 커지는 것이다. 부채가 많으면 많을수록 원금과 이자에 대한 채무불이행의 가능성이 커지며, 파산할 위험도 그만큼 더 커지게 되는 위험을 말한다.

(3) 인플레이션위험

인플레이션은 물가의 전반적인 상승을 의미한다. 인플레이션이 심하게 되면 대출자들이 원금의 실질적인 가치가 하락하는 위험을 안게 된다. 투자자들도 인플레이션에 대해서 적절한 보상이 주어지기를 원한다. 따라서 투자에 대한 요구수익률도 그만큼 상승하게 된다. 부동산임대차계약이나 관리계약 등 모든 장기적인 계약에는 인플레이션 가능성에 대한 세심한 배려가 있어야 한다.

(4) 법·제도적위험

부동산에 관한 의사결정은 법률적 환경하에서 이루어지는 것이므로 법률적 환경변화는 부동산투자에 대한 위험을 변화시킨다. 일반적으로 정부의 재정정책, 부동산정책 등의 규제를 강화하면 시장은 침체되고, 규제를 완화하면 시장은 회복된다. 세제의 강화나 중과세 등도 시장에 영향을 미친다. 이러한 제도적 변화는 시장이자율과 투자심리 등을 변화시켜 부동산의 수익성에 영향을 준다.

(5) 환금성위험

환금성은 자산을 현금으로 전환하기 위해 소요되는 기간을 말하는 것으로, 자산은 그것이 시장가격과 동일한 현금으로 속히 팔리면 환금성이 좋다고 한다. 예금·채권·주식 등은 현금화가 쉽지만 부동산은 일반적으로 환금성이 낮다. 부동산은 가격이 높고 소비자의 선호가 달라 수요가 한정되어 있기 때문이다.

2) 포트폴리오

투자가들은 위험을 분산시키고 수익률을 높이기 위해 분산투자한다. 즉 투자자산을 선택할 때 투자의 안전성, 수익성, 환금성, 위험부담 등을 고려하여 한 가지 자산에 집중투자하지 않고 적당한 형태로 분산시켜 투자한다.

투자에는 위험(risk)이 수반되는데, 부동산투자에서 위험은 수익(return)에 반대되는 개념으로 쓰인다. 투자에 수반되는 위험에 대비한 수익의 정도를 안전성이라 한다. 부동산은 매각 의사결정을 한 때부터 현금화하기까지는 장기간이 소요되는 경향이 있는데, 이러한 특성을 환금성이라고 한다. 수익성은 장래에 나타나는 자산가치의 상승에 따른 이익을 말하는 자본이득과 이자수입, 배당수입, 지대, 임대료 등의 소득이득으로 구분된다.

투자대상이 되는 물건은 각기 다른 성질을 가지고 있어서, 투자가는 그러한 성질을 이용하여 높은 수익성이 보장되고 안전한 곳을 찾아 투자한다. 이때 한 가지에 집중 투자하지 않고 투자자산의 대표로 고려되는 예금(현금), 증권(채권) 및 부동산에 적당한 형태로 분산투자하는 것을 자산투자 3분법이라 한다. 자산의 개별위험을 분산, 제거하기 위해서는 음의 상관계수를 나타내는 것으로 조합하는 것이 바람직하지만 포트폴리오 수익률은 낮아진다.

포트폴리오는 자산이 하나로 집중된 경우 발생할 수 있는 불확실성을 제거하기 위해 여러 개의 자산을 소유함으로써 분산된 자산으로부터 안정된 결합편익을 획득하도록 하는 자산관리의 방법이나 원리를 지칭하는 말이다.

부동산투자에 있어서는 투자에 따른 안전성, 수익성, 환금성 등이 고려되어야 하며, 또한 단순히 여러 개의 자산만을 배합한다고 해서 좋은 결과를 얻을 수 없으므로 투자대안이 가진 위험과 수익을 분석하여 불필요한 위험을 제거하고 최선의 결과를 얻을 수 있는 포트폴리오를 선택하여야 한다.

3) 재산3분법

재산3분법은 재산을 예금, 부동산 그리고 주식에 각각 배분투자하여, 투자에서 발생되는 위험을 분산시키고 안전성·수익성·환금성을 균형있게 검토하여 재산관리를 하는 것이다. 이때 재산관리에 있어서 안전성·수익성·환금성 등을 고려하여 부동산·예금·주식 등 3가지 투자관리 형태가 일반적으로 사용된다.

예금은 은행에 예치하여 이자를 받게 되므로 안전성과 환금성은 강하지만, 저금리기조로 인해 수익성은 부동산이나 주식과 비교할 수 없어 수익성이 약하다는 단점이 있다.

주식투자는 시세차익을 목적으로 회사의 주식을 사고 파는 투자활동으로,

수익성과 환금성이 높은 편이나, 재산의 보전 측면에서는 손해를 볼 우려가 매우 크다는 점에서 안전성은 약한 편이다.

부동산은 안전성과 수익성에서는 유리하나, 처분에 있어서 많은 시간을 필요로 하는 등 환금성이 현저히 저하된다. 부동산투자는 토지나 건물 등을 매입하여 장래의 수익을 예상하여 투자하거나 임대수익을 창출해내는 투자이다. 그러다보니 안전성과 수익성에는 유리할 수 있지만 처분 시 많은 시간이 소요되어 환금성은 상대적으로 낮다.

✎ **자산별 준거지표의 비교**

구분	예금	주식	부동산
안전성	○	×	○
수익성	×	○, △, ×	○
환금성	○	○	×

4) 수익률

수익률은 투하된 자본에 대한 수익의 산출비율을 말하며, 부동산투자에 대한 의사결정의 중요한 변수 중 하나이다. 일반적으로 수익률에는 기대수익률, 요구수익률, 실현수익률이 있다.

기대수익률은 투자로부터 기대되는 예상수입과 예상지출을 토대로 계산되는 수익률이다. 요구수익률은 투자에 대한 위험이 주어졌을 때 투자가가 대상부동산에 자금을 투자하기 위해서 충족되어야 할 최소한의 수익률을 의미하는데, 요구수익률에는 시간에 대한 비용과 위험에 대한 비용이 들어 있다. 실현수익률은 투자가 이루어지고 난 후에 현실적으로 달성된 수익률이다.

투자결정은 기대수익률과 요구수익률을 비교함으로써 이루어진다. 투자에 대한 위험이 크면 클수록 투자자는 그만큼 더 많은 대가를 요구한다. 일반적으로 위험과 수익은 비례관계를 가지고 있다(high risk, high return). 부담하는 위험이 크면 클수록 요구하는 수익률도 높아진다. 위험수준과 요구수익률 사이의 관계는 다음과 같이 표현된다.

$$r = rf + p + i$$

- r : 요구수익률
- rf : 무위험률
- p : 위험할증률
- i : 인플레이션

무위험률에 영향을 주는 요소들은 신용의 제한, 화폐의 공급과 수요, 저축률과 투자율 등이다. 시장위험은 물론 개별투자가 안고 있는 위험에 따라서도 변화한다. 기대수익률이 동일한 두 개의 투자대안이 있을 경우, 하나가 다른 하나보다도 더 위험하다면 투자자들은 대부분 덜 위험한 쪽을 선택하려고 할 것이다. 이러한 행동을 위험혐오라고 하는데, 위험혐오가 높을수록 위험할증률은 높아진다. 부동산투자가들은 예상되는 인플레이션만큼 요구수익률을 더 높이려고 할 것이기 때문에 수익은 인플레이션의 영향을 받는다.

2. 부동산투자분석

부동산투자분석은 대상부동산에 투자하였을 경우 일정 기간 후에 얼마만큼의 현금유입, 즉 수익을 달성하는가를 예측 및 분석하는 작업이다. 건물의 수익은 임대료 창출을 위한 임차인 유치역량 및 건물에 대한 운영비용에 의존한다. 수입임대료에서 운영비용을 공제한 것을 순영업소득(NOI: Net Operating Income)이라 한다.

1) 부동산운영수지분석

(1) 임대료

시장임대료(rent)는 임차인들이 현행 시장상황에서 특정 공간을 사용하기 위해서 지불해야 하는 가격수준을 나타낸다. 임대료 시세의 결정요인은 경제전망, 지역경기, 당해 부동산에 대한 수요, 당해 부동산형태에 대한 공급량 등이다. 예를 들어 오피스빌딩의 시장임대료는 지역 내의 기업수 및 신규 창업기업수, 기업들이 고용하고 있는 직원수 및 장래 고용 예정인원 수, 직원들이 필요로 하는 공간의 양 등에 의존한다.

이와 비슷하게 아파트의 임대료도 지역 내의 인구 및 소득수준의 분포, 임차와 주택구입에 대한 실익 비교 등에 의해 형성된다. 부동산은 경제적 수명이 긴 내구재이며 특정 시점에서의 시장임대료는 특정 공간을 사용하기 위해 실수요자가 지불해야 하는 가격이다.

(2) 공실률

공실률(vacancy)은 아파트나 임대빌딩에서 그 건물 전체의 면적이나 호(戸)·사무실 수를 기준으로 비어 있는 비율을 말한다. 즉 빌딩 연면적에서 공실면적(임대계약이 체결되지 않아 비어 있는 공간)이 차지하는 비율로, 국토교통부에서는 오피스와 매장용 건물에 대한 임대 및 투자수익률 정보제공을 통한 부동산시장의 투명성 제고와 부동산정책 지원을 위하여 2002년부터 서울특별시와 경기도 및 광역시에 소재한 오피스와 매장용 빌딩을 대상으로 공실률, 임대료, 투자수익률에 대한 투자정보를 제공하고 있다. 상업용 빌딩에 대한 투자정보는 매 분기별로 조사·발표하고 있으며, 국토교통부와 한국부동산원(구 한국감정원)에서 확인할 수 있다.

부동산 수익을 예상하기 위해서는 예상 보유기간에 어느 정도의 공간이 임대될지를 예측해야 하고 적정공실률을 감안해야 하는데, 이는 부동산시장이 호황일 때도 마찬가지다. 그 이유는 임차인이 교체되는 과정에서 신규 임차인에게 재임대하는 데에 시간이 걸리기 때문이다.

(3) 운영비용

운영비용(operating expense)은 고정비[재산세, 보험료, 유지보수비, 광고 및 판촉(임차인 유치를 위한 홍보)]와 변동비[제세공과금(수도 가스비 등), 관리비(임대료 징수, 수선 등에 대한 용역비), 청소비]로 이루어질 수 있는데, 변동비는 임대수준에 따라 변화한다. 일반적으로 관리비는 임대료의 일정비율로 설정된다.

고정비는 임대수준에 따라 변동하지 않는다. 재산세의 경우 부동산 공시가격 또는 기준시가에 의하여 임대수준과 관계없이 부과된다. 보험료도 임대수준보다는 부동산의 재취득가격을 기준으로 하며, 수선유지비, 부동산 내용연수 등 개·보수요인에 근거한다. 개·보수는 기존 임차인의 퇴거 이후 재임대를 위해 행해지는 경우가 많으므로 정상적인 임대상황에서는 수선유지비는 고정요소라고 할 수 있다.

비용을 분류한 이유는 장래의 비용을 항목별로 잘 추정하기 위함이다. 즉 각 비용은 시간 경과에 따라 상이한 변동을 나타내며 일부 비용들은 임대수준에 의해 영향을 받는다.

(4) 순영업소득

건물 전체가 임대되었을 경우의 임대소득을 총가능소득(PGI: Potential Gross Income)이라고 하고, 총가능소득(임대료 수입 등)에서 공실상당액과 대손충당금을 차감한 것을 유효총소득(EGI: Effective Gross Income)이라고 하고, 유효총소득에서 인건비, 보험료, 소모품비 등 운영비용(OE: Operating Expense)을 차감한 것을 순영업소득(NOI: Net Operating Income)이라고 한다. 임대차시장의 임대료 수준, 공실률 및 운영비용을 추정하면 임대료 시세에 근거한 부동산의 순영업소득을 계산할 수 있다.

부동산운영수지분석

단위당 예상 임대료 × 임대단위 수

= 총가능소득(Potential Gross Income) + 기타 수익(주차료, 광고판 수입 등)

　-공실 및 대손충당금(Vacancy & Loss Allowance)

= 유효총소득(Effective Gross Income)

　-운영경비(Operating Expense)

= 순영업소득(Net Operating Income)

　-부채상환액(Debt Service)

= 세전현금흐름(Before Tax Cash Flow)

　-세금(Tax)

= 세후현금흐름(After Tax Cash Flow)

---

(5) 임대계약의 조건

부동산은 내용연수가 길고 거래비용이 높으므로 소유자와 사용자는 임대차 사용기간을 다양한 만기로 설정하게 된다. 초기 임대료는 확정금액으로 결정되며 기본임대료라고 불린다. 임대료를 인상하는 다른 기준으로서는 일정 지수에 연동하는 방식이 있는데, 소비자물가지수(CPI: Consumer Price Index)가 일반적으로 사용된다.

소비자물가지수 연동방식은 예기치 못한 인플레의 위험을 임차인에게 전가하고 임대수입의 현재가치를 유지해 준다. 쇼핑센터의 임대차는 임대료를 임차인의 매출액에 부분 연동시키는 경우가 많은데 이를 매출비례임대료(Percentage Rent)라고 부른다. 이 경우 매출액과 관계없이 기본임대료가 계산된 후 매출액이 목표액을 초과하면 임대료는 매출액의 일정비율로 바뀐다.

(6) 현재가치율

부동산 사업은 초기에 많은 투자가 일어나고 그에 대한 대가로 임대료 등의 일정한 수입이 장기간에 걸쳐 발생하게 되므로, 투자자로서는 장래에 걸쳐 발생하는 수입(임대료 등의 경상수입과 매각수입의 합)이 투자의사결정의 준거가될 수 있는지 판단할 필요가 있다. 이때 장래의 수입을 현재가치로 환산하는 할인율[3]이 적용된다.

2) 임대주택 사례분석

(1) 기본가정

A는 임대를 목적으로 주택을 구입하여 다음과 같은 조건으로 운영하다가 5년 후에 매각하려고 한다.

3　할인은 시점이 다른 화폐의 시간가치를 통일된 하나의 시점에서 비교할 수 있도록 해준다. 즉 할인율은 미래시점의 일정금액과 동일한 가치를 갖는 현재시점의 금액(현재가치)을 계산하기 위해 적용하는 비율을 의미한다.

- 임대주택(월세 60만원 받을 수 있는 원룸 6개, 월세 100만원 받을 수 있는 투룸 3개)의 연간 가능 총 임대료 수입은 660만원 × 12개월 = 7,920만원
- 매년 임대료 5%씩 증가, 공실률 5%
- 운영경비는 초년도 연간 총 가능 임대료 수입의 10%이고 매년 5%씩 증가
- 취득가격 15억원(토지가격 12억원, 건물가격 3억원)
- 자기자본 9억원, 차입금 6억원(대출조건: 30년 고정금리, 이자율 연6%, 원리금균등상환)
- 건물 감가상각 40년, 소득세율 20%, 양도세율 35%

(2) 운영수지 계산

상기와 같은 조건에 기초하여 임대사업을 운영하는 기간중의 현금흐름과 임대주택의 운영수지는 다음과 같다.

(단위: 천원)

구분	1년	2년	3년	4년	5년
총가능소득(PGI)	79,200	83,160	87,318	91,684	96,268
– 공실률(V)	3,960	4,158	4,366	4,584	4,813
= 유효총소득(EGI)	75,240	79,002	82,952	87,100	91,455
– 운영경비(OE)	7,920	8,316	8,732	9,168	9,627
= 순운영소득(NOI)	67,320	70,686	74,220	77,931	81,828
– 연간융자월부금(DS)	43,168	43,168	43,168	43,168	43,168
= 세전현금흐름(BTCF)	24,152	27,518	31,053	34,764	38,660
순운영소득(NOI)	67,320	70,686	74,220	77,931	81,828
– 융자이자	35,800	35,345	34,863	34,350	33,807
– 감가상각(Dep)	7,500	7,500	7,500	7,500	7,500
= 과세소득	24,020	27,841	31,858	36,081	40,521
*세율(20%)= 세금	4,804	5,568	6,372	7,216	8,104
세전현금흐름(BTCF)	24,152	27,518	31,053	34,764	38,660
– 세금(Tax)	4,804	5,568	6,372	7,216	8,104
세후현금흐름(ATCF)	19,348	21,950	24,681	27,547	30,556

위의 표에서 순운영소득(NOI)은 공실률을 고려한 지표로서 총가능소득 (PGI)과 유효총소득(EGI)보다 현실적이고 유용한 지표이다. 또한 감가상각과 이 자비용은 과세소득에서 공제되는 비용이다. 공실률(V)은 공실과 임대료 미납손 실분을 차감한 지표로 부동산임대사업에서 통상적으로 5~10% 정도의 공실률이 인정되지만, 이는 주거용이나 상업용 등 부동산의 용도에 따라 달리 나타난다.

(3) 매각수지 계산

앞의 가정에서 취득 후 5년간 임대주택을 운영하고 5년 말에 임대주택을 매각한 경우의 수지분석은 다음과 같다. 당해 임대주택의 자산가치가 매년 5% 씩 상승할 것이라고 추가로 가정하면, 5년 후의 매각가격은 15억 × (1+0.5)⁵= 1,914,422천원이 되며, 여기에 중개보수 0.9%를 지급하면 순매각대금은 1,897,193천원이 된다. 여기에 5년 말 매각시점의 대출잔액 558,326천원을 모두 상환하고 나면 세전현금흐름은 1,338,866천원이 된다.

부동산을 매각하고 자본이득이 발생하면 반드시 양도소득세를 납부해야 한 다. 본 임대주택에서도 자본이득이 발생하였으므로 양도소득세를 계산해 보자. 자본이득을 계산함에 있어서 소득세 계산에서 차감했던 감가상각을 합산시켜 조정자본이득을 도출해야 하는 데 주의해야 한다. 총 매각가격은 1,914,422천원, 여기서 취득가격 15억원을 공제한 것이 자본이득(양도차익)으로 414,422천원이 다. 여기서 5년 동안 소득세 계산에서 차감했던 감가상각 누계액 37,500천원을 더하여 조정자본이득을 만들고, 중개보수 17,230천원을 차감하면 양도소득세의 과세대상이 되는 과세표준 434,693천원이 된다. 여기에 양도소득세율 35%를 적 용하면 세액은 152,142천원이 된다. 따라서 매각으로 인한 세후현금흐름은 세전현금흐름에서 세금을 공제한 1,186,724천원이 된다.

참고 REFERENCE

(금액단위: 천원)

[세전 현금흐름 계산]

총매각대금	1,914,422
- 중개보수(0.9%)	17,230
= 순매각대금	1,897,193
- 대출잔액(5년말기준)	558,326
= 세전현금흐름	1,338,866

[양도소득 계산]

총매각대금	1,914,422
- 취득가격	1,500,000
= 자본이득(양도차익)	414,422
+ 누적감가상각(5년간)	37,500
= 조정자본차익	451,922
- 중개보수(0.9%)	17,230
= 과표(매각)수익	434,693
*양도세율(35%) = 세금	152,142

[세후 현금흐름 계산]

세전현금흐름	1,338,866
- 세금	152,142
= 세후현금흐름	1,186,724

CHAPTER 06

(4) 임대주택 투자의 현재가치

미래에 예상되는 투자수익의 현재가치는 순운영수입과 순매각대금을 기준으로 산정한다. 투자자의 요구수익률 즉 할인율을 10%로 가정하고 투자의 현재가치를 계산해보면 다음과 같다. 임대주택을 취득하여 5년간 운영하고 매각함으로써 얻는 미래 현금수입의 현재가치는 할인율을 10%로 적용할 경우, 1,228,816천원이다. 따라서 이 임대주택을 이 금액 이상으로 취득하게 되면 요구수익률 10%를 달성하지 못함을 의미한다.

✎ **임대주택 투자의 현재가치(NOI)**   (금액단위: 천원)

연도	순운영수입	순매각대금	현재가치율	현재가치
1년	67,320	–	0.9090909	61,200
2년	70,686	–	0.8264463	58,418
3년	74,220	–	0.7513148	55,763
4년	77,931	–	0.6830135	53,228
5년	81,828	1,897,193	0.6209213	1,228,816

*할인율(요구수익률)을 10%로 가정할 경우

또한 운영수지와 매각수지를 포함하는 현금흐름은 세전현금흐름과 세후현금흐름으로 구분할 수 있는데, 여기에 현재가치율을 적용하면 다음과 같다. 초기투자비용 9억원을 투입해서 세전현금흐름수지는 현재가치율을 적용할 때 세전현재가치의 NPV = 47,109천원이 되어 10%의 할인율을 고려해도 NPV가 0보다 크게 되어(NPV>0) 요구수익률을 만족시키고도 남아 사업타당성이 있다고 할 수 있다. 또한 할인수지를 적용하지 않은 IRR = 11.19%로 양호한 수익률을 나타내고 있다.

초기투자비용 9억원을 투입한 세후현금흐름수지는 현재가치율을 적용할 때 세후현재가치의 NPV = -71,076천원이 되어 10%의 할인율을 고려할 때 NPV가 0보다 작게 되어(NPV<0) 요구수익률에 미달하여 사업타당성이 없다고 하겠다. 또한 할인수지를 적용하지 않은 IRR = 8.13%로 나타났다.

✎ **임대주택 투자의 현재가치(세전, 세후)**   (금액단위: 천원)

연도	세전현금흐름	세후현금흐름	현재가치율	세전현재가치	세후현재가치
0	-900,000	-900,000	1.0000	-900,000	-900,000
1	24,152	19,348	0.9091	21,957	17,589
2	27,518	21,950	0.8264	22,742	18,141
3	31,053	24,681	0.7513	23,330	18,543
4	34,764	27,547	0.6830	23,744	18,815
5	1,377,527	1,217,280	0.6209	855,336	755,835
분석	(운영+매각)	(운영+매각)	NPV =	47,109	-71,076
			IRR =	11.19%	8.13%

연습문제
EXERCISE

01 부동산투자와 투기의 개념을 비교하고, 장점과 단점을 설명하라.

02 LTV, DTI, DSR에 대해 기술하고 그 차이에 대해 설명하라.

03 체계적 위험과 비체계적 위험을 설명하고, 예시를 들어서 기술하라.

04 포트폴리오의 정의와 장단점을 기술하라.

05 기대수익률, 요구수익률, 실현수익률의 차이에 대해 기술하라.

06 순운영소득(NOI)의 정의를 기술하고, 순운영소득을 구하는 과정을 설명하라.

07 총가능소득(Potential Gross Income)에 대해 설명하라.

08 72의 법칙에 대해 설명하라.

09 부동산운영수지분석의 과정에 대해 설명하라.

CHAPTER 07 부동산금융

SECTION 01 + 부동산금융과 간접투자

1. 부동산금융의 배경과 유형

1) 부동산금융의 배경

　　전통적으로 부동산시장과 금융시장이 별도로 존재하는 것처럼 부동산과 금융은 별개의 영역으로 자리매김하였지만, 대외개방 및 금융시장의 변화로 부동산과 금융이 융합되었다. 1997년 말 외환위기 때 부동산가격의 폭락과 고금리·자금경색 등으로 인해 부동산시장과 금융시장은 급격한 변화를 경험하였고, 이로 인해 발생한 금융기관의 부실자산 정리를 위하여 ABS, REITs 등 부동산 증권화 제도가 도입되는 등 부동산금융이 대두되었다.

　　부동산이 새로운 금융투자수단으로 인식되었고, 부동산금융의 개념도 대출 등 자금을 융통하는 재원조달 외에 금융투자상품으로 확대되었다. 즉 기업 및 금융기관의 구조조정 추진과 매수자우위 부동산시장에 대하여 안정이 요구되었고, 부동산시장에 대한 규제완화와 개방화 등으로 시장의 자율성이 제고되었다.

　　부동산 증권화에 대해서는 1998년 자산유동화(ABS)제도 도입 및 1999년 주택저당채권유동화(MBS)제도를 도입하였고, 부동산투자금융에 대해서는 1998년 은행신탁계정의 부동산투자 허용, 2001년 부동산투자회사(REITs)제도 도입, 2004

년 자본시장통합법을 통해 부동산펀드가 도입되었다.

이러한 부동산금융의 정착은 부동산시장과 금융기관 및 자본시장 간의 연계를 강화시켜 부동산시장과 부동산정책의 새로운 패러다임을 도출하였다. 부동산의 증권화·유동화는 부동산시장과 금융시장 간의 통합을 급진전시켰고, 이러한 통합은 자본시장과 부동산시장의 회복 및 활성화를 촉진시키는 기폭제가 되었다.

2) 부동산금융의 유형

부동산금융은 부동산과 연계된 자금흐름의 총칭으로서 부동산 대출금융, 부동산 증권화, 부동산 투자금융의 세 가지 유형으로 구분할 수 있다. 부동산 대출금융(loan)은 주택 등 부동산의 취득·개발·건설을 위한 금융기관과 비금융기관의 대출로서 가장 전형적인 부동산금융을 말한다.

부동산 증권화는 부동산을 보유한 자가 보유부동산을 활용하여 자본시장에서 유동성을 확보하려는 금융기법을 말한다. 유동화증권은 크게 두 가지로 구분되는데 첫째는 부동산의 부채(debt) 부분인 대출금액을 상품화해서 채권(bond) 형식으로 발행하는 부동산저당채권담보부증권(MBS 및 CMBS 등)으로 채권형 증권의 일종이다. 둘째는 부동산의 순자본(equity) 부분으로 간접투자형식을 통해 소액투자로 대형 우량부동산에 투자할 기회가 주어지는 보통주의 형태인 부동산투자신탁(REITs)으로 주식형 증권의 일종이다.

부동산 투자금융은 부동산에서 발행하는 소득 및 자본이득을 추구하기 위해 투자기관과 민간이 행하는 부동산에 대한 투자를 말한다. 부동산투자는 지분투자와 저당투자로 구분할 수 있는데, 기업이 타인자본을 활용하는 경우 발행되는 부동산증권은 지분증권(Equity Finance)과 부채증권(Debt Finance)으로 나눌 수 있다.

부동산금융에 있어 중요한 것은 자금의 확보, 대출금리의 책정, 대출채권의 유동화, 채권의 보전 등이다. 부동산금융은 그 성격상 일반 상업금융과 차이가 있다. 일반 상업금융이 대부분 단기고리이고 자금의 회전속도가 빠른 데 비하여, 부동산금융은 장기저리이고 자금의 회전속도가 느리다. 이와 같은 특성으로 말미암아 민간기업은 주택금융업에 개입하기를 꺼리는 경향이 있다.

2. 부동산 간접투자와 증권화

1) 부동산 간접투자

투자자들이 부동산에 전문적인 투자를 하는 부동산회사나 부동산투자를 위한 금전신탁에 투자하는 방식을 부동산 간접투자라고 한다. 간접투자의 대표적인 상품인 리츠의 경우, 부동산 자체의 사업성을 검토하는 것뿐만 아니라 주식시장의 특성까지도 이해해야 한다. 주식화된 부동산에 투자하는 것으로, 주식과 부동산 두 가지 모두를 잘 이해해야 하기 때문이다.

더구나 부동산 주식은 일반회사 주식과는 다른 특성을 갖게 된다. 부동산 주식은 일반회사 주식보다 가격 변동 폭이 작아 안전성이 높다. 즉, 주식의 특성과 부동산의 특성이 섞여 새로운 형태의 변화패턴을 보이게 되는 것인데, 궁극적으로는 역시 해당 부동산의 사업성 여부에 따라 그 가격이 변동하게 된다.

2) 부동산 증권화

증권화(Securitization)는 비유동성 금융자산을 수익성 있는 자본시장증권으로 전환시키는 것으로, 증권화는 특정자산에 유동성을 부여하는 금융공학의 한 방법으로 금융의 국제화, 자유화와 더불어 금융분야의 큰 흐름이다. 이러한 증권화는 기존의 대출채권이나 미래에 현금흐름을 발생시킬 수 있는 자산을 특수목적회사(SPC: Special Purpose Company) 등과 같은 도관체(conduit)에 양도하고 SPC는 이를 담보로 투자자에게 유가증권을 발행함으로써 자금을 조달하는 금융방법을 말한다. 증권화의 대상이 되는 자산은 부동산에만 한정되는 것이 아니라, 미래에 현금흐름이 발생될 수 있는 어떠한 형태의 자산도 포함될 수 있다. 주택저당대출, 카드매출채권, 자동차할부채권, 리스료, 선박대출, 항공리스료, 학자금대출, 정크본드, 상가임대료, 영화관입장료 등 증권화가 가능한 자산들은 다양하다.

부동산의 증권화는 부동산관련 채권을 도관체(conduit)에 양도하고 그 도관체가 부동산 등을 담보로 증권을 발행하여 자금을 조달하는 방법으로, 증권화의 대상이 부동산관련 채권이라는 것만 다르다.

3) 부동산 증권화와 기존금융의 차이

　　부동산 증권화의 방법은 기존의 전통적인 금융방법과는 차이가 있다. 첫째, SPC는 자산보유자 또는 차입자가 SPC에 양도한 자산을 담보로 유가증권을 발행하기 때문에 원래 자산보유자가 파산하더라도 원리금의 상환여부는 SPC가 보유한 자산의 신용상태에 따라 결정되므로 자산보유자의 신용위험과는 관계가 없다.[1]

　　둘째, SPC가 발행한 증권의 원리금상환은 SPC에 양도된 자산의 현금흐름에 전적으로 의존한다. 따라서 자산의 현금흐름이 원리금상환액에 못 미친다고 하더라도 투자자는 자산보유자 또는 차입자에게 직접적인 청구권을 행사할 수 없다(비소구금융).

　　셋째, 자산보유자 또는 차입자는 자산을 이미 양도(true sale)했기 때문에 자신의 대차대조표상에는 부채로 계상되지 않는다(off balance). 첫 번째에서 세 번째까지는 SPC에 양도한 자산과 자신의 신용을 절연(bankruptcy remote)하기 때문에 가능한 것이다.

　　넷째, SPC에 양도된 자산들은 통상적으로 수많은 채권이나 자산들을 집합화한 자산이기 때문에 포트폴리오효과로 인해 개별채권의 위험들이 서로 상쇄되므로 집합화된 풀(pool)의 위험이 감소하게 된다. 그 결과 신용이 향상되는 효과를 얻을 수 있다(pooling effect).

　　다섯째, 집합화 효과는 포트폴리오효과를 가져오기 때문에 신용제고가 된다. 따라서 부동산 증권화는 부동산 물건 및 부동산과 관련된 채권에 유동성을 부여할 수 있다. 이 방법은 전통적인 금융에 비해서 상대적으로 저렴한 금융비용으로 재원을 조달하는 것과 부외효과(off balance)로 인해 자기자본비율의 개선효과를 가져올 수 있다.

1　전통적인 금융의 경우는 차입자의 신용위험에 따라 상환여부가 결정되기 때문에 금융기관은 차입자의 신용상태를 최우선으로 고려한다. 즉 담보자산 그 자체의 신용도가 좋더라도 차입자의 신용이 나쁘다면 대출을 기피하게 된다.

4) 자산유동화

자산유동화는 금융기관 또는 기업이 보유하는 자산(부동산, 신용카드할부금융채권, 매출채권, 유가증권, 저당권 등)과 같이 유동성은 떨어지나 재산적 가치가 높은 유·무형의 자산을 기초로 하여 자산유동화증권을 발행하는 방법으로 대상자산의 유동성을 높이는 일련의 행위를 말한다. 자산을 유동화하는 이유는 자산보유자의 파산 위험으로부터 자산만을 분리하여 자금을 조달하므로 조달비용을 절감할 수 있고, 금융기관의 경우 위험자산을 매각하는 효과를 얻을 수 있으므로 BIS비율 개선 등 재무구조를 개선하는 효과가 있다. 이와 같이 유동화자산을 기초로 하여 발행되는 수익증권을 자산유동화증권이라 한다. 유동화자산을 담보로하여 발행되는 증권이라는 의미에서 자산담보부증권이라고도 하고, 채권의 형태로 발행되어 자산유동화채권이라고도 칭한다.

1998년 공포된 '자산유동화에 관한 법률'에 따르면, 금융기관·한국자산관리공사 등이 보유하고 있는 채권·토지 등의 자산을 조기에 현금화해 자금조달을 원활하게 함으로써 금융기관의 재무구조를 튼튼히 하는 한편, 주택저당채권을 증권화해 주택금융기반을 확충할 목적으로 금융기관 등으로부터 자산을 양도받아 이를 기초로 증권을 발행·판매할 수 있도록 하는 일시적인 특수목적회사(SPC: Special Purpose Company)의 설립을 규정하고 있는데, 이 회사가 바로 유동화전문회사이다.

이들은 자산담보부채권(ABS)을 발행하는 등 다양한 방법을 동원해 기관 및 일반투자자에게 판매하고, 투자자들은 만기 때까지 채권에 표시된 금리만큼의 이자를 받고, 만기가 되면 원금을 돌려받는다. 유동화전문회사는 법정업무 외에 다른 업무를 할 수 없고 직원을 고용할 수 없는 형식적회사(paper company)로 도관체(conduit)의 역할을 하며, 이 과정에서 자산관리나 매각 등을 통해 투자원리금을 상환하기 위한 자금을 마련하고, 이 작업이 끝나면 자동 해산된다.

5) 저당권의 유동화

(1) 의의

저당권 자체를 하나의 상품으로 유통하게 되는 것을 저당권의 유동화라고 하는데 부동산의 저당권을 다시 유통시켜서 신용창조의 수단으로 활용하는 것을 말한다. 이는 채무자에게 자금을 대출한 후 금융기관이 보유하게 되는 모기지(mortgage)에 대해서 유동성을 부여하는 제도로서, 대출재원을 확대시켜 자금 수요자에게 더 많은 자금공급혜택을 부여하고, 투자자에게는 다양한 종류의 금융상품을 제공하게 되며 대출기관에게는 자금의 단기조달 혹은 장기운영에 따르는 문제를 해결할 수 있게 마련된 제도이다. 저당권유동화는 1차 주택저당채권시장에서 발생된 주택저당채권을 가공하여 2차 주택저당채권시장을 통하여 투자자에게 매각함으로써 지속적으로 충분한 주택자금을 공급할 수 있게 하는 데 의의가 있다.

기대효과로는 ① 주택금융이 확대공급됨으로써 주택건설이 촉진된다. ② 비주택부문의 여유자금을 주택부문으로 유입활용하여 주택자금의 조성확대와 주택금융 공급규모를 증대시킬 수 있다. ③ 주택금융기관에 대한 자금대출의 고정화현상을 완화하여 금리변동 및 유동성의 위험을 피할 수 있게 된다. ④ 수요자의 자금획득이 용이하다. ⑤ 주택 투자가의 입장에서도 다양한 자금의 이용이 가능해진다.

(2) 1차 저당시장

저당시장은 1차 저당시장과 2차 저당시장으로 나뉜다. 1차 저당시장은 저당대출을 원하는 수요자와 저당대출을 제공하는 금융기관으로 이루어지는 시장을 말한다. 각종의 1차 저당대출자들은 주택을 구입하고자 하는 일반수요자와 부동산을 공급하고자 하는 건설업자에게 저당을 설정하고 자금을 대여하고 있다. 1차 저당대출자들은 설정된 저당을 자신들의 자산 포트폴리오의 일부로 보유하기도 하고 자금의 여유가 없을 경우에는 2차 저당시장에 팔기도 한다. 1차 저당대출자로는 저축대부조합, 상업은행, 상호저축은행, 생명보험회사, 저당은행 등이 있다.

(3) 2차 저당시장

2차 저당시장은 저당대출채권을 만료 시까지 대출기관이 보유하지 않고 저당대출채권이 채권시장에서 매매·유통되는 시장을 말한다. 즉 대출기관이 차입자에게 주택자금을 대출해 주고 획득한 저당대출채권을 만료 시까지 보유하지

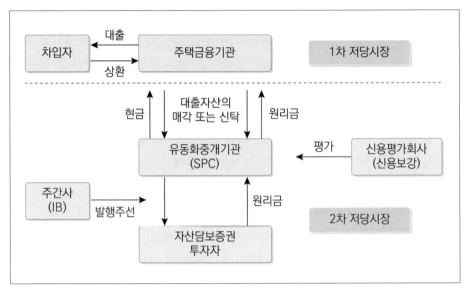

1차 저당시장과 2차 저당시장의 흐름

않고 채권시장의 투자자에게 매각하거나 또는 보유 중인 저당대출채권을 담보로 새로운 채권을 발행함으로써, 저당대출채권이 유통되는 시장을 의미한다. 그구체적인 방법으로는 ① 저당권 자체를 피담보권과 분리하여 저당권만을 유통시키는 것과 ② 저당권과 함께 피담보채권을 담보로 하여 새로운 증권, 즉 저당권부채권을 발행하여 유통시키는 것이 있다.

1차 대출기관들은 2차 저당시장에서 그들이 설정한 저당을 팔고 필요한 자금을 조달한다. 2차 저당시장은 저당대출을 받은 원래 저당 차입자와 아무런 직접적인 관련이 없다. 즉 주식같이 발행자와 상관없이 공개시장에서 자유롭게 교환되는 것과 같다.

2차 저당시장은 저당의 유동화에 결정적인 역할을 한다. 만약에 이 같은 2차 저당시장이 없다면 1차 대출기관은 자금이 고갈되어 더 이상 저당대출을 할수 없게 될 것이다. 2차 대출기관들도 저당 패키지를 자신들의 자산 포트폴리오의 일부로 보유하기도 하고, 자금의 여유가 없을 때에는 투자자에 팔기도 한다. 이를 통해 부동산시장 참여자의 수를 증가시켜 정보가 가치에 반영되는 속도를 빠르게 하여 부동산시장을 보다 효율적으로 만들고 있다.

우리나라에서는 한국주택금융공사가 2차 저당대출기관의 역할을 하고 있다. 한국주택금융공사는 은행이나 금융기관으로부터 주택저당채권을 사들이고,

이를 기초로 주택저당증권을 만들어서 이를 기관투자자나 일반투자자에게 판매하여 다시 필요한 주택자금을 조달한다.

 참고 REFERENCE **FIRE산업**

FIRE산업은 1982년 '워싱턴포스트(Washington Post)'지[2]에서 처음 등장한 용어로 금융(Finance), 보험(Insurance), 부동산(Real Estate)을 융복합한 산업의 총칭으로 연기금의 주된 투자대상인 오피스 마켓 등에서 두드러지게 나타나고 있다. 특히 부동산금융이 대두되면서 REITs, 자산운용시장을 비롯한 금융시장과 부동산시장의 융합현상이 가속화되면서 21세기 세계경제 및 국가경제를 주도해 나가는 산업으로 전망[3]되고 있다.

부동산금융[4]은 부동산과 금융이 융합된 산업분야의 총칭으로서 일정한 자금을 확보하여 부동산 수요·공급자에게 대출해 줌으로써 부동산 구입을 쉽게 하고, 공급을 확대시키는 일종의 특수한 형태의 금융을 말한다. 부동산담보부채권 및 순자본금융(Debt Finance & Equity Finance)과 개발 및 기업금융(Project Finance & Corporate Finance)으로 분류되며, 한국은 외환위기 이후 부동산투자가 자본이득 중심에서 현금흐름 중심으로의 전환과정에서 부동산 증권화·유동화가 부동산금융 관련 산업을 크게 성장시켰다.

부동산의 증권화·유동화는 부동산시장과 자본시장 간의 통합을 급진전시켰고, 이러한 통합은 다시 자본시장과 부동산시장의 회복 및 활성화를 촉진시켰으며, 금융기관의 주택담보대출 확대, MBS 도입, 리츠 및 부동산펀드, 부동산자산운용의 활성화 등으로 주택금융을 비롯한 부동산금융시장은 지난 몇 년 사이에 양적·질적 성장을 지속하였다.

---

2   Joyce Wadler, "New York, Once Nearly Bankrupt, Rides Manhattan's Boom," pg. A2: In recent years, 160,000 jobs have been added in the "fire" section: finance, insurance, and real estate, Washington Post, 21 October 1982.

3   지대식·이수옥·전성제·윤현지, 부동산산업의 발전방향과 향후과제, 국토연구원, 2010, p.1

4   김경환·손재영, 부동산경제학, 건국대학교출판부, 2010, p.23

	공모	사모
지분	지분형 리츠	자가 주택, 직접 소유 부동산
부채	MBS, CMBS, 모기지 리츠	모기지, PF, 구조와 채권(CDO)

SECTION 02 + 부동산금융의 구분과 저당대출

1. 부동산금융의 구분

1) 재원조달 방법에 의한 구분

(1) 부채금융

부채금융(debt financing)은 대출이나 회사채 등과 같이 타인자본을 조달하는 방법으로 저당금융, 신탁증서담보대출, 주택상환사채, 회사채, 저당권담보부증권, 프로젝트파이낸싱 등 다양한 방법이 있다.

저당금융(mortgage financing)은 가장 일반적인 부채금융방식으로 차입자가 금융기관에 부동산을 담보로 제공하면서 저당권을 설정하고 자금을 대출받는 방법이다. 신탁증서담보대출은 담보로 부동산을 신탁회사에 위탁한 후에 수익증권(담보신탁증서)을 발급받아 금융기관으로부터 대출을 받는 방법이다.

주택상환사채[5]는 주택건설업자의 자금난 해소를 위해, 주택법에 의하여 주택건설업자가 발행하는 채권이다. 회사채(corporate bond)는 부동산회사가 자금을 모집하려고 발행하는 채권으로, 주택상환사채도 회사채의 일종이다.

저당권담보부증권(MBS)은 부동산에서 발생되는 미래의 현금흐름에 기초하여 자산담보부증권(ABS)을 발행하는 방법으로 자산의 종류가 모기지(mortgage)인 경우이다. 프로젝트파이낸싱(project financing)은 대규모 프로젝트 사업주가 설립한 별도의 프로젝트회사가 프로젝트로부터 발생하는 장래의 현금흐름을 담보로 대주단(금융기관)으로부터 자금을 대출받아 조달하는 장기금융방법으로 비소구금융이 일반적이다. 다만 우리나라의 부동산개발사업의 경우는 소구금융이 적용되고 있다.

---

5 주택건설업자가 발행하는 채권으로 일정 기간이 지나면 주택으로 상환받을 수 있는 기명식 보증사채로, 아파트값의 일부를 미리 내고 사채를 매입, 만기가 되면 아파트를 분양받을 수 있는 채권이다. 신도시 건설로 인한 건설업체들의 자금난을 덜어주기 위해 도입되어 군포, 산본, 분당, 평촌 등지의 아파트에 적용되었다.

(2) 지분금융

지분금융(equity financing)은 기업에서 주식발행 등과 같은 방법으로 재원을 조달하는 방법으로 부동산신디케이트, 조인트벤처, REITs, 공모 등 다양한 방법이 있다. 부동산신디케이트는 부동산개발업자가 프로젝트를 수행하기 위해 일반 투자자로부터 자금을 모아 개발을 하는 부동산투자조합을 결성하는 방법이다.

조인트벤처(joint venture)는 2인 이상의 투자자가 모여 특정한 공동목적을 이루기위해 공동으로 손익을 분담하여 진행하는 공동사업체로, 고위험 고수익사업을 대상으로 하는 부동산벤처에 공동으로 투자하는 방법이다.

부동산투자회사(REITs)는 부동산투자회사법에 따라 주식을 발행하여 자금을 조달하는 방법이다. 공모(public offering)는 부동산회사가 부동산투자 등을 목적으로 주식을 공모하여 자금을 조달하는 방법이고 유상증자도 공모에 해당하는 것으로 볼 수 있다.

2) 재원조달 목적에 의한 구분

(1) 주택금융

주택금융은 주택의 공급이나 수요와 관련된 금융으로 주택수요자와 공급자 모두에게 해당되지만, 오늘날에는 서민의 내집마련을 위한 금융으로 주택수요자를 위한 것으로 인식되고 있다. 따라서 주택금융은 주택구입을 쉽게 하기 위해서 통상적으로 장기저리로 대출된다.

(2) 건축대부

주택공급을 확대하고 주택건설을 촉진하기 위해 주택건설업자의 건설활동에 필요한 자금을 지원하는 공급자 금융이다. 즉, 부동산개발업자나 건설업자가 자금의 수요자가 된다. 주택개발에 수반되는 사업위험이 크기 때문에 건축대부(construction loan)의 대부기간은 건축기간에 국한되고, 대부기간도 짧고 이자율도 상대적으로 높은 편이다.

2. 부동산 저당대출

1) 저당대출의 위험

저당대출(mortgage loan)은 금융기관의 대출 과정에서 원리금상환을 담보하기 위해 주택(담보)에 저당(mortgage)을 설정하고 차주에게 자금을 대출하는 것을 의미한다. 저당(mortgage)은 담보대출의 의미로도 통용되고, 저당대출금융을 통칭하는 의미도 지니고 있다.

대출자(lender)는 저당대출로 인해 원리금을 수취할 수 있지만, 채무불이행위험, 금리변동위험, 조기상환위험 등 다양한 위험에 처하게 될 수 있다. 채무불이행위험은 저당대출 차입자가 원리금에 대한 채무상환을 이행하지 않을 위험이다. 금리변동위험은 고정금리장기대출의 경우, 대출실행 이후에 경제상황이 변동하여 대출자가 부담하게 되는 위험으로, 대출자는 이를 고려하여 약정금리에 적절한 위험할증률(risk premium)을 더해서 금리를 책정하게 된다.

조기상환위험은 대출금리보다 시장금리가 낮아지는 경우 대출이 조기상환될 위험을 말한다. 즉, 차입자는 대출금리보다 시장금리가 낮을 경우 금융비용절감을 위해 다른 금융기관에서 대출받아 이를 조기상환할 수 있다. 이와 같이 조기상환되면 대출자는 약정된 이자수익을 추구할 수 있는 기회를 상실하게 되고, 또한 대출채권을 이미 2차 저당시장에 매각한 경우, 저당권유동화 풀(pool)의 왜곡으로 현금흐름에 문제가 발생할 우려도 있다.

2) 대출금리의 결정

명목금리는 물가상승률을 고려하지 않고 표시된 금리로, 물가가 상승할 경우 이로 인해 시중의 금리수준은 물가상승을 반영, 높게 결정되지만 금리의 실제가치는 떨어질 수도 있다. 명목금리에서 물가상승률(인플레이션)을 차감한 금리가 실질금리다.

주택저당대출금리는 저당대출자의 수익으로 저당대출의 위험에 따라 금리는 결정된다. 시장의 대출금리는 시장금리를 감안한 적정금리에 신용프리미엄과 기대인플레이션을 더하여 결정된다. 신용프리미엄은 차입자의 신용위험에 따른 위험할증률(risk premium)로 차입자의 신용에 따라 대출금리는 달라진다. 기대인플레이션은 시장상황에 따라 예상되는 물가상승률이다.

> 대출금리 = 시장금리를 고려한 적정금리 +
> 신용위험에 따른 위험할증률 + 기대인플레이션

3) 주택담보대출

대출을 받을 경우에는 이자율과 본인의 상환능력 등을 고려해서 선택해야 한다. 소득 대비 적정한 대출한도는 매월 원리금부담액이 저축가능금액(=소득 −지출)을 초과하지 않는 범위에서 결정하는 것이 바람직하다. 외국의 경우 본인 소득의 3~4배 또는 가족 소득의 2배 수준이 적정한 대출한도로 알려져 있다. 국내에서는 특별한 기준이 없으나 연간 상환해야 할 원금과 이자의 합계액이 연 소득의 30% 이내일 때를 적정한 수준으로 판단하고 있다.

> 📝 **참고 REFERENCE** **슈바베지수**
>
> 슈바베(Schwabe)의 법칙은 소득이 많아질수록 주택비, 특히 집세의 지불액이 많아지지만 가계 지출액 전체에서 차지하는 그 비율은 점차 작아진다는 것이다. 즉 가계의 소비지출에서 차지하는 주거비의 비중으로, 소득이 낮은 계층일수록 슈바베지수는 높고, 슈바베지수가 높을수록 가구의 주택부담능력은 줄어든다. 슈바베지수(Schwabe Index)는 1868년 독일 통계학자 슈바베가 소개한 개념으로, 주거지출비를 가계소비지출로 나눈 값에다 100을 곱한 값이다. 이 지수는 빈곤의 척도로 쓰이는데, 전월세 비용이나 주택 관련 대출상환금, 세금, 보험 등 주거비가 전체 지출액 중 25%를 넘기면 빈곤층에 속한다고 보아, 미국에서는 25%를 넘어선 가구에 보조금을 지급한다.
>
> $$슈바베\,지수(\%) = \frac{주거지출비}{가계소비지출} \times 100$$
>
> • 주거지출비 = 집세 + 대출상환금 + 주거관리비 + 수도광열비
> • 가계소비지출 = 총소비지출 − 비소비지출(세금, 공적연금, 사회보험료 등)

적합한 대출을 선택하는 방법으로는 은행연합회 소비자포털[6]에서 제공하는 '대출금리비교'를 통해 상품정보를 비교하고, 금융감독원 및 각 은행 인터넷 홈페이지의 '주택담보대출 계산기'를 통해 대출금액, 약정기간 및 상환방식에 따른 원리금을 확인하는 방법이 있다.

(1) 원금상환방법에 의한 구분

① 원금만기일시상환대출

원금만기일시상환대출은 대출기간 동안 이자만 지불하다가 만기에 원금을 일시에 상환하는 대출방식이다.

② 원리금균등상환대출

원리금균등상환대출(CPM: Constant Payment Mortgage)은 전체 대출기간 동안 차입자가 지불해야 할 월불입금(원금과 이자)이 매월 동일한 저당대출이다. 대출원금에 저당상수를 곱하여 매월 원리금을 계산하는데, 대출 초기에는 월부금 상환액 중 이자액의 비중이 높고 원금상환액의 비중은 적지만 점차 원금상환액의 비중이 점차 증가하면서 이자의 지불비중은 줄게 되는 구조이다. 따라서 대출초기의 원리금상환부담을 낮추려고 하는 경우에 적합한 대출이다.

③ 원금균등상환대출

원금균등상환대출(CAM: Constant Amortizing Mortgage)은 전체 대출기간 동안 차입자가 지불해야 할 월불입금(원금과 이자)이 매월 감소하는 저당대출이다. 매월 원금분할 상환액이 균등하게 상환되는 대출잔액에 맞춰 이자가 계산되어 매월 월불입금(원금과 이자)이 결정된다. 따라서 초기의 지출비용은 크지만 기간이 경과되면서 원금불입금만큼 원금이 작아져 이자도 작아지게 되는 구조로 만기까지의 이자비용이 가장 적게 드는 대출구조이다.

④ 체증식상환대출

체증식상환대출(GPM: Graduated Payment Mortgage)은 상환액을 초기에는 낮

---

6   은행연합회 대출금리비교 https://portal.kfb.or.kr/compare/loan_household.php

추고 차입자의 소득증가에 따라 상환액을 체증시킴으로써 차입자의 지불능력 증가와 자산가치 상승에 적합한 상환방식이다. 대출초기에 총부채상환비율(DTI)이 낮아서 차입자의 대출한도를 높일 수 있고, 장래 수입의 증가가 예상되는 젊은 급여생활자가 유리할 수 있다.

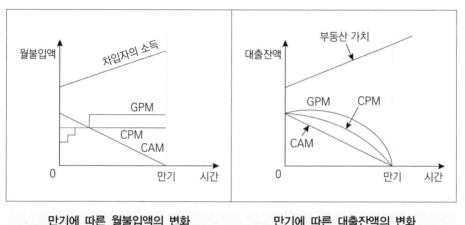

만기에 따른 월불입액의 변화   만기에 따른 대출잔액의 변화

(2) 이자율변동에 의한 구분

① 고정금리대출

고정금리대출(FRM: Fixed Rate Mortgage)은 차입자가 대출기간 동안 지불해야 하는 이자율이 대출기간 동안 동일한 형태로, 시장금리의 변동과 관계없이 대출약정 시 확정된 이자율이 만기까지 적용된다. 대출자는 대출이자율에 금리변동위험과 조기상환위험을 포함시키기 때문에 대출이자율이 높아지게 된다. 대출이자율보다 시장이자율이 높아질 경우 금융기관이 손실을 떠안게 되지만, 반대로 시장이자율이 낮아질 경우 차입자는 낮아진 시장금리에도 불구하고 고정금리대출이므로 금리변동에 따른 손실을 떠안게 될 가능성이 있다. 즉, 시장금리가 하락할 경우에는 차입자의 조기상환이 우려되고, 상승시에는 기존대출자의 손해가 발생하는 시장금리변동 위험부담의 비대칭이 발생한다.

② 변동금리대출

변동금리대출(ARM: Adjustable Rate Mortgage)은 시장금리의 변동에 따라 대출금리가 조정되는 구조로, 금리변동으로 인한 위험을 차입자에게 전가하여 대출자인 금융기관의 위험을 줄일 수 있도록 고안된 대출방식이다. ARM은 금리조정주기가 짧을수록 금리위험이 대출자에서 차입자로 더 많이 전가되므로, 통상적으로 ARM의 최초금리는 FRM보다 낮게 설정된다.

(3) 기타 구분

① 메자닌

메자닌(Mezzanine)은 건물 1층과 2층 사이에 있는 라운지 공간을 의미하는 이탈리아어로, 채권과 주식의 중간 위험 단계에 있는 전환사채(CB)와 신주인수권부사채(BW)에 투자하는 것을 말한다. 주가 상승장에는 주식으로 전환해 자본이득을 취할 수 있고, 하락장에도 채권이기 때문에 원금보장이 되는 데다 사채 행사가격 조정에 따른 이점이 있다.

이와 같이 메자닌 금융은 주식을 통한 자금조달이 어려울 때, 담보나 신용이 없어 대출을 받기 힘들 때 배당우선주, 전환사채(CB)나 신주인수권부사채(BW) 등 주식연계 채권 등을 발행해 자금을 조달하는 것을 말한다. 대개 무담보이며 채권변제 순위에서 대출보다는 후순위이고, 지분투자분보다 앞서는 일종의 후순위채의 성격이 강하다. 주로 담보가 부족한 M&A 거래나 경영권방어에 필요한 자금을 조달하기 위해 사용된다.

② 전환사채

전환사채(CB: Convertible Bond)는 사채로 발행되나 일정한 기간이 지나면 채권 보유자의 청구가 있을 때 미리 결정된 조건대로 발행회사의 주식으로 전환할 수 있는 특약이 있는 사채로, 주식과 같이 가격이 변동하므로 채권 보유자는 이자 외에 가격상승에 따른 이익을 얻을 수 있다. 보통의 회사채와 같지만 일정한 기간이 지나 주식전환권을 행사하면 투자자가 원할 때 채권을 주식으로 바꿔 주가상승에 따른 차익을 볼 수 있는 구조이다.

③ 신주인수권부사채

신주인수권부사채(BW: Bond With Warrant)는 채권과 주식을 연결한 조건을 가졌다는 점에서 CB와 같다. 그러나 CB는 전환권 행사에 의해 채권으로서의 지위는 사라진다. 반면 BW는 신주인수권 행사와 별도로 만기까지 채권은 그대로 존속된다. 한마디로 BW는 발행 후 일정기간이 지나면 신주인수가격으로 발행주식을 살 수 있는 자격을 주는 동시에 만기까지 채권의 이자와 원금도 받을 수 있다. 주식상승에 따른 자본이득, 채권에서 나오는 이자수입을 다 받기 때문에 BW의 채권 표면이자율은 CB보다 낮다. 둘 사이의 차이는 CB는 주식으로 전환할 수 있는 채권인 반면, BW는 신주인수권이 붙은 회사채이다. BW는 본질이 채권이므로, 신주인수권을 행사하려면 별도의 추가자금이 필요하다.

④ 가치상승공유형대출

가치상승공유형대출(SAM: Shared Appreciation Mortgage)은 담보부동산 가치상승의 일부분을 차입자가 사전약정에 의해 대출자에게 이전하기로 하는 조건의 대출로, 대출자는 그에 상당하는 대출이자를 낮추어 줌으로써 보상이 이루어지는 방식이다. 대출자는 미래에 부동산 가치가 상승할 것이라고 판단될 때, 차입자에게 대출이자를 낮춰주는 대신에 가치상승의 일정분을 소유자와 대출자가 나눠갖는 방식의 대출이다. 차입자는 초기비용을 낮출 수 있어서 좋고, 대출자는 가치상승을 공유할 수 있어서 보상이 이루어지는 대출이다.

우리나라는 주택시장이 침체기에서 회복징후를 보이던 2015년에 정부 지원을 기반으로 한 주택담보대출 상품으로 수익·손익 공유형 모기지를 출시한 바 있다. 이는 서민들이 낮은 이자로 대출받는 대신 주택도시기금과 수익, 손익을 공유한다는 약정을 맺는 형태의 대출이다. 주택 구입 자금을 지원하는 정부의 대출 상품이었던 수익 공유형과 손익 공유형모기지는 주택을 팔거나 대출 만기 때 주택가격의 등락에 따른 손실이나 이익을 금융기관이나 주택도시기금과 나누기 때문에 "공유형"이란 이름이 붙었다.

✎ **주택담보대출 상품종류**

구분	대출방식	대출종류
거래 방식	개별대출	일반적인 주택담보대출의 운용형태로 상환된 대출금은 다시 사용할 수 없음
	한도대출	고객과 여신한도를 약정하고 약정한 금액범위 내에서 자유롭게 입출금이 가능함
기간	단기대출	금융기관마다 구분하는 기준이 다를 수 있으나 통상 약정기간이 10년 이내인 대출
	장기대출	통상 약정기간이 10년을 초과하는 대출
상환 방식	만기일시상환	약정기간 중 이자만 부담하다 만기일에 전액상환하는 대출
	원금균등분할상환	대출금을 약정기간(월)으로 균등하게 나누어 매달 상환
	원리금균등분할상환	대출금 원금과 이자 총액을 약정기간(월)으로 균등하게 나누어 매달 상환
	원리금균등분할상환 (거치방식)	만기일시상환+원리금균등분할상환의 형태로, 거치기간 중에는 이자만 내다가 거치기간이 끝나면 대출금 원금과 이자 총액을 약정기간(월)으로 균등하게 나누어 매달 상환
취급 기관	은행대출	은행에서 개발하여 판매하는 은행 고유의 주택담보대출
	보금자리론	한국주택금융공사와 은행 간 기본협약을 맺고 은행에서 취급을 대행하는 모기지론

4) 주택담보대출 상환방식

　　대출을 신청할 때, 통상적으로 대출한도와 대출가능여부에 대해서 궁금해한다. 대출한도와 대출가능여부도 중요하지만, 상환방식과 대출기간, 고정금리여부 등 대출조건도 매우 중요한데, 이를 간과하는 경우가 많다. 이해를 돕기 위해 대출금 1억원, 고정금리 연 5%, 대출기간 30년 조건으로 대출받는 경우를 상정해서 상환방식에 따른 차이에 대한 예시로 설명한다. 대출을 받으려고 할 때 초기의 상환부담에 대한 고려는 중요하다. 초기비용의 크기에 원금이 포함되는 정도에 따라 초기비용의 차이가 발생하기 때문이다.

　　예시의 경우 초기상환부담인 최초불입액은 만기일시상환, 5년거치 원리금균등상환이 가장 작다. 그러나 이자납입총액과 총납입액을 보면 만기일시상환이 가장 크고, 5년거치 원리금균등상환이 두 번째가 된다. 즉, 4개의 대안 중 초기비용에 대한 부담은 만기일시상환, 5년거치 원리금균등상환이 작지만, 만기까지 상환을 고려할 때는 원리금균등상환, 원금균등상환이 부담이 상대적으로 작은 것을 알 수 있다. 실제로 장기주택담보대출의 상환기간이 대부분 10년 이내인 점을 고려한다면 만기일시상환, 5년거치 원리금균등상환이 초기비용부담도 적게 들면서 대출의 효용도 누릴 수 있는 대안이 될 수도 있겠다.

✎ 주택담보대출 상환방식 비교(대출 1억원, 고정금리 연 5%, 대출기간 30년)

구분	만기일시상환		5년거치 원리금균등상환		원리금균등상환 (CPM)		원금균등상환 (CAM)	
시기	원금	이자	원금	이자	원금	이자	원금	이자
1개월	0	416,667	0	416,667	120,155	416,667	277,778	416,667
2개월	0	416,667	0	416,667	120,656	416,166	277,778	415,509
3개월	0	416,667	0	416,667	121,158	415,663	277,778	414,352
12개월	0	416,667	0	416,667	125,778	411,043	277,778	403,935
60개월	0	416,667	0	416,667	153,562	383,260	277,778	348,380
61개월	0	416,667	167,923	416,667	154,202	382,620	277,778	347,222
120개월	0	416,667	214,612	369,978	197,075	339,746	277,778	278,935
150개월	0	416,667	243,124	341,466	223,257	313,564	277,778	244,213
180개월	0	416,667	275,424	309,166	252,918	283,903	277,778	209,491
240개월	0	416,667	353,468	231,123	324,585	212,237	277,778	140,046
320개월	0	416,667	492,962	91,628	452,681	84,141	277,778	47,454
360개월	0	416,667	582,164	2,426	534,594	2,227	277,778	1,157
최초불입액	416,667		416,667		536,822		694,444	
월이자평균액	416,667		278,825		259,044		208,912	
이자납입총액	150,000,000		100,377,012		93,255,784		75,208,333	
총납입액 (원금+이자)	250,000,000		200,377,012		193,255,784		175,208,333	

SECTION 03+ 부동산금융의 상품

1. 모기지론

1) 의의

모기지론(mortgage loan)은 주택자금 수요자가 은행을 비롯한 금융기관에서 장기저리자금을 빌리면, 은행은 주택을 담보로 주택저당증권을 발행하여 이를 중개기관에 팔아 대출자금을 회수하는 제도이다. 중개기관은 주택저당증권을 다시 투자자에게 판매하고 그 대금을 금융기관에 지급하게 된다.

　일반대출이 만기가 될 때까지 자금이 묶이는 것과는 달리 은행은 대출할 때 취득한 저당권을 담보로 하는 증권(MBS)을 발행·유통시켜 또 다른 대출자금을 마련할 수 있다는 특징이 있다. 보통 주택구입자금대출과 주택담보대출 두 종류가 있는데, 대출기간은 30년이 일반적이다.

　모기지론을 이용할 경우, 주택수요자의 입장에서는 장기주택담보대출을 받아 집을 산 뒤 장기간(10년 이상, 고정금리)에 걸쳐 원금과 이자를 분할하여 상환하게 되므로 통상 집값의 30%만 가지고 주택을 살 수 있기 때문에 목돈 없이도 주택구입이 가능하다는 장점이 있으며, 금융기관의 입장에서는 주택저당채권 매각, MBS, Swap 등을 통해 대출 보유에 따른 대손발생 등 신용위험과 금리 위험을 제거할 수 있는 장점이 있다.

　우리나라는 모기지론을 한국주택금융공사의 보금자리론이라는 형태로 발행하고 있다. 공기업인 한국주택금융공사가 발행한 주택저당채권(MBS)은 담보능력이 확실한 부동산에 대한 담보권을 근거로 발행된 장기채권으로서 신용도가 높고, 주택담보대출의 만기집중에 따른 위험을 완화하는 등 장기저리의 주택자금을 공급한다.

2) 모기지론의 장점

　주택저당채권 유동화에 참여한 은행과 같은 대출금융회사는 물론, MBS 상품에 투자한 투자자에게 이익이 주어지며, MBS 발행으로 조성된 자금이 전액 주택구입자금대출, 전세자금대출, 중도금대출, 임대아파트 건설 등에 사용됨으로써 일반국민의 주거안정과 재산형성에 크게 기여하게 된다.

　개인 입장에서는 적은 초기비용으로 조기에 자기 집을 장만할 수 있는 수단이 생긴다는 장점이 있다. 주택담보대출의 담보인정비율(70%)로 집값의 30%만 마련하면 서민들의 내집마련이 가능해진다. 또한 기존 주택담보대출이 3~5년에 원금을 상환해야 하는 조건이었던 것과 달리 모기지론은 15~30년의 대출기간 동안 원리금균등분할상환 또는 원금균등분할상환조건이다. 이러한 모기지론은 공적영역과 민간영역으로 구분되는데 공적영역에서는 한국주택금융공사를 통해 공급하고 민간영역에서는 신한은행 등 시중은행을 통해 공급하고 있다.

✎ **은행대출과 모기지론의 차이**

구분		은행대출	모기지론
대출기간		단기(3~5년)	10년, 15년, 20년, 30년, 35년
금리		변동금리	고정금리
최장대출비율		집값의 40% 수준	집값의 70% 수준
금리 변동 시	상승 시	이자부담 가중	추가 이자부담 없음
	하락 시	대환가능	대환가능
소득공제		대부분의 경우(3년 단기) 없음	만기 15년 이상 시 가능
상환방법		만기일시상환	매월균등분할상환

자료: 한국주택금융공사

3) RMBS와 CMBS

MBS는 주거용 부동산을 대상으로 하는 RMBS(Residential Mortgage Backed Security, 주택저당채권유동화증권)와 상업용 부동산을 대상으로 하는 CMBS(Commercial Mortgage Backed Security, 상업용 부동산 저당채권유동화증권)로 구별된다. RMBS가 주거용 부동산을 대상으로 하는 유동화증권이라고 한다면, CMBS는 다양한 신용등급을 지닌 상업용 모기지를 풀(pool)로 묶어 유동화한 후 투자자에게 판매하는 구조화채권으로, RMBS와 CMBS는 부동산이 담보로 제공된 대출채권의 유동화증권이라는 측면에서 유사하나, 차이점이 존재한다.[7]

RMBS는 주택저당대출의 건별 대출금액이 소액이므로 유동화자산의 차주 및 담보주택이 다수인 반면, CMBS는 건별 대출규모가 큰 경우가 대부분이어서 유동화자산은 RMBS에 비해 상대적으로 소수의 차주와 담보물로 구성된다. RMBS는 차주로부터 회수되는 대출원리금상환액에 의해 유동화증권의 원리금이 상환되나, CMBS의 이자는 담보 부동산의 임대수익으로, 원금은 해당 부동산을 담보로 대출을 차환하여 상환하거나 부동산을 매각하여 상환된다.

CMBS는 RMBS에 비해 조기상환 위험이 낮은데, RMBS는 주택담보대출의 특성상 유동화자산이 소액의 대출채권으로 구성되어, 조기상환율이 시장금리의 변동 등에 민감하게 반응하기 때문에 만기단축 또는 연장위험에 노출된다.

7　박신웅·최정혁, 美 상업용 부동산 시장 현황 및 향후 전망, KDIC 금융분석정보, 예금보험공사, 2010

✎ **RMBS와 CMBS의 발행구조 비교**

구분	RMBS	CMBS
성격	모기지론의 유동화	
담보	주거용 부동산	상업용 부동산
유동화자산수	다수	소수
만기안정성 (조기상환 리스크)	조기상환 리스크 큼	상대적으로 리스크 작음
리파이낸싱 리스크	낮음(원리금 균등구조가 일반적)	높음(일시상환 원금비중 높음)

자료: 박신응·최정혁, 美 상업용 부동산 시장 현황 및 향후 전망, KDIC 금융분석정보, 예금보험공사, 2010

2. 역모기지

1) 의의

역모기지는 고령으로 인해 더 이상 경제활동을 할 수 없는 노인들이 주택 등 부동산은 가지고 있으나 일정한 경제능력이 없어도 부동산 등을 매도하지 않고 부동산자산을 담보로 하여 매월 또는 계약된 내용에 따라 생활비를 보전하여 노후에 안정된 주거생활을 보장하여 주는 것을 목적으로 활용되고 있다.[8]

역모기지제도는 황혼기에 있는 고령자들이 생전에 자금의 상환을 전제로 하지 않으면서도, 고령자들의 주거환경을 이사 등으로 변화시키지 않고 주택 등 부동산자산을 효과적으로 유동화함으로써 주거안정과 생활안정을 보장하는 방안이 될 수 있다.[9]

2) 역모기지의 효용

역모기지제도의 효용은 개인적 효용과 사회적 효용으로 나눌 수 있다. 개인적 측면에서의 효용으로 역모기지가 활용되면 자기 집이라는 소유의 개념을 충

---

8 김선주·유선종, 역모기지 선택 결정요인에 관한 연구: 민간 역모기지 이용자 특성 분석, 국토연구 제50호, 국토연구원, 2006, p.127
9 유선종·노민지, 주택연금 계약해지의 결정요인에 관한 연구, 부동산연구 제19집 제2호, 한국부동산분석학회, 2013, p.59

족하면서 다른 한편으로 생존기간 중에 유용할 수 있는 현금시스템이 될 수 있다. 즉 재고자산(stock)으로서의 계속 거주와 유동성(flow)이라는 현금화를 누릴 수 있다.

사회적 측면의 효용에서는 고령자가 보유한 자산을 활용하여 스스로 복지를 확대한다는 점에서 국가의 복지예산 절감효과를 얻을 수 있으며, 절감된 예산은 다른 생산적인 부문에 투입이 가능할 것이다. 고령자가 은퇴 이후 평균여명까지 생존할 경우 소득보다 의료비를 포함한 노후지출이 많이 늘어나게 되는데, 고령층에게 주택연금의 이용은 노후생활을 영위하기 위한 기초적인 생활비 및 의료비를 충당할 수 있는 효과적인 수단이 될 수 있을 것이다.

역모기지는 성숙한 사회에 어울리는 가치재창조형의 금융상품이라 할 수 있다. 완전히 사용한 주택자산이 중고시장에서 매매되거나, 공적기관 등에 의해 재정비되면 개인의 자산가치가 사회에 순환되어 자산의 재분배로 연결되며, 사회공헌도 실현된다. 중·장기적으로 충분히 제도가 활용된다면, 역모기지제도는 개인의 자산가치를 사회로 환원시키는 방안으로 활용될 수 있다.

3) 역모기지의 리스크

역모기지에 내재되어 있는 리스크는 생존확률에 관한 리스크, 금리변동 리스크, 주택가격변동 리스크가 있다. 이들 외에 사업자의 대출 불이행에 관한 리스크, 이용자의 의사능력 상실 리스크, 대출계약 시에 연대보증인으로서 상속자의 동의, 천재지변 등이 있다.

(1) 공급자 측의 리스크

장수 리스크(longevity risk), 즉 생존확률에 관한 리스크는 이용자가 대출계약기간보다 더 장수한 경우에 발생하는 리스크로서 사업자가 계약기간 만료에 따른 상환을 요구하게 되며, 이용자는 계약이 종료되어 생활이 곤란해지게 된다. 금리변동 리스크(interest rate risk)는 금리상승으로 담보부족이 예상보다 조기에 발생하는 리스크로, 계약 당시의 예상금리에 의해 실제 대출액이 결정되고 그 후에 금리가 변동하더라도 실제 대출액은 변화하지 않는 것에 의해 발생한다. 주택가격변동 리스크(house appreciation risk)는 주택가격상승률이 계약을 체결할 시점보다 하락하면 사업자가 손실을 보게 되고, 주택가격상승률이 높아지게 되면 이용자의 입장에서 손실이 발생하게 된다.

재원조달에 따르는 금리리스크로 조달방법에 따라서는 조달금리가 시장금리에 연동하여 높아지거나 낮아질 수 있다. 역모기지 성격상 복지적인 관점도 요구되기 때문에 역모기지의 융자는 낮은 금리이면서 안정적이어야 한다는 것이다. 대출을 시작한 뒤에 장기간에 걸치는 대출 실행으로 인하여 운영주체 입장에서 보면 자금이 일방적으로 유출되는 반면에 채권 회수가 단기간에 되지 않으므로, 사업주체는 이 기간 동안 감당할 수 있는 재정능력과 운전자금의 확보가 필요하다.

(2) 수요자 측의 리스크

대출비용 상승 리스크는 역모기지 상품의 특성상 대출기간 중에는 원금과 이자를 전혀 상환하지 않기 때문에 생기는 것으로, 계약종료 시의 잔존가치를 고려하면 대출원리금의 총액이 상당해진다. 즉 대출상환시점에 이르러 금리가 높아져서 대출원금과 이자가 증가하여 전체적인 상환액이 높아져 부동산가격보다도 상회하는 경우가 발생할 수 있으며, 반대로 부동산가격의 하락으로 담보부족이 발생하여 전체 상환액이 부족해질 수도 있다.

세제와 관련된 리스크는 수요자와 공급자에게 공통되는 것으로 세법상의 제한이 장애물이 되고 있다. 이를 해결하기 위해서는 부동산매매 시에 발생하는 취득세, 양도소득세 감면으로 실질적인 대출금리가 낮아져야 한다. 즉 역모기지 이용자는 보유세인 재산세를 감면하여야 한다. 역모기지 이용 시에 소요되는 비용의 일부를 사회보장제도 차원에서 일정 비율 정부가 부담해야 하며 세금감면이나 비과세조치를 하여 고령자가 이용하기 쉬운 방향으로 세제를 정비해야 할 필요가 있다.

4) 모기지론과 역모기지의 비교

모기지론의 경우 대출이 이루어지기 위해서는 이용자의 미래상환능력 및 신청시점까지의 신용기록이 중요하게 고려되며, 이때 주택소유권은 추가적인 담보의 역할을 하게 된다. 상환에 있어서 모기지론은 대출원리금은 줄고 지분이 늘어나는 주택대출인 것에 비하여 역모기지는 대출원리금이 늘고 지분이 줄어 드는 주택대출이다.

　역모기지의 경우 주택소유권을 기초로 대출계약이 성립되기 때문에 대출신 청자의 신용상태 및 상환능력보다는 미래의 특정시점에 예상되는 주택가치에 근거하여 대출금액이 결정된다. 역모기지는 주택을 담보로 한 장기대출이라는 면에서 모기지의 일종이지만 다음과 같은 점에서 비교가 된다.

🖊 모기지론과 역모기지 비교

구분	모기지론	역모기지
주이용자	30~40대의 소득자	60대 이후의 노후생활자
대출목적	주택구입	수입증가(노후생활비, 주택수리비 등)
대출방법	계약 시에 일괄대출	계약기간 전체에 걸쳐 분할대출
상환방법	원리금 분할상환	계약종료 후 원리금 일괄상환
계약종료 시	부채 '0'	대출금 증가

　역모기지의 기본적인 구조를 보면 대출을 완전히 상환한 주택에 계속 거주 하면서, 그 주택을 담보로 대출을 받아서 계약기간 종료 시(이용자 사망 시 등)에 담보로 제공된 부동산을 처분하여 대출금과 이자를 일괄상환하는 것이다. 역모 기지는 계약기간 전체를 통해서 대출잔액과 지분과의 관계가 일반적인 모기지 론에 비하여 역으로 되어 있다.

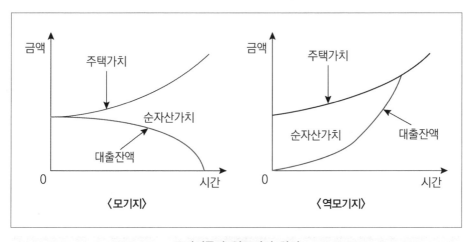

모기지론과 역모기지 차이

청·장년기에 모기지론을 이용하여 주택을 장만하고 이러한 대출이 종료된 시점인 고령기에 다시 그 주택을 이용하여 생활비를 마련한다는 것이다. 일반적으로 역모기지는 주거용 자산을 충분히 보유하고 있다고 해도, 현금수입이 적은 'house rich, cash poor' 고령계층의 수요에 적합하다고 할 수 있다.

5) 우리나라의 역모기지제도

우리나라에는 공적보증형태의 역모기지제도로 '주택연금'과 '농지연금'이 있다. 주택연금은 공적보증 역모기지로 노인가구가 소유한 주택을 담보로 제공하고 금융기관으로부터 노후생활자금을 매달 연금방식으로 받는 대출제도이다.[10]

(1) 주택연금

주택연금은 2007년에 도입된 공적 역모기지제도이다. 주택연금은 일정 연령 이상의 고령자가 소유주택을 담보로 제공하고 금융기관으로부터 매월 일정 금액을 연금방식으로 지급받는 대출제도로서, 한국주택금융공사가 금융기관에 대하여 상환보증을 하는 공적보증 역모기지이다. 주택연금은 금융기관 등이 고령자 소유의 주택을 담보로 제공받고 고령자에게 매월 연금방식으로 노후생활자금을 지급하는 대출금을 말하며, '집은 있으나 소득이 부족한(house rich, cash poor)' 고령자에게 평생 동안 생활안정과 주거안정을 보장하기 위한 취지로 도입된 금융상품이다(한국주택금융공사, 2007).

주택연금은 최소한의 국가 재정으로 고령자에게 사회안전망을 제공하면서 주거안정과 생활안정을 동시에 달성하고, 거주주택의 매각 없이 스스로 노후생활자금을 마련함으로써 노인가구의 경제적 독립의 실현을 목표로 한다. 기존에 은행들이 출시했던 역모기지 상품들이 대출기간을 한정하여 대출기간이 만료되면 그동안 받았던 대출원리금을 전액 일시상환하고 상환하지 못하면 경매 등의 방법으로 주택을 처분하여 상환했던 것에 반해,[11] 주택연금은 가입자가 담보로 제공한 주택에 종신토록 거주하며 월지급금을 종신토록 받는 것을 보장하는 것

---

10 유선종·이석희, 주택연금 계약특성이 월지급금에 미치는 영향, 국토연구 제77권, 국토연구원, 2013, p.178

11 황재훈, 고령화사회 진입에 따른 주택연금 활성화 방안, 주택금융월보 통권 제86호, 한국주택금융공사, 2011, p.22

이 가장 큰 특징이다. 주택연금은 2007년 출시 이후 가입 연령, 대상 주택 등 가입요건 완화, 대출한도 및 수시인출한도 증액, 상품의 다양화 등 여러 차례 제도의 변화가 있었다.

(2) 농지연금

주택연금이 주택을 담보로 한 역모기지제도인 데 비해, 농지연금은 농지를 담보로 한 역모기지제도이다. 즉 농지연금은 농업소득 외에 별도의 소득이 없는 고령 농업인의 안정적인 노후생활을 보장하기 위하여 도입된 농지담보형 역모기지제도로, 한국농어촌공사 및 농지기금관리법에 근거[12]를 두고 있다.[13]

2011년에 시작된 농지연금은 주택연금과 마찬가지로 종신지급이 보장되며, 연금채무상환 시 담보물 처분으로 상환하고 총채무액이 담보가치를 초과하더라도 채무는 담보가치 범위 이내로 제한된다. 금융기관에서 대출을 실행하는 주택연금과 달리 농지연금은 농지관리기금을 관리하는 한국농어촌공사에서 직접 보증 및 대출을 진행한다는 점에서 차이점이 있다.[14]

3. 리츠

1) 리츠의 의의

부동산 증권화 상품의 대표적인 것으로 리츠(REITs: Real Estate Investment Trusts)가 있다. 부동산투자회사(REITs)는 다수의 투자자로부터 자금을 모아 부동산에 투자·운영하고 그 수익을 투자자에게 돌려주는 부동산 간접투자기구인 주식회사를 말한다.

즉 리츠는 부동산투자를 전문으로 하는 뮤추얼펀드로 다수의 간접투자자로부터 금전을 위탁받아 부동산자산 등에 투자하고 그 부동산으로부터 발생하는 수익금을 투자자에게 배당하는 회사를 말한다.

---

12 한국농어촌공사 및 농지기금관리법 제10조 및 제24조의5 참조

13 최인호, 농지연금제도에 대한 연구, 토지공법연구 제61집, 한국토지공법학회, 2013, p.64

14 농지연금포털(www.fbo.or.kr)

> 📝 **참고** REFERENCE **리츠의 특징**
>
> • 다수의 투자자: 최저자본금 준비기간(영업인가 후 6월 이내)까지 영업인가를 받은 날부터 1년 6개월 이내 발행주식 총수의 30% 이상을 일반인의 청약에 제공
> • 부동산: 총자산의 70% 이상을 부동산에 투자·운용
> • 투자자에게 배당: 배당가능이익의 90% 이상 배당 의무
> • 주식회사: 부동산투자회사법에 정한 사항 외에는 상법 적용

여기서 부동산을 위한 뮤추얼펀드는 상업용 부동산 또는 저당담보증권에 투자하여, 부동산에 직접투자하여 발생되는 제반문제와 위험을 회피할 수 있다는 점에서 부동산을 위한 뮤추얼펀드라고 할 수 있다. 리츠의 지분은 부동산 증권화 상품으로 대부분 증권거래소에서 상장되어 주식으로 거래된다. 리츠는 투자대상이 부동산이지만 리츠의 지분은 자본시장과의 결합을 통하여 금융상품화한 주식의 형태로 상장하기 때문에 기존의 신탁이나 조합 형태의 부동산펀드에 비해 유동성과 환금성이 높은 투자수단이 된다.

부동산투자회사(리츠)는 부동산이 갖는 특성에 금융상품이 갖는 특성이 혼합되어, 부동산업계뿐만 아니라 자본시장 관계자와 기관투자가 사이에서도 관심이 크다. 리츠는 주식과 채권의 중간적 성질을 갖는 것으로 인식되고 있다. 즉, 주식을 High Risk High Return, 채권을 Low Risk Low Return이라 한다면, 리츠는 나름대로의 위험이 있는 만큼 나름대로의 수익도 기대할 수 있다는 Middle Risk Middle Return 상품이다. 따라서 리츠의 특징은 경기가 침체되고 저금리인 현재의 시장상황으로 볼 때 상당히 매력 있는 상품이 된다. 일반적으로 주식은 시장에서 결산실적 발표나 회사의 공시사항을 통해 큰 폭으로 가격변동을 보이는 경우가 많이 있으나, 임대료 수입이 큰 수입원인 리츠의 경우는 투자대상이 부동산이기 때문에 임차인으로부터 조달되는 임대료 수입이 안정적으로 공급되므로, 주가변동성이 낮은 상품이다.

리츠는 부동산투자에 접근이 어려운 소액투자자에게 우량부동산에 대한 투자기회를 부여함으로써 일반인의 부동산투자[15] 욕구를 충족시키고, 상대적으로

---

15 우리나라의 부동산투자회사법은 부동산투자회사의 설립과 부동산투자회사의 자산운용방법 및 투자자보호 등에 관한 사항을 명시하여 일반국민이 부동산에 투자할 수 있는 기회를 확대하고 부동산에 대한 건전한 투자를 활성화하여 국민경제의 발전에 이바지함을 목적으로 한다.

낙후된 부동산시장을 선진화하고 우수 전문인력을 육성함으로써 경쟁력을 제고할 수 있다.

📝 참고 REFERENCE | 리츠의 매력

- **높은 수익성**: 배당가능이익의 90% 이상을 주주에게 배당하도록 의무화되어 있고, 주가 상승 시 매매차익 가능
- **높은 유동성**: 주식은 증권거래소에 상장되어 거래되기 때문에 투자원금의 회수를 신속히 받을 수 있음
- **안정성**: 부동산이라는 실물자산을 통해 물가상승에 따른 투자가치 하락위험 회피가 가능하고, 임대료 등 비교적 안정적 수익원 확보와 보유부동산 처분을 통한 투자원금 손실 최소화
- **투명성 제고**: 국토교통부 지도·감독, 부동산투자 및 운영과 관련된 중요사항 공시 (주주 및 임원 변경, 투자보고서 등)
- **직접관리부담의 면제**: 주식매입을 통해 투자가 이루어지기 때문에 투자자는 부동산 자산관리에 대한 비용을 부담할 필요가 없음
- **자금조달의 용이성**: 상장리츠의 경우 유상증자 외 다양한 수단을 통한 자금조달 가능

---

2) 리츠의 유형

리츠는 투자대상, 환매여부, 존속기한의 존재여부에 따라 다양한 유형으로 분류되고 있다. 리츠가 부동산자산에 투자하고자 하는 투자대상에 따른 분류를 보면 크게 지분형(Equity REITs), 모기지형(Mortgage REITs), 혼합형(Hybrid REITs)의 3가지 유형으로 분류할 수 있으며 환매가능성에 따라 환매가능개방형(Open End)과 환매금지폐쇄형(Close End)으로 분류된다.

리츠의 초창기에는 지분형(Equity REITs)이 일반적이었으나 정착단계에서는 모기지형(Mortgage REITs)이 중요시되었으며, 최근에는 다시 지분형(Equity REITs)의 중요성이 증대되고 있다. 지분형 리츠에 의한 자산과 모기지형 리츠에 의한 자산의 차이점은 명백하다. 지분형 리츠는 자산의 소유권을 획득하는 데 반해 모기지형 리츠는 모기지증권을 구입하고 지분소유자에게 최우선으로 모기지 상품의 채권이 주어진다. 투자목적에 따라 두 가지 유형의 장점을 조합하여 개발된 혼합

형 리츠가 있다. 혼합형 리츠는 부동산증권관련 지분투자와 부동산을 담보로 한 담보대출을 혼합한 형태의 리츠를 의미하며 수입원은 임대료와 이자로 구성된다.

또한 부동산투자회사(REITs)의 존속기한 존재여부에 따라 기한부 리츠와 무기한 리츠의 두 가지 유형으로 분류할 수 있다. 기한부 리츠는 일정 기간 후에 보유자산을 매각하여 매각대금을 투자자에게 배분하고 해산하는 존속기한이 정해진 리츠를 의미하는데, 그 존속기한은 10~15년이 일반적이다. 기한부 리츠의 가장 큰 문제점은 자산을 처분하려는 시기의 시장여건에 크게 영향을 받는다는 점이다. 만약 당시 시장여건이 이자율이 높고 임대료가 낮으면 자산처분시기를 나중으로 미뤄야 할 경우가 발생하고 따라서 리츠의 종료일자는 연장될 수 있다. 반면에 무기한부 리츠의 경우는 존속기한이 정해지지 않고 무기한 운영되는 리츠를 의미한다.

✎ 리츠의 주요 유형

구분	종류
투자대상	• 지분형(Equity) 리츠: 주로 부동산의 소유권, 지분에 투자하는 리츠로서, 주 수입원이 임대료이기 때문에 수익용 부동산인 빌딩, 호텔 등에 투자 • 모기지형(Mortgage) 리츠: 주로 부동산담보대출이나 MBS에 투자자금을 운용하는 리츠로서, 모기지형 부동산투자회사의 주 수입원은 모기지 관련 이자 • 혼합형(Hybrid) 리츠: 지분투자와 담보대출을 혼합한 리츠
투자대상제한여부	• 위임형(Blank or Blind Pool) 리츠: 투자부동산을 한정하지 않고 투자자를 모집하는 리츠 • 지정형(Purchasing) 리츠: 특정 부동산을 구입하기 위해 조직된 리츠 • 혼합형(Mixed) 리츠: Blank Trusts와 Purchasing Trusts를 혼합한 리츠
차입활용여부	• 부채형(Leveraged) 리츠: 부동산 구입에 부채자금을 활용한 리츠 • 비부채형(Unleveraged) 리츠: 부채자금을 활용하지 않은 리츠
존속기한존재여부	• 기한부(Finite Life) 리츠: 존속기한이 정해진 리츠 • 무기한부(Infinite Life) 리츠: 존속기한이 정해지지 않고 무기한 운영되는 리츠
환매가능여부	• 폐쇄형(Closed End) 리츠: 투자금의 환매가 불가능한 리츠 • 개방형(Open End) 리츠: 투자금의 환매가 가능한 리츠
상근 임·직원여부	• 자기관리 부동산투자회사는 자산운용 전문인력을 포함한 임직원을 상근으로 두고 자산의 투자·운용을 직접 수행하는 실체형 회사 • 위탁관리 부동산투자회사는 자산의 투자·운용을 자산관리회사에 위탁하는 회사로서 상근 임직원이 필요 없는 명목형 회사

환매가능여부에 따른 분류 중 개방형 리츠는 리츠회사가 투자자의 환매에 언제든지 응하는 형태로, 추가로 자본을 모집할 수 있다. 따라서 새로운 투자기회를 발견하게 되면 새로운 주식을 발행하여 판매할 수 있다. 폐쇄형 리츠는 투자자가 직접 환매요구를 할 수 없고, 증권시장에 매각하여 회수하는 형태로, 최초 공모 시에 모집할 총금액의 한도가 확정되어 있어 추가로 증자를 하지 않는다. 폐쇄형 리츠는 최초 공모 시에 일반인에게 발행할 주식 수를 제한하여 주주들의 지분소유권이 장래에 희석될 가능성을 없애 주주들을 보호한다.

3) 리츠의 편입자산

리츠는 부동산의 Cash Flow를 바탕으로 만들어졌다. 임대료 수입을 근간으로 배당금을 지불하고 있기 때문에, 투자대상이 임대료 수입이 발생되는 상업용 부동산(수익부동산)에 한정된다. 그 대표적인 것으로 오피스빌딩, 대형상업시설, 임대주택이 있고 호텔, 병원 등도 미국에서는 리츠화되어 있다.

따라서 개발예정이 없는 나대지, 수익을 낼 수 있는 상태가 아닌 부실채권화된 부동산 등은 리츠의 대상물이 될 수 없다. 단지, 부실채권 투자펀드나 부실채권을 저가에 매수하고 우수한 사업관재인을 통해서 사업을 호전시킨 후 그 부동산을 리츠에 편입시키는 것은 가능할 것이다. 즉, 리츠의 투자대상은 상업부동산 중에서도 안정된 수익을 올리고, 높은 배당금을 투자가에게 제공할 수 있는 부동산이어야 한다.

현재, 리츠 설립에 많은 관심을 갖고 있는 회사와 금융기관 등이 구체적으로 움직이고 있으나, 고배당을 낼 수 있는 우량부동산을 많이 확보, 보유하는 것이 리츠 설립과 운영에 있어서 중요한 요소임에도 불구하고, 현실적으로 우량부동산이 한정되어 있다는 점에서 설립의 어려움이 있다.

투자대상 부동산별로 볼 때, 리츠에는 다음과 같은 종류가 있다. 오피스빌딩 리츠는 오피스빌딩을 투자대상으로 하는 리츠를 가리킨다. 미국의 오피스빌딩에는 중심상업지구형과 교외형이 있다. 소매점포 리츠는 대상권형 쇼핑몰, 근린형 중상권형 쇼핑센터(슈퍼마켓이나 할인점을 중심으로 하는), Factory Outlet Center(제조업자가 시즌 후 재고를 처분 판매하는) 등에 투자한다. 호텔 리츠는 여러 가지 등급의 호텔에 투자하는 리츠로, 1996년 이후 투자기회가 증대되면서, 호텔 리츠가 많이 설립되었다. 산업용 시설 리츠는 물류창고 등 대형창고, 산업용 건물, 상업용 건물 등에 투자하는 리츠이다. 헬스케어 리츠는 병원, 각종 의료시설, 노인장기요양시설 등에 투자하는 리츠이다.

리츠의 투자대상이 되는 주택에는 집합주택과 공장생산형 주택 커뮤니티가 있다. 집합주택은 인구밀집지구에 입지하는 고층복합 주택과 교외에 입지하는 저층정원형 주택으로 나누어진다. 우리나라의 높은 교육열을 배경으로 서울과 지방도시에 편재하는 학원을 투자대상으로 하는 리츠와 특수한 형태로는 교도소 리츠 등이 있다.

✎ 리츠의 매입대상 부동산의 특징

구분	특징	활용형태
업무용 오피스	• 앵커테넌트와의 장기임대계약을 통해 안정적 수익확보가능 • 기업은 장기 임대계약을 통해 안정적인 사업수행이 가능 • 기업과 보험회사가 구조조정 차원에서 보유 오피스를 매각할 경우, 우량 물건 확보에 유리	• 기업이 리츠에 보유 오피스를 현물출자하여 설립하는 형태 • 기업, 보험회사 등이 보유부동산을 매입하여 운영하는 형태 • 사전 옵션계약을 통해 개발업자가 개발한 신축 오피스를 매입하여 운영하는 형태
주택임대 사업	• 주택 임대사업이 활성화될 경우 기존의 전세제도 대체가능 • 초기에는 고급/외국인 아파트 임대사업에서 사업성이 높으리라 예상	• 기존 주택 및 아파트를 매입 후 임대하는 형태 • 리츠가 주택개발 후 임대사업을 운영하는 형태
주택분양 사업	• 개발형 리츠이지만, 선분양제도를 활용할 경우 사업위험이 낮음 • 건설회사는 주택개발사업의 재원조달 방편으로 활용가능	• 개발업자인 건설회사 리츠를 설립하여 투자자를 모집하고, 분양이익을 배분하는 형태
호텔/ 백화점 체인사업	• 전문회사의 운영 노하우로 사업의 우량성 검정 • 체인 사업주는 리츠의 설립을 통한 재원조달가능	• 체인 사업자가 설립한 리츠가 체인 자산을 매입 또는 개발하여 운영하는 형태
창고 임대사업	• 현금흐름의 안정성과 사업의 성장성 차원에서 활용유망부문	• 창고운영회사가 설립한 리츠가 창고를 매입·운영하는 형태

4. 부동산펀드

부동산펀드는 넓은 의미로 '부동산에 투자하기 위하여 결성된 자금의 집합체'로 정의될 수 있다. 부동산투자를 목적으로 개인들 간의 사적 계약을 통하여 자금을 모집하는 경우부터, 대규모 부동산개발사업의 사업자금조달을 위하여 여러 금융기관이 대주단을 만드는 경우도 포함될 수 있다. 부동산펀드는 근거 법률에 의하여 규제를 받는 경우와 그렇지 않은 경우, 지분(equity)형태로 투자하는 경우와 대출(debt)형태로 투자하는 경우 등 다양한 형태를 가질 수 있다.

1) 자본시장법에 의한 부동산펀드

부동산펀드는 '자본시장과 금융투자업에 관한 법률(구 간접투자자산운용업법, 이하 자본시장법)'에 기초한 부동산사업에 투자하기 위하여 불특정 다수를 대상으로 자금을 모아서 부동산투자 전문기관이 펀드자산을 운용하고 수익을 배당한다. 즉 자본시장법에 의하여 설정된 부동산간접투자기구는 조성된 자금으로 부동산 또는 부동산관련 유가증권 등에 주로 투자를 하고 발생된 수익을 투자자에게 배당함으로써 진정한 의미의 부동산펀드 기능을 한다. 즉 부동산펀드는 자본시장법을 근거로 개발된 상품으로 일반투자자로부터 판매사(증권사·은행 등)가 자금을 모아 그 자금으로 자산운용사는 아파트·오피스텔 상가 등의 부동산개발사업과 임대사업 그리고 사회간접자본 시설투자를 통해 발생한 개발수익·임대수익·대출이자수익 등을 투자자에게 돌려주는 상품이다. 크게 보면 주식형·채권형 펀드와 마찬가지로 운용실적에 따라 투자수익을 배분하는 수익구조로 되어 있다. 즉 부동산 펀드매니저라는 새로운 운용인력이 고객을 대신해 자금을 운용한다고 보면 된다.

투자자 입장에서 볼 때 소액으로도 아파트와 토지 등에 투자할 수 있는 효과가 있다. 개인이 직접 이들 부동산을 사려면 큰돈이 있어야 하지만, 펀드형태로 투자하면 소액으로도 투자할 수 있다. 그리고 부동산개발사업자 입장에서는 거액의 자금을 효율적으로 조달함으로써 개발기간 단축·경제성 확보 등 프로젝트파이낸싱 측면에서 성공 확률을 높일 수 있어 시장이 성장할 가능성이 크다.

부동산펀드는 투자상품이므로 정기예금과 같이 원금과 확정수익이 보장되는 것을 원하는 보수적인 투자자에게는 적합하지 않다. 그러나 운용구조를 설계

할 때 투자의 원천이 되는 부동산, 즉 토지 또는 건물에 대한 담보 확보와 시공
사의 보증을 통해 신용도를 높이고 있어 안전성 측면에서는 상대적으로 양호하
다고 볼 수 있다. 따라서 운용구조에 따른 위험을 이해하고 정기예금보다 높은
수익을 원하는 장기투자자에게 적합하다고 볼 수 있다.

부동산펀드 운용구조 중 가장 공격적이라고 볼 수 있는 것이 개발투자이며,
이 경우 개발 성공가능성이 투자여부를 결정하는 요소로 작용한다. 반면에 대출
형식 또는 임대수익 형식의 펀드는 안정적인 수익원을 확보하고 있으며, 부동산
펀드는 통상 6개월마다 이자를 지급하므로 이자소득 확보를 목적으로 하는 금
융소득 생활자에게도 적합할 것으로 보인다.

부동산펀드가 금융위기를 계기로 증폭되고 부동산 침체기에서도 성장세를
보인 이유는 외국투자자들이 금융위기 당시 국내 수익형 부동산들을 처분해 매
물로 나온 데다 연기금, 생보사 등 저금리에 자금을 운용해야 하는 기관투자가
들의 이해가 맞물렸기 때문이다. 부동산펀드는 자산운용사들이 국민연금, 군인
공제회 등 연기금이나 보험 등 기관투자가로부터 수천억원대 자금을 받아 사무
용 빌딩, 백화점, 호텔, 주차장 등 수익형 부동산을 인수해 수익을 창출한다. 임
대료나 해당 부동산을 재매각해 얻은 차익을 토대로 투자자에게 연 4~6%의 수
익금을 배분하는 사모형식의 부동산펀드가 일반적이다.

2) 부동산펀드와 리츠의 비교

부동산펀드는 부동산 간접투자시장에서 투자기구 역할을 한다는 점에서 리
츠와 동일하지만, 법적 성격 및 구조 등에서 차이가 있다. 리츠는 부동산에 투자
하는 주식회사이지만 부동산펀드는 부동산투자를 목적으로 조성된 자금의 집합
체, 즉 투자신탁이다.

부동산펀드의 자산운용 규제내용은 리츠와 거의 유사하지만, 차입과 대여를
할 수 있는 특징이 있다. 물론 리츠도 투자대상 부동산의 기존 채무를 인수하거
나 임차보증금과 같은 형태로 차입효과를 가질 수 있지만 대여는 할 수 없다. 자
본시장법상 타 펀드와 달리 부동산펀드에 차입과 대여를 허용한 이유는 사업 진
행에 있어 자금차입이 필수적인 부동산개발사업의 특수성 때문으로 보인다.

부동산펀드와 리츠(REITs, 부동산투자회사)는 이란성 쌍둥이로 비유된다. 일
반투자자로부터 자금을 모아 운영한 뒤 수익을 돌려준다는 점에서 비슷하지만

소관부처와 규제방식이 다르기 때문이다. 도입은 리츠가 빨랐지만 시장 규모는 부동산펀드가 더 크다.

부동산펀드는 투자기간이 비교적 긴 편인데 중도환매가 불가능하므로 투자자들의 유동성 확보를 위해 증권시장에 상장하게 되어 있다. 증권시장에 상장 또는 등록된다는 점에서 부동산펀드는 리츠와 같지만, 상장 또는 등록되는 증권이 부동산펀드는 수익증권인 데 반해 리츠는 주식이다.

🖉 리츠와 부동산펀드 비교

구분		리츠	부동산펀드
일반 사항	근거법령	부동산투자회사법	자본시장과 금융투자업에 관한 법률
	설립	국토교통부 영업인가	금감위 신고
	법적 성격	주식회사	신탁형 / 회사형
	종류	일반리츠, CR리츠	–
	최소자본금	위탁 50억원 / 자기관리 70억원	제한 없음
자산 운용	자산구성	부동산이 총자산의 80%	부동산이나 부동산관련 자산이 총자산의 50% 이상
	투자대상	부동산 및 관련 유가증권 중심	부동산, 투자증권, 파생상품 등
	개발사업	• 자기자본의 30% 이내 가능 • 개발리츠는 70% 이상 가능	개발사업 SPC 투자형태로 자산의 100% 이내 가능
	자금차입	자기자본의 10배 이내 가능	제한없음
	자금대여	금지	순자산총액의 100% 이내 가능
	자산운용	• 내부형(일반 REIT) • 외부형(CR REIT)	외부형
세제	취득세	50% 감면	50% 감면
	법인세	90% 이상 배당 시 비과세	90% 이상 배당 시 비과세

5. 프로젝트파이낸싱

1) 의의

프로젝트파이낸싱(PF: Project Financing)은 넓은 의미로는 프로젝트의 필요자금을 조달하기 위한 일체의 금융방식을 의미하며, 좁은 의미로는 프로젝트의 사업성과로부터 미래에 발생하는 현금흐름을 대출금 상환재원으로 하여 당해 프로젝트를 수행하는 데 필요한 자금을 조달하는 금융기법을 총칭하는 개념이다.

PF는 보통 SOC 시설을 설치할 때 사용되었으나 최근에는 주택사업 등 부동산 개발사업에도 활용되고 있다. 원래의 PF는 해당 프로젝트의 사업성을 평가하여 미래 현금흐름을 상환재원으로 자금을 조달하기 때문에 사업주의 담보나 신용에 근거하는 자금조달 방식인 기존의 기업금융(Corporate Financing) 방식과는 구별된다.

국내의 부동산개발사업에서 PF로 진행하는 사업은 주택사업, SOC 민자사업, BTL 사업, 관광·레저 등 다양한 개발사업이 있다. PF는 기업의 사업주가 특정한 프로젝트를 목적으로 SPC를 설립하고, 대출금융기관이 대출받는 기업 그룹 전체의 자산이나 신용이 아닌 당해 사업의 수익성과 사업에서 유입될 현금을 담보로 필요한 자금을 대출해 주고 사업진행 중에 유입되는 현금으로 원리금을 상환받는 금융기법이다.

2) PF의 특징

PF의 특징은 ① 법률적·경제적으로 완전히 독립된 프로젝트 회사를 설립해야 한다. ② 금융기관이 채권자이면서 동시에 프로젝트의 성패에 영향을 받는 이해관계자가 된다. ③ PF는 담보가 프로젝트 회사 자신으로 한정되기 때문에 사업주가 충분한 담보 여력이 있어도 아무런 소용이 없다. ④ 현금수지에 기초한 대출이며 자금관리가 철저하다. ⑤ PF 대상사업은 대부분 그 규모가 크고 거대한 자금이 요구되기 때문에 단독 금융기관이 아닌 복수 금융기관이 대주단을 구성한다. ⑥ PF는 비소구금융(Non-Recourse Finance)이고, 부외금융(Off- balance sheet financing)의 성격을 지니고 있다.

3) PF ABS

부동산개발사업의 대출채권 유동화에 있어서 PF ABS는 금융기관이 부동산 개발업체에 PF대출을 실행하고 개발사업부지나 개발사업에서 발생하는 수익, 즉 분양대금 등을 기초자산으로 유동화하여 발행하는 자산유동화증권(ABS: Asset

Backed Securities)이다. 이는 대출기관이 PF대출로 인하여 발생하는 유동성위험을 줄이기 위해 PF대출채권을 유동화중개기관에 매각하여 ABS를 발행한다. 만약, 시행사가 분양에 실패해 현금흐름에 차질이 발생하더라도 시공사가 ABS원리금을 지급하게 되고, 또한 개발사업의 부지를 담보로 취득하고 있어 상대적으로 안전성이 확보되어 있다.

4) PF ABCP와 ABSTB

자산담보부기업어음(ABCP: Asset Backed Commercial Paper)는 유동화전문회사인 특수목적회사(SPC)가 매출채권, 리스채권, 회사채, 부동산 등 자산을 담보로 발행하는 기업어음(CP)이다. 일반적인 ABS의 경우 유동화자산(Pool)에서 회수하는 수익으로 ABS의 원리금을 상환하는 발행구조로 ABS만기와 Pool만기가 동일하지만, 부분차환구조 ABS는 ABS증권의 만기를 Pool만기보다 짧게 발행하면서 ABS증권의 원리금 상환자금 중 일부는 유동화자산(Pool)에서 회수한 수익으로 조달하고 부족분은 단기자금을 조달(기발행채권 차환목적 ABCP 발행)하여 상환하는 형태이다. ABCP는 장단기금리차에 따른 자금조달비용을 절감하고, 유동화자산(Pool)에서 발생하는 여유자금(idle money)의 운용손실(기회비용) 회피 등이 가능해지므로 ABS발행의 경제성을 크게 높일 수 있다.

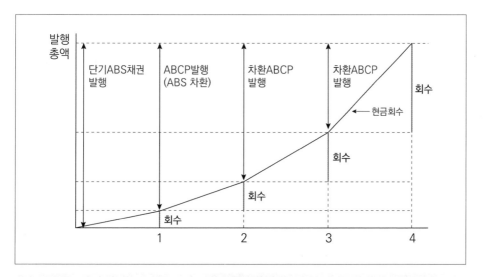

ABCP의 구조

일반적으로 SPC는 유동화 자산을 기초로 회사채 형태의 자산유동화증권(ABS)을 발행하는 데 비해 ABCP는 회사채가 아닌 CP형태로 ABS를 발행한다. 유동화자산보다 만기가 짧은 ABS를 발행한 뒤 해당 ABS 만기시점부터 유동화자산의 만기 때까지 발행된 ABS(자산담보부증권)를 상환하는 조건으로 주기적으로 CP를 차환 발행한다. ABCP는 주로 만기가 돌아온 기존 ABS 채권을 상환하는 데 쓰이며 단기 CP를 반복해 발행할 수 있다. ABCP와 ABS는 모두 자산을 담보로 한 채권이라는 점은 동일하나 ABS의 발행 형태가 채권인 만큼 유동성이 있는 데 비해 ABCP는 지급보증보다 확실한 어음 형태여서 채권 위험이 더 낮다. 기업입장에서는 장단기 금리차이 때문에 ABS발행보다 자금조달비용을 줄일 수 있고, 불필요한 여유자금을 최소화시킬 수 있다.

부동산 PF사업은 미래의 수익을 담보(대출채권, 매출채권 등)로 금융이 일어난다. 즉, 미래의 매출채권을 근거로 대출채권을 만든 뒤 이를 유동화하여 돈을 빌리는 구도로 ABCP와 자산유동화 전자단기사채(ABSTB: Asset Backed Short Term Bond)를 발행할 수 있게 된다.

ABCP의 경우 일반적으로 만기를 1년 이내라고 하면, ABSTB는 3개월 이내이다. 즉, ABSTB는 단기로 자금을 조달할수 있고, 할인발행과 최소 투자금액도 1억원으로 ABCP에 비해 비교적 작은 편이다.

기본적인 구도는 시행사(차주)가 자신의 미래 매출자산을 담보로 대출을 일으킨 뒤, 대출채권이 생긴 bridge bank가 유동화 SPC에 대출채권을 양도하게 되면, 해당 유동화 SPC에서 ABSTB를 발행하게 된다.

이러한 채권을 전단채시장에서 일반 투자자가 매입을 하게 되면 ABSTB의 대금이 들어오게 되고, 해당 대금은 증권사를 거쳐 유동화 SPC로, 다시 대출을 실행해 준 Bridge bank로 들어가 대출이 완료되는 구도이다.

6. 부동산신탁

1) 의의

부동산신탁은 자본시장과 금융투자업에 관한 법률에 의한 금융투자업의 일종으로, 신탁행위에 대해서는 신탁법에서 규율하고 있고, 신탁영업에 대해서는 자본시장과 금융투자업에 관한 법률에서 규율하고 있다.

　　부동산 소유자인 위탁자(부동산 소유자)가 부동산의 유지관리나 투자수익을 목적으로 대상 부동산을 수탁자(신탁회사)에게 신탁하고, 수탁자는 그 부동산을 유지관리하거나 혹은 토지를 개발하여 임대하거나 분양하여 수익을 올려 수익자(위탁자 또는 제3자)에게 교부하는 행위를 말한다. 부동산신탁의 특징은 부동산 재산권을 대상으로 하는 제도이며, 등기명의인이 수탁자명의로 귀속되는 점, 그리고 수탁자는 배타적으로 부동산의 관리, 처분권을 가지나 어디까지나 신탁목적에 따라 수익자의 이익을 위해 부동산을 관리·운영해야 하는 점이라 할 수 있다.

　　부동산신탁은 부동산 소유자가 소유권을 신탁회사에 이전하고 신탁회사는 소유자 의견을 기초로 신탁회사 자금과 전문지식을 결합해 신탁재산을 효과적으로 개발·관리하고 그 이익을 돌려주는 제도이다. 일반 금융기관이 돈(금전)을 신탁받아 이를 운용한 뒤 수익을 배당하는 금전신탁과 동일한 개념으로, 신탁 대상이 금전이 아닌 부동산이란 점에서 차이가 있다. 신탁된 부동산은 수탁자 개인의 재산으로부터 독립한 재산으로 취급되고, 수탁자 개인의 상속재산에서 배제되며, 수탁자 개인의 채권자로부터 강제집행과 경매 등이 배제된다.

　　부동산신탁의 장점으로 소유자는 경험, 노하우, 자금이 없어도 전문신탁회사를 이용하여 사업을 영위하므로 장기간 안정적 수익을 누릴 수 있고, 소유자는 신탁수익권을 양도하거나 담보로 자금을 마련할 수 있으며, 임차인은 신탁회사와 임대차계약을 하기 때문에 임대료개정이나 임대차계약갱신 시 합리적 교섭이 가능하다. 또한 소유자의 상속, 파산 등이 직접 사업에 영향을 미치지 않기 때문에 사업운영 자체의 안정성이 유지되고, 소유자의 신탁재산이 상속되는 경우 당해 부동산채무가 상속세 과세가격산정 시 공제되어 상속대책으로 이용될 수 있다.

　　토지신탁의 유형은 신탁재산의 처분유형에 따라 분양형 토지신탁과 임대형 토지신탁으로 구분되고, 건설자금 조달의 책임부담에 따라 차입형 토지신탁과 관리형 토지신탁으로 구분된다.

　　분양형 토지신탁은 위탁자가 위탁한 토지에 신탁회사가 건축물 등을 개발하고 이를 분양의 방법으로 처분하여 부동산개발의 이익을 실현할 목적으로 이용하는 신탁상품이고, 임대형 토지신탁은 위탁자가 위탁한 토지에 신탁회사가 건축물 등을 개발하고 이를 임대함으로써 장기적이고 안정적인 부동산 임대수익을 실현할 목적으로 이용하는 신탁상품이다.

차입형 토지신탁은 신탁회사가 시행사가 되어 수탁받은 토지를 개발하고 이때 소요되는 사업비를 신탁회사가 직접 조달하는 전형적인 토지신탁상품이고, 관리형 토지신탁은 차입형 토지신탁에서 신탁회사의 역할 중 사업비 차입을 면하고, 단순히 시행사 업무 중 전부 또는 일부만을 수행하는 토지신탁상품을 말한다.

2) 관리신탁

관리신탁은 부동산을 소유하고 있으나 전문지식과 경험이 부족해 직접 관리하는 데 어려움을 겪을 경우 이용할 수 있는 방식으로, 신탁부동산을 보존 또는 개량하고 임대 등의 부동산사업을 시행하여 발생된 수익을 수익자에게 배당하여 주는 등 부동산의 관리를 대행하는 방식이다. 관리신탁에는 갑종과 을종이 있는데 갑종은 소유자가 맡긴 부동산을 소유권뿐만 아니라 유지, 보수, 임대차관리, 세제관리 등 모든 사항을 관리해 수익을 되돌려준다. 을종 관리신탁은 소유권만을 관리하는 제도로 관리가 필요치 않은 임야 등의 부동산에 적합해 국내에 장기간 살지 않거나 외국으로 이민 갈 때 적합하다.

3) 개발신탁

개발신탁은 토지를 신탁회사에 맡겨 개발시킨 후 임대하거나 분양하는 방식을 말하는데 전자를 임대형, 후자를 분양형이라 한다. 토지소유자가 토지의 유효이용을 도모하여 이익을 얻을 목적으로 그 토지를 수탁자(신탁회사)에게 신탁하고 수탁자는 신탁계약이 정하는 바에 따라 건축자금의 조달, 건물의 건설, 임차인모집, 임대, 건물의 유지관리 혹은 분양, 그 관리운영의 성과를 신탁배당으로 토지소유자에게 교부하는 방식이다. 소유자가 자금조달, 인허가, 건설, 분양, 세무, 법률 등의 지식과 경험이 없어 개발을 못하는 경우에 이용하는 방식이다.

4) 담보신탁

담보신탁은 부동산의 관리와 처분을 부동산신탁회사에 신탁한 후 수익증권을 발급하여 이를 담보로 금융기관에서 자금을 빌리는 방식을 말한다. 즉 부동산신탁회사는 신탁수수료를 받고 신탁재산을 담보력이 유지·보존되도록 관리하다가 금융기관에서 대출받은 사람이 대출금을 갚으면 신탁계약을 해지하고 대출금을 갚지 못하면 부동산을 처분하여 그 대금으로 금융기관에 채무를 대신 갚아주게 된다.

5) 처분신탁

처분신탁은 부동산 소유자가 물건의 처분 시에 발생할 수 있는 각종 상거래나 법률적인 문제, 적정한 가격산정 등의 어려움을 대신 맡아서 처리해 주는 서비스이다. 부동산의 소유권을 신탁회사 명의로 등기한 후 부동산을 대신 팔아주는 유형으로 효율적인 처분방법이나 절차에 어려움이 있는 부동산, 대형 또는 고가부동산으로 매수자가 제한되어 있는 부동산, 잔금정산까지 장기간 소요되어 소유권 관리에 안전을 요하는 부동산 등 중개행위로 처분하기에는 안전성, 신뢰성이 요구되는 부동산을 처분하는 신탁방법이다.

7. 주택도시기금

1) 의의

주택도시기금은 주택도시기금법에 의거 주거복지 증진과 도시재생 활성화를 지원하는 자금을 확보·공급하기 위하여 설치한 기금을 말한다. 국토교통부장관이 운용·관리하며, 이를 주택도시보증공사에 위탁할 수 있다.

2) 기금의 운용·관리

주택도시기금은 주택계정과 도시계정으로 구분하여 운용·관리한다. 주택계정은 국민주택채권 조성자금, 입주자저축 조성자금, 복권수익금, 일반회계로부터의 출연금·예수금, 공공자금관리기금으로부터의 예수금, 재건축부담금 중 국가귀속분 등의 재원으로 조성한다.

- 국민주택의 건설 및 이를 위한 대지조성사업, 국민주택규모 이하인 주택의 구입·임차 개량·리모델링, 준주택의 건설·구입·임차 개량, 공업화주택의 건설, 한국토지주택공사의 분양가상한제 적용주택 우선매입비용, 경제자유구역 활성화를 위한 임대주택 건설 및 기반시설 등의 설치자금에 대한 출자 또는 융자
- 주택도시보증공사, 한국토지주택공사, 한국주택금융공사, 주택금융신용보증기금, 유동화전문회사, 국민주택사업특별회계에 대한 출자·출연·융자
- 임대주택 공급을 촉진하기 위해 부동산투자회사가 발행하는 증권, 부동산집합투자기구가 발행하는 집합투자증권, 일정요건을 갖춘 법인이 발행하는 증권 등의 매입
- 예수금, 예탁금, 차입금, 국민주택채권에 대한 원리금 상환
- 도시계정으로의 전출 또는 융자
- 기금의 조성·운용 및 관리를 위한 경비
- 주택도시분야 전문가 양성을 위한 국내외 교육훈련 및 관련제도 개선을 위한 연구·조사
- 정부시책으로 추진하는 주택사업 등

도시계정은 주로 일반회계로부터의 출연금 또는 예수금, 지역발전특별회계로부터의 출연금 또는 예수금, 공공자금관리기금으로부터의 예수금, 주택계정으로부터의 전입금 또는 차입금 등의 재원으로 조성한다.

- 「도시 및 주거환경정비법」에 의한 정비사업, 「도시재정비 촉진을 위한 특별법」에 의한 공공시설, 도로·공원·주차장, 학교·도서관·사회복지시설·문화시설·공공청사 설치비용의 융자
- 도시재생사업 비용, 도시재생활성화지역 내 도시재생을 위한 건축물 건축비용에 대한 출자·투자·융자
- 도시·주거환경정비기금, 재정비촉진특별회계, 도시재생특별회계에 대한 융자
- 예수금, 예탁금, 차입금의 원리금 상환
- 기금의 조성·운용 및 관리를 위한 경비 등

---

3) 주택도시보증공사

주택도시기금의 전담운용기관인 주택도시보증공사(HUG)는 각종 보증업무 및 정책사업 수행과 기금의 효율적 운용·관리를 통하여 주거복지 증진과 도시 재생 활성화를 지원함으로써 국민의 삶의 질 향상에 이바지함을 목적으로 설립 된 준시장형 공기업이다. 주택도시보증공사의 주요업무는 보증업무, 보증이행, 채권관리 및 신용평가, 주택성능등급 인정, 주택기금업무 수행 등이다.

- 주택분양보증, 주택사업금융(PF)보증, 임대보증금보증 등 주택관련의 보증업무
- 주택사업자가 부도나 파산했을 경우, 주택사업자를 대신해 공사를 완료해 분양대금 반환의 보증책임 이행
- 주채무자의 채무 불이행 시 채권의 회수와 보증거래업체의 신용도 평가업무
- 정부로부터 주택성능등급 인정기관으로 지정받아 주택의 성능등급 평가, 품질향상 기여
- 주택도시기금 전담 운용기관으로 각종 기금업무 수행
- 부동산 관련 정보제공

연습문제

EXERCISE

01 부동산 증권화와 기존의 전통적인 금융방법의 차이에 대해 설명하라.

02 자산유동화와 그 과정에 대해 설명하라.

03 저당권의 유동화에 대해 설명하고, 2차 저당시장에 대해 설명하라.

04 부채금융(Debt Financing)과 지분금융(Equity Financing)의 차이에 대해 설명하라.

05 원금만기일시상환대출, 원금균등상환대출, 원리금균등상환대출, 체증식상환대출의 차이에 대해 설명하라.

06 고정금리대출(FRM)과 변동금리대출(ARM)의 차이에 대해 설명하라.

07 메자닌, 전환사채, 신주인수권부사채에 대해 설명하라.

08 가치상승공유형대출(SAM)에 대해 기술하라.

09 RMBS와 CMBS의 차이에 대해 설명하라.

10 역모기지의 효용과 리스크에 대해 기술하라.

11 리츠와 펀드의 차이에 대해 설명하라.

12 PF ABS와 PF ABCP의 차이에 대해 설명하라.

13 부동산신탁의 장점을 기술하고, 개발신탁에 대한 예시를 들어 설명하라.

CHAPTER 08 부동산감정평가

SECTION **01 +** 감정평가의 정의와 기능

1. 감정평가의 연혁

1918년 한국산업은행 전신인 조선식산은행에서 우리나라 감정평가업무가 시작되었다. 1960년대 후반 산업구조 고도화 및 경제여건 변화로 재산권 가치는 변동했고, 감정평가가격은 서로 다른 기준과 방법에 따라 도출됐다. 이러한 경제적 가치 판단의 혼선은 국민 불신을 초래했고, 사회는 새로운 제도를 필요로 하게 된다.

1969년 한국감정원이 금융기관의 담보평가를 목적으로 설립되었고, 1972년 국토이용관리법이 제정되어 건설부 주관하에 토지평가사제도가 도입되었고 토지평가사는 보상평가 등 공적평가를 주로 담당했다. 1973년 부동산의 감정평가에 관한 법률이 제정되어 재무부 주관하에 공인감정사제도가 도입되었고 공인감정사는 금융기관의 담보평가 등 사적평가를 주요업무로 수행했다.

토지평가제도를 체계화하고, 토지·건물·동산 등에 대한 감정평가제도를 효율화하기 위해 만들어진 이들 자격은 두 제도의 기능이 유사함에도 제도가 이원화됨에 따라 감정평가제도 발전 저해, 국가행정력 낭비 등의 문제가 발생했다.

이러한 문제의식에 기초해서 1989년 토지공개념 도입과 지가체계 일원화가 추진되어 '지가공시 및 토지 등의 평가에 관한 법률'이 제정됐고, 두 자격제도는 감정평가사제도로 일원화됐다. 2005년 '부동산가격공시 및 감정평가에 관한 법률'로 개정된 후, 2016년 '감정평가 및 감정평가사에 관한 법률'로 개정되어 오늘에 이르고 있다.

2. 감정평가의 정의

경제학적인 관점에서 감정평가는 토지 등의 경제적 가치를 판정하여 그 결과를 가액으로 표시하는 것을 말한다(감정평가 및 감정평가사에 관한 법률 제2조 제2호). '토지 등'은 토지 및 그 정착물, 동산, 그 밖에 대통령령으로 정하는 재산[1]과 이들에 관한 소유권 외의 권리를 말한다. 평가대상은 공시지가, 각종 공공사업과 관련된 징발토지의 보상, 토지에 관한 국세·지방세 등의 세금과 개발이익금·개발부담금 부과기준 가격산정, 조성용지분양, 관리처분, 자산관리, 경매 및 소송, 담보와 일반거래, 부동산컨설팅 등 매우 다양하다.

부동산을 내구재로 보는 부동산학적인 관점에서 감정평가는 '장래 기대되는 편익을 현재가치로 환원한 것'이라고 말할 수 있겠다. 즉, 부동산의 소유에서 비롯되는 장래이익을 현재의 가치로 표시한 것이다.[2] 소유하고 있는 부동산은 장래 일정기간까지 이용가능한 내구재라는 전제 때문에 가치가 있는 것이며, 그 것을 이용함으로써 얻는 이익이 바로 부동산가격의 원천이 된다. 이용함으로써 얻을 수 있는 이익, 즉 임대를 주는 경우 임대료 또는 소유자가 거주하는 경우 그 거주의 이익 등은 장래 일정 기간 동안 계속해서 발생할 것이고, 장래 발생할 그러한 이익을 현재시점으로 환산해 보면 그 부동산의 현재가치를 도출할 수 있다.

---

1   감정평가 및 감정평가사에 관한 법률 제2조 제1호에서 "대통령령으로 정하는 재산"은 다음 각 호의 재산을 말한다.
  1. 저작권·산업재산권·어업권·광업권 및 그 밖의 물권에 준하는 권리
  2. 「공장 및 광업재단 저당법」에 따른 공장재단과 광업재단
  3. 「입목에 관한 법률」에 따른 입목
  4. 자동차·건설기계·선박·항공기 등 관계 법령에 따라 등기하거나 등록하는 재산
  5. 유가증권
2   AIREA, *Appraisal Terminology and Handbook*, 4th ed., Chicago: AIREA, 1962, p.192

부동산에는 합리적인 시장이 없고, 균형가격이 자연스럽게 형성되지 않으며 적정한 가격발생을 저해하는 요인이 많고, 일물일가의 법칙도 적용되지 않는다. 이는 부동산이 다른 상품과는 다른 부동성·부증성·개별성 등의 특성을 지니고 있고, 부동산의 가격은 거래의 필요성에 따라 개별적으로 형성되기 때문이다. 이로 인해 부동산의 적정한 가격을 구하기 위해서는 전문가에 의한 감정평가가 필수적이다.

3. 감정평가의 기능

감정평가를 정의하면 '부동산가격에 관한 평가주체의 활동'이라고 할 수 있다. 이것은 전통적인 정의로서 가치추계적 평가영역이라고 할 수 있다. 그러나 감정평가업을 둘러싼 환경이 급속히 변화됨에 따라 감정평가영역은 전통적인 가치추계적 평가방법 이외에도 비가치적 추계평가, 평가검토 및 컨설팅업무 등으로 확대되어 가고 있다.

부동산에 대한 공적 또는 사적 감정평가는 부동산의 정당한 가치를 평가하여 부동산을 활용한 수많은 경제활동을 원활하게 수행하기 위한 지원기능과 부동산을 매개로 한 부동산의 소유권 양도·개발관련활동, 금융 및 신용과 관련된 활동, 공공사업의 시행, 국토계획의 수립, 과세, 자산재평가 등과 관련된 감정평가활동 등 사회·경제활동의 촉매역할을 하고 있다.

감정평가의 경제적 기능은 부동산이 가지고 있는 객관적 가치를 평가하여 부동산정책의 형성과 집행을 가능하게 하고, 부동산 자원의 효율적 배분, 거래질서의 확립과 유지, 이해관계자 사이에서 그 관계를 조절해주는 의사결정의 판단기준을 담당하고 있다.

감정평가는 가격창출기능이 있어, 부동산거래가 일어나지 않는 농촌 등에서 거래당사자 사이에서 참고할 수 있는 지표로 활용될 수 있다. 감정평가는 부동산의 적정한 가격을 창조하여 부동산시장의 불완전성을 보충하고 경제유통질서의 확립에 기여한다. 부동산의 최유효이용을 선택하는 데 기준을 제시하고 감정평가 결과는 공공성이 있어 타인이 필요로 하는 감정평가의 지표로 활용되며, 부동산의 이용관리에 도움을 준다.

감정평가의 정책적 기능은 감정평가사가 평가한 부동산가격을 통하여 비정상적인 가격의 형성을 억제하는 것이다. 손실보상을 위한 평가는 공공사업을 위해 사유재산권의 수용, 사용, 제한 시 재산권에 대한 경제적 가치를 판정하여 합리적인 보상이 이루어지게 하는 등 공공정책의 수행을 조력한다.

감정평가는 부동산의 공정한 시장가치를 산정하여 매매, 임대차, 담보, 경매, 중개, 컨설팅 등 다양한 거래활동을 합리적으로 처리할 수 있도록 뒷받침하고 있으며, 부동산 가치에 따른 공평한 세금이 부과될 수 있도록 사유재산권을 적정하게 평가하고 있다. 또한 주택의 구매나 다른 투자용 부동산에 대한 투자결정 및 기타 결정을 내릴 필요가 있는 경우, 대상부동산의 평가가격은 의사결정의 주된 판단기준을 제공해 주기 때문에 감정평가는 부동산 소유자의 합리적인 경제활동을 돕는 기능을 수행하고 있다.

SECTION 02+ 가치와 가격

1. 가치와 가격

감정평가는 '토지 등의 경제적 가치를 판정하여 그 결과를 가액으로 표시하는 것'으로 감정평가에서 구하는 것은 가격이라기보다는 가치라고 볼 수 있다. 부동산의 가치는 부동산의 소유에서 비롯되는 장래 기대되는 이익을 현재가치로 할인하여 합산한 것이다. 이에 반해 부동산의 가격은 부동산시장에서 거래된 결과로서 실거래가격이나 호가 등을 말한다. 즉, 가격은 상품의 교환가치를 가액(매매대금)으로 표시한 것이고, 임료는 부동산을 사용하고 얻은 용익에 대한 대가(임대료 등)를 말한다.

✎ **가치와 가격의 차이**

가치	가격
• 장래 기대되는 이익을 현재가치로 할인하여 합산한 것 • 가격+오차 • 가치는 무수히 많음	• 부동산시장에서 거래된 실거래가격 • 대상부동산에 대한 과거의 값 • 주어진 시점에서 가격은 하나만 존재

2. 부동산가격의 특징

　　부동산이 속하고 있는 지역은 고정적이 아니고 그 사회적·경제적 위치는 항상 확대·축소·집중·확산·발전·쇠퇴하는 변화의 과정에 있는 것이기 때문에 부동산의 존재 형태가 최적인지의 여부, 가령 현재 최적의 것이라 할지라도 시간의 경과에 따라 그것이 지속될 것인가를 항상 고려하여야 한다. 부동산가격은 장래에 걸쳐서 장기적인 안목에서 형성된다. 즉 오늘의 가격은 어제의 전개임과 동시에 내일을 반영하는 것으로 항상 변화의 과정에 있는 것이다.

　　부동산가격은 거래 등의 필요에 따라 개별적으로 형성된다. 토지의 부동성·부증성·개별성 등으로 인하여 부동산의 거래는 국지적이며, 당사자 사이의 개별적인 사정에 따라 거래되는 것이 보통이므로 당사자들의 특수한 사정이나 개별적인 동기가 내포되기 쉽다.

　　시장가치는 '대상물건이 통상적인 시장에서 충분한 기간 동안 거래를 위하여 공개된 후, 그 대상물건의 내용에 정통한 당사자 사이에 신중하고 자발적인 거래가 있을 경우 성립될 가능성이 가장 높다고 인정되는 대상물건의 가액'을 말한다. 국제평가기준(IVS: International Valuation Standards)에서도 시장가격은 '거래당사자가 시장에 정통하며 강요당하지 않고 신중하게 행동하여 충분한 기간 방매된 부동산을 대등한 관계로 거래하는 가격시점일의 자산 추산가액'이라 정의하고 있다.

3. 부동산가격의 발생요인

　　가치는 내재적인 것이 아니라 외연적인 것이라고 한다. 어떤 재화가 가치를 지니는 것은 그 재화 자체가 내재적으로 본질적인 고유한 가치를 지니고 있기 때문이 아니라, 시장을 구성하고 있는 사람들이 그것에 대해 가치를 부여했기 때문이라는 것이다. 시장에서 부동산에 대한 가치가 형성되고, 사람들이 거기에 대해 기꺼이 대가를 지불하기 위해서는 효용, 희소성, 유효수요, 이전성 등이 요구된다. 이를 가치발생요인이라 한다.[3]

1) 효용

효용은 인간의 필요나 욕구를 만족시켜 줄 수 있는 재화의 능력이다. 부동산은 소유자나 임차자들이 생활을 영위하기 위한 필요와 욕구를 만족시켜 주는데, 부동산이 가치를 지니기 위해서는 이러한 효용이 있어야 한다.

부동산이 제공하는 여러 가지 유용한 편익을 통칭하여 쾌적성이라고 한다. 쾌적성은 주거용 부동산의 경우에는 주거효용과 만족도, 수익성 부동산의 경우에는 소득창출이라는 형태로 나타난다. 효용이 부동산의 가치에 미치는 영향은 대상부동산이 지닌 특성과 관계가 있다. 위치, 크기, 구조, 디자인 등과 같은 물리적 특성뿐만 아니라 소유권의 법적 특성도 대상부동산의 효용에 영향을 미친다.

2) 상대적 희소성

현재나 가까운 미래의 공급이 수요보다 상대적으로 충분하지 못한 상태를 의미한다. 토지는 전체적으로 매우 풍부하지만 사람들이 요구하는 특정토지에 대한 공급은 상대적으로 많지 않기 때문에 가치를 지니게 된다. 깨끗한 물이 가치를 지니는 것은 그것이 상대적으로 희소하기 때문이다.

3) 유효수요

구매할 의사(욕구)와 지불능력(구매력)을 갖춘 수요를 의미한다. 만약, 유효수요가 전혀 없다고 하면, 비록 효용과 희소성이 있다고 하더라도 그 재화의 가치는 시장에서 형성되지 않는다. 예를 들어, 강의실에 있는 학생들은 주택에 대한 잠재적인 수요자이지만 유효수요자는 아니다. 왜냐하면 일반적으로 대학생은 구매력이 없기 때문이다.

---

3 안정근, 부동산평가이론, 법문사, 2006, p.35

4) 이전성

이전성은 부동산가치 발생요인으로 반드시 고려되어야 할 법적인 개념이다. 비록 앞의 세 가지 요인이 존재한다고 하더라도, 어떤 재화의 전체나 일부가 이전될 수 없는 성질의 것이라고 한다면 그것에 대한 가치는 시장에서 형성될 수 없다. 예를 들어, 달에 대한 소유권을 이전할 수 있는 적절한 장치가 없으므로, 이전성이라는 관점에서 볼 때 달은 가치를 지니지 못한다고 할 수 있다.

4. 지역분석

개개의 부동산은 인근 부동산과 고립해 있는 게 아니라, 함께 어떤 지역을 구성하면서 지역 내 구성분자로서 다른 부동산과 상호의존, 협동 또는 대체, 경쟁의 관계에 있고 그 상관관계를 통하여 사회적·경제적 및 행정적 위치를 차지하고 있는데, 이를 지역성이라 한다.

대상부동산의 가격형성요인을 분석할 때는 우선 대상부동산이 속해 있는 지역을 분석해야 한다. 대상부동산이 어떤 지역에 속하는가, 그 지역은 어떠한 지역적 특성이 있는가, 또한 그 특성은 그 지역 내의 부동산가격형성에 전반적으로 어떠한 영향력이 있는가 등을 분석하고 판정할 필요가 있다. 이를 지역분석이라고 하는데, 주로 인근지역을 대상으로 하여 전개된다.

그러나 인근지역의 상대적 지위를 명확하게 파악하기 위해서는 인근지역만을 분석의 대상으로 할 것이 아니라 유사지역과 인근지역 모두를 포함하는 보다 광역적인 동일수급권 및 주변용도지역에 대한 비교·검토를 해야 한다.

부동산감정평가에 있어서 지역분석이 특히 강조되는 이유는, 부동산은 지역의 구성분자로서 당해지역의 특성은 그 지역에 속해 있는 부동산의 가격형성에 전반적인 영향을 미치기 때문이다. 또한 부동산의 가격은 최유효이용을 전제로 하여 파악되는 가격을 표준으로 하여 형성되기 때문에 부동산의 최유효이용은 지역적 특성의 제약을 받으므로 개별분석에 앞서 지역요인의 분석이 선행되어야 한다.

부동산이 속하는 용도적 지역은 고정적이 아니라 늘 변동한다. 지역특성을 형성하는 요인이 끊임없이 변동하기 때문이다. 지역분석을 할 때는 대상부동산이 속하는 시장특성을 파악한 결과를 감안하여 지역요인 및 장래동향을 분석하여 표준적 이용을 파악해야 한다.

- 인근지역: 대상부동산을 포함하는 지역
- 유사지역: 인근지역과 유사한 지역으로 대상부동산을 포함하지 않는 지역
- 동일수급권: 인근지역과 유사지역을 포함한 광역적인 지역

---

1) 인근지역

인근지역은 대상부동산이 속한 용도적 지역으로서 대상부동산의 가격형성에 대하여 직접 영향을 주는 지역적 특성을 가진 지역을 말한다. 이것은 용도적으로 공통성이 있고 기능적인 면에서 동질성이 있으며, 대상부동산 가격형성에 직접 영향을 주는 특성이 있다. 인근지역의 범위가 지나치게 확대되면 가격수준의 판정이 어렵게 되고, 지나치게 축소되면 사례자료를 구하기가 힘들게 된다. 따라서 인근지역이 축소될수록 사례자료의 신빙성은 높아진다.

2) 유사지역

유사지역은 인근지역의 지역적 특성과 유사한 지역적인 특성이 있지만 대상부동산을 포함하지 않는 지역을 말한다. 인근지역에 인접해 있느냐의 여부와 관계없이 지역적 특성이 유사하면 유사지역이 된다. 바꾸어 말하면 지역적 위치는 다르나 사회적·경제적·행정적인 위치가 유사하고 상호대체의 관계에 있으면 유사지역이 된다. 유사지역을 선정하는 실익은 필요한 자료를 인근지역에서 구하기 어려울 때 그 자료를 수집할 수 있게 해주는 데 있다. 유사지역에 있는 부동산은 인근지역 내에 있는 부동산과 용도적·기능적인 면에서 동질적이므로 유사지역의 사례자료는 인근지역의 사례자료와 함께 감정평가에 활용된다.

3) 동일수급권

동일수급권은 일반적으로 대상부동산과 대체관계가 성립되고 가격형성에 있어서 서로 영향을 미치는 관계에 있는 다른 부동산이 존재하는 권역을 말한

다. 동일수급권은 인근지역 및 인근지역과 상관관계에 있는 유사지역을 포함한 광역적인 지역이다.

　사례자료가 동일수급권 내의 유사지역의 것일 때에는 개별분석에 앞서 지역분석을 하여야 하는데, 인근지역과 유사지역의 지역요인을 비교하여 그 지역 격차를 비교·조정하여야 한다. 동일수급권의 지역적 범위는 부동산의 종별·성격·규모에 따라서 다르므로 적절히 판정하여 그 범위를 명백히 하여야 한다.

SECTION 03+ 감정평가방식

1. 감정평가의 3방식

　감정평가방식은 구체적인 부동산의 가격을 평정하기 위하여 평가과정 중에 적용하는 기법으로, 가격형성요인을 분석하여 대상부동산의 가치를 화폐액으로 계산하는 방법이다. 일반적으로 재화의 가격을 판단할 때는 어느 정도의 비용이 투입되어 만들어졌는가 하는 비용성, 어느 정도의 값으로 시장에서 거래되고 있는가 하는 시장성, 그리고 그 물건을 이용함으로써 어느 정도의 이익 또는 편익을 얻을 수 있는가 하는 수익성 등 세 가지 측면에서 고찰할 수 있다. 이를 가격의 3면성이라 한다.

　비용성의 측면에서 부동산의 가격을 구하는 것을 원가방식이라 하고, 시장성의 측면에서 부동산의 가격을 구하는 것을 비교방식이라 하며, 수익성의 측면에서 부동산의 가격에 접근하는 것을 수익방식이라 한다. 이 세 가지 방식을 평가의 3방식이라 한다.

　원가방식에는 가격을 구하는 복성식평가법과 부동산의 임료를 구하는 적산법이 있으며, 비교방식에는 가격을 구하는 거래사례비교법과 임료를 구하는 임대사례비교법이 있고, 수익방식에는 부동산의 가격을 구하는 수익환원법, 임료를 구하는 수익분석법이 있다. 이들을 합하여 3방식 6방법이라 한다.

　감정평가의 3방식에 의해 산출된 가격은 각각 그 특징과 함께 장·단점을 갖고 있으므로 부동산의 적정한 평가가격을 결정하기 위해서는 이들 3방식을 병용하여 시산가격을 조정하여야 한다. 시산가격은 3방식을 적용하여 산출한 1차 가격으로 아직 평가가격으로 확정되지 않은 가격을 말한다. 시산가격을 평가가격으로 확정하기 위해서는 시산가격조정이라는 작업이 필요하다.

감정평가 실무처리의 기준이 되는 감정평가에 관한 규칙에서는 시산가격의 조정절차를 규정하고 있지 아니하며 대상물건의 종류, 성격 및 조건 등을 충분히 검토하여 3가지 평가방식 중에서 가장 적합한 방법을 선택한다고 규정하고 있다.

🖉 부동산평가의 3방식 및 6방법

3방식	6방법	시산가격과 임료	비고
원가방식	원가법(복성식평가법)	적산가격(복성가격)	협의의 가격을 구함
(비용성)	적산법	적산임료	임료를 구함
비교방식	거래사례비교법(매매사례비교법)	비준가격(유추가격)	협의의 가격을 구함
(시장성)	임대사례비교법	비준임료(유추임료)	임료를 구함
수익방식	수익환원법	수익가격	협의의 가격을 구함
(수익성)	수익분석법	수익임료	임료를 구함

2. 원가방식

1) 원가법

원가법(복성식평가법)은 가격시점의 재조달원가에 필요한 감가를 수정하여 대상부동산의 시산가격을 구하는 방법이다. 이 방법으로 구한 시산가격을 적산가격이라 한다. 토지는 생산비의 개념이 없어 토지가격은 거래사례비교법으로 구하는 것이 보통이다. 그러나 매립지와 같이 원가개념이 성립할 수 있는 토지는 원가법으로 평가할 수 있다. 이 방법의 적용상 장점은 복원 또는 대체가능한 상각자산은 모두 적용할 수 있고, 건설에 드는 원가 그 자체를 그대로 채용할 수 있어 주관개입의 여지가 적다. 단점으로는 재생산이나 대체할 수 없는 부동산은 적용할 수 없고, 모든 대상부동산의 재조달원가 및 감가요인을 정확히 파악하기 어렵고, 또 부지와 건물의 상황에 따라 관찰하기 어려운 경우도 있다.

(1) 재조달원가

재조달원가는 현존하는 부동산을 가격시점에서 새로이 건축 또는 조성하는 방법으로 재조달하는 것을 상정하여 구하는 적정원가의 총액을 말한다. 재조달원가는 표준적인 건설비(직접공사비, 간접공사비, 수급인의 이윤)와 통상부대비용(건설기간 중의 필요자금이자, 감독비·제세금)을 포함한다.

(2) 감가수정

감가수정은 대상부동산의 재조달원가를 감액해야 할 요인이 있을 때 그에 해당하는 금액을 재조달원가에서 감하여 가격시점의 적산가격을 적정화하는 작업이다. 감가수정의 방법에는 내용연수에 기초를 두는 방법과 관찰감가법이 있다.

✎ **감가수정과 감가상각**

구분	감가수정	감가상각
용도	평가	회계
목적	가격시점의 현재가격 파악	비용배분, 원가계산, 자본유지
적용방법	• 재조달원가 기초 • 관찰감가 존재 • 비용·시장·수익관점 고려 • 경제적 내용연수 중심 • 실제감가 및 잔가를 중시	• 취득가격(장부가격)이 기초 • 인정되지 않음 • 비용의 관점만 고려 • 법률적 내용연수 중심 • 장부상의 감가를 중시
대상	비상각자산에도 인정될 수 있음	상각자산에만 인정

2) 적산법

적산법은 가격시점에 있어서 대상부동산의 기초가격에 기대이율을 곱하여 산정한 금액에 대상부동산을 계속하여 임대차하는 데 필요한 경비[4]를 가산하여 임료를 산정하는 방법을 말한다. 기초가격은 적산임료를 구하는 데 이용하는 가격으로, 임료의 가격시점에서의 대상부동산의 원본가격을 말한다. 기대이율은

4　필요제경비는 물건의 기능유지에 드는 비용으로 감가상각비·유지관리비·공과·손해보험료·결손준비비·공실 등에 의한 손실상당액을 말한다.

임대차하는 부동산을 취득하는 데 투입된 일정자본으로부터 발생하기를 기대하
는 수익비율이다.

- 적산임료 = (기초가격 × 기대이율) + 필요제경비
- 기대이율 = $\dfrac{임대수익}{자본}$

✎ **기대이율과 환원이율**

기대이율	환원이율
• 적산임료와 관계	• 수익가격과 관계
• 투하자본에 대한 수익의 비율	• 대상물건의 가격에 대한 순수익의 비율
• 임대차기간에 적용되는 이율	• 내용연수 만료시까지 적용되는 이율
• 당해계약조건을 전제로 하는 이율	• 대상물건의 최유효사용을 전제로 하는 이율
• 정기예금, 국채이자율 등이 산정의 기초	• 순수이율에 위험률을 가산한 이율
• 상각 후, 세공제 전 이율	• 상각 전후, 세공제 전후 이율

3. 비교방식

1) 거래사례비교법

　　대상부동산과 동일성 또는 유사성이 있는 다른 부동산의 매매사례와 비교
하여 가격시점과 대상부동산의 현황에 맞게 시점수정 및 사정보정을 가하여 가
격을 추정하는 방법을 말한다.

　　매매사례는 위치에 있어 유사성이 있어야 하고, 사례가격에 특수한 사정이
나 동기가 있는 경우 그 요인을 파악하여 정상적인 가격수준으로 정상화할 수
있어야 한다. 또한 사례자료는 시점수정이 가능하여야 하고, 사례부동산은 대상
부동산과 물적으로 동일하거나 유사하여야 한다. 시점수정은 매매사례자료의 거
래시점과 가격시점이 시간적으로 불일치하여 가격수준에 변동이 있을 경우 매
매사례가격을 가격시점수준으로 정상화하는 작업을 말한다.

$$시점수정률 = \frac{가격시점의\ 지수}{거래시점의\ 지수}$$

사정보정은 가격의 산정에 있어서 수집된 거래사례에 거래당사자의 특수한 사정 또는 개별적 동기가 개재되어 있거나, 시장사정에 정통하지 못하여 그 가격이 적정하지 아니하는 경우 그러한 사정이 없는 경우의 가격수준으로 정상화하는 작업을 말한다.

$$사정보정률 = \frac{정상가격}{거래사정치}$$

개별요인 비교는 대상부동산과 사례부동산의 가격에 영향을 미치는 가격형성요인을 발견하고 그 요인의 격차를 판정하는 작업을 말한다. 이와 같은 분석은 대상부동산이 속한 지역적 특성, 지역 간 가격형성요인의 분석, 그 지역의 가격수준과 당해지역의 표준적인 사용은 무엇인가를 명확히 하는 데 있다.

지역요인 및 개별요인의 비교는 거래사례가 인근지역에 있는 경우에는 지역요인이 동일하므로 지역분석은 생략되고, 개별요인의 비교작업만 실시하면 된다. 그리고 거래사례가 유사지역 내에 위치하는 경우에는 지역요인과 개별요인을 동시에 비교하여 그 격차를 판정하여야 한다.

2) 임대사례비교법

대상부동산과 동일성 또는 유사성이 있는 다른 부동산의 임대사례와 비교하여 가격시점과 대상부동산의 현황에 맞게 시점수정과 사정보정을 가하여 임료를 추정하는 방법을 말한다.

CHAPTER 08

4. 수익방식

1) 수익환원법

대상부동산이 장래 산출할 것으로 기대되는 순수익을 환원이율로 자본환원한 현가총액을 평가액으로 삼는 방법을 말한다. 환원이율은 대상부동산이 산출하는 표준적인 순수익을 환원하여 원본가격을 구할 때 채용하는 이율로 보통 백분율로 표시한다.

환원이율은 순수이율과 위험부담할증률로 구성되는 복합이율이다. 순수이율은 모든 투자활동에 적용되는 일반적인 이율로 국채·지방채·금융채 등의 유가증권의 이율로, 여기에 위험부담할증률을 고려한 것이 환원이율이다. 위험부담할증률은 부동산에 투자함으로써 발생하는 위험성·비유동성·관리의 곤란·자금의 안전성 등에 상당하는 리스크 프리미엄을 말한다.

환원이율 = 순수이율 ± 위험부담할증률

순수익은 대상부동산이 일정기간에 획득할 수익에서 그 수익을 발생시키는 데 소요되는 비용을 공제한 금액을 말하며, 순수익을 구하는 방법에는 직접법·간접법·잔여법이 있다. 임대용 부동산의 순수익은 임료수입에서 필요제경비를 공제하여 구하고, 기업용 부동산의 순수익은 기업의 영업활동에서 얻어진 총수입에서 총비용을 공제하여 구한다.

직접법은 부동산의 순수익을 대상부동산에서 직접 구하는 방법이며, 대상부동산이 산출하는 총수익을 구하고 여기에 필요한 총비용을 공제하여 구하게 된다. 간접법은 인근지역 또는 동일수급권 내의 유사지역에 존재하는 유사부동산의 순수익에서 간접적으로 구하는 방법으로서 지역요인 및 개별요인의 비교작업을 하여야 한다.

잔여법은 순수익이 복합부동산에서 발생한 경우, 부지 또는 건물에 귀속하는 순수익을 파악할 수 있을 때 전체 순수익에서 건물 또는 부지에 속하는 순수익을 공제함으로써 부지 또는 건물에 귀속할 순수익을 구하는 방법을 말한다. 토지잔여법은 전체 순수익에서 건물에 속하는 순수익을 공제하여 토지에 귀속하는 순수익을 산정하는 방법을 말한다. 건물잔여법은 전체 순수익에서 토지에 귀속되는 순수익을 공제하여 건물에 귀속되는 순수익을 산정하는 방법을 말한다.

2) 수익분석법

수익분석법은 대상부동산이 일정한 기간 내에 산출할 것으로 기대되는 순수익을 구하고, 대상물건을 계속하여 임대차하는 데 필요한 제경비를 가산하여 대상부동산의 시산임료를 구하는 방법이다. 이 방법에 의하여 구한 임료를 수익임료라 한다. 이 방법은 기업용 부동산 이외에는 적용하기 어렵고 순수익의 파악이 곤란한 경우에는 정확도가 떨어지는 결함이 있다.

수익분석법과 수익환원법과의 차이는 순수익의 금액이 가격이나 임료결정의 기초가 되는 점에 있어서 동일하다. 수익환원법은 대상부동산의 경제적 내용연수기간에 기대되는 순수익의 현가에서 대상부동산의 가격을 구하는 방법이다. 수익분석법은 대상부동산의 전 기간 중에서 일정한 기간(임료산정의 기간, 보통 1년)에 기대되는 순수익에서 대상부동산의 임료를 구하는 방법이다.

5. 시산가격의 조정

원가방식·비교방식·수익방식 등 평가 3방식의 기능과 특징, 장·단점을 충분히 이해하고 대상물건의 성격, 평가목적, 평가조건 등을 면밀히 검토한 후 이에 맞는 가장 적정한 평가방법을 선정·적용한다.

시산가격의 조정은 세 가지 평가방식에 의해서 구한 시산가격 또는 시산임료를 상호간에 검토함으로써 시산가격의 격차를 조정하는 작업을 말한다. 원가·비교·수익의 세 가지 방식에 의한 평가 결과가 여러 가지 원인에 의해서 같을 수 없기 때문에 이들 상호 간을 비교·검토하여 평가가격을 결정하는 것이다.

시산가격의 조정은 3방식의 가격을 산술평균한 것이 아니고 가장 적합한 방식에 의한 결과에 대해 나머지 가격으로 보완하는 것이다. 감정평가방식의 적용으로 구해진 시산가격 또는 시산임료의 조정은 감정평가방식과 채택한 자료가 가지는 특징에 따라 숙고하고, 감정평가 순서의 각 단계에 대해서 객관적·비판적으로 검토해야 한다.

참고 REFERENCE **임료의 구성**

실질임료

지불임료

A • 예금적 성격을 갖는 일시금의 운용익
• 선불적 성격을 갖는 일시금의 상각액
• 선불적 성격을 갖는 일시금의 미상각액에 대한 운용익

B • 각 지불시기에 일정액씩 지불되는 임료 중 순임료액
• 부가사용료, 공익비 중 실비를 초과하는 금액

C • 감가상각비
• 유지관리비
• 손해보험료
• 세금 및 공과금
• 대손준비금
• 공실 등에 의한 손실상당액
• 정상운전자금이자

← 순임료 →   ← 필요제경비 →

※ 순임료 = A + B
  지불임료 = B + C
  실질임료 = A + B + C = 순임료 + 필요제경비

또한 시산기격조정 시에는 자료의 선택·검토 및 활용의 적절성을 검토하고, 부동산가격에 관한 제 원칙이 당해물건에 알맞게 활용되었는지의 여부, 일반적 요인의 분석과 지역분석 및 개별분석의 적부, 단가와 총액과의 관련 등을 고려해야 한다.

🖋 3방식의 장·단점

구분	적용대상물	장점	단점
원가방식	• 건축물, 구조물, 구축물 • 조성지, 매립지 • 기계, 기구, 선박, 항공기, 건설기계 • 재생산, 재취득할 수 있는 물건	• 건물, 구축물, 기계장치 등의 상각자산에 유용 • 공익에 쓰이는 부동산평가에 이용 • 비교적 이론적이며, 평가자의 주관이 개재될 여지가 적고, 평가자에 따라 평가가격의 편차 역시 적음 • 경기변동에 영향을 적게 받음	• 재조달원가와 감가상당액의 산정에 기술적 애로 • 토지와 같이 재생산이 불가능한 자산에는 어려움
비교방식	• 토지 • 아파트, 상가 • 자동차 • 염전 • 양도가 허용된 전화가입권 • 시장가격이 형성되는 물건	• 부동산 전반에 적용가능 • 3방식 중 감정평가의 중추적 역할 • 현실성과 설득력이 있음	• 거래가 예가 없는 경우에는 적용될 수 없음 • 시장이 안정되어 있을 때 사용가능 • 사정보정이나 시점수정이 비과학적이고 주관적 • 평가자의 지식과 경험에 대한 의존이 높음
수익방식	• 기업용·임대용 부동산 • 광산, 어업권, 영업권 • 기타 수익용 자산	• 논리적이고, 이론적이며, 가장 과학적인 방법 • 수익용 부동산 평가에 유용함 • 부동산시장이 안정되어 있고, 투기현상이 적은 곳에서는 참된 가치를 반영함	• 비수익용 부동산에는 적용이 불가능함 • 부동산시장이 불안정하면 적용이 어려움 • 순수익과 환원이율의 파악이 쉽지 않음 • 수익이 동일한 경우 부동산의 양부, 경과연수 등은 무시

SECTION 04⁺   부동산가격공시제도

1. 도입배경

지가는 토지시장에서 거래의 기초가 되고 토지의 효율적 이용이나 개발·공급의 중요한 기준이 되며, 생산요소의 하나로서 주택이나 제품의 가격결정에 많은 영향을 준다. 이와 같은 지가의 경제적 기능은 토지정책 수행의 가장 중요한 기초가 되므로 토지정책이 정확하고 실효성 있게 시행되고 소기의 성과를 거두기 위해 그 초석이 되는 지가의 조사·평가기준과 방법이 객관적으로 체계화되어 지가를 신뢰할 수 있어야 한다.

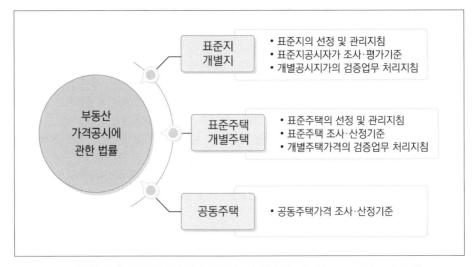

부동산 공시가격 관련 법령 구성도

정부는 토지의 적정가격을 평가·공시하여 일반적인 토지거래의 지표가 되고, 국가 및 지방자치단체 등이 지가를 산정하거나 감정평가법인 등이 감정평가를 하는 경우 지가산정의 기준으로 제공하기 위해 1989년에 공시지가제도를 도입하였다.

✎ **주택 및 토지가격공시 현황(2023)**

구분	주택				토지	
	공동주택	단독주택				
	아파트·연립·다세대	표준주택	개별주택		표준지가	개별지가
대상 (호, 필지)	14,863,981	250,000	4,008,847		560,000	3,479만
공시권자	국토교통부장관	국토교통부장관	시장·군수		국토교통부장관	시장·군수
공시 기준일	매년 1월 1일					
공시일자	4. 30	1. 31	4. 30		2. 28	5. 31
과세 기준일	매년 6월 1일					
재산세 납기	7. 16~7. 31: 1/2 납부 9. 16~9. 30: 1/2 납부				9. 16~9. 30	
종부세 납기	매년 12. 1~12. 15					

정부는 지가체계의 다원화[5]에 따른 공적지가의 공신력 등 문제점을 해소하고, 지가제도의 효율성을 제고하기 위해 공시지가로 지가체계 일원화방안을 추진하였다. 국토교통부는 지가체계의 일원화를 위한 공시지가제도를 도입하기 위해 1989년 4월 '지가공시 및 토지 등의 평가에 관한 법률(현 부동산가격공시에 관한 법률)'을 제정하여 공적지가체계를 공시지가로 일원화하였으며, 매년 1월 1일을 가격기준일로 하여 조사·공시하였다.

2. 공시지가제도

공시지가제도는 우리나라의 지가안정 및 토지관리체계에 획기적인 전환을 가져왔으며, 지가체계의 일원화, 토지공개념제도 시행의 기반구축, 과세불균형 해소 및 토지정책과 관련된 정보자료의 구축 등 많은 성과를 가져오고 있다.

공시지가제도가 도입되기 이전에는 지역 간, 지목 간, 필지 간의 과세불균

---

5 당시 지가제도는 국토교통부(구 건설부)의 '국토이용관리법'에 의한 기준지가, 행정안전부(구 내무부)의 '지방세법'에 의한 과세시가표준액, 국세청의 기준시가, 기획재정부(구 재무부)의 '감정평가에 관한 법률'에 의한 감정시가(사적지가) 등으로 각 부처의 사용목적과 기능에 따라 다양한 형태로 이루어져 있었다.

형으로 인하여 조세부담의 불균형이 초래되었으나 동 제도의 도입으로 토지관련 지방세의 공평한 부담을 기하게 되었다. 또한 공시지가가 양도소득세·증여세·상속세 등의 기준시가 및 재산세의 산정기준으로 적용됨에 따라 토지로부터 얻는 불로소득에 대한 환수기능이 강화되어 과세의 불균형을 해소하였다.

공시지가 수준이 실거래가격과 괴리될 경우 공시지가에 대한 객관성 및 공정성을 저해하고 보상평가 및 조세부과 등 모든 분야에 불만요인으로 작용할 수 있어, 공시지가 적정성의 제고를 추진했으며, 분산계수(COD,[6] 실거래가반영률 균형지수)를 도입함으로써 실거래가반영률의 지역별 격차를 최소화하여 조세 불균형을 해소하고자 하였다.

1) 공시지가의 의미

공시지가는 일반시가와는 달리 '개별적이고 특수한 사정이나 투기적 요소는 배제된 정상적인 거래가 이루어지는 경우 통상적인 시장에서 성립될 가능성이 가장 크다고 인정되는 적정가격'으로 결정된다. 따라서 공시지가는 투기적이고 개별적인 요소를 배제하게 되므로 일반적으로 체감되는 시가와 일치하지 않게 되고, 또한 지가의 변동 상황과 개별적인 여건에 따라 그 가격이 상이하게 나타날 수 있게 된다.

공시지가는 토지시장의 지가정보를 제공하고 일반적인 토지거래의 지표가 되며, 국가·지방자치단체 등의 기관이 그 업무와 관련하여 지가를 산정하거나 감정평가법인 등이 개별적으로 토지를 감정평가하는 경우에 그 기준이 되는 등 광범위한 효력을 가지고 있다. 즉 공시지가는 국가·지방자치단체 등이 조세부

6　Coefficient of Dispersion의 약자로서 한국어로 직역하면 분산계수가 되나, 지표의 의미를 고려하여 실거래가반영률 균형지수로 부르며, 지수가 낮을수록 균형성이 높음을 의미한다. 수평적 형평성을 검증하기 위한 평가균일성의 측정지표는 분산계수(COD)가 가장 일반적으로 사용된다. 분산계수는 평균편차(개별 과세현실화율에서 중위수를 뺀 절댓값 합의 평균)를 과세현실화율의 중위수로 나눈 백분율로 계산한다. 분산계수는 값이 작을수록 평가균일성이 좋으며, 일반적으로 과세현실화율의 중위수가 낮을수록 분산계수가 커지는 경향이 있다. IAAO에서 제시한 기준상 부동산의 경우 일반적으로 COD가 20 이하일 때 수평적 형평성을 달성하고 있는 것으로 평가하고 있다. IAAO의 기준에 의하면 보다 오래되거나 이질적인 지역에서 단독주택과 아파트에 대한 분산계수는 5.0과 15.0 사이에 위치하여야 하며, 신흥지역 또는 동질적인 지역의 주거용 부동산의 분산계수는 5.0과 10.0 사이에 위치하여야 한다. 상업용 부동산의 경우는 일반적으로 분산계수가 5.0과 15.0 사이여야 하며, 대도시 지역에서는 분산계수가 5.0과 15.0 사이여야 한다. 나지에 대한 분산계수는 5.0과 20.0 사이에 위치하여야 한다.

과, 공공용지의 매수 또는 수용·사용에 대한 보상 등을 위하여 지가를 별도로 산정할 필요가 있을 경우 그 기준이 되고, 또한 감정평가사가 타인의 의뢰를 받아 지가를 감정평가하는 경우에도 그 기준이 되고 있다.

2) 표준지공시지가

표준지공시지가는 토지에 대한 적정가격을 평가·공시하여 토지에 대한 감정평가의 기준과 개별공시지가 등 각종 행정목적을 위한 지가산정의 기준으로 적용하기 위한 것으로 '부동산가격공시에 관한 법률'의 규정에 의한 절차에 따라 국토교통부장관이 조사·평가하여 공시한 표준지의 단위면적당(㎡) 적정가격[7]을 말한다. 국가는 3,479만여 필지(2023년 기준) 중 대표성이 인정되는 56만 필지의 표준지를 선정하고, 그 가격을 조사·평가하여 표준지공시지가를 공시하며, 나머지 필지는 시·군·구에서 국가가 공시한 표준지공시지가를 기준으로 당해 지역의 토지에 대한 개별공시지가를 조사·산정하여 공시한다.

표준지공시지가는 일단의 토지 내에 있는 개별필지의 가격산정에 기준이 되는 가격이므로 보다 적정한 가격의 산정을 위하여 감정평가사에게 조사·평가를 의뢰하여 그 결과를 공시하며, 개별공시지가의 산정기준이 될 뿐 아니라 일반적인 토지거래의 지표 및 국가나 지방자치단체 등 공공기관의 업무와 관련하여 지가를 산정하거나 감정평가법인 등이 개별적으로 토지를 감정평가하는 경우에 그 기준으로 활용하고 있다.

국토교통부장관은 매년 1월 1일을 기준으로 전국에 일정토지(56만 필지)를 표준지로 선정하고, 이들 표준지에 대한 가격을 감정평가사가 조사·평가하여 그 결과를 중앙부동산가격공시위원회의 심의를 거쳐 단위면적당(㎡) 가격을 공시함으로써 공시지가에 대한 공정성과 신뢰성을 제고하고 있다.

---

7 '적정가격'이라 함은 당해 토지에 대하여 통상적인 시장에서 정상적인 거래가 이루어지는 경우 성립될 가능성이 가장 높다고 인정되는 가격으로서, 적정가격을 정의함에 기존의 '당해 토지에 대하여 자유로운 거래가 이루어지는 경우 합리적으로 성립한다고 인정되는 가격'보다 명확한 용어로 규정할 필요가 있다는 의견이 제시되어 국토교통부는 2000년 1월 28일에 기존의 적정가격개념을 Ratcliff의 '최빈거래가능가격'에 가깝도록 개정하였다.

✎ **표준지공시지가 적용 현황**

적용방법	적용지가
공시지가를 기준으로 개별토지가격평가	• 공공용지의 매수 및 토지의 수용·사용에 대한 보상 (공익사업을 위한 토지 등의 취득 및 보상에 관한 법률) • 국·공유 토지의 취득 또는 처분 • 기타 법령에 의하여 조성된 주거용·공업용 등 토지의 공급 또는 분양 등
공시지가와 토지가격비준표를 시용히여 개별토지가격산정	• 취득세·토지분재산세과표(지방세법) • 국유재산(행정·보전재산)사용료(국유재산법·공유재산 및 물품관리법 시행령) • 공유재산의 대부료·사용료(지방재정법) • 개발부담금산정을 위한 가격(개발이익 환수에 관한 법률) • 선매협의가격(국토의 계획 및 이용에 관한 법률) • 양도소득세과표(소득세법) • 상속세 및 증여세과표(상속세법) • 법인특별부가세과표(법인세법) • 개발제한구역의 보전부담금(개발제한구역의 지정 및 관리에 관한 특별조치법)

(1) 표준지 선정원칙

표준지는 토지의 이용상황이나 주변환경 기타 자연적·사회적 조건이 유사하다고 인정되는 일단의 토지 중에서 당해 일단의 토지를 대표할 수 있는 토지를 선정하게 되는데 원칙은 다음과 같다.

첫째, 표준지는 대표성·중용성·안정성·확정성이 있는 토지를 선정한다. 여기서 '대표성이 있는 토지'는 표준지 선정 대상지역의 지가수준을 대표할 수 있는 토지, '중용성이 있는 토지'는 토지의 이용상황·형상·면적 등이 표준적인 토지, '안정성이 있는 토지'는 당해 표준지 선정 대상지역의 일반적인 용도에 적합한 토지로서 그 이용상태가 일시적이 아닌 토지, '확정성이 있는 토지'는 다른 토지와의 구분이 명확하고 쉽게 확인할 수 있는 토지를 의미한다.

둘째, 특수토지 또는 용도상 불가분의 관계를 형성하고 있는 대규모 필지로 일단지로 평가할 필요가 있는 경우 토지의 형상, 위치 등이 표준적인 토지를 선정한다.

셋째, 표준지는 과세대상 필지를 대상으로 선정한다. 다만, 국·공유의 토지가 일반재산이거나 여러 필지로서 일단의 넓은 지역을 이루고 있는 경우에는 국·공유지에서도 표준지를 선정한다.

(2) 표준지공시지가의 평가원칙

첫째, 적정가격 기준평가의 원칙으로 표준지의 평가가격은 일반적으로 당해 토지에 대하여 통상적인 시장에서 정상적인 거래가 이루어지는 경우 성립될 가능성이 가장 높다고 인정되는 가격, 즉 '적정가격'으로 결정하되, 시장에서 형성되는 가격자료를 충분히 조사하여 표준지의 객관적인 시장가치를 평가한다.

둘째, 실제용도 기준평가의 원칙으로 표준지의 평가는 공부상의 지목에 불구하고 공시기준일 현재의 이용상황을 기준으로 평가하되, 일시적인 이용상황은 이를 고려하지 아니한다.

셋째, 나지상정평가의 원칙으로 표준지의 평가에 있어 토지에 건물 기타의 정착물이 있거나 지상권 등 토지의 사용·수익을 제한하는 사법상의 권리가 설정된 경우에는 그 정착물 등이 없는 토지의 나지상태를 상정하여 평가한다.

넷째, 공법상 제한상태 기준평가의 원칙으로 표준지의 평가에 있어 공법상 용도지역·지구·구역 등 일반적인 계획제한사항뿐만 아니라 도시계획시설 결정 등 공익사업의 시행을 목적으로 하는 개별적인 계획제한사항이 있는 경우에는 그 공법상 제한을 받는 상태를 기준으로 평가한다.

다섯째, 개발이익 반영평가의 원칙으로 표준지 평가에 있어서 ① 공익사업의 계획 또는 시행이 공고 또는 고시됨으로 인한 지가의 증가분, ② 공익사업의 시행에 따른 절차로서 행하여진 토지이용계획의 설정·변경·해제 등으로 인한 지가의 증가분, ③ 기타 공익사업의 착수에서 준공까지 그 시행으로 인한 지가의 증가분과 같은 개발이익은 반영하여 평가한다. 다만, 개발이익이 주위환경 등의 사정으로 보아 공시기준일 현재 현실화·구체화되지 아니하였다고 인정되는 경우에는 배제하고 평가한다.

여섯째, 일단지 평가의 원칙으로 용도상 불가분의 관계에 있는 2필지 이상의 일단의 토지 중에서 대표성이 있는 1필지가 표준지로 선정된 때에는 그 일단지를 1필지의 토지로 보고 평가한다. 이때 용도상 불가분의 관계는 일단지로 이용되고 있는 상황이 사회적·경제적·행정적 측면에서 합리적이고 당해 토지의 가치형성 측면에서도 타당하다고 인정되는 관계에 있는 경우를 말한다.

🖉 **표준지공시지가의 거래사례비교법 평가식**

자료: 김정은, 표준지공시지가의 가격형성에 관한 연구, 건국대학교 부동산대학원 석사학위논문, 2013

3) 개별공시지가

개별공시지가는 1990년도부터 매년 조사하여 공시하고 있으며, 각종 토지관련 제도에 쓰이는 공적지가를 관계기관이 합동으로 조사하여 활용함으로써 기관별 지가조사에 따른 업무의 중복을 막고, 예산 및 인력의 낭비를 줄이며, 정부가 사용하는 지가를 일원화하여 공적지가에 대한 국민의 신뢰도를 제고하고, 정부 토지정책의 기준과 방향을 제시하기 위한 자료를 제공하기 위해서 도입되었다.

개별공시지가는 국토교통부, 국세청, 지방자치단체 등 관계기관이 합동으로 조사하고 있으며, 국토교통부장관이 매년 공시하는 표준지공시지가를 기준으로 지가산정 대상토지의 지가형성요인에 관한 표준적인 비교표(토지가격비준표)를 사용하여 개별토지가격을 산정하게 된다.

개별공시지가는 국토교통부장관이 매년 공시하는 표준지공시지가를 기준으로 시장·군수·구청장이 조사한 개별토지의 특성과 비교표준지의 특성을 비교하여 국토교통부장관이 개발·공급한 표준지와 지가산정 대상토지의 지가형성요인에 관한 표준적인 비교표(이하 토지가격비준표)상의 토지특성 차이에 따른 가격배율을 산출하고, 이를 표준지공시지가에 곱하여 산정한 후 감정평가법인 등의 검증을 받아, 토지소유자 등의 의견수렴과 시·군·구 부동산가격공시위원회 심의 등의 절차를 거쳐 시장·군수·구청장이 결정·공시하는 개별토지의 단위면적당 가격(원/㎡)을 말한다.[8]

✎ **개별공시지가 산정방법**

비교표준지가격	토지특성 비교분석	개별토지가격산정
공시지가(원/㎡)	비교표준지와 개별토지의 토지특성을 비교분석하여 가격배율을 산출	비교표준지공시지가×가격배율 = 개별토지가격(원/㎡)

이와 같이 산정된 개별공시지가는 양도소득세, 종합토지세 등 국세 및 지방세의 부과기준뿐 아니라 개발부담금 등 각종 부담금의 부과기준으로 사용된다.

개별공시지가에 대한 검증을 통하여 시장·군수·구청장이 산정한 지가에 대하여 감정평가사가 토지특성조사 등의 적정성, 인근지가의 균형여부 등을 종합적으로 검토하고 적정한 가격을 제시한다. 또한 검증의 실효성을 제고하기 위해 산정된 지가에 대한 토지특성조사나 비교표준지 선정과정에서의 착오를 바로잡고 토지가격균형성을 검토하는 등 지가를 조정한다.

토지특성조사는 매년 공시기준일 현재를 기준으로 각종 공부조사 및 지가현황도면과 현장 확인을 통해 정확하게 조사한다. 조사항목은 지목, 면적, 용도지역, 용도지구, 기타 제한, 농지구분, 비옥도, 경지정리, 임야구분, 이용상황, 고저, 형상, 방위, 도로접면, 간선도로거리, 철도·고속국도 등과의 거리, 폐기물처리·수질오염방지시설 등과의 거리, 대규모 개발사업, 기타 특성 등 19개 항목이다.

4) 공시가격의 활용

공시가격은 ① 조세 부과, ② 건강보험료 산정, 기초노령연금 수급대상자

---

8 국토교통부, '2013년도 적용 개별공시지가 조사·산정지침', 2012, p.5

결정, 교통사고 유자녀 등 지원 대상자 결정 등 복지행정, ③ 재건축부담금 산정, 이행강제금 산정 등 부동산행정, ④ 공직자 재산등록 등 60여 종의 행정분야에 광범위하게 활용된다.

✎ **공시가격 활용분야**

구분	활용분야
복지	기초연금대상자 판단기준, 기초생활보장 대상자 판단기준, 취업후 학자금장기상환 대상자 판단기준, 장애인연금 대상자 판단기준, 지역 건강보험료 부과기준, 건강보험료 피부양자 자격 인정기준, 생계유지곤란 병역감면 판단기준, 근로장려금 신청 자격 판단기준, 교육비 지원대상 선정, 공공주택 입주자 자격 등
부담금	개발부담금 부과액 산정, 재건축부담금 부과액 산정, 농지보전부담금 부과액, 개발제한구역 보전 부담금
행정목적	국공유재산 대부 및 사용료 산정, 도로점용료 산정기준, 초지조성시 국공유지 대부료 산정, 공직자 재산공개시 기준, 민사소송 소가 및 인지대 산정, 지적확정에 따른 조정금 산정 기준, 실거래신고가격 검증, 국부추계(국민대차대조표), 공시사항 전산자료 관리, 중개대상물 정보, 국민주택채권 매입기준, 농업기반시설 목적외 사용 경비, 공공시행자 택지 활용시 비용정산 기준, 농지전용심사 기준, 전용허가 받지 않은 농지의 벌금산정, 과태료·벌금부과기준, 사전채무조정, 주택자금 소득공제, 청약가점제 무주택자분류, 허가구역 내 토지거래허가기준, 지방공기업 중요자산 결정기준
조세	재산세, 취득세, 종합부동산세, 양도소득세, 상속세, 증여세, 등록면허세, 농어촌주택 취득자의 양도소득세 면제 기준
부동산 평가 (*표준지 공시지가 활용)	보상평가*, 경매평가*, 담보평가*, 국공유지 매각평가*, 개발제한구역 토지매수가 산정*, 중요자산취득 및 처분 판단기준*, 매수대상토지의 판정기준*, 선매 및 불허처분 토지매수가격 산정*, 장기미집행 도시계획시설부지 매수청구금 산정*, 농지의 처분명령 및 매수청구, 도로 매수청구시 매수예상가격*, 하천구역토지의 매수청구가격*, 일반거래지표*, 사회복지·공익 법인등의 기본 재산의 처분*, 산지매수평가*, 사학기관·기술대학 학교설립에 따른 수익용 기본재산 산정, 자산재평가, 현물출자 자본금 산정기준*, 공동주택 분양가격 산정, 산업기술혁신사업비 산정기준

3. 주택가격공시제도

1) 도입배경

토지와 건물이 일체로 거래되는 시장상황에서 토지와 건물을 상이한 평가방식(거래사례비교방식, 원가방식)에 따라 각각 평가함으로 인해 시장가격과 크게 괴리된 별도의 평가가격들이 도출되었고, 이는 궁극적으로 과세 불평등을 초래하는 원인이 되었다.

또한 2000년 이후 급격한 부동산가격 상승을 계기로 부동산시장 안정화를 위해 다양한 세제개편(보유세 강화, 거래세 인하, 종합부동산세 도입)을 추진하는 과정에서 단독주택과 공동주택의 차이점을 고려하여 단독주택은 표준주택을 선정·평가한 후 이를 기준으로 개별주택가격을 산정토록 하고, 공동주택은 전수를 조사하여 국토교통부장관이 공시한다.

2) 표준주택

표준주택은 국가·지방자치단체 등의 기관이 개별주택가격의 산정 등에 효율적으로 활용할 수 있도록 선정·관리하여야 하며, 당해 지역의 일반적이고 평균적인 단독주택 가격수준 및 그 변화를 나타낼 수 있어야 한다.

표준주택의 토지는 대표성·중용성·안정성·확정성이 있는 토지를 선정한다. 여기서 '대표성이 있는 토지'는 표준주택선정 대상지역의 지가수준을 대표할 수 있는 토지, '중용성이 있는 토지'는 토지의 이용상황·형상·면적 등이 표준적인 토지, '안정성이 있는 토지'는 당해 표준주택선정 대상지역의 일반적인 용도에 적합한 토지로서 그 이용상태가 일시적이 아닌 토지, '확정성이 있는 토지'는 다른 토지와의 구분이 명확하고 용이하게 위치를 확인할 수 있는 토지를 의미한다.

표준주택의 건물은 대표성·중용성·안정성·확정성이 있는 건물을 선정한다. 여기서 '대표성이 있는 건물'은 표준주택선정 대상지역의 건물가격수준을 대표할 수 있는 건물, '중용성이 있는 건물'은 건물의 구조·용도·연면적 등이 표준적인 건물, '안정성이 있는 건물'은 당해 표준주택선정 대상지역의 일반적인 용도에 적합한 건물로서 그 이용상태로 보아 안정적이고 상당기간 동일용도로 활용될 수 있는 건물, '확정성이 있는 건물'은 다른 건물과 외관구분이 명확하고 용이하게 위치를 확인할 수 있는 건물을 의미한다.

표준주택은 25만 호(2023년 기준)로 전국의 주택가격 조사대상이 되는 총 주택수를 기준으로 하여, 도시규모 및 용도, 건물구조에 따라 차등 분포한다. 표준주택가격은 국토교통부장관이 공시기준일(매년 1월 1일) 현재의 가격을 조사·평가하여 중앙부동산가격공시위원회의 심의를 거쳐 공시하는 적정가격이다. 여기서 적정가격은 당해 토지 및 주택에 대하여 통상적인 시장에서 정상적인 거래가 이루어지는 경우 성립될 가능성이 가장 높다고 인정되는 가격을 말한다. 즉 투기적 요소나 거래당사자의 특수한 사정으로 인하여 형성되는 가격은 배제된다.

표준주택가격은 국가·지방자치단체 등의 기관이 그 업무와 관련하여 개별주택가격을 산정하는 경우에 그 기준이 되며, 개별주택 및 공동주택의 가격은 주택시장의 가격정보를 제공하고, 국가·지방자치단체 등의 기관이 과세 등의 업무와 관련하여 주택의 가격을 산정하는 경우에 그 기준으로 활용될 수 있다.

3) 개별주택가격

개별주택가격은 주택시장의 가격정보를 제공하고, 국가·지방자치단체 등의 기관이 과세 등의 업무와 관련하여 주택의 가격을 신정하는 경우에 그 기준으로 활용됨은 물론 재산세(주택) 등 각종 세금부과기준으로 활용되어 국민의 재산권에 미치는 영향이 크다.

개별주택가격은 전국의 단독·다가구주택을 대상으로 국토교통부장관이 매년 공시하는 표준주택가격을 기준으로 시장·군수·구청장이 산정하여 공시한 주택가격이다. 개별주택가격은 시·군·구청장이 표준주택가격을 기준으로 주택가격형성요인에 관한 표준적인 비교표(주택가격비준표)를 이용하여 지방자치단체 공무원이 직접 조사한 개별주택의 특성을 상호 비교하여 가격을 산정한 후, 그 결과의 적정성을 확보하기 위해 한국부동산원의 가격검증과 시·군·구 부동산가격공시위원회의 심의를 거쳐 공시한다.

개별주택가격의 검증은 '개별주택가격의 검증업무 처리지침'에 따라 시장·군수·구청장이 표준주택가격을 기준으로 주택가격비준표를 사용하여 산정한 개별주택가격에 대하여 한국부동산원이 비교표준주택의 선정, 주택특성조사의 내용 및 주택가격비준표 적용 등의 타당성을 검토하여 산정가격의 적정성을 판별하고, 표준주택가격, 인근개별주택가격 및 전년도 개별주택가격과의 균형유지, 기타 주택가격의 변동 현황 등을 종합적으로 참작하여 적정한 가격을 검토하는 것을 말한다.

개별주택가격은 국가·지방자치단체 등의 기관이 과세 등의 업무와 관련하여 주택의 가격을 산정하는 경우에 그 기준으로 이용되며, 주택시장의 가격정보를 제공하는 기능을 한다.

✏️ **개별주택가격의 활용**

구분	활용분야
국세	종합부동산세, 양도세 과표, 상속세 및 증여세 과표
지방세	재산세, 취득세, 등록면허세
재건축부담금	재건축 초과이익 환수에 관한 법률에 근거하여 초과이익산정을 위한 주택가액 적용
청약가점제무주택자 분류	입주자모집공고일 현재 60㎡ 이하의 주택으로서 주택가격이 5천만 원 이하인 주택 1호
국민주택채권	등기 시 국민주택채권 매입가의 기준이 됨(시가표준액), 국민주택채권입찰 시 채권매입예정액의 상한액 결정기준
주택자금소득공제	공동주택가격 3억 원 이하(주택마련저축불입액, 장기주택저당차입금 이자상환액)
기초노령연금	기초노령연금 수급권자 분류를 위한 소득인정액 산출의 기초가 되는 재산 가액으로 활용
분양가상한제 채권매입상한액	분양가상한제 적용주택의 채권매입상한액을 결정하기 위한 기준이 되는 인근 주택매매가격으로 활용
공직자재산등록	공직자의 재산등록 시 등록할 주택공시가격
건강보험료	지역가입자의 부과표준소득 파악 시 재산세의 부과대상이 되는 주택의 재산세과세표준금액을 기준으로 재산의 등급별 점수를 산정, 반영
노인복지주택 입소 부자격자 이행강제금	주택가격 공시금액의 100분의 10
교통사고 유자녀 등 지원	교통사고 유자녀 등 지원관련 지원기준 적합여부 판단
사전채무조정제도	보유자산가액이 6억 원 미만 해당
근로장려세제	무주택자 또는 기준시가 5천만 원 이하 주택 한 채 보유자

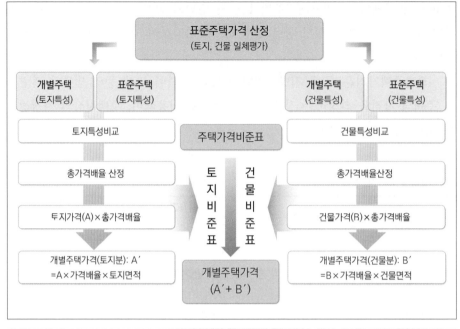

개별주택가격 산정체계

4) 공동주택가격

공동주택가격공시제도는 부동산세제 개편의 일환으로 과표를 현실화함으로써 공평과세를 실현하고 보유세 및 거래세 등 각종 과세기준을 단일화하기 위하여 도입되었다. 공동주택가격공시는 일반적인 거래관행과 부합되도록 토지·건물의 가격을 일괄하여 조사·산정한 적정가격을 공시한다. 공동주택의 가격공시는 주택시장의 가격정보를 제공하고, 국가 지방자치단체 등의 기관이 과세 등의 업무와 관련하여 주택의 가격을 산정하는 경우에 그 기준으로 활용될 수 있다.

공동주택의 수도권 비중은 주택재고기준으로는 약 53%, 공시가격기준으로는 약 67% 수준이다. 공동주택가격은 공동주택의 보유세·거래세 등 과세표준의 기준으로 활용되며, 국세인 종합부동산세, 상속·증여세 등과 지방세인 재산세 등의 과세표준의 기준으로 활용된다. 공동주택가격은 인근 유사 공동주택의 거래가격·임대료 및 당해 공동주택과 유사한 이용가치가 있다고 인정되는 공동주택의 건축에 필요한 비용추정액 등을 종합적으로 참작하여 산정한다.

공동주택가격의 산정은 '부동산가격공시에 관한 법률'에 의거 부동산가격 조사·산정 전문기관으로 지정된 한국부동산원에서 '공동주택의 조사 및 산정지침'에 따라 전수조사에 의해 적정가격을 산정하고, 가격의 적정성을 제고하기 위해 가격검증과 가격심의회의 절차를 거친다. 가격검증은 한국부동산원의 조사자 간, 지점 내, 지점 간 상호 비교·검토를 통하여 자체적으로 검증하는 절차이며, 가격심의회는 시·군·구 단위, 시·도 단위, 전국 단위로 가격심의회를 구성하여 공동주택가격 수준에 관한 사항, 전년 및 인근 공동주택가격의 균형 유지에 관한 사항, 공동주택의 기초 통계에 관한 사항, 기타 공동주택가격의 적정성 검토를 위해 필요한 사항에 대하여 검토하여 적정가격을 산정하게 된다.

주택공시가격(단독주택, 공동주택)은 주택시장의 가격정보를 제공하고, 국가나 지방자치단체 등 공공기관이 그 업무와 관련한 기준자료, 즉 국세(종합부동산세 등) 및 지방세(재산세, 취득세 등) 등의 과세기준으로 이용된다. 공시된 주택가격이 시가와 큰 차이가 날 경우 과세상의 불평등을 일으킴은 물론 부동산공시제도에 대한 대국민 신뢰성이 크게 훼손될 우려가 있다. 따라서 주택공시가격이 국민의 신뢰를 얻을 수 있도록 가격적정화 관리체계를 마련하여 실거래가와의 균형성 및 지역별 균형성을 제고하는 등 공시가격의 적정성과 객관성을 높이는 방향으로 보완되고 있다.

4. 공시가격 현실화

1) 개요

부동산 가격공시에 관한 법률은 부동산의 적정가격을 공시함으로써 부동산의 적정한 가격형성과 각종 조세와 부담금 등의 형평성을 도모하는 것을 목적으로 규정하고 있으며, 적정가격은 통상적인 시장에서 정상적인 거래가 이루어질 경우 성립될 가능성이 가장 높다고 인정되는 가격으로, 정상적인 시장에서 형성되는 시세 수준을 반영하여 부동산의 가격을 공시하도록 하고 있다.

2) 현실화 계획

부동산 공시가격은 1989년부터 시세 반영률을 높이기 위해 노력해 왔다.

그러나, 2019년 부동산 가격공시 결과로 나타난 부동산 유형별 공시가격의 시세 반영 수준은 표준지 64.8%, 표준주택 53.0%, 공동주택 68.1% 정도로 여전히 시세의 50~60% 수준에 그쳤다.

이에 따라, 공시가격이 적정가격을 반영하도록 시세 반영률의 목표를 설정하고, 이를 달성하기 위한 계획을 수립하도록 부동산 가격공시에 관한 법률을 개정(2020년 4월)하였다. 즉, 적정가격을 공시하도록 한 법률의 취지를 반영하면서 공시가격 조사산정 과정에서 발생할 수 있는 현실적인 오차를 감안하여 목표를 설정한다. 현실화 계획에서는 개별부동산들의 현실화 현황과 현실화에 따른 공시가격 변동 영향 등을 종합적으로 고려하여 부동산의 유형별·시세구간별로 목표 도달시점을 정하고 있다.

부동산가격공시에 관한 법률 제26조의2 적정가격 반영을 위한 계획 수립 등

① 국토교통부장관은 부동산공시가격이 적정가격을 반영하고 부동산의 유형·지역 등에 따른 균형성을 확보하기 위하여 부동산의 시세 반영률의 목표치를 설정하고, 이를 달성하기 위하여 대통령령으로 정하는 바에 따라 계획을 수립하여야 한다.

② 제1항에 따른 계획을 수립하는 때에는 부동산 가격의 변동 상황, 지역 간의 형평성, 해당 부동산의 특수성 등 제반사항을 종합적으로 고려하여야 한다.

③ 국토교통부장관이 제1항에 따른 계획을 수립하는 때에는 관계 행정기관과의 협의를 거쳐 공청회를 실시하고, 제24조에 따른 중앙부동산가격공시위원회의 심의를 거쳐야 한다.

④ 국토교통부장관, 시장·군수 또는 구청장은 부동산공시가격을 결정·공시하는 경우 제1항에 따른 계획에 부합하도록 하여야 한다.

연습문제
EXERCISE

01 가치와 가격의 차이에 대해 설명하라.

02 효용, 희소성, 유효수요, 이전성 등 가치발생요인에 대해 설명하라.

03 인근지역, 유사지역, 동일수급권에 대해 설명하고 그 차이를 기술하라.

04 원가법에서 재조달원가에 대해 기술하라.

05 거래사례비교법에서 시점수정과 사정보정에 대해 기술하라.

06 수익환원법에서 환원이율에 대해 설명하라.

07 시산가격의 의미와 시산가격 조정을 왜 하는지에 대해 설명하라.

08 공시지가의 의미에 대해 기술하라.

09 표준지 선정원칙에 대해 기술하라.

10 표준지공시지가의 평가원칙에 대해 기술하라.

CHAPTER
09

부동산거래와 중개

SECTION 01+ 부동산 매매계약

1. 부동산의 매매계약

1) 부동산의 매매

부동산의 매매는 부동산의 매도인과 매수인이 그 소유권의 변동을 목적으로 하는 매매계약을 체결·이행하여 소유권이전등기를 하는 것을 말한다. 매매계약의 목적물인 부동산의 시세 및 그 주변을 조사하여 부동산을 선정하고, 부동산매매계약을 체결하는 경우 매매당사자가 부동산 소유권자인지 확인하고, 대리인인 경우 대리권을 가지고 있는지 확인하고, 부동산등기부를 통해 부동산권리관계를 확인한다. 매매계약체결 시 매매계약서를 작성하고 매매계약금을 교부한다. 부동산매매 후 매도인과 매수인 사이의 소유권 변동을 위해서는 부동산등기부에 등기해야 한다.[1]

2) 매매계약 후 절차

부동산매매 후 매도인과 매수인 사이의 소유권 변동을 위해서는 부동산등기부에 등기해야 한다. 부동산매매계약을 체결한 후 부동산거래를 30일 이내에 신고해

---

1   법제처, 찾기 쉬운 생활법령, 생활법령 부동산 매매의 개요: 100문 100답(oneclick.law.go.kr)

야 하며, 매수한 주택으로 거주지를 이동하여 전입신고 및 자동차 주소지를 변경해야 한다. 부동산매매 후에 매도인은 양도소득세, 지방소득세, 농어촌특별세를 납부하고, 매수인은 취득세, 인지세, 농어촌특별세, 지방교육세 등을 납부해야 한다.

3) 계약금의 의미

계약금은 계약체결의 증거로서 의미를 갖는 증약금의 성격과 손해배상의 예정이라는 성질과 위약계약금으로서의 성격 및 계약의 해제권을 보류하는 해약금으로서의 성격을 가지고 있다. 민법은 계약금을 해약금으로 추정하기 때문에, 거래 실제에 있어서는 약정금, 보증금, 계약금 등 어떠한 명칭을 사용하여 교부되더라도 원칙적으로 해약금으로 보아도 무방하다. 따라서 계약을 해제하고 싶은 당사자는 계약금을 포기함으로써 계약을 해제하고 계약금을 받은 자는 그 배액을 상환함으로써 계약을 해제할 수 있다. 이러한 계약의 해제는 당사자 일방이 이행에 착수할 때까지, 즉 중도금을 제공한다든가, 잔금을 지급할 준비를 하고 부동산의 인도를 요구하기 전까지 가능하다.

2. 매매계약 시 확인사항

매매계약은 양도인이 어떤 재산권을 양수인에게 이전할 것을 약속하고 양수인은 이에 대하여 그 대금을 지급할 것을 약속하여 성립하는 계약이다. 이때 양 당사자의 의사표시는 구두에 의하든 서면에 의하든 방법에 제한은 없으나, 후일 분쟁의 소지를 없애고 그 내용을 확실히 하기 위해서는 계약서를 작성해두는 것이 안전하다.

1) 계약 전 확인

구입하고자 하는 대상주택이 선정되었을 경우, 반드시 계약 전에 등기부등본이나 각종 공부를 발급받아 권리관계와 사실관계를 확인해야 한다. 매매계약의 대상부동산에 임차권, 전세권, 저당권 등이 설정되어 있거나 가등기·가처분·가압류가 되어 있는 경우 매수인은 소유권 행사에 제약을 받을 수 있으므로 매매계약 전에 확인해야 한다.

(1) 현장확인

부동산을 사고자 하는 자는 먼저 해당 지번을 확인하고, 부동산종합증명서와 등기부등본을 신청하여 발급받고 현장을 반드시 확인하여야 한다. 부동산을 구입할 때 중요한 것 중 하나가 현장답사인데, 매매계약 전에 현장답사는 필수적이다. 현장을 답사할 때는 각종 서류상으로 확인할 수 없는 사항을 확인해야 한다. 토지의 위치, 지목, 면적 및 인접 토지와의 경계, 용도, 방향, 도로접근 및 교통편의, 주변 환경상태와 건물의 일조, 통풍관계, 건축재료 등을 살펴보아야 한다. 또한 부동산등기부와 부동산종합증명서의 일치여부를 확인한 뒤에는 실제 부동산이 등기부 등의 기재와 일치하는지 여부 등을 확인해야 한다.

우리나라는 토지와 건물이 별도의 부동산으로 취급되므로, 부동산매매 시 토지와 건물의 소유가 일치하는지를 확인하고, 일치하지 않는 경우에는 정당하게 건물을 사용할 수 있는 권리(임차권, 지상권 등)가 있는지를 확인해야 한다. 계약목적물이 주택일 경우에 보일러, 계량기, 일조량 등에 하자가 있는지, '건축법' 상 불법사항이 있는지를 확인해야 한다.

(2) 소유자의 진정성

매도하려는 자가 실제 소유자인가의 여부도 신중하게 알아보아야 한다. 부동산 중개사무소에서 소개하는 경우에도 계약자 본인이 소유자의 진정성과 관련된 서류를 살펴야 한다. 발급받은 등기부상 소유자의 인적사항을 확인하고, 소유자의 주민등록증을 제시받아 동일인 여부를 확인한다.

계약하고자 하는 물건에 대해 소유자의 이름과 목적물의 주소를 확인한 후 매매계약 전 반드시 부동산 소재지 관할 등기소에서 토지와 건물에 대한 등기부등본을 각 1통씩 발급받아 현재 소유자와 매도인(파는 사람)이 동일인인지 확인한다. 관할 등기소에서 토지, 건물 등기부등본 각 1통(매매의 경우)과 정부24(www. gov.kr)에서 부동산종합증명서 1통을 발급받아 권리관계(압류, 가압류, 근저당, 가등기, 가처분 등) 및 사실관계(무허가건물 여부, 도시계획사항 등)를 확인하여 이상유무를 파악한다. 또한 국세·지방세 완납증명서를 발급받아 과세체납 여부 등을 확인할 필요가 있다. 임대차 계약의 경우, 임차인은 임대인의 동의를 얻어 세무서와 시·군·구청에 직접 방문하여 발급받을 수 있다.

(3) 등기부 확인

상대방이 보여주는 등기부등본만을 믿어서는 안 된다. 최근에는 복사기술이 발달되어 원본과 다른 위조서류로 변조될 수 있으므로 등기부등본(대법원 인터넷등기소, www.iros.go.kr)이 있으면 반드시 관계공무원의 인증(원본과 같다는 확인)이 있는가의 여부를 확인하여야 할 것이고, 본인이 직접 등기부를 열람하여 확인하거나 이를 발급받아 보아야 한다. 상대방이 보여주는 등기권리증도 자세히 살펴보고 원본여부를 확인하여야 한다.

2) 계약 시 확인

계약은 등기부상의 소유자와 직접 맺어야 한다. 본인 여부는 주민등록증을 대조하여 확인하고, 대리인과 계약할 때는 소유자의 인감이 찍힌 위임장, 인감증명서, 주민등록증을 확인해야 한다. 또한 소유자와 직접 계약 시에도 소유자가 미성년자나 성년후견에 속하는 자가 아닌지를 확인해야 한다. 소유자가 미성년자인 경우에는 법정대리인의 동의서를 확인해야 한다.

(1) 매도인과 매수인

부동산매매계약을 체결할 경우 매도인과 매수인이 매매계약의 당사자가 된다. 부동산매매계약 시 매수인은 매도인이 부동산의 소유권자인지를 정확히 살펴야 한다. 만약 매도인이 서류를 위조하여 다른 사람의 부동산을 본인 부동산인 것처럼 매도하는 경우에는 권한 없는 자의 처분행위가 되어 그 부동산매매계약은 무효가 된다. 이런 경우 매매계약을 체결하고 등기까지 이루어졌다고 하더라도 매수인은 소유자가 될 수 없다.

(2) 대리인

매매당사자는 대리인을 선임할 수 있으며, 대리인을 선임하여 매매계약을 체결할 경우 매매계약에 따른 매매당사자의 법적 권리·의무는 대리인이 아닌 매매당사자에게 귀속된다. 매매당사자가 선임한 대리인과 매매계약을 체결할 때에는 대리인에게 대리권이 있는지부터 확인해야 한다. 계약상대방은 대리인이 법정대리인인 경우에는 인감증명서를 요구하고, 대리인이 위임대리인인 경우에는 위임장과 인감증명서를 함께 요구하여 이를 확인해야 한다.

3) 중개사무소 선정

　　개업공인중개사에게 중개를 의뢰할 때에는 개업공인중개사가 소속된 해당 부동산중개업체의 등록 여부 및 보증보험 또는 공제 가입 여부를 확인하고 중개계약을 하는 것이 바람직하다. 중개를 의뢰하려는 부동산중개업체가 '공인중개사법'에 따라 개설·등록된 업체인지의 여부는 해당 부동산중개업체 안에 게시되어 있는 중개사무소 개설등록증, 공인중개사 자격증, 사업자등록증 등으로 확인할 수 있다. 해당 부동산중개업체의 보증보험 또는 공제에 가입여부는 중개사무소에 게시된 공제증서 등 보증의 설정 증명서류를 통해 확인할 수 있다.

　　중개사고를 미연에 방지하기 위해서는 한 지역에서 오래 중개업을 해온 경력 있는 중개사를 선택하여 경력과 평판이 좋은 중개사를 선택하는 것이 바람직하다. 좋은 중개사를 찾기 위한 좋은 방법은 해당 지역의 여러 중개사를 만나보고 다양한 정보를 쌓고 비교해봐야 한다. 한 사람만 만나보고 섣불리 판단하거나, 지인의 추천이라고 해서 맹목적으로 신뢰하고 무작정 결정하는 것은 위험한 결과를 초래할 수 있다. 더불어 국토교통부 국가공간정보포털(www.nsdi.go.kr)에

📑 참고 REFERENCE ┃ 개업공인중개사의 책임

　　중개의뢰인은 개업공인중개사의 고의 또는 과실로 인해 중개행위 중 입은 재산상의 손해에 대해 배상받을 수 있다. 따라서 개업공인중개사가 자신의 의무를 소홀히 하여 부동산거래당사자에게 손해를 입힌 때에는 개업공인중개사는 그 손해에 대해서 배상을 해야 한다.

　　개업공인중개사와 중개의뢰인 간에 발생한 분쟁은 당사자 간의 합의를 통해 해결하는 것이 원칙이나 당사자 간의 합의를 통해 분쟁이 해결되지 않는 경우 분쟁당사자 사이에 분쟁해결방법에 관한 별도의 의사표시가 없으면 '소비자분쟁해결기준'이 분쟁해결을 위한 합의 또는 권고의 기준이 된다.

　　'소비자분쟁해결기준'에 따르면 부동산중개대상물의 확인·설명을 소홀히 하여 재산상의 피해를 발생하게 한 경우 개업공인중개사는 중개의뢰인이 입은 손해액을 배상하도록 하고 있다. 개업공인중개사가 이러한 중개업자의 의무를 소홀히 하여 부동산매수인에게 손해를 입힌 때에는 개업공인중개사는 그 손해에 대해서 배상을 해야 한다.

서 중개사무소를 검색해서, 등록번호와 대표자 성명, 등록된 소속공인중개사와 중개보조원 등을 알 수 있고, 영업중인 상태인지 알 수 있다. 그리고 업무보증서의 보증기간이 지나지 않았는지도 살펴보아야 한다.

계약서는 당사자의 수만큼 작성하여 각 당사자가 한 통씩 보관하며 중개사무소로부터 중개대상물 확인설명서를 받아야 한다. 또한 계약시, 공인중개사는 보증금액, 보증기간, 보증보험회사, 공제사업을 행하는 자, 공탁기관과 그 소재지가 명확하게 들어 있는 업무보증서 사본을 의무적으로 고객에게 제공하게 되어 있다.

4) 계약과 해약 시

계약 후 중도금을 내기 전까지는 해약할 수 있다. 단, 집을 산 사람은 계약금을 포기하고, 집을 판 사람은 위약금을 배상해야 한다. 혹자는 계약서를 작성한 후 24시간 안에는 위약금이나 해약금을 물지 않고도 해약할 수 있다고 말하는데, 계약서를 쓰고 도장을 찍었다면 계약파기에 대한 대가를 지불해야 한다.

5) 매매계약서 작성 시

매매계약서상의 부동산 표시란은 상세히 기재하여야 한다. 물리적인 사항은 '토지대장', '건축물대장'의 내용을, 권리와 관련된 사항은 '등기사항 증명서' 상 내용을 적도록 한다. 부동산의 표시란이 협소하여 다 적을 수 없는 경우에는 뒷면참조, 별지참조 등으로 기재한 후 뒷면이나 별지 목록에 기재한다.

📝 **참고 REFERENCE**   매매계약서 필수 기재사항

- 등기부등본과 토지대장상의 목적물 표시(목적물의 주소는 도로명지번으로 기입)
- 매도·매수인의 인적사항(성명, 주소-도로명지번, 주민등록번호)
- 매매대금의 액수
- 매매금액의 지급시기
- 매매부동산 인도시기
- 계약위반 시 조치사항(배상문제 등)
- 단서조항(특약사항, 부속물 포함여부, 각종 공과금 납부여부, 융자금 반환여부 등)
- 계약 연·월·일

6) 대금지급 시 유의사항

　　중도금이나 잔금을 지급할 시에는 영수증을 주고받거나 온라인으로 송금하여 대금지급 내용을 명확히 하여야 한다. 담보가 있거나 대출금을 안고 부동산을 살 때 해당 금융기관으로부터 저당권(임차권, 전세권 등)의 범위와 잔액증명을 서면으로 확인하고, 동시에 추가대출 금지를 요청해 두어야 한다.

　　잔금지급 시에도 최종적인 권리관계 확인과 변동사항을 점검하기 위해서 각종 공부(특히 등기부)를 다시 발급받아 재차 확인하여야 한다. 간혹 이중으로 매도하는 사고가 발생되는 경우가 있기 때문이다.

　　잔금을 지급함과 동시에 매도인으로부터 등기권리증, 인감증명서 등 권리이전 서류를 받아 관할등기소에 이전등기절차를 마치도록 한다. 만약 등기권리자가 상당한 사유 없이 등기신청을 해태한 때에는 취득세액의 5배 이하에 상당하는 금액의 과태료에 처하게 된다. 이전등기 수속을 마친 후 등기부등본을 발급받아서 이전등기가 된 것을 확인해야 한다.

7) 등기완료 시

　　등기필증은 신청한 등기가 완료되면 새로운 등기권리자에게 주는 일종의 권리증이다. 이 등기필증은 잃어버리면 다시 교부받을 수 없으므로 잘 보관해야 한다. 등기필증이 없는 경우, 나중에 등기(매매, 저당 등)할 때 법무사의 확인서면이나 공증사무실에서 공증한 등기위임장 부본이 있어야 하므로 등기필증은 잘 간수해야 한다. 해당 부동산에 부과된 제세공과금에 관한 서류를 재차 확인하고, 매도자의 인적사항과 연락처도 반드시 알아야 한다. 부동산중개사무소에서 발급하는 중개대상물건 확인·설명서를 교부받고 난 후 법정 중개보수를 지불한다.

SECTION 02+ 부동산 임대차계약

1. 임대인의 권리·의무

1) 임대인의 권리

임대차는 대가를 지급하고 타인의 물건을 사용·수익하는 법률관계이며, 그 것은 쌍방당사자, 즉 임대인·임차인은 임대차계약에 의하여 서로 채무를 부담 하고 채권을 취득한다. 임대인의 권리로는 차임지급청구권, 차임증액청구권, 법 정저당권, 목적물반환청구권이 있다. 이 중 가장 중요한 것은 차임지급청구권으 로 임대인은 일정한 경우에 차임증액청구권을 갖는다.

2) 임대인의 의무

임대인의 의무로서 가장 중심적인 것은 임차인이 임대물을 사용·수익하게 할 의무이다. 또한 임차권은 그 본질에 있어서 하나의 채권으로 목적물 인도의 무, 수선의무, 방해제거의무, 비용상환의무, 담보책임 등이 있다.

(1) 목적물을 사용·수익하게 할 의무

임대인은 임차인의 계약이 존속하는 동안 목적물을 사용·수익하게 할 적극적 의무를 부담하게 된다. 이 적극적 의무를 근거로 하여 임대인은 목적물을 임차인에 게 이전하고 임대차기간 중 그 사용·수익에 필요한 상태를 유지하여야 한다.

(2) 비용상환의무

임차인이 임차물에 대하여 필요비 또는 유익비[2]를 지출한 때에는 특약이 없

---

2 유익비는 임차인이 임차물의 객관적 가치를 증가시키기 위하여 투입한 비용이어야 한다. 임차인 이 주관적 취미나 특수한 목적을 위하여 지출한 비용은 유익비에 포함되지 않는다. 즉, 임차인이 임차건물을 건물용도나 임차목적과 달리 자신의 사업을 경영하기 위하여 시설개수비용이나 부착 한 물건의 비용을 지출한 경우 등은 유익비에 해당하지 않는다. 예를 들어, 3층 건물 중 사무실로 사용하던 2층 부분을 임차한 후 삼계탕집을 하기 위해 보일러, 온돌방, 방문틀, 주방, 가스시설,

는 한 임대인이 그 비용을 상환하여야 한다. 임차인이 임차물의 보존에 관한 필요비를 지출한 때에는 임대차의 종료를 기다릴 것 없이 이를 상환하여야 한다. 필요비의 범위는 목적물을 통상의 용법에 적합한 상태로 보존하는 데 소요된 지출을 말한다. 필요비는 임대인이 사용·수익하게 할 의무의 내용이므로 이는 임대인의 부담에 속한다.

임차인이 임대차 관계로 임차상가건물을 사용·수익하던 중 그 객관적 가치를 증가시키기 위해 투입한 비용이 있는 경우, 즉 유익비를 지출한 경우에는 임대인은 임대차 종료 시에 그 가액의 증가가 현존한 때에 한하여 임차인이 지출한 금액이나 그 증가액 중에서 택일하여 상환해야 한다.

임차인의 비용상환청구권에 관하여 필요비 및 유익비의 상환청구권은 임대인이 목적물을 반환받은 날로부터 6개월 내에 소를 제기하여야 한다. 이 6개월의 제척기간 기산점은 원칙적으로 임대인이 목적물을 반환받은 때이나, 유익비에 관하여 법원이 기한을 허가한 때에는 그 기한이 도래한 때로부터 기산하게 된다. 임차인은 비용상환청구권에 관하여 유치권을 갖는다.

2. 임차인의 권리·의무

쌍무계약의 당사자로서 임차인은 임대인의 권리·의무에 대응하는 권리·의무를 부담한다. 임차인의 권리로서 가장 중요한 것이 임차권이다. 임차인의 권리로서는 임차권 이외에도 비용상환청구권, 계약갱신청구권, 지상물매수청구권, 부속물매수청구권, 차임감액청구권 등이 있다. 임차인의 의무로서는 임차물보관의무, 임차물반환의무 그리고 차임지급의무가 있다.

1) 임차인의 권리

임차인은 임차물을 직접 사용·수익할 수 있는 권리를 취득한다. 그러나 임차권은 물권이 아니므로 제3자에게 대항하지 못하는 것이 원칙이다. 다만 등기한 부동산 임차권 및 점유하는 동산임차권은 배타성이 있으므로 제3자에게 대항할 수 있다.

전등 등을 설치하고 페인트칠을 한 경우, 임차인이 음식점을 하기 위해 부착시킨 간판 등 특수한 목적에 사용하기 위한 시설개수비용은 유익비에 해당되지 않는다.

(1) 사용수익청구권

임차권은 직접 목적물을 사용·수익하는 물권에 가까운 권리이므로 임대인이 그 목적물을 인도하지 아니하는 경우에는 그 인도를 청구할 수 있고 또한 임대차기간 동안 그 차용물을 사용·수익할 수 있는 상태를 유지하게 하는 데 필요한 임대인의 행위를 청구할 수 있다.

(2) 차임감액청구권

임차물의 일부가 임차인의 과실 없이 하자가 생긴 사유로 인하여 사용·수익할 수 없게 된 때에는 임차인은 그 사용·수익하지 못하는 부분의 비율에 따라 차임의 감액을 청구할 수 있다. 감액의 비율은 사용·수익할 수 없게 된 부분의 전체에 대한 비율이 아니고 그 임차물의 이용가치감소의 비율을 말한다. 그러나 잔존부분만으로 임차의 목적을 달성할 수 없는 때에는 계약전부를 해지할 수 있다. 또한 경제사정의 변동으로 인하여 약정한 차임이 과분하게 된 때에는 임차인은 장래의 차임에 대한 감액을 청구할 수 있다. 임차인의 차임감액청구권은 임차인의 수익을 위한 강행규정이나 일시적 사용을 위한 임대차 또는 전대차에는 적용되지 아니한다.

(3) 부속물매수청구권

부동산의 임대차에 있어서는 임차인이 그 임차부동산의 이용 또는 개량을 위하여 많은 자본을 투하하는 일이 많다. 여기서 임차인의 보호를 위하여 투하자본을 회수할 수 있는 길을 마련하는 것이 필요하게 된다.

건물, 기타 공작물의 임차인이 그 사용의 편익을 위하여 임대인의 동의를 얻어 임차물이나 기타의 공작물에 부속시킨 물건이 있거나, 임대인으로부터 매수한 부속물이 있는 때에는 임대차의 종료 시에 임대인에게 그 부속물의 매수를 청구할 수 있다.

2) 임차인의 의무

임차인의 의무는 임차인의 권리와 표리관계를 이루고 있다. 임차인이 다수인 경우, 즉 다수가 공동으로 목적물을 사용한 때에는 각자 연대하여 의무를 진다. 민법이 규정한 임차인의 주요 의무는 다음과 같다.

(1) 임료지급의무

임대차는 유상계약이므로 임차인은 목적물을 사용·수익하는 대가로서 차임을 지급하여야 한다. 임대인이 임차인을 위하여 목적물을 사용·수익할 수 있는 상태에 둔 이상, 사실상의 사용·수익이 있고 없음을 문제삼지는 않는다. 차임은 금전인 것이 보통이나 기타 물건으로 하여도 무방하다.

임차인이 차임지급을 지체하면 채무불이행이 되므로 이로 인하여 임대인은 계약의 해지, 손해배상의 청구 또는 강제이행을 할 수 있게 된다. 즉 건물 기타 공작물의 임대차 또는 수목·채염·목축을 목적으로 하는 토지임대차에 있어서는 임차인의 차임연체액을 합산한 것이 2기의 차임에 달하는 때에 한하여 임대인은 계약을 해지할 수 있다.

(2) 임차물의 관리의무

임차인은 임대차 관계의 종료로 임차물이 임대인에게 이전될 때까지 선량한 관리자의 주의를 가지고 관리할 의무가 있다. 이 의무에 위반하면 채무불이행에 기한 손해배상책임을 지게 된다. 임차물이 수리를 필요로 하거나 임차물에 대하여 권리를 주장하는 자가 있는 때에는 임차인은 지체없이 이를 임대인에게 통지하여야 한다.

(3) 임차물의 반환의무

임차인은 임대차가 종료하면 그 임차물을 반환할 의무를 진다. 즉 임차물의 반환 시기는 임대차가 종료한 때이므로 존속기간이 약정된 때에는 그 기간의 만료 시이고 존속기간을 정하지 아니한 때에는 해지통고 후 법정기간이 경과한 때이다. 임차인이 임차물을 반환할 때에는 원상으로 회복시킬 권리·의무가 있는 것이 원칙이다. 즉 사용·수익을 위하여 부속시킨 건물이 있으면 이를 철거할 수 있다. 그러나 임차인의 부속물철거의무에 관하여는 임차인의 이익과 사회경제적 이유에서 특칙을 두고 있다.

3. 주택임대차보호법

1) 주택임대차보호법의 개요

주택임대차보호법은 '주거용 건물의 임대차에 관하여 민법에 대한 특례를 규정함으로써 국민 주거생활의 안정을 보장할 목적'으로 1981년에 제정되어 시행되고 있다. 우리나라의 주택임대차 형태는 다른 나라와 달리 월세보다는 주택가액의 상당한 금액을 전세보증금으로 지급하는 형식을 취하고 있다. 그러나 대부분의 임차인은 전세보증금이 재산의 큰 비중을 차지하는바, 임대차기간이 끝난 후 보증금을 돌려받지 못하는 경우 생활기반이 상실되는 심각한 사회문제가 발생한다. 이에 따라 임차인의 주거안정과 임대차보증금의 반환을 보장[3]하기 위하여 사회적 약자인 임차인에게 특별한 법적 지위를 인정함으로써 민법의 특례규정으로 주택임대차보호법이 도입되었다. 즉 민법에서 임대인에게 등기협력의무를 규정하고 있음에도 불구하고, 전세나 월세 입주자는 전세권이나 임차권의 등기를 하기가 어려워 보증금의 반환을 받을 길이 없었기 때문에 동법은 등기를 하지 아니하여도 보증금의 반환이 가능하도록 하였다는 것에 그 의미가 있다.

2) 주택임대차보호법의 적용범위

주택임대차보호법의 적용대상이 되려면 계약 당시 주거용 건물이어야 한다. 즉 임대차계약 시 공부상의 용도와 무관하게 실질적으로 주거용으로 사용 중이어야 한다. 또한 주택임대차보호법은 개인의 임대차계약에만 적용되었는데, 2014년 1월부터는 법률의 일부개정[4]을 통해 중소기업기본법 제2조에 해당하는 중소기업이 직원용 주택을 임차하는 경우에도 주택임대차보호법의 적용을 받게 되어 보증금을 떼일 염려 없이 근로자의 주거를 지원할 수 있게 되었다. 또한 보

---

3   전세보증보험이란 임대차계약이 만료되었음에도 임대인이 보증금을 돌려주지 않을 때, 이 보험을 통해서 임차인에게 보증금을 먼저 지급해주는 서비스이다. 이러한 서비스를 제공하고 있는 곳은 주택도시보증공사(HUG), 한국주택금융공사(HF), 서울보증보험(SIG)이 있다. 전세보증보험은 입주를 완료한 상태에서 가입이 가능하지만, 계약을 체결하는 중이라면 전세보증보험 가입의 가능 여부를 미리 확인해 볼 수 있다.

4   중소기업에 해당하는 법인이 소속 직원의 주거용으로 주택을 임차한 경우 해당 법인이 선정한 직원이 주택을 인도받고 주민등록을 마쳤을 때에는 이 법에 따른 대항력 등이 인정되도록 함(주택임대차보호법, 2013.8.13, 일부개정, 시행 2014.1.1, 제3조 제3항 신설)

> ### 📑 참고 REFERENCE │ 전세제도의 원리
>
> 전세는 임차인이 매월 임대료를 지급하는 대신에 목돈을 보증금으로 임대인에게 맡기고 임대기간이 만료될 때 보증금 전액을 상환받는 임대차계약이다. 즉, 전세보증금에서 발생하는 수익을 임대료로 간주하는 구조로, 주택금융이 발달하지 않았던 시절부터 일종의 사금융의 형태로 주택시장에서 자생적으로 만들어진 시스템이다.
>
> 전세제도의 원리를 생각해보자. 전세계약은 통상적으로 주택가격의 40~80% 범위에서 이루어진다. 합리적인 사람이라면 구매한 물건을 빌려줄 때는 취득원가에 기회비용을 얹는 것이 정상적이다. 그렇다면 우리나라의 집주인은 사회복지사업을 하는 것이 아닌데 왜 집을 구매한 가격보다 싸게 전세를 주는 것일까? 집주인이 보증금을 운용하는 재주가 뛰어나서였을까? 과거에는 은행이자가 높아서였을까? 만약 그렇지 않다면, 전세는 왜 취득가격보다 낮게 전세금을 받고, 2년 또는 그 이상을 보관하고 있다가 이사 나갈 때 전액을 고스란히 반환하는 계약을 할까?
>
> 전세제도는 상식적으로 생각할 때 집주인이 손해를 보는 구조로 보인다. 집을 살 때는 집값에 취득세와 중개보수 등 부대비용이 수반되는데, 집을 빌려줄 때는 집값의 40~80%만 회수되는 구조이기 때문이다. 그런데도 그동안 전세제도가 유지되어 온 배경에는 집주인에게 전세보증금 이외에 보이지 않는 수익이 있었기 때문이다. 집주인 입장에서 볼 때 취득가격에서 전세보증금을 뺀 돈이 자기자본이다. 주택가격이 상승한다면 전세보증금의 레버리지효과로 인해 자기자본의 투자수익률이 높아지게 된다.
>
> 총임대수익률 = 전세보증금 운용수익률 + 자본이득 수익률
>
> 즉, 전세제도는 집주인에게 전세보증금의 운용수익과 자본이득을 취하게 하는 구조로, 집주인에게 전세보증금 외에 보이지 않는 수익은 주택가격 상승으로 인한 자본이득이다. 시장원리로 볼 때 만약, 주택가격이 전혀 오르지 않을 것이 확실하다면 전셋값은 주택가격보다 높아지게 된다. 왜냐하면 자본이득(양도차익)이 발생하지 않으므로 전세보증금의 운용수익으로 취득가격은 물론이고 세금과 감가상각까지 충당해야 하기 때문이다. 전세제도가 유지된다는 것은 집주인은 '장래 자본이득에 대한 기대가 있다'는 전제일 때 가능하다. 즉, 주택시장이 우상향 곡선으로 상승할 것이라는 의미이다. 만약 주택가격이 하락한다면 깡통주택으로 전락하여 집주인은 자기자본도 회수하지 못하는 매우 위험한 투자가 된다.

증부월세 증가에 따라 가중되는 서민의 월세부담을 경감하기 위하여 보증금을 월세로 전환할 때의 전환율 상한을 월 5.5%(한국은행 기준금리＋2%)로 정하였다.

임차인이 보증금반환채권을 담보로 전세자금 등을 빌리는 경우, 그 담보권자에게 우선변제권이 인정되지 않아 높은 대출이자를 부담하게 되므로 보증금반환채권을 양수한 금융기관 등에 우선변제권을 인정[5]해 줌으로써 주택 임차인이 낮은 금리로 전세자금 등을 빌릴 수 있도록 하였고, 확정일자 부여절차와 차임 등의 객관적인 정보제공 요청권을 신설[6]하고, 보증금의 월차임 전환 시 산정률의 상한을 한국은행 기준금리와 연동[7]되도록 하여 임차인 보호를 더욱 강화하였다.

3) 주택임대차보호법의 내용

주택의 임대차에 관하여 민법에 대한 특례를 규정함으로써 국민 주거생활의 안정을 보장함을 목적으로 한다. 사람이 사는 건물이라면 단독주택이나 아파트는 물론이고 무허가건물 또는 가건물 등도 주택임대차보호법의 적용을 받을 수 있는 주거용 건물이라고 본다. 주거용 건물의 전부 또는 일부의 임대차에 관하여 이를 적용한다는 뜻은 아파트, 연립주택, 다세대주택 등 1세대를 독채로 세를 얻거나, 방 1개나 몇 개를 세 얻어도 모두 주택임대차보호법의 적용을 받는다는 것이다.

임차인이 한 번 주택을 임차하면 최소한 2년(1990년 개정) 동안은 안심하고 계속 살 수 있게 하려고 2년 미만으로 임대차를 약정하더라도 2년 동안 임대차계약이 유효한 것으로 하였다. 기간의 정함이 없거나 기간을 2년 미만으로 정한 임대차는 그 기간을 2년으로 본다. 다만, 임차인은 2년 미만으로 정한 기간이 유효함을 주장할 수 있다. 임대차가 종료한 경우에는 임차인이 보증금을 반환받을 때까지는 임대차 관계가 존속하는 것으로 본다.

2020년 7월 31일부터 임대인은 임차인이 계약갱신을 요구할 경우, 정당한 사유 없이 거절하지 못하도록 하는 임차인의 계약갱신요구권을 보장하여 2+2

---

5 임차인의 보증금반환채권을 양수한 금융기관 등이 우선변제권을 승계하도록 함(제3조의2 제7항·제8항 및 제9항 신설)
6 확정일자 부여기관은 해당 주택의 소재지, 확정일자 부여일, 차임 및 보증금 등을 기재한 확정일자부를 작성하고, 주택의 임대차에 이해관계가 있는 자 등은 확정일자 부여기관에 차임 및 보증금 등 정보의 제공을 요청할 수 있도록 함(제3조의6 신설)
7 보증금의 전부 또는 일부를 월 단위의 차임으로 전환하는 경우에는 은행에서 적용하는 대출금리와 해당 지역의 경제여건 등을 고려하여 대통령령으로 정하는 비율(10%)과 한국은행에서 공시한 기준금리에 대통령령으로 정하는 이율을 더한 비율(2%) 중 낮은 비율을 곱한 월차임의 범위를 초과할 수 없도록 함(제7조의2)

년으로 임대차 보장기간을 연장하고, 계약갱신 시 차임이나 보증금의 증액청구는 약정한 차임이나 보증금의 5%의 금액을 초과하지 못하도록 제한하는 전·월세 상한제가 시행되었다. 만약, 임대인이 실거주를 사유로 갱신을 거절하였음에도 불구하고 정당한 사유 없이 제3자에게 목적 주택을 임대한 경우 임대인은 갱신거절로 인하여 임차인이 입은 손해를 배상하는 규정을 두었다.

또한 임대차분쟁을 담당하고 있는 대한법률구조공단 지부에 설치한 주택임대차분쟁조정위원회의 인원을 확대하고 조직을 키우는 한편, 분쟁조정의 실효성을 높이기 위해 주택임대차분쟁조정위원회를 한국토지주택공사와 한국부동산원에도 설치하도록 하였다.

4) 임차인의 보호

(1) 대항력

주택임대차보호법에서 인정한 대항력은 그 등기가 없는 경우에도 주택임차인이 주택의 인도와 주민등록을 마친 때에는, 그 익일부터 임차주택이 매매나

✎ **임차인 보호제도 비교**

구분	대항력	확정일자 임차인의 우선변제권	소액보증금 중 일정액의 우선변제권
구비 요건	• 주택인도(입주) • 주민등록 전입신고	• 대항력의 요건 • 확정일자 부여	• 대항력의 요건
효력	• 상기요건 구비 시 익일 0시부터 효력 발생 • 최선순위 저당권자나 가압류권자보다 앞선 경우 임대기간 만료 시까지 점유가능 및 낙찰자에게 보증금 반환 청구권 • 임차권에 우선하는 권리가 있을 시 효력 없음	부여받은 확정일자에 저당권을 설정한 것과 동일한 우선변제력이 인정됨	• 경매개시결정 기입등기 전까지 상기 요건을 구비할 경우 효력 발생 • 일정범위의 보증금 중 일정액을 타 담보권자나 일반채권자보다 우선 배당
배당 요구권 및 시기	없음	배당요구종기일 이전까지 배당요구	배당요구종기일 이전까지 배당요구
기타	주택의 인도와 주민등록의 전입신고 등 대항력 요건은 경락기일까지 계속 구비하고 있어야 하며 도중에 인도하거나 주민등록을 이전한 사실이 밝혀지면 우선변제권을 상실하여 배당에서 제외됨		

경매 등에 의하여 소유권이 바뀌는 경우에도 새로운 임차주택의 소유자에 대하여 계속 임차권을 주장할 수 있는 권리를 말한다.

제3자에게 대항할 수 있다는 것은 임차주택의 소유자가 변경되는 경우에도 임대인의 지위가 새로운 소유자에게 그대로 이전되므로 보증금을 반환받을 때까지 계속 거주할 수 있다는 것을 의미한다.

(2) 우선변제권(확정일자 임차인)

대항력(주민등록 및 주택의 인도)을 갖춘 사람이 확정일자를 받으면 그 날짜를 기준으로 '익일 0시'부터 우선변제권을 갖게 되어 임차주택이 경매 또는 공매되는 경우 그 순위에 따라 보증금을 우선적으로 변제받을 수 있다. 즉, 우선변제권은 대항요건을 갖춘 임차인이 임대차계약서에 확정일자를 갖춘 경우에 인정되는 것으로, 임차주택이 경매 또는 공매될 경우 경락대금에서 후순위권리자에 우선하여 배당금을 지급받을 수 있는 권리를 말한다.

주의해야 될 것은 대항력을 갖추었다 하더라도 그 이전에 임차주택에 대하여 선순위권리자가 있는 경우(저당권자·압류채권자·가압류채권자 등), 선순위권리자의 권리실행으로 인한 경매절차로 소유권을 취득한 사람에 대하여는 대항력을 행사할 수 없다.

(3) 최우선변제(소액보증금 중 일정액)

최우선변제는 소액임차인 우선변제를 말하는 것으로, 순위와 관계없이 일반채권자는 물론 선순위저당권자 등 모든 권리자보다 우선하여 경매절차에서 배당을 받게 되는 것을 의미한다. 그런 면에서 단순히 임차주택의 소유자가 변경된 경우에 새로운 소유자에 대하여 임차권을 주장할 수 있는 대항력과 다르고, 확정일자를 갖춘 날을 기준으로 하여 경매절차에서 순위에 따라 변제를 받게 되는 일반 임차인의 우선변제권과 다르다.

즉, 최우선변제는 임차인이 보증금 중 일정액을 다른 담보물권자보다 우선하여 변제받을 권리를 말한다. 주택 전세가격 상승에 따라 임차보증금의 보호범위가 상향되고 있다. 최우선변제로 보호받을 수 있는 임차인은 주택에 대한 경매신청의 등기 전에 일정요건을 갖추어야 한다. 최우선으로 변제를 받을 보증금

의 범위는 지역과 담보물권설정일별로 차이가 있다. 예를 들어, 최초담보물권설
정일이 2023년 8월인 경우, 서울특별시 주택임차인이라면 보증금이 1억 6천 5
백만원 이하일 경우 다른 선순위권리자보다 우선하여 5천 5백만원까지 최우선
변제로 배당을 받을 수 있다.

✎ **최우선 변제액과 그것을 받을 수 있는 보증금의 범위**

담보물권설정일[8]	지역	보증금 범위	최우선변제액[9]
1984. 6. 14~ 1987. 11. 30	특별시, 직할시	300만원 이하	300만원까지
	기타 지역	200만원 이하	200만원까지
:	:	:	:
2018. 9. 18 ~ 2021.5.10	서울특별시	1억 1천만원 이하	3,700만원까지
	수도권정비계획법에 따른 과밀억제권역,[10] 세종시, 용인시, 화성시	1억원 이하	3,400만원까지
	광역시(수도권정비계획법에 따른 과밀억제권역에 포함된 지역과 군지역은 제외), 안산시, 김포시, 광주시, 파주시	6,000만원 이하	2,000만원까지
	기타 지역	5,000만원 이하	1,700만원까지
2021.5.11 ~ 2022.2.20	서울특별시	1억 5천만원 이하	5천만원까지
	수도권정비계획법에 따른 과밀억제권역(서울별시는 제외한다), 세종특별자치시, 용인시, 화성시, 김포시	1억 3천만원 이하	4,300만원까지
	광역시(수도권정비계획법에 따른 과밀억제권역에 포함된 지역과 군지역은 제외한다), 안산시, 광주시, 파주시, 이천시, 평택시	7,000만원 이하	2,300만원까지
	기타 지역	6,000만원 이하	2,000만원까지
2023.2.21 ~	서울특별시	16,500만원 이하	5,500만원까지
	수도권정비계획법에 따른 과밀억제권역(서울별시는 제외한다), 세종특별자치시, 용인시, 화성시, 김포시	14,500만원 이하	4,80만원까지
	광역시(수도권정비계획법에 따른 과밀억제권역에 포함된 지역과 군지역은 제외한다.) 안산시, 광주시, 파주시, 이천시, 평택시	8,500만원 이하	2,800만원까지
	기타 지역	7,500만원 이하	2,500만원까지

---

8   설정일의 기준은 임대차 계약일이 아닌 담보물건(근저당권, 담보가등기, 전세권 등) 설정일의 기준
9   주민등록 전입과 건물의 인도가 있어야 함(매각금액의 1/2의 한도)

5) 임차권등기명령제도

주택임대차보호법은 주택의 인도와 주민등록을 대항력의 취득 및 존속요건으로 하고 있기 때문에 임차인이 임대차가 종료되었음에도 보증금을 돌려받지 못하고 이사를 가게 되면 종전에 취득하였던 대항력 및 우선변제권이 상실되므로 보증금을 돌려받기 어려워진다. 임차권등기명령제도는 이러한 문제를 해결하기 위한 제도로 법원의 직권에 따라 등기를 마치면 임차인이 대항력 및 우선변제권을 유지하면서 임차주택[11]에서 자유롭게 이사할 수 있게 한 제도이다.

(1) 임차권등기명령제도의 의의

임대차기간이 끝났음에도 임대인이 보증금을 돌려주지 않는 경우 임차인이 법원에 신청하여 임차권을 단독으로 등기할 수 있도록 한 제도로서, 임차인이 개인적인 사정으로 먼저 이사를 가더라도 대항력 및 우선변제권을 상실하지 않게 하려고 도입된 제도이다.

임대차가 끝난 후에도 보증금이 반환되지 않은 경우[12] 임차인은 임차주택의 소재지를 관할하는 지방법원·지방법원지원 또는 시·군 법원에 임차권등기명령을 신청할 수 있다. 임차인은 임대차가 종료되어야 임차권등기명령을 신청할 수 있다. 즉 계약기간의 만료로 임대차가 종료된 경우는 물론, 해지통고에 따라 임대차가 종료되거나 합의 해지된 경우에도 임차권등기명령을 신청할 수 있다.

---

10 의정부시, 구리시, 하남시, 고양시, 수원시, 성남시, 안양시, 부천시, 광명시, 과천시, 의왕시, 군포시, 시흥시(반월특수지역 제외), 남양주시(호평동, 평내동, 금곡동, 일패동, 이패동, 삼패동, 가운동, 수석동, 지금동 및 도농동동에 한한다), 인천광역시(강화군, 옹진군, 서구 대곡동·불로동·마전동·금곡동·오류동·왕길동·당하동·원당동, 인천경제자유구역 및 남동국가산업단지를 제외)

11 임차주택은 원칙적으로 등기된 경우에만 임차권등기명령을 신청할 수 있다. 따라서 임차주택이 무허가건물인 경우에는 임차권등기명령을 신청할 수 없다.

12 임차보증금을 돌려받지 못한 경우란 임차보증금의 전액을 돌려받지 못한 경우는 물론, 일부라도 돌려받지 못한 경우도 포함된다('임차권등기명령 절차에 관한 규칙' 제2조 제1항 제5호).

> • 기간의 약정이 없는 임대차의 해지통고는 임대인이 해지를 통고한 경우에는 6월, 임차인이 해지를 통고한 경우에는 1월이 지난 경우
> • 묵시의 갱신이 이루어진 경우 임차인이 해지통고를 하고, 그 통고가 된 날부터 3개월이 경과한 경우

(2) 임차권등기의 효과

임차인이 임차권등기명령 이전에 이미 대항력이나 우선변제권을 취득한 경우에, 그 대항력이나 우선변제권은 그대로 유지되며, 임차권등기 이후에 대항요건을 상실하더라도 이미 취득한 대항력이나 우선변제권을 상실하지 않는다. 따라서 임차인이 임차권등기 이후에 이사를 가더라도 여전히 종전의 임차주택에 대한 대항력과 우선변제권은 유지되므로 보증금을 우선하여 변제받을 수 있다.

임차권등기명령을 받기 위해서는 소재지 관할법원에 임차권등기명령신청서를 제출하면 된다. 임차인은 임차권등기명령의 신청과 그에 따른 임차권등기와 관련하여 든 비용을 임대인에게 청구할 수 있다. 임차권등기명령신청서에는 당사자 및 법정대리인의 표시, 신청의 취지 및 이유, 임차권등기의 원인이 된 사실 등을 기재하여야 하며, 첨부서류로는 임대차의 목적인 임차주택을 특정할 수 있는 자료를 비롯하여 확정일자부 임대차계약서, 주민등록등본, 임차인의 거주사

🖉 **전세금 보호제도 비교**

보호제도	특징
확정일자	• 동사무소에서 처리로 처리절차 간편 • 임대인 동의 불필요 • 계약서 분실 시 보호받을 수 없음
전세권설정	• 확실한 보호제도임 • 임대인의 동의 요구됨
주택임차보증금 신용보험	• 제3의 기관인 보험회사 이용제도 • 보험료 부담 • 전세계약 후 5개월 이내에만 가입 가능
소액임차보증금 우선변제권	• 지역에 따라 차등 보호 • 보호범위가 소액임

실확인서 등이 있고, 임대차의 목적이 주택의 일부인 경우에는 그 도면도 제출하여야 한다.

6) 확정일자제도

임대차계약서의 확정일자는 그 날짜에 임대차계약서가 존재한다는 사실을 증명하기 위하여 계약서에 공신력 있는 기관(등기소·공증기관·동사무소 등)에서 확인도장을 찍어주는 것을 의미한다. 임대차계약을 체결하고 입주 및 주민등록을 한 후 주택임대차계약서상에 확정일자를 받아두면 대항력 이외에 우선변제권을 취득하게 된다. 우선변제권을 취득하면 선순위 담보권자 등이 있는 관계로 경매로 인하여 임차권이 소멸하고 낙찰자에 대하여 대항할 수 없게 되더라도, 일반채권자나 후순위권리자에 우선하여 보증금을 배당받을 수 있다.

확정일자를 받는 방법은 ① 주택임대차계약서를 지참하고 가까운 등기소에 가는 방법, ② 공증인사무소·법무법인 또는 공증인가 합동법률사무소 등 공증기관에서 임대차계약서를 공정증서로서 작성하는 방법, ③ 동사무소에 주민등록 전입신고를 할 때 또는 임차주택 소재지의 읍사무소, 면사무소, 동 주민센터 또는 시·군·구의 출장소에서 방문, ④ 정부24에서 온라인(http://gov.kr/)으로도 부여받을 수 있다. 주의할 점은 확정일자를 받을 계약서는 반드시 원본이어야 하고, 계약서를 분실하여 확정일자를 받은 사실을 증명하기 어렵게 되는 경우에는 우선변제권을 행사할 수 없게 될 수 있으므로 계약서를 잘 보관하여야 한다.

확정일자에 의한 우선변제권 또는 소액임차인으로서의 대항력과 우선변제권을 갖고 있는 임차인은 임차주택의 경매절차 진행 중 법원에서 정해주는 배당요구종기일 이전에 법원에 대하여 권리신고를 통한 배당요구서를 제출하여 우선변제를 요구할 수 있다.

7) 묵시적 갱신과 차임증감청구권

묵시적 갱신은 임대인이 임대차기간만료 6개월 전부터 2개월 전까지(2020년 12월 10일 이후 최초로 체결되거나 갱신된 임대차부터 적용), 임차인에 대하여 갱신거절의 통지 또는 조건을 변경하지 아니하면 갱신하지 않는다는 통지를 하지 않는 경우, 전 임대차와 동일한 조건으로 다시 임대차한 것으로 보는 "묵시적

> **참고 REFERENCE** 전·월세계약
>
> 전·월세계약 시에는 반드시 등기부등본을 발급받아 권리관계를 확인해야 한다. 등기부에 설정돼 있는 근저당의 채권최고액과 전세보증금을 더한 값이 집의 현재시가의 60% 미만이어야 안전하다. 또한 가등기, 압류등기, 가처분등기 등이 설정되어 있는 집은 피하는 것이 좋다. 단기간에 권리자가 수차례 바뀌는 등 권리변동이 빈번하고 복잡한 부동산에 대해서는 신중을 기해야 한다. 여러 가지 담보물권이나 가등기가 설정되어 있는 것은 계약하지 않는 것이 현명하다.
>
> 또한 임대차계약의 경우 전입신고를 정확하게 해야 한다. 등기부에 올라 있는 주소대로 전입신고를 하지 않으면 계약한 집이 경매에 붙여져도 주택임대차보호법의 보호를 받지 못한다. 그러므로 반드시 등기부에 표시된 내용대로 정확하게 전입신고를 하는 것은 매우 중요하다. 또한 전입신고를 할 때는 주소를 동, 호수까지 제대로 써야 한다. 주민등록상의 주소가 정확하지 않아도 주택임대차보호법의 보호를 받을 수 없다. 전입신고를 한 다음 주민등록등본을 발급받아 전입신고가 정확하게 되었는지 다시 한 번 확인하는 것도 안전한 방법이다.
>
> 계약서에 확정일자를 꼭 받아둬야 한다. 확정일자는 동사무소나 등기소는 물론이고, 정부24(http://gov.kr)에서도 할 수 있다. 미등기 주택이라도 주택임대차보호법이 적용된다. 따라서 미등기 주택에 전세를 들 때도 확정일자를 받고 전입신고만 마치면 별다른 문제가 없다. 준공검사를 받지 않아 등기가 안 난 주택은 근저당권 등의 물권을 설정할 수 없는 상태이기 때문이다.
>
> 주택임대차보호법에 따르면 계약기간이 끝나지 않았어도 임대기간 중에 보증금을 올리거나 내릴 수 있다. 단 집주인이 보증금을 올릴 경우, 계약 또는 증액 1년 이내에는 증액을 청구하지 못하며, 인상금액은 임대료의 5% 이내라야 한다. 계약기간이 끝나기 한 달 전까지 아무런 통보가 없으면 계약은 전과 같은 조건으로 자동 갱신된다. 이 경우 계약기간은 정하지 않은 것으로 본다.

계약갱신 제도"를 규정하여 주거생활의 안정성을 높이고 있다. 임차인이 임대차기간만료 전 2개월까지 통지하지 아니한 때에도 마찬가지이다.

2기의 차임을 연체하거나 기타 임차인의 의무를 현저히 위반한 임차인에 대하여는 계약갱신이 없는 것으로 본다. 또한 임차인은 언제든지 임대인에 대하여 계약해지의 통고를 할 수 있다. 이때 계약해지는 임대인이 그 통지를 받은 날로부터 3개월이 경과하면 그 효력이 발생된다. 약정한 차임 또는 보증금이 임차주택에 관한 조세, 공과금 기타 부담의 증감이나 경제사정의 변동으로 인하여 상당하지 아니하게 된 때에는 당사자는 장래에 대하여 그 증감을 청구할 수 있다. 그러나 차임 또는 보증금의 증액청구는 약정한 차임 등의 1/20의 금액을 초과하지 못한다. 증액청구는 임대차계약 또는 약정한 차임 등의 증액이 있은 후 1년 이내에는 청구할 수 없다.

4. 전세사기피해자 지원 및 주거안정에 관한 특별법

전세사기피해자 지원 및 주거안정에 관한 특별법은 2023년 7월 2일에 시행된 법률로, 경·공매 등으로 퇴거 위기에 처한 전세사기 피해자의 주거불안을 해소할 수 있도록 한시적인 특별법을 제정되었다. 국토교통부장관이 전세사기피해지원위원회를 통해 전세사기피해자를 결정하고, 이들에 대하여 경·공매 절차, 조세 징수 등에 관한 특례를 부여함으로써 피해자의 주거안정을 도모하기 위한 법이다.

지원내용은 경·공매 절차 지원, 신용 회복 지원, 금융 지원으로 구분된다. 첫째, 경·공매 절차 지원으로는 경·공매 유예·정지, 경·공매 대행 지원 서비스, 경·공매 우선매수권 부여, 기존 임차주택을 공공임대로 제공, 조세채권 안분 등이 있다. 피해 임차인이 거주중인 주택이 경·공매될 경우, 국세징수법 제64조 또는 지방세징수법 제71조에 따라 전세사기피해자는 매각기일까지 보증을 제공하고 우선매수하겠다는 신고를 할 수 있다.

전세사기피해자는 경매나 국세, 지방세로 압류된 주택에 대한 매각절차가 진행 중인 경우 법원, 관할 세무서장, 지방자치단체의 장에게 경매나 매각절차에 대해 유예·정지를 신청할 수 있고, 위원회는 경매나 매각절차에 대한 유예 등의 협조요청을 할 수 있으며, 법원·관할 세무서장·지방자치단체의 장은 채권자 및 채무자의 생활형편 등을 고려하여 경매 유예 등을 할 수 있다.

둘째, 신용 회복 지원으로는 전세사기 피해자의 신용 불이익 방지를 위해 미상환금 분할상환 및 신용정보 등록 유예를 지원한다.

셋째, 금융 지원으로는 전세사기피해자가 거주주택을 경락받거나 신규주택을 구입하는 경우 주택구입자금 대출을 지원한다.

SECTION 03 + 부동산중개

1. 부동산중개의 의의

　부동산중개는 토지, 건축물 그 밖의 토지정착물과 대통령령이 정하는 재산권 및 물건에 대하여 거래당사자 간의 매매·교환·임대차 그 밖의 권리의 득실변경에 관한 행위를 알선하는 것을 말한다. 중개대상물은 토지 및 그 정착물과 부동산에 관한 권리와 준부동산으로 넓은 의미의 부동산을 말한다. 거래당사자는 부동산의 거래주체인 매도인과 매수인을 말하며, 부동산거래는 거래당사자의 매매·임대차·교환 등을 의미한다. 소개알선은 중개의뢰를 받은 개업공인중개사가 물건이나 상대방을 물색하고 마땅한 물건이나 고객을 획득하여 양 당사자의 의견을 조정한다는 의미이다. 부동산중개업은 '다른 사람의 의뢰에 의하여 일정한 보수를 받고 중개를 업으로 행하는 것'[13]이고, 개업공인중개사는 '이 법에 의하여 중개사무소의 개설등록을 한 자'이다. 따라서 개업공인중개사가 되기 위해서는 공인중개사의 자격을 취득하여 관할관청에 등록하여야 한다.

2. 중개의뢰계약

　개업공인중개사의 중개활동은 중개계약 당사자로부터 중개대상물에 대한 중개의뢰계약으로 시작된다. 중개의뢰계약은 개업공인중개사가 중개의뢰인으로부터 중개대상물에 대하여 중개를 의뢰받고, 중개의 목적인 중개완성에 대하여 보수를 지급받기로 약정함으로써 성립하는 민사중개계약이다. 우리나라의 민사중개계약은 구두 또는 서면계약에 의해 이루어지고 있다. 중개계약의 유형은 일반중개계약, 전속중개계약, 공동중개계약, 순가중개계약으로 분류할 수 있다.[14]

---

13 공인중개사법 제2조
14 문영기, 부동산중개론, 법론사, 2000, p.60

1) 일반중개계약

　　일반중개계약(Open Listing)은 중개의뢰자가 목적물의 매매 또는 교환을 위해 중개의뢰를 할 때 여러 곳의 개업공인중개사에게 의뢰하는 계약의 형태이다. 이 경우 중개의뢰자 스스로가 발견한 상대방과 매매 또는 교환의 계약을 체결할 수 있다. 중개의뢰자의 입장에서는 어느 한 개업공인중개사에게 의뢰하는 경우도 있으나, 자신의 물건을 빨리 양도 또는 교환하기 위하여 다수의 개업공인중개사에게 의뢰하는 경우가 있다. 그러나 개업공인중개사의 입장에서 보면 의뢰자로부터 매매 또는 교환을 위해 물건을 의뢰받은 경우 본인의 업소에만 제공되어진 때에는 거래를 성사시키기 위하여 노력하지만 다수의 업소에 물건이 제공되어 노출된 상태라면 매매를 위해서 시간과 경비를 지불하지 않으려 한다. 이러한 관점에서 보면 일반중개계약은 의뢰자와 개업공인중개사 모두 불리한 조건으로 이상적인 중개계약제도가 아닐 수 있다.

장점	단점
• 관행적으로 의뢰해 오던 방식으로 익숙하다. • 거래정보망을 이용하지 못하는 경우에 이 방식이 유리하다. • 업무지역이 좁은 읍·면지역에서 유리한 방식이다.	• 먼저 계약을 체결한 개업공인중개사가 중개보수를 받을 수 있으므로, 어느 개업공인중개사도 의뢰받은 업무처리에 집중적인 노력을 하지 않는다. • 의뢰인과 개업공인중개사의 관계를 복잡하게 만들고 개업공인중개사의 책임의식을 희박하게 만든다. • 물건이 모두 노출되어 있으므로 물건에 대해 하자의 유무를 의심할 수 있다.

2) 전속중개계약

　　전속중개계약(Exclusive Agency Listing)은 중개의뢰자가 목적물의 매매 또는 교환을 위하여 여러 개업공인중개사에게 중복하여 의뢰하지 않고, 어떤 특정업자에게 전속권을 주는 중개계약의 형식이다. 다만, 의뢰자는 자기 스스로가 발견한 상대방과도 매매 또는 교환의 계약을 체결할 수 있는 계약형태이다.

　　의뢰를 받은 개업공인중개사는 목적물을 중개계약이 체결된 후 지체 없이 부동산거래정보망[15]에 등록을 하든가 일간신문에 광고를 하여야 하고, 계약을 성사시키기 위하여 당사자를 물색하는 데 최대한의 노력을 해야 한다. 또한 의뢰받은 개업공인중개사는 의뢰자에게 일정한 기간 내에 서면에 의한 업무보고를 해야 한다.

이 중개계약의 형태는 의뢰자의 입장에서 보면 1개 업소에만 의뢰를 하기 때문에 물건을 의뢰하는 데 번거로움이 없고, 서면으로 의뢰하기 때문에 정확하고, 의뢰받은 개업공인중개사는 부동산거래정보망에 등록하기 때문에 물건이 시장에 널리 알려져서 계약이 성사되는 기간을 줄일 수 있고, 의뢰자 스스로가 발견한 원매자와 직접 거래계약이 가능하므로 여러 가지 장점이 있다. 개업공인중개사의 입장에서도 물건정보가 확실하고 물건을 독점하고 있으므로 계약을 성사시키기 위하여 적극성을 갖게 된다.

장점	단점
• 물건의뢰에 시간과 경비가 절약된다. • 물건이 폭넓게 공개되므로 매수자를 발견하는 데 시간을 줄일 수 있다. • 개업공인중개사가 물건을 거래시키기 위하여 적극적으로 노력한다. • 서면에 의한 중개계약이 이루어지므로 의뢰계약이 확실하다.	• 개업공인중개사가 거래를 위하여 적극적으로 노력하지 않으면 거래가 지연될 수 있다. • 물건정보 공개비용이 필요하다.

3) 공동중개계약

공동중개계약은 미국의 MLS(Multiple Listing Service)제도와 유사하다고 할 수 있다. 중개계약은 어떤 물건의 중개를 어떤 개업공인중개사가 단독 또는 다른 업자와 협동으로 처리하는 것을 원칙으로 하는 것이나, 공동중개계약은 공인중개사협회나 부동산정보센터 등을 매개로 하여 다수의 회원이 상호 협동하여 거래계약을 완성시키는 것을 말한다.

따라서 협회나 정보센터에서는 물건정보를 제공할 수 있는 정보망을 갖추어 물건을 관리할 수 있는 장치가 필요하고, 그렇게 함으로써 다수의 업자가 공

---

15 부동산거래정보망은 한국공인중개사협회의 '한방'과 새대한공인중개사협회의 'NEWREN'이 있다.

동중개활동에 참여하여 중개활동을 능률화할 수 있다. 또한 이 제도는 미국 등 선진국의 부동산중개시장에서 중심역할을 하는 제도이기도 하다.

장점	단점
• 매수인에게 물건의 선택을 용이하게 한다. • 정보의 집중으로 중개활동을 능률화한다. • 중개를 위한 노력과 경비를 절약할 수 있다. • 각 업체의 활동영역 확대에 도움이 된다.	• 회원의 윤리성이 있어야 한다. • 회원의 전문적 지식수준이 있어야 한다. • 독점중개계약제도가 선행되어야 한다.

4) 순가중개계약

순가중개계약(Net Listing)은 매도가격을 미리 정하여 개업공인중개사에게 제시하고, 이를 초과한 가격으로 매도한 때에는 그 초과액을 개업공인중개사가 중개보수로 획득하는 방법이다. 중개보수가 지나치게 과다해지거나 개업공인중개사가 영업수익을 위해 의뢰인에게 불리한 조처를 하는 수도 있어, 이 중개계약은 윤리규정이나 법으로 금지되는 것이 일반적이다. 공인중개사법에 의해 개업공인중개사는 법정 중개보수 및 실비 외에는 어떤 명목으로든 중개보수 한도액을 초과해 받을 수 없으므로 순가중개계약은 사실상 금지되어 있다.

이 계약형태는 중개보수가 불합리하게 과다해지거나 개업공인중개사가 개인수익을 증대시키려는 의욕이 지나쳐 거래의 비능률화를 초래하는 폐단이 있어 이 형태의 중개계약을 금지하고 있다. 이 의뢰방식은 양도를 위한 의뢰자는 단기간에 물건의 양도가 가능하나, 취득자는 일반 거래가격보다 높은 가격으로 취득하는 경우가 많다.

장점	단점
• 물건을 은밀하게 매각할 경우 유리한 조건이다. • 물건을 빠른 기간에 거래시킬 경우에 유리하다.	• 개업공인중개사가 중개보수로 얼마를 갖는지 알 수 없다. • 우리나라 중개업법에서 금지하고 있는 방식이다.

3. 부동산거래신고제도 등

1) 개업공인중개사

부동산의 유통과정에서는 일반상품의 유통과는 달리 부동산의 지리적 위치의 고정성 때문에 상품(거래대상부동산)이 이동하는 것이 아니라 정보의 이동에 의하여 거래가 이루어진다. 거래를 원하는 매도인과 매수인이 노출되어 있지 않고 고정되어 있지 않으므로, 부동산의 유통기구로서 부동산중개를 전문으로 하는 개업공인중개사가 있어야 한다.

개업공인중개사는 부동산중개를 의뢰한 타인의 부동산을 매매·교환·임대차 등의 알선, 중개 등으로 거래를 성립시키기 위하여 이를 조정하는 전문직업인으로서 일정한 장소에 사무소를 두고 일정한 요금을 받으며 영업을 영위할 목적으로 중개사무소의 개설등록을 한 전문자격자이다. '개업공인중개사'는 중개활동을 하는 주체를 말하는 것으로 공인중개사법에 따라 허가관청의 허가를 받은 중개법인, 공인중개사, 중개인을 총칭한다.

2) 중개보수

중개수수료는 단순서비스에 대한 대가를 지칭한다는 지적에 따라 '수수료'에 대한 표현은 '중개보수'로 변경되었고, 지급시기를 대통령령으로 정하고 있다. 개업공인중개사는 법률이 정하는 바에 따라 시·도지사가 정하는 중개보수 요율표의 중개보수를 수수해야 한다. 개업공인중개사는 중개업무로 매도의뢰인과 매수의뢰인으로부터 소정의 중개보수를 받으며, 중개대상물 권리관계 등의 확인에 소요되는 실비를 받을 수 있다. 이것을 초과하여 금품을 받거나 그 외에 사례, 증여 기타 어떠한 명목으로라도 금품을 받는 행위는 개업공인중개사의 금지행위에 해당되어, 등록관청으로부터 등록을 취소당할 수 있다.

📝 부동산중개보수 요율표(주택, 서울특별시 기준)

거래내용	거래금액	상한요율	한도액	중개보수 요율 결정	거래금액 산정
매매 교환	5천만 원 미만	1천분의 6	25만 원	• 중개보수 = 거래금액 × 상한요율 이내에서 중개의뢰인과 개업공인중개사가 서로 협의하여 결정 (단, 이때 계산된 금액은 한도액을 초과할 수 없음) • 중개보수의 지급시기는 개업공인중개사와 중개의뢰인간의 약정에 따르되, 약정이 없을 때에는 중개대상물의 거래대금 지급이 완료된 날로 함 • 중개보수의 부가가치세는 별도임	• 매매: 매매가격 • 교환: 교환대상 중 가격이 큰 중개대상물 가격 • 분양권:거래당시까지 불입한 금액 (융자포함)+프리이엄
	5천만 원 이상~2억 원 미만	1천분의 5	80만 원		
	2억 원 이상~9억 원 미만	1천분의 4	없음		
	9억 원 이상~12억 원 미만	1천분의 5	없음		
	12억 원 이상~15억 원 미만	1천분의 6	없음		
	15억 원 이상	1천분의 7	없음		
임대차 등 (매매·교환 이외의 거래)	5천만 원 미만	1천분의 5	20만 원		• 전세: 전세금 • 월세: 보증금+월차임×100). 단, 이때 계산된 금액이 5천만 원 미만일 경우: 보증금+(월차임액×70)
	5천만 원 이상~1억 원 미만	1천분의 4	30만 원		
	1억 원 이상~6억 원 미만	1천분의 3	없음		
	6억 원 이상~12억 원 미만	1천분의 4	없음		
	12억 원 이상~15억 원 미만	1천분의 5	없음		
	15억 원 이상	1천분의 6	없음		

📝 부동산중개보수 요율표[주택·오피스텔 외(토지, 상가 등), 서울특별시 기준]

거래내용	상한요율	중개보수 요율 결정	거래금액산정
매매/교환, 임대차 등	1천분의 9	좌측의 상한요율 이하에서 중개의뢰인과 개업공인중개사가 협의하여 결정함	주택과 같음

※ 중개보수 한도 = 거래금액×상한요율(단, 이때 계산된 금액은 한도액을 초과할 수 없음)
※ 개업공인중개사는 '주택의 매매·교환 9억 원 이상', '주택의 임대차 6억 원 이상', '주택 이외 중개대상물의 매매·교환·임대차'에 대하여 각각 법이 정한 상한요율의 범위 안에서 실제 받고자 하는 상한요율을 의무적으로 위 표에 명시하여야 함
※ 위 부동산중개보수는 공인중개사법 및 서울특별시 주택 중개보수 등에 관한 조례에서 정한 사항임

✎ **부동산중개보수 요율표[오피스텔, 서울특별시 기준]**

거래내용		상한요율	보수 요율 결정 및 거래금액산정
전용면적이 85㎡ 이하, 상·하수도 시설(전용입식 부엌, 전용수세식 화장실 및 목욕시설 등)을 갖춘 경우	매매·교환	1천분의 5	주택과 같음
	임대차 등	1천분의 4	
위 적용대상 외의 경우	매매/교환, ·임대차 등	1천분의 9	좌측의 상한요율 이하에서 중개의뢰인과 개업공인중개사가 협의하여 결정

※ 공인중개사법 시행규칙 제20조 제6항
1. 건축물 중 주택 면적이 1/2 이상인 경우 주택의 중개보수, 주택 면적이 1/2 미만인 경우 주택 외의 중개보수 적용
2. 분양권 거래금액 : 거래 당시까지 불입한 금액(융자포함) + 프리미엄

3) 부동산실거래가 신고

부동산거래신고제도는 부동산을 거래하는 거래당사자 또는 부동산을 중개하는 공인중개사가 부동산실거래가격 및 기타 부동산거래와 관련된 사항을 관할 시·군·구청에 신고하는 제도이다. 부동산 또는 부동산을 취득할 수 있는 권리의 매매계약을 체결한 경우 실거래가격보다 낮게 계약서를 작성하는 이중계약의 관행을 없애고 부동산거래를 투명하게 하기 위해 실제 거래가격 등 일정한 사항을 신고하게 하는 제도로 2006년부터 시행되었다. 부동산거래신고제도의 일환으로 2006년 6월부터 부동산등기부에 실거래가 기재를 법제화하였으며, 거래신고는 '부동산거래관리시스템(RTMS: Real Estate Trade Management System)'을 통해 신고한다.

부동산거래의 매도인과 매수인(부동산중개업체를 통해 매매계약을 체결한 경우에는 부동산중개업체)은 매매계약의 체결일 30일 이내 매매대상 부동산 소재지의 관할 시장·군수 또는 구청장에게 또는 국토교통부 부동산거래관리시스템을 통해 부동산거래신고를 해야 한다. 개업공인중개사가 거래계약서를 작성·교부한 경우 반드시 개업공인중개사가 신고를 하여야 한다. 신고 된 부동산거래가격은 허위신고 여부 등에 대해 가격검증을 거치게 되며, 거래내역 및 검증결과는 국세청 및 시청·군청·구청 세무부서에 통보하여 과세자료로 활용된다.

신고된 가격은 2006년 6월 1일부터 등기부에 기재되며, 2007년부터 양도소득세가 실제 거래가격에 따라 계산하여 부과되었다. 무신고, 허위신고, 지연신고

등으로 신고의무를 위반한 매도인·매수인 및 개업공인중개사는 취득세 1.5배(주택거래 신고지역 내 주택은 2.5배) 이하의 과태료를 물어야 한다. 실거래가 공개는 거래대상자나 개업공인중개사가 신고한 2006년부터 거래된 주택(단독, 다가구, 다세대, 연립, 아파트 단지)을 대상으로 실거래가격 자료를 제공하고, 전월세가 공개는 2011년 1월에 확정일자를 부여받은 주택(단독, 다가구, 다세대, 연립, 아파트 단지)을 대상으로 전·월세가격 자료를 제공하고 있다.

4) 전자계약 시스템

부동산거래를 종이계약서 대신 온라인상 전자방식으로 계약하는 시스템으로 더 편리하고 경제적이며 안전한 거래가 가능하다. 전자계약은 필수 절차인 본인인증 및 서명절차를 공동인증서를 활용하여 진행되므로, 본인 명의의 휴대전화나 공동인증서를 지참하고, 전자계약시스템에 가입한 중개업소를 방문하면 전자계약을 체결할 수 있다. 전자계약의 효과는 서류발급이 최소화되고, 대출우대금리 적용과 법무대행 수수료가 절감되는 등 경제성이 있고, 확정일자 및 실거래신고가 자동으로 진행되며, 도장 사용이나 계약서 보관을 하지 않는 등 편리성이 제고된다. 또한 계약서의 위·변조가 방지되고, 무자격·무등록 불법 중개행위가 차단되는 등 안정성도 제고된다. 다만, 작성의 번잡함으로 시스템 이용이 활발하지 않으나 한국주택토지공사, 지방공기업 등과 임대차 등의 계약을 체결하려면 전자계약 시스템을 이용하는 것이 필수이다.

SECTION 04+ 부동산마케팅

1. 부동산마케팅의 의의

마케팅은 생산자에서 소비자에 이르는 상품 및 서비스의 흐름 속에 포함되는 모든 영업활동으로, 부동산마케팅은 소비자에게 부동산상품 및 서비스를 유통시키는 부동산기업의 활동이다. 부동산마케팅은 부동산활동주체인 기업 등이 소비자의 욕구를 파악하고 창출하여 이를 종합적으로 반영하여 개발·공급함으로써 수익을 극대화하는 과정이다.

2. 부동산마케팅 전략

1) 시장점유 마케팅전략

시장점유 마케팅전략은 공급자의 전략으로 표적시장을 선점하거나 틈새시장을 점유하는 전략을 말한다. 시장점유 마케팅전략에는 STP전략과 부동산마케팅믹스(4P MIX)전략이 있다.

(1) STP전략

STP는 시장세분화(segmentation)와 표적시장선정(targeting), 차별화(positioning)의 약자로서 전통적인 전략의 하나이다. 시장세분화 전략(segmentation)은 부동산수요자 집단을 인구경제학적 특성에 따라 세분화하고 세분화된 집단 중 마케팅의 주된 집단을 명확히 하는 활동이다. 즉, 마케팅을 수행할 만한 가치가 있는 명확하고 유의미한 구매자 집단으로 시장을 분할하는 활동이다. 표직시장신징(targeting)은 세분화된 시장에서 대상상품의 가망수요집단을 확인하고 표적집단에 적합한 상품을 기획하는 활동이다. 차별화(positioning)는 동일한 표적시장을 갖는 공급자 측의 경쟁자들 사이에서 자신의 상품을 어디에 위치시킬 것인가 하는 것으로, 목표시장에서 고객의 욕구를 파악하여 경쟁제품과 차별성을 가지도록 제품개념을 정하고 소비자에게 각인시키는 활동을 말한다.

(2) 부동산마케팅믹스전략

부동산마케팅믹스(4P Mix: price, place, product, promotion)전략은 표적시장에서 시장표적을 만족시키는 과정에 영향을 주는 통제 불가능한 환경변수에 적응하기 위해 마케팅요소를 조합하는 것이다. 부동산마케팅믹스의 구성요소로 4P MIX는 가격(price)전략, 유통경로(place)전략, 제품(product)전략, 홍보(promotion)전략으로 구성된다. 가격(price)전략은 표적수요자 계층의 자금능력이나 시장환경을 종합적으로 감안하여 대상부동산의 가격을 어떻게 정할 것인가를 결정하는 것으로, 표적수요자의 자금동원능력과 금융을 연계하는 전략이다. 부동산의 분양이나 임대방법인 유통경로(place)전략은 직접분양이나 분양대행사를 이용하는 효과적인 방안이어야 한다. 제품(product)전략은 표적수요자 계층의 취향을 감안하여 마케팅 대상부동산을 어떻게 설계하고 건설할 것인가를 모색하는 것으로, 유효수요자들이 당해부동산에 대해 원하는 취향을 반영하여 경쟁력 있는 상품으로 만들어가는 전략이다. 홍보(promotion)전략은 표적수요자에게 대상부동산을 얼마나 효과적으로 알릴 것인가를 결정하는 것으로, 광고매체를 통하여 수요자의 관심을 끌게 하는 전략이다.

2) 고객점유 마케팅전략

소비자차원의 전략으로 소비자의 행태, 심리적 측면을 중시하는 전략이다. 주의(attention), 관심(interest), 욕망(desire), 행동(action)으로 연결되는 소비자의 구매의사결정과정의 각 단계마다 소비자와의 심리적 접점을 마련하고, 전달내용의 크기와 강도를 조절하여 마케팅 효과를 극대화하는 것이다.

AIDA원리는 사람이 물건구입을 하기까지 겪는 심리학적 발전단계를 나타낸 것으로 부동산판매에서도 이 원리가 적용된다. 주의(attention)는 주목을 끄는 단계로, 시행사가 모델하우스를 개관하거나 신문에 광고를 하여 소비자의 관심을 끄는 단계이다. 관심(interest)은 흥미를 끄는 단계로, 주의(attention)만으로는 소비자의 흥미를 끌지 못하거나 흥미를 끈다고 하더라도 구입하는 행동에 이르지 못한다. 따라서 내용을 충분히 파악할 수 있도록 설명하여 흥미를 갖게 하는 단계이다. 욕망(desire)은 구매욕구를 일으키는 단계로, 대상부동산의 특징을 설명하여 selling point를 갖게 하는 단계이다. 행동(action)단계는 소비자의 구매욕망이 성숙되면 설득력과 객관적인 자료를 제시하여 계약으로 이끄는 단계이다.

3) 관계 마케팅전략

생산자와 소비자 간의 일회성 거래를 전제로 하는 기존의 마케팅이론에 대한 반성으로 양자 간의 장기적이고 지속적인 관계유지를 중심으로 하는 마케팅전략을 관계 마케팅이라 한다. 부동산마케팅에 있어서 이는 브랜드와 연계된다.

시행사 또는 시공사의 브랜드가 시장에서 인지되어 성공하면 해당브랜드는 다른 지역에도 파급되는 경향이 있다.

SECTION 05+ 부동산광고

1. 부동산광고의 의의

광고주가 소비자의 부동산 의사결정을 도와주는 설득과정의 하나로, 부동산광고를 통해 시장에 상품을 소개하고, 판매방법을 강구한다. 부동산은 일반상품보다는 전시판매에 대한 접근성과 시장성이 제한된다. 소비자는 유용한 부동산을 선택할 정보가 필요하지만, 정보의 비대칭으로 인해 그 정보취득이 쉽지 않은데, 이를 보완해 주는 것이 부동산광고라 할 수 있다.

2. 부동산광고의 특성

광고주의 의도에 따라 소비자의 부동산의사결정을 도와주는 정보전달 및 설득과정이다. 부동산광고는 부동산의 특성으로 인해 지역적 제한성, 양면성, 내용의 개별성, 시간의 제한성의 특성이 있다. 부동산상품이 위치의 고정성으로 인해 특정지역이라는 지역적 특성을 가지므로 시장이 제한되어 있어 부동산광고의 범위는 특정지역에 한정되는 지역적 제한성을 갖는다. 부동산광고는 일반광고와는 달리 사는 사람과 파는 사람 모두를 대상으로 하는 양면성의 특성을 갖는다. 부동산은 개별성이 크므로 광고 내용의 개별성을 갖는다. 분양광고의 경우 분양계약 완료 이후에는 광고를 하지 않게 되는데, 이와 같이 일정한 기간이 지나면 효과를 기대하기 어려운 것을 시간의 제한성이라 한다.

3. 부동산광고의 유형

부동산광고는 신문광고, 다이렉트메일광고, 노벨티광고, 퍼블리시티, 업계출판물광고, 교통광고, TV라디오광고, 점두광고, 인터넷광고 등 그 유형이 다양하다.

1) 신문광고

부동산광고는 안내광고와 전시광고로 구분된다. 안내광고는 신문지면 중 광고란에 몇 줄의 공간을 활용하여 광고하는 것이고, 전시광고는 사진이나 상세한 설명 등을 나열하여 안내광고보다 공간을 크게 사용하고 주목을 끌 수 있는 형태이다.

2) 다이렉트메일(DM)광고

다이렉트메일광고는 우송에 의한 직접광고로, 불특정 다수에게 광고하는 것과는 달리 광고주가 희망하는 대상을 선택하여 작은 엽서나 팸플릿, 이메일 등을 통하여 광고할 수 있다는 장점과 명부작성 및 관리, 발송비용 등의 비용이 소요된다는 단점도 있다.

3) 노벨티광고

노벨티(novelty)광고는 개인 또는 가정에서 이용되는 작고 실용적인 물건을 광고매체로 이용하는 것으로, 예를 들어 볼펜, 수건 등에 기업이름 또는 홈페이지 등을 인쇄하여 배포하는 형태이다.

4) 퍼블리시티

퍼블리시티(publicity)는 부동산기업 등이 광고성 내용을 담은 정보를 뉴스 가치가 있는 소재의 형태로 제3의 보도기관(신문·잡지·라디오·TV·인터넷 등)에 제공하는 활동으로, 이를 신문기사나 TV 뉴스 등으로 전달하여 소비자가 저항감 없이 받아들이게 하는 홍보성 광고전략이다.

5) 온라인 매물 광고

개업공인중개사들이 가장 많이 사용하는 마케팅 방법으로 웹사이트나 앱에 매물을 올리는 것을 말한다. 현재는 네이버 포털의 부동산 매물 광고가 가장 활발하고, 주거용으로는 한국공인중개사협회의 한방이나, 다방, 직방 등을 많이 이용하고, 비주거용으로는 네모 등의 앱을 많이 이용하는데, 대부분 매물을 올릴 때마다 게재료를 지불한다.

연습문제
EXERCISE

01 계약금의 의미에 대해 기술하라.

02 중개계약 시 확인사항으로 계약 전과 계약 시의 유의사항에 대해 기술하라.

03 부동산 임대차계약에서 임대인의 권리와 의무에 대해 설명하라.

04 부동산 임대차계약에서 임차인의 권리와 의무에 대해 설명하라.

05 주택임대차보호법에서 임차인 보호제도 중 대항력, 확정일자 임차인의 우선변제권, 소액보증금 중 일정액의 우선변제권에 대하여 비교하여 설명하라.

06 임차권등기명령제도에 대해 기술하라.

07 부동산중개의 의의에 대해 기술하라.

08 전속중개계약의 장단점에 대해 기술하라.

09 부동산거래신고제도의 의의에 대해 기술하라.

10 STP전략과 부동산마케팅믹스(4P MIX)전략의 의미에 대해 기술하라.

11 부동산광고의 특성과 유형에 대해 기술하라.

12 노벨티광고와 퍼블리시티에 대해 기술하라.

CHAPTER
10
부동산경매와 공매

SECTION 01+ **부동산경매**

1. 부동산경매의 의의

경제적 거래 관계에 있는 채무자가 채권자에게 빌려 간 금전 또는 물품대
금, 공사대금 등 계약의 조건대로 채무를 이행하지 않을 경우, 채권자는 공권력
에 의해 강제로 채무상환을 실현할 수밖에 없다. 이때 공권력에 의해 사인 간의
채권, 채무관계를 실현하는 집행절차를 경매라고 한다.

부동산경매는 채무자나 물상보증인 소유의 부동산을 압류·환가하여 그 매
각대금으로 채권자의 금전채권을 회수할 목적으로 행하는 부동산에 대한 강제
집행의 일종으로, 자력구제가 아닌 합법적인 법집행절차에 의해 채권자의 채무
변제가 이루어지도록 하는 행위이며, 이는 개인 재산의 법률적 보호뿐만 아니라
취득가액이 완전히 노출되기 때문에 탈세가 불가능하다는 점에서 사회적 순기
능의 역할도 크다.[1]

부동산경매는 개인이 매도주체가 되는 사경매와 국가기관이나 공공기관이
매도주체가 되는 공경매로 구분할 수 있으며, 공경매는 법원에서 집행하는 경매
와 한국자산관리공사 및 예금보험공사 등에서 집행하는 공매로 구분된다. 부동

---

1   신용철 외 2명, 부동산 경·공매 상담업, 형설출판사, 2004

산에 대한 법원경매는 금전채권을 정리하기 위해 채권자의 신청에 따라 법원이 부동산을 강제적으로 매각하는 절차를 말한다.

민사집행법에 근거한 부동산경매는 국가기관이 법률의 규정에 따라 채무자 소유의 부동산을 강제적으로 압류, 매각하여 현금화한 후 배당이라는 절차를 통하여 채권자로 하여금 채권의 만족을 얻게 하는 부동산 강제집행방법 중 하나이다. 즉 민사집행법에서 규정한 절차에 의하여 감정평가를 한 후 매각기일을 지정하고, 공개경쟁의 방법으로 매각을 하고 응찰자 중에서 최고가격의 매수인에게 매각하는 매매의 한 방법이다. 따라서 부동산경매는 사권실현의 궁극적인 집행절차이며, 금융매개 수단인 저당권 등 최후의 보장기능을 담당하고 있다.

2. 부동산경매의 대상

민사집행법은 담보권의 실행을 위한 경매대상 목적물의 종류에 따라 부동산, 선박, 자동차·건설기계 및 항공기, 유체동산, 채권과 그 밖의 재산권을 목적으로 하는 담보권실행을 위한 경매로 구분하여 진행된다. 담보목적물이 부동산인 경매의 대상은 토지와 그 정착물이다. 어업권, 광업권은 광의의 부동산으로 경매대상이 될 수 있고 공장재단과 광업재단은 공장 및 광업재단저당법에 의하여 경매대상이 된다.

3. 경매의 장·단점

1) 경매의 장점

경매의 장점은 부동산을 시가보다 싼값으로 구입할 수 있다는 점이다. 물론 시기에 따라 부동산경매시장의 과열로 수익을 얻을 수 없는 경우도 있지만, 대체로 일반적 거래의 부동산투자보다는 상대적으로 저렴하게 취득할 수 있다.

특히 경기가 불황일수록 경매참여자들의 수익은 높아지고 경매에 관한 지식이 많으면 많을수록 높은 수익을 올릴 수 있다. 권리관계가 복잡하거나 어려운 부동산일수록 높은 수익을 기대할 수 있다.

경매진행절차는 의외로 간단하다. 문서로 매수신청을 하여 매수희망자 상호 간에 상대의 신청가액을 알 수 없도록 입찰자를 보호함으로써 일반인도 법원에서 경매참여가 가능해졌다. 또한 물건의 정보도 명확해졌는데, 법원이라는 공신력 있는 국가기관에 의하여 진행되는 절차일 뿐 아니라 대상부동산 역시 공신력 있는 감정평가기관의 평가절차를 거치게 되므로 일반 부동산정보에 비하여 신뢰도가 높다.

2) 경매의 단점

부동산경매를 통해서 높은 수익을 올릴 수도 있지만, 경매에는 장점만 있는 것은 아니다. 부동산의 인도와 명도 상의 어려움이 있을 수 있다. 즉 경매를 통하여 물건을 구입하는 목적은 진정한 소유권의 확보에 있다. 그러나 경매를 통하여 낙찰을 받고 정당한 소유권 행사까지 예기치 못한 시간이 소요되거나, 의외의 추가비용을 부담하여야 할 경우가 발생하기도 한다.

경매절차는 간편하여 누구나 참여할 수 있지만, 경매시장에 나온 물건 중에 권리관계가 다소 복잡한 것도 있어 전문적인 지식이 필요하다. 따라서 정확히 부동산경매에 대한 권리분석이 선행되지 않은 무모한 입찰은 생각지 않은 손실로 연결될 위험도 있다. 경매부동산 취득의 가변성도 단점이다. 이는 비록 입찰에 참어하여 낙찰을 받았다 해도 최종소유권이 이전되는 순간까지 도중에 경매철회나, 이해관계인의 이의신청 등으로 소유권 취득이 지연되거나 경매 자체가 취소될 수도 있다.

4. 부동산경매의 구분

부동산의 강제매각은 강제경매와 임의경매로 구분되는데, 이는 강제집행 신청기준의 차이에 기인한다. 강제경매는 강제집행에 의해 실현되는 사법상 청구권의 실현을 목적으로 하여 집행권원을 요건으로 하고 있지만, 담보권의 실행 등을 위한 경매는 강제경매에 대응하여 임의경매라고 부른다.

민사집행법은 담보권의 실행 등을 위한 경매에 관한 부분을 만들어 거기에 몇 가지 특별 규정을 둔 것 외에는, 임의경매에 관한 절차에 강제경매에 관한 규정을 준용함으로써 집행절차의 통일을 기하였다.

1) 강제경매

강제경매는 그 집행의 대상이 부동산일 경우 시행하게 되는 대표적인 강제집행방법이다. 예컨대, 채무자에 대하여 대여금 혹은 물품대금 등을 받을 것이 있어서 소송을 제기하여 승소판결을 받았다고 하더라도 채무자가 임의로 갚지 않는 경우에는 강제적인 채무이행을 구하는 강제집행을 실행하여야 한다. 이와 같이 채권자가 집행권원에 근거하여 채무자 소유의 부동산을 압류, 현금화하여 그 매각대금을 가지고 채권자의 금전채권 만족을 목적으로 하는 강제집행절차를 강제경매라 한다.

2) 임의경매

임의경매는 강제경매에 대비되는 것으로서 원래는 법전 상의 용어는 아니나 그 실행에 집행권원을 요하지 아니하는 경매, 즉 민사집행법에 규정된 담보권의 실행을 위한 경매를 가리켜 강학상 임의경매라 부르고 있다.

임의경매는 담보물권의 실행을 위한 '실질적 경매'와 민법, 상법, 기타 법률의 규정에 의한 환가를 위한 '형식적 경매'를 포괄하는 개념이다. 즉 임의경매는 일반적으로 담보물권의 실행을 위한 경매를 말하므로 저당권, 질권, 전세권 등의 담보권을 가진 채권자에게 채무자가 채무를 임의로 이행하지 않을 경우 담보권자가 우선변제를 얻기 위하여 담보의 목적물을 경매하는 것을 말한다.

3) 임의경매와 강제경매의 비교

담보권 실행을 위한 경매(임의경매)는 담보권자에게 우선변제를 얻게 하려고 담보의 목적물을 경매하는 것이므로 특정재산에 의한 특정책임(물적책임)의 실현을 구하는 것이고, 강제경매는 채무자의 일반재산에 의한 일반책임(인적책임)의 실현을 구하는 것이라는 데 차이가 있으나 양자는 모두 금전채권의 만족을 얻기 위하여 국가가 부동산을 강제적으로 매각한다는 공통점이 있다.

✎ 강제경매와 임의경매의 비교

구분		강제경매	임의경매
공통점		채무자의 부동산을 압류, 현금화하여 그 매각대금으로 금전채권의 만족을 얻을 수 있음	
차이	집행권원의 필요 여부	집행권원 필요 → 집행권원의 정본에 집행문을 부여한 집행력 있는 정본에 의해 강제경매가 실시	집행권원 불필요 → 담보권에 내재하는 환가권을 근거로 경매신청권이 인정
	공신적 효과의 유무	공신적 효과 인정 → 집행력 있는 정본이 존재하는 경우에 한하여 국가의 강제집행권의 실행으로 실시	공신적 효과 부정 → 담보권자의 담보권에 내재하는 환가권의 실행을 국가기관이 대행
	실체상의 하자가 경매절차에 미치는 영향	집행채권의 부존재, 소멸, 이행기의 연기 등과 같은 실체상의 하자는 '청구이의의 소'를 통해서만 주장할 수 있고, 경매개시결정에 대한 이의사유나 낙찰 허가에 대한 이의사유 및 낙찰허가결정에 대한 항고사유는 되지 못함	담부권의 부존재, 소멸, 피담보채권의 미발생, 소멸, 이행기의 연기 등 실체상의 하자가 경매절차에 영향을 미치므로 절차상의 하자 외에 실체상의 하자도 경매개시결정에 대한 이의사유가 됨

SECTION 02+ 부동산경매의 절차

1. 경매절차

부동산경매는 대체로 목적물을 압류하여 이를 현금화한 다음 채권자의 금전채권을 변제하는 3단계의 절차로 진행된다.

1) 경매신청 및 경매개시결정

채권자의 신청이 있으면 법원은 경매개시결정을 하여 대상부동산을 압류하고 관할 등기소에 경매개시결정의 기입등기를 촉탁하여 등기관이 등기부에 기입등기를 하도록 한다. 경매개시결정 정본은 채무자에게 송달하게 된다.

2) 배당요구의 종기결정 및 공고

민사집행법에서는 법원이 정한 배당요구의 종기일까지 배당요구를 할 수 있도록 하고 있다. 배당요구의 종기는 경매개시결정에 따른 압류의 효력이 생긴 때부터 1주일 이내에 결정하되, 종기는 첫 매각기일 이전의 날로 정하게 된다.

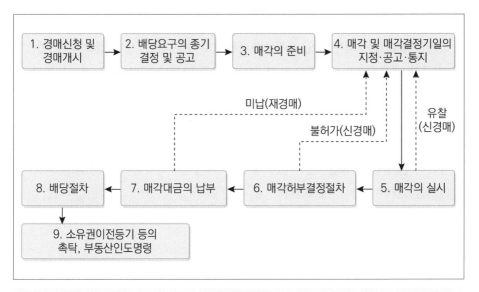

경매절차도

3) 매각의 준비

경매개시결정이 있게 되면 집행법원은 경매목적물의 환가(입찰의 방법으로 매각하여 매각대금을 조성함)를 위한 준비를 하게 된다. 준비절차로서 부동산의 현상, 점유관계, 차임 또는 보증금의 액수, 기타 현황에 관하여 조사를 명하고, 감정인에게 부동산을 평가하게 하여 그 평가액을 참작하여 최저매각가격(최저입찰가격)을 정한다.

4) 매각 및 매각결정기일의 지정·공고·통지

집행법원은 공무소에 대한 통지, 현황조사, 최저매각가격결정 등의 절차가 끝나고 경매절차를 취소할 사유가 없는 경우에는 매각명령을 하고, 직권으로 매각기일을 지정하고 공고한다. 매각 및 매각결정기일을 지정한 때에는 법원은 이를 공고하고, 법원이 매각기일과 매각결정기일(기일입찰), 입찰기간 및 매각기일(기간입찰)을 지정하면 이를 이해관계인에게 통지한다. 지정된 매각기일 및 입찰기간 등은 법원이 필요하다고 인정할 경우에는 변경(연기)할 수 있다.

5) 매각의 실시

매각기일에는 집행관이 집행보조기관으로서 미리 지정된 장소에서 매각하여 최고가 매수신고인 및 차순위 매수신고인을 정한다. 입찰자는 권리능력과 행위능력이 필요하며, 법원에 비치된 입찰표에는 ① 사건번호, ② 입찰자의 성명과 주소, ③ 부동산의 표시, ④ 입찰가격, ⑤ 대리인에 의하여 입찰하는 경우에는 대리인의 성명과 주소를 기재하고, ⑥ 그 밖에 매수보증금액도 기재한다. 매각기일에 매수인이 없는 경우에는 법원은 최저매각가격을 저감하고 새로운 매각기일을 정하여 다시 매각한다.

6) 매각결정절차

매각기일에 최고가매수인이 정해지면, 집행법원은 매각결정기일에 이해관계인의 의견을 들은 후 매각의 허부를 결정한다. 매각허부의 결정 또는 불허가의 결정에 대하여 이해관계인은 즉시 항고할 수 있다.

7) 매각(낙찰)대금의 납부

법원은 매각허가결정이 확정되었을 때에는 대금지급기일을 정하여 매수자에게 매각대금의 납부를 명한다. 매각허가결정이 확정되면 법원은 대금지급기한을 지정하므로, 정해진 기한 내에 언제든지 대금을 납부할 수 있다. 매수인은 매각대금을 완납한 때에 경매의 목적인 권리를 확정적으로 취득한다. 매수인이 지정한 기일까지 대금을 완납하지 아니한 경우에, 차순위 매수신고인이 있는 때에는 그에 대하여 매각의 허부를 결정하고 차순위 매수신고인이 없는 때에는 재매각을 명한다.

8) 배당절차

매수인이 매각대금을 완납하면 법원은 배당기일을 정하여 이해관계인과 배당을 요구한 채권자에게 통지하여 배당한다.

9) 소유권이전등기 등의 촉탁, 부동산인도명령

일반 부동산의 매매는 등기소를 방문하여 소유권이전등기를 신청하고 경매를 통하여 취득한 부동산은 법원을 통하여 이전등기를 하게 되는데 이를 소유권이전 촉탁등기신청이라고 한다. 매수인은 매각허가결정이 선고된 후에는 매각부동산의 관리명령을 신청할 수 있고 대금완납 후에는 인도명령을 신청할 수 있다.

또한 매수인이 대금을 완납하면 부동산의 소유권을 취득하므로, 집행법원은 매수인으로부터 필요서류 제출이 있게 되면 매수인을 위하여 소유권이전등기, 매수인이 인수하지 아니하는 부동산에 있는 부담의 말소등기를 등기관에게 촉탁하게 된다.

2. 경매입찰

1) 입찰의 진행과정

입찰법정을 개정하면 입찰참가자는 경매목적물의 취하, 변경여부를 확인해야 한다. 입찰 진행이 확인되면 열람을 신청하여 입찰기록과 입찰당사자가 입찰당일 전까지 파악한 사항과 다르거나 변경된 사항이 있는지를 확인해야 한다. 집행관으로부터 입찰서류를 교부받아 입찰기재대에서 작성한다. 입찰표와 매수신청보증금 봉투를 입찰대봉투에 넣고, 대봉투 상단의 수취증을 떼고 입찰함에 투함한다. 입찰이 마감되면 개찰하며 당해 물건의 최고가 입찰가를 선정한다. 낙찰자는 보증금 영수증을 받고, 비낙찰자는 입찰용 수취증과 주민등록증을 제시하고 입찰표의 보증금 반환란에 서명 후 매수신청보증금을 반환받는다.

경매 입찰 법정

2) 입찰 시 준비사항

개인 입찰 시에는 입찰보증금(최저매각가격의 10%)과 도장, 신분증이 필요하며, 대리인 입찰의 경우는 본인 위임장과 인감증명, 대리인 신분증, 인감도장이 추가로 필요하다. 법인 입찰 시에는 입찰보증금(최저매각가격의 10%)과 법인 등기부등본 또는 초본 1통, 법인 인감도장, 법인대표의 신분증이 필요하며, 대리인 입찰 시에는 법인 위임장 및 법인 인감증명, 대리인 신분증, 대리인 도장이 추가로 필요하다.

3) 입찰관련서류와 현장답사

경매에 참여하기 위해서는 해당물건의 안전성에 대하여 먼저 살펴보아야 한다. 해당물건의 권리관계 하자여부가 고려되어야 하는데 등기부, 부동산종합증명서 등 공부상의 서류를 살펴보아야 한다. 이 서류 외에도 임대차현황조사서와 감정평가서, 매각물건명세서는 입찰 전에 열람하여야 한다.

현황조사서는 임차인 성명, 임차금액, 전입일자, 확정일자유무 등이 기재되어 있는데 이는 법원집행관이 직접 경매대상 주택을 방문하여 임대차관계를 조사한 서류이다. 감정평가서는 감정평가법인 등에서 해당부동산에 대한 가치를 평가해 법원에 제출한 것으로 최초 경매 시 최저매각가격이 되므로 주의깊게 살펴보아야 한다.

해당물건 소재지에 직접가서 물건이 공부서류상 내용과 일치하는지를 살펴보는 임장활동은 경매과정에서 매우 중요하다. 특히 임대차관계를 파악하기 위해서는 임차인의 이해와 협조를 얻어 직접 탐문조사를 해야 한다. 현장조사 시 체크해야 할 사항은 먼저 동사무소에서 주민등록상 전입일자와 확정일자일이 부여되어 있는지, 임차인은 실제로 거주하고 있는지, 임대차금액은 얼마인지, 관리비체납이 있는지, 무단점거 토지는 없는지, 불법 증개축된 부분은 없는지, 토지의 일부가 도로에 편입되어 있는지 등이다. 또한, 해당부동산의 정확한 시세 파악을 위해 인근 부동산중개사무소를 방문하여 부동산을 사거나 팔 경우에 대한 가격조사를 철저하게 하여 적합한 부동산의 가격을 파악한다.

3. 경매배당의 절차와 순위

1) 배당요구

경매절차 중 배당은 채권자에 의해 개시된 집행절차에 참가하여 동일한 재산의 매각대금에서 변제받으려는 행위로, 집행법원은 해당부동산의 이해관계자에게 통보하고 권리신고와 배당요구를 하도록 통지한다. 권리신고만으로 배당에 참여하는 것이 아니며 별도로 배당요구종기일까지 적법하게 배당요구서를 제출함으로써 배당에 참여하게 된다.

매각대금으로부터 변제받을 채권자가 1인뿐이거나 여러 채권자라도 매각대금이 집행비용 및 채권자의 채권을 만족시키기 충분한 경우에는 각각의 채권자에게 그 채권액을 교부(변제)하고 잔액이 남으면 채무자에게 교부한다. 그러나 매각대금으로 채권자의 채권을 만족시키지 못하는 경우에는 각각의 채권자들에게 민·상법, 그 밖의 법률에 의한 우선순위에 따라 배당을 하게 된다.

2) 배당절차와 순위

경매집행비용으로 집행법원에 경매를 신청한 채권자가 선납한 경매 진행비용을 우선 공제한다. 주택, 상가임차인의 소액보증금이 최우선으로 변제받게 되는데 이는 주택가액의 1/2을 넘지 않는 범위에서 배당된다. 또한 근로자의 최종 3개월 임금과 최종 3년간 퇴직금의 채권이 배당된다. 이러한 임금채권을 우선변제 받기 위해서는 배당요구종기일까지 배당요구를 해야 한다.

집행목적물에 부과된 당해세와 그 가산금에 대해서는 국가예산의 원활한 확보를 목적으로 우선징수권을 보장하여 우선하여 배당한다. 순위에 따라 배당되는 저당권, 전세권, 담보가등기, 기타 국세와 지방세 등이 순위를 따져 배당되는데 이때 주의할 것은 국세나 지방세와 같은 조세채권의 경우 압류일을 기준으로 배당되는 것이 아닌, 법정기일(세금의 존재를 확인할 수 있는 시점)을 기준으로 배당의 순위를 정하게 되므로 등기부상의 등재 내용과 더불어 법정기일도 정확하게 분석해야 한다.

일반채권은 그 순위를 따져 배당순위에 따라 순위 배당을 받게 된다. 배당요구의 방식은 서면신청에 의하며 채권(이자, 비용, 그 밖의 부대 채권을 포함)의 원인과 액수를 적은 서면을 법원이 정한 배당요구의 종기일까지 제출하면 된다.

3) 법정기일

조세채권이 발생한 날짜로, 국세기본법에서 규정하는 법정기일은 국세채권과 저당권 등에 의하여 담보된 채권 간의 우선 여부를 결정하는 기준일을 말한다. 법정기일이 중요한 이유는 법정기일을 기준으로 임차인의 대항력 유무와 배당금의 배당순위가 결정되는데, 이처럼 중요한 내용이 등기부상에 나타나지 않기 때문이다. 즉 근저당권이나 전입일자보다 앞선 법정기일이 존재한다면 임차인이나 근저당권자의 법적인 지위는 위험해진다.

압류한 조세채권은 압류일과 법정기일 중 먼저인 날이 효력 발생일이 되고, 담보물권과 조세채권 간의 배당순위는 담보물권의 설정일과 조세채권의 법정기일을 비교해 시간순서에 따라 배당의 기준이 된다. 이렇게 등기부를 통해 알 수 없는 조세채권으로 인하여 임차인의 지위가 현저히 불안해지는 폐단이 있어 대항력의 기준은 법정기일이 아닌 압류등재시점(등기부에 기재된 압류서류의 접수일)

CHAPTER 10

을 적용하고 있다. 그러나 배당의 기준은 법정기일이다.

✎ 경매배당순위

- 제0순위: 경매집행비용
- 제1순위: 필요비, 유익비
- 제2순위: 최우선변제권(소액주택임차보증금, 최종 3개월분의 노임 등 채권)
- 제3순위: 국세 중 당해세(상속세, 증여세, 재산세, 농지세, 취득세, 도시계획세 등) 및 가산금 채권, 주택임차보증금에 대한 당해세 우선적용의 예외[2]
- 제4순위: 위 당해세 이외의 조세로서 그 법정기일 또는 납세기한 등이 저당권, 전세권의 설정등기보다 앞선 조세채권
- 제5순위: 납세기한보다 후에 설정된 저당권, 전세권으로 담보된 채권, 우선변제권(대항력을 가진 선순위 임차인)
- 제6순위: 일반임금채권(최종 3개월분 노임채권 등을 제외한 기타 노임채권 등)
- 제7순위: 일반조세채권(납세기한 등이 저당권, 전세권 등의 설정등기보다 후순위인 조세채권)
- 제8순위: 공과금 변제(국세, 지방세 다음으로 산업재해보상보험료, 의료보험료, 국민연금 각 출료 등)
- 제9순위: 일반채권

　조세의 법정기일에 있어서 신고에 의해 납세의무가 확정되는 조세는 신고일, 정부가 부과하는 세금은 발송일이 법정기일이 된다. 여기서 신고일은 신고서 접수일을 말한다. 법정기일로 발생되는 문제를 피하기 위해서는 임대차 계약 시 국세·지방세 완납 증명서를 확인할 필요가 있다.

2　2023년 5월, 제정된 "전세 사기 피해 지원을 위한 특별법"에서 주택임차보증금에 대한 당해세 우선적용의 예외로, 해당 주택에 부과되는 당해세 중 주택임차보증금의 확정일자보다 늦은 당해세의 배당예정액 만큼은 "주택임차보증금"이 우선하여 변제받을 수 있도록 하였다.

(예시) 배당 총액이 3억원, 법정기일이 늦은 당해세 체납이 0.5억원, 저당권이 1억원, 주택임차보증금이 3억원인 경우

(종전) 당해세 0.5억원 → 저당권 1억원 → 주택임차보증금 1.5억원 배분 ☞ 〈주택임차보증금 1.5억 未변제〉

(개정) 주택임차보증금 0.5억원 → 저당권 1억원 → 주택임차보증금 1.5억원 배분 ☞ 〈주택임차보증금 1억 未변제, 당해세 0.5억 未변제〉. 여기서 당해세는 해당 경매절차에서, 변제받지는 못하지만, 체납세금이 소멸되는 것은 아님

SECTION **03** + **부동산경매의 권리분석**

1. 권리분석의 필요성

　　부동산경매에 있어 권리분석은 매우 중요하다. 경매시장의 열기가 과열되면서 섣부른 판단과 권리분석의 오류로 입찰보증금을 포기하게 되는 경우가 있다. 이는 법률해석을 통한 정확한 권리분석을 제대로 하지 않았기 때문이다. 따라서 정확한 권리분석을 위해서는 여러 가지 자료와 유형을 습득해야 하며 기본적인 법률을 해석할 줄 알아야 한다. 경매에서 권리분석을 하기 위해서는 말소기준권리를 알아야 하며 이에 따라 소멸되는 권리와 인수해야 하는 권리를 파악하는 안목을 길러야 한다. 민사집행법은 소제주의를 원칙으로 하고 있기 때문에 경매 종료와 함께 등기부상의 근저당권, 저당권, 가압류 등은 원칙적으로 모두 소멸된다. 그러나 예외적으로 소멸되지 않고 나중에 매수자가 인수해야 하는 권리들이 있다.

2. 말소기준권리

　　경매 종료와 함께 소멸되는 권리와 인수되는 권리의 기준이 되는 권리를 말소기준권리라고 한다. 경매로 인하여 소멸하는 기준이 되는 선순위 기준권리인 말소기준권리는 총 7가지로 근저당권, 저당권, 현재 소유자의 가압류와 압류, 담보가등기, 말소되는 선순위 전세권, 경매기입등기가 이에 해당된다.

3. 권리분석의 방법

　　법원경매에 참여할 때는 경매물건에 대한 사전조사에 신중을 기해야 하며, 입찰에 참여하기 전에 경매물건에 대한 철저한 권리분석이 선행되어야 한다. 경매물건을 철저하게 분석하기 위해서는 소멸되는 권리와 인수되는 권리에 대해 정확히 알아야 한다. 등기부에 있는 권리 중에 부동산의 경매가 종결되어 낙찰

소멸주의와 인수주의

소멸주의(소제주의)	인수주의
경매로 인하여 부동산상의 권리가 소멸되는 권리	경매로 인하여 부동산상의 권리가 인수되어 낙찰인의 부담이 되는 것
• 저당권, (가)압류 • 말소기준권리보다 뒤에 설정된 지상권, 지역권, 전세권, 가등기, 가처분, 환매등기, 임차권 • 말소기준권리가 없는 경우에 경매기입등기보다 뒤에 설정된 지상권, 지역권, 전세권, 가등기, 가처분, 환매등기, 임차권 • 전세권은 말소기준권리보다 앞선 경우라도 존속기간 약정이 없거나 경매신청등기 이후 6개월 이내에 전세기간이 만료되는 경우나 그 전세권자가 경매신청을 한 경우에는 말소됨	• 말소기준권리보다 앞선 지상권, 지역권, 전세권, 가등기, 가처분, 환매등기, 임차권등기, 대항력을 갖춘 주택임차권, 전 소유자에 대한 가압류 • 말소기준권리가 없는 경우에 경매기입등기보다 앞선 지상권, 지역권, 전세권, 가등기, 가처분, 환매등기, 임차권등기, 대항력을 갖춘 주택임차권 • 유치권 • 예고등기 • 법정지상권, 분묘기지권

자에게 소유권이 이전되는 때에, 소멸되는 권리와 인수되는 권리는 다음에 제시된 표와 같다. 말소기준권리를 기준으로 권리의 소멸과 인수가 결정되며, 말소기준권리가 없는 경우에는 경매개시결정(경매신청기입)등기를 기준으로 권리의 소멸과 인수가 결정된다.

권리분석은 부동산을 취득하기 위하여 걸림돌이 되는 법률상의 문제를 사전에 파악하는 작업이다. 경매부동산에 관한 권리관계는 등기소에서 발급받는 등기부등본을 통해서 조사·분석한다. 그러나 등기부상에 기재된 권리관계 이외에도 등기되지 않은 권리가 존재할 수 있기 때문에 등기부상의 권리만을 무조건 신뢰해서는 안 된다. 예를 들면, 유치권처럼 등기부에는 나타나지 않는 권리가 있을 수도 있고, 주택의 경우 미등기건물이 있는 경우에도 등기부에는 나타나지 않기 때문에(건축물대장에는 명세가 나타남) 반드시 현장조사를 통해 실체적 권리관계를 확인해야 한다.

입찰하고자 하는 경매물건에 대한 권리분석 등을 끝낸 후에는 반드시 현장조사를 통해 미리 조사한 정보들이 사실과 일치하는지 확인해 보아야 한다. 현장조사를 통해 법원경매기록이나 공적장부에 존재하지 않는 추가정보를 수집할 수도 있다.

4. 낙찰 후 소멸되는 권리

　　권리분석을 할 때에는 말소기준권리를 찾아야 하는데 이를 위해서는 등기부상의 갑구와 을구에 있는 권리들을 빠른 날짜 순서대로 나열해야 한다. 만약 날짜가 같다면, 접수번호 순서대로 나열한 후 말소기준권리를 찾고, 같은 날짜에 갑구에 권리가 함께 존재한다면 순위번호를 기준으로 한다. 말소기준권리가 등기부상 가장 앞서 있다면 이후에 존재하는 권리들은 아무리 많아도 경매 종료와 함께 모두 소멸된다.

　　말소기준권리보다 후순위인 저당권, 근저당권, 압류, 가압류, 담보가등기는 경매낙찰로 항상 소멸된다. 따라서 이들 권리는 부동산의 매각내금으로 배낭을

🖉 등기부를 통한 권리분석

구분	구별	권리종류			선순위담보권	
					앞	뒤
등기부	갑구	압류	압류		기준권리	말소
			가압류	이전 소유자의 채무로 설정된 가압류	기준권리	말소
				위 권리 외		말소
		가처분			인수	말소
		가등기	소유권이전 청구권		인수	말소
			담보권		기준권리	말소
		예고등기			인수	
		환매등기			인수	말소
		경매개시 결정등기			기준권리	말소
	을구	지상권			인수	말소
		지역권			인수	말소
		전세권	최선순위 전세권자 배당요구 시		기준권리	말소
			위 권리 외		인수	
		(근)저당권			기준권리	말소
미등기		주택임대차보호법상 임차권 상가건물임대차보호법상 임차권			인수	말소
		법정지상권, 분묘기지권			인수	
		유치권			인수	

받아야 한다. 등기부상의 각종 저당권, 가압류나 압류 등은 낙찰자가 낙찰대금을 납부하면 소유권이 낙찰자에게 이전되면서 그 순위와 관계없이 말소되어 소멸된다. 말소기준권리보다 뒤에 설정된 용익물권(전세권, 지역권, 지상권, 임차권, 대항요건을 갖춘 주택임차권)과 등기(소유권이전청구권 가등기, 가처분, 환매등기)도 소멸된다.

1) 근저당권과 저당권

근저당권과 저당권이 가장 앞선 순위일 경우 말소기준권리가 되어 이후의 권리는 모두 소멸된다. 이때 주의해야 할 점은 무조건 등기부의 권리 순서대로만 판단할 것이 아니라 법원에 제출한 채권계산서를 확인해 보아야 한다. 등기부상에는 1순위 권리자의 채권액이 있는 것으로 등재되어 있어도 실제로는 모두 갚아서 채권이 없는 경우가 있을 수도 있다. 만약 실제 채권이 존재하지 않는다면 그 다음 순위를 기준으로 말소여부가 결정되기도 한다.

2) 현재 소유자의 가압류등기와 압류등기

가장 먼저 설정된 권리가 가압류와 압류일 경우도 말소기준권리에 해당되어 경매 종료와 함께 이후의 모든 권리는 소멸된다. 단, 현재 소유자의 가압류와 압류등기일의 경우에만 소멸되고, 이전 소유자의 가압류와 압류등기의 경우는 낙찰자가 인수해야 한다. 전 소유자의 가압류도 소멸되는 경우가 있는데 이는 해당 가압류권자가 직접 경매를 신청한 경우이다.

3) 담보가등기

담보가등기는 돈을 빌려주고 담보물권에 저당권 대신 설정하는 것이다. 경매가 진행되어 낙찰이 되면 이후의 권리는 모두 소멸되는 권리로 말소기준권리에 해당된다. 소유권이전청구권보전가등기는 집을 산 사람이 자기 앞으로 등기를 하지 않고 등기상 가등기권자로 남겨둔 것이므로 실제 소유자는 가등기권자라고 보아야 한다.

선순위 소유권이전청구가등기의 경우는 낙찰을 받은 후 매수자가 소유권이전등기를 했어도 가등기권자가 자기 명의로 본등기를 하면 매수자는 가등기권자에게 소유권을 다시 되돌려줘야 하는 위험한 권리이다. 그러므로 가등기가 말소기준권리보다 앞선 순위일 경우에는 소유권이전청구권보전가등기인지, 담보가등기인지 여부를 확인하여야 하는데, 이는 배당요구 여부로 알 수 있다.

4) 말소되는 선순위 전세권

말소기준권리보다 앞서 설정된 선순위 전세권이 배당요구를 하는 경우, 해당권리가 말소기준권리가 된다. 말소기준권리보다 앞서 설정된 전세권이라도 전세기간의 정함이 없는 전세권, 전세권자가 배당을 요구한 경우, 경매기입등기일로부터 6개월 이내에 전세권이 만료되는 경우, 전세권자가 경매를 신청한 경우는 전세권이라도 소멸된다. 그러나, 배당요구하지 않은 선순위 전세권은 낙찰자가 인수해야 한다.

5) 경매기입등기

경매물건에 있어 등기부상 권리관계가 깨끗하다고 해서 반드시 좋은 물건은 아니다. 만약 경매기입등기가 말소기준권리에 해당된다면 이전에는 담보권 등이 없는 깨끗한 물건이라 할 수 있으므로 경매기입등기 자체가 말소기준권리에 해당된다. 왜냐하면 임의경매는 그 물건에 설정된 담보권자 등이 경매를 신청하는 것이므로 경매기입등기 이전에 이미 설정된 다른 담보권이 말소기준권리에 해당되어 경매기입등기 자체가 말소기준권리가 될 수 없기 때문이다. 그런데 등기부에 채권액이 적은 물건인 경우, 소유자 변제능력이 발휘될 수 있으므로 경매의 취하나 변경의 가능성이 있다는 점도 유의해야 한다.

5. 매수자가 인수하는 권리

경매에서 낙찰을 받았더라도 소유권 취득 후 말소되지 않고 매수자에게 그대로 인수되는 권리가 있다. 이 경우 매수자는 인수하는 권리만큼의 금액을 추가로 부담해야 하므로 인수되는 권리가 있는지를 철저히 조사·분석해야 하고, 인수해야 할 권리가 있는 경우에는 입찰가액을 좀 더 면밀하게 분석해야 한다. 말소기준권리보다 앞선 권리 중에 가등기, 가처분, 지상권, 전세권 등은 매수자가 인수해야 하는 권리이다. 이들 중에는 매각대금 이외에 추가로 채권을 인수하는 경우도 있지만, 매수자가 소유권이전등기까지 마쳤더라도 선순위 권리자에게 다시 소유권을 **빼앗**기는 경우도 있으므로 권리분석을 할 때 특히 주의해야 한다.

말소기준권리보다 앞서 설정된 등기와 용익물권은 인수된다. 말소기준권리가 없는 경우에는 역시 경매개시결정(경매신청기입)등기를 기준으로 하므로 이것보다 앞선 권리들은 인수된다. 여기서 용익물권은 전세권, 지역권, 지상권, 임차권, 대항요건을 갖춘 주택임차권 등을 말한다. 용익물건이 설정된 경우에는 경매를 통하여 말소되지 않는 대항력이 있는 전세권, 임차권 등은 매수자의 권리보다 앞서기 때문에 이들 권리자에 대한 보증금 반환을 매수자가 추가 부담해야 한다. 그리고 등기부상에서 말소기준권리보다 앞서는 소유권이전청구권 가등기, 가처분, 환매등기 등도 인수하게 되는 권리이다. 말소기준권리보다 먼저 등기된 지상권이 있다면 역시 주의해야 한다. 이 지상권은 지상권자의 동의가 있거나 지상권 존속기간이 만료된 경우가 아니면 낙찰받은 부동산의 소유권을 취득하여도 지상권을 행사할 수 없기 때문이다. 또한 권리 자체가 인수되는 특성을 갖는 유치권과 예고등기는 말소기준권리와 관계없이 항상 인수된다.

1) 가등기

소유권이전청구권가등기가 말소기준권리보다 앞서는지 여부를 먼저 파악해야 한다. 만약 말소기준권리보다 앞서는 소유권이전청구권가등기가 등기부상에 존재한다면 절대로 입찰에 참여해서는 안 된다. 말소기준권리보다 우선한 권리는 매수자에게 인수되므로 만일 가등기가 남아 있을 경우 가등기권자가 본등기를 통해 소유권을 주장하면 낙찰로 인한 소유권 취득 이후라도 재산권을 박탈당하게 되기 때문이다.

2) 가처분

가처분은 권리의 실현이 소송의 지연이나 강제집행을 면하기 위한 채무자의 재산은닉 등에 의하여 위험하다고 판단될 경우 그 보전을 위하여 그 권리에 관한 분쟁을 해결하는 소송적 방법 또는 강제집행의 가능 시까지 추상적·가정적으로 행하는 처분으로서 가압류와 같이 보전처분의 한 방법이다.

경매와 관련되어 많이 사용되는 가처분은 점유이전금지가처분과 처분금지
가처분이다. 처분금지가처분은 서로 간에 소유권 다툼이 있을 경우 그 물건을
현 상태로 보전하기 위해 법원에 임시로 보관(서류상)시키고, 소유자가 다른 사
람에게 그 물건을 팔거나 임대하지 못하도록 하는 보전처분을 말한다.

점유이전금지가처분은 토지나 집을 가처분 당시의 상태대로 유지하는 것으
로, 토지나 집에 가처분집행 당시에 살고 있는 사람이 종전대로 계속 있게 하려
는 가처분이다. 보통 인도명령신청과 동시에 점유자를 상대로 신청함으로써 점
유자가 다른 사람에게 점유하는 권리를 이전하지 못하도록 하는 것이다. 이는
소송 중 임차인 등이 점유 이전으로 인하여 가처분 대상자가 바뀌어서 소송이
끝나고도 강제집행이 불가능한 상황이 발생하지 않게 하기 위함이다.

3) 선순위 전세권

말소기준권리인 근저당권보다 앞서는 선순위 전세권자 본인이 스스로 경매
를 신청한 경우에는 그 자체로 말소기준권리가 된다. 선순위 전세권도 낙찰자가
인수해야 하는 경우가 있는데, 경매기입등기로부터 6개월 이내에 전세기간이 만
료되는 경우, 전세기간의 정함이 없는 경우, 전세권자 본인이 경매를 신청한 경
우를 제외한 나머지 경우의 전세권은 낙찰자가 인수해야 한다. 예를 들면, 배당
요구하지 않은 선순위 전세권자는 인수해야 한다.

4) 환매등기

환매등기가 선순위일 경우에도 낙찰자가 인수해야 한다. 예를 들어, 돈을
빌린 사람이 돈을 빌려준 사람에게 자신의 부동산소유권을 이전해 주고, 나중에
돈을 갚게 되면 다시 소유권을 되찾는 것을 말한다. 환매등기는 반드시 소유권
이전등기와 동시에 해야 한다. 왜냐하면 환매를 조건으로 소유권이전등기를 하
는 것이기 때문이다.

부동산의 경우 환매기간은 5년이고, 5년 내에서만 부동산을 되찾을 수 있
다. 만약 5년이 지나면 환매권은 자동 소멸되고 환매권자는 권리를 행사할 수
없다. 만약 선순위 환매등기가 있는 부동산을 낙찰받았다면 매수자는 환매등기
를 인수해야 한다. 이때 환매권자가 다시 부동산을 환매하고자 한다면 자신이

부동산을 매매한 가격에 그동안의 금리를 포함한 비용을 매수자에게 주고 소유권을 되찾아야 한다.

경매로 나온 환매등기의 대부분은 환매권자가 LH공사인 물건들이다. 과거에 LH공사는 토지의 용도를 지정하여 일반인들에게 팔면서 매각 후 3년 이내에 지정 용도로 사용하지 않을 경우 환매대금을 지급하고 다시 토지를 환매한다는 환매특약등기를 소유권이전과 동시에 했기 때문이다.

5) 유치권

유치권은 남의 물건을 점유한 사람이 점유된 물건과 관련된 돈을 받을 때까지 물건을 갖고 있을 수 있는 권리를 말한다. 유치권은 경매목적물 부동산 자체에서 발생한 채권이어야 하며, 유치권 성립 시기와 관계없이 일단 성립이 되면 낙찰자는 무조건 유치권을 인수해야 한다.

유치권은 점유를 해야 한다. 만일 점유를 하지 않으면 유치권은 소멸되며 다시 점유한 시점에서 권리가 회복된다. 점유방법에는 채권자가 직접 점유하는 방법과 다른 사람이 대신 점유하는 방법이 있다. 유치권은 법정담보물권으로 유치권자가 매각대금에서 배당을 받는 우선변제권은 없다. 그러나 유치권자를 내보내기 위해서는 매수자가 유치권자의 채권액을 갚아야 하므로 실제로는 우선변제권이 있는 것과 같은 효력이 있다.

부동산의 유치권은 신축건물의 사례가 대부분을 차지한다. 즉 건축업자가 건물을 신축하고 대금을 받지 못해서 건물을 점유, 유치하고 있는 경우 매수자가 유치권자를 내보내기 위해서는 남은 공사대금을 지급해야 한다. 특별매각조건으로 제시되는 유치권도 법정지상권과 마찬가지로 서류상으로 확인이 안 되기 때문에 현장답사를 해서 유치권의 성립여부를 세밀하게 조사해야 한다. 특히, 신축 다세대나 다가구 주택은 유치권이 있을 가능성이 있기 때문에 점유하고 있는 사람이 누구인지, 채권액이 얼마인지, 적법하게 유치권을 행사하고 있는지도 살펴보아야 한다.

또한 채권의 변제기가 도래하지 않는 동안은 유치권은 성립하지 않으며, 임대차, 사용대차 등 계약 당시 원상회복의무를 약정하면 이는 유치권 발생을 배제하는 특약으로 간주된다.

✎ **유치권의 성립요건**

- 경매목적 부동산 자체에 대해 발생한 채권이어야 함
- 대상부동산을 채권변제받을 때까지 지속적으로 점유해야 함
- 채권이 변제기에 있어야 함
- 유치권 발생을 배제하는 특약이 없어야 함(원상회복의무 등)

6) 법정지상권

토지와 그 지상의 건물이 동일인 소유였으나 어떤 사정으로 토지와 건물의 소유자가 달라졌다면 소유자가 달라진 때에 건물 소유자는 법정지상권을 취득하게 된다. 법정지상권이 성립하려면 저당권 설정 당시부터 토지 위에 건물이 있어야 하고, 그 당시 토지와 건물의 주인이 같은 사람이어야 한다. 법정지상권은 별도로 존속기간을 정하지 않고 있으므로 지상권의 최단기간을 적용받게 되며 등기를 하지 않아도 지상권과 동일하게 권리를 행사할 수 있다. 또한 서류상으로 확인이 불가능하기 때문에 현장조사 등을 통해 꼼꼼히 살펴보아야 한다. 만약 경매정보에 '입찰(제시) 외 물건 있음'이라는 문구가 있을 때에는 무허가건물이나 미등기건물이라도 주의해서 관찰해야 한다.

토지소유사는 법정지상권자로부터 토지 사용료를 받을 수 있다. 사용료는 당사자 간의 합의로 정하는 것이 가장 좋지만, 만약 합의가 원만히 이루어지지 않는다면 부득이 법을 통해 해결할 수밖에 없다. 법률상 인정하는 사용료는 지료에 대한 감정평가를 통해 결정하게 되는데, 통상적으로 개별공시지가의 2~5% 선에서 책정된다. 그러므로 개별공시지가보다 훨씬 낮은 가격으로 떨어진 상태라면 법정지상권이 있는 물건이라 하더라도 낙찰을 받아 임대수익을 기대해 보는 것도 좋다. 만약 지상권자가 2년 이상 지료를 연체하면 지주는 지상권 소멸을 청구할 수 있으며, 이러한 경우 지상권은 판결을 통하여 소멸된다.

7) 분묘기지권

분묘기지권은 다른 사람의 토지에 분묘를 설치한 사람이 그 분묘를 소유하기 위해 다른 사람의 토지를 사용하는 권리를 말한다. 분묘기지권도 지상권과 비슷한 효력을 지니며 매수자가 이를 인수해야 한다. 분묘기지권을 인정받으려

면 반드시 내부에 시신이 있어야 하고, 봉분이 있어서 다른 사람들이 분묘라는 것을 알 수 있어야 한다. 또한 지주의 승낙을 얻어 합법적으로 설치해야 한다. 만일 지주의 승낙 없이 분묘를 설치했다면 20년간 아무 분쟁 없이 점유한 경우에 분묘기지권이 인정된다. 만약 내 토지에 분묘를 설치한 후 다른 사람에게 토지를 팔았을 때도 분묘에 대해서 분묘기지권을 주장할 수 있다. 분묘기지권이 성립되면 지주는 분묘 소유자의 허락 없이 묘를 다른 곳으로 옮길 수 없고, 함부로 훼손해서도 안 된다.

8) 낙찰자가 인수하는 근저당권(별도등기)

근저당권은 말소기준권리에 해당되므로 경매 종료와 함께 자동 소멸된다. 그런데 예외적으로 근저당권이 소멸되지 않고 낙찰자에게 인수되는 경우가 있으므로 주의해야 한다.

아파트나 연립주택 등 공동주택의 경우 '토지 별도등기 있음'이라는 내용의 공고를 간혹 볼 수 있다. 내용을 살펴보면 건물에 대한 소유권보존등기보다 앞서 토지에 대해 근저당권이 설정되어 있는 경우가 있다. 이것은 당초 시행사가 토지를 담보로 하여 돈을 빌려 쓴 것으로, 시행사가 공동주택을 지은 다음 근저당권을 풀고 각 세대별로 토지등기를 해주는 것이 원칙이지만, 그 이전에 부도가 나서 근저당권 말소가 불가능한 경우라 할 수 있다.

토지 별도등기가 되어 있는 물건은 대지권등기가 안 되어 있을 경우에 나중에 대지권등기가 될 때 토지근저당 금액이 토지 비율만큼씩 각 세대별로 분담되기 때문에 매수자가 나중에 이것을 추가로 인수해야 한다.

6. 권리분석 종합

말소기준권리의 등기일자보다 후순위로 등기부에 등재된 권리 중 저당권, 근저당권, 압류, 가압류 등은 경매가 완료되면 모두 말소된다. 반대로 말소기준권리보다 앞서 등재된 가등기, 가처분, 전세권, 지상권 등의 권리는 경매가 완료되더라도 말소되지 않고 매수자가 인수해야 한다.

또한 세입자의 임차보증금도 말소기준권리를 기준으로 하는데, 세입자의 입주일과 전입신고가 말소기준권리보다 빠르면 세입자의 보증금은 매수자의 낙찰대금 이외에 추가로 부담해야 한다. 그러므로 낙찰받아도 말소되지 않는 권리가 있는 경우에는 입찰에 신중을 기하는 것이 좋다. 즉 말소기준권리보다 순위가 앞서는 선순위의 가등기·가처분·전세권·지상권 등이 설정되어 있는 경우와 근저당권 설정일 이전부터 세입자가 살고 있는 경우는 입찰을 포기하는 것이 좋다. 그러나 낙찰받아도 괜찮은 경우는 저당권, 근저당권, 가압류, 압류 등이 등기되어 있는 경우이다. 이러한 권리는 등기부상에 있더라도 낙찰이 되면 자동으로 말소되므로 염려하지 않아도 된다.

법원에 경매로 나오는 부동산을 취득할 때 유의할 점은 다음과 같다. 경매 물건 중에는 감정평가금액이 과대평가된 경우가 있으므로, 입찰 시에 직접 충분히 시세조사를 한 후 입찰여부를 결정해야 하며, 유치권이 존재하거나, 관습상 법정지상권이 성립되는 경우와 토지 별도등기가 있는 경우가 있다. 또한 근저당의 실체를 정확하게 파악해야 하며, 선순위저당권의 변제로 대항력에 변동이 생기는 경우와 같이 예상치 못한 권리의 인수나 비용의 부담으로 오히려 불이익을 당할 수 있음을 감안하여 신중을 기해야 한다.

SECTION 04+ 부동산공매

1. 공매의 의의

공매는 공공기관이 부동산 등을 처분할 때 가능한 범위 내에서 관련 정보를 공개하고, 정해진 절차에 따라 매각하는 것을 말한다. 즉 소재지, 종별, 수량, 매매가격 등 물건의 기본적인 상태와 각 물건에 대한 개별적인 매각조건을 고지한 후 그 조건을 승낙한 사람이 매수를 희망하는 경우에 일반경쟁입찰을 통하여 처분하는 제도이다. 따라서 공매는 다수의 물건을 동시에 공개 매각하는 것이므로 대중성, 공정성, 신뢰성을 바탕으로 하는 것이 그 특징이다.

경매와 공매의 법률적 성격은 다소 차이가 있다. 경매는 사인(私人) 간의 채권, 채무를 국가 공권력이 개입하여 정리하는 것으로 민사집행법의 영향을 받는다. 그에 비해 공매는 공법상의 행정처분으로 국세징수법의 영향을 받는다. 국내에서 공매를 시행하는 대표적인 기관은 한국자산관리공사[3](이하 KAMCO라 한다)로, 여기에서는 KAMCO 공매에 관해 기술하기로 한다.

2. 경매와 공매의 차이

법원경매와 비교한 KAMCO 공매의 주요 특징은 매각예정가격이 유찰을 거치면서 저감되는 정도가 다르다는 점이다. 경매는 통상적으로 전차가격의 20%씩 저감하지만 공매는 1차 공매예정가격의 50%를 한도로 매회마다 1차 공매예정가격의 10%씩 저감된다. 단, 50% 저감 시는 위임기관과 협의 후 새로운 공매예정가격을 결정한다.

매각된 물건의 명도책임은 경매, 공매 모두 매수자에게 있으며 대상물건의 취득 시 농지취득자격증명제출이 필요한 경우 그 시기는 경매의 경우 매각허가결정 전(미제출 시 낙찰불허)이지만 공매는 KAMCO에 소유권이전등기 촉탁신청 시에 제출해도 무방하다.

대금납부기한도 경매의 경우 낙찰허가결정 후 통상 30~40일인 데 비해 공매는 매각결정일로부터 3천만원 미만의 경우 7일 이내, 3천만원 이상의 경우 30일 이내로 구분된다. 잔여대금의 미납 시 입찰보증금 처리는 경매의 경우 배당할 금액에 포함되지만 공매의 경우 국고 및 지방자치단체금고에 귀속된다.

또한 대금을 미납한 전 낙찰자의 매수자격제한은 경매의 경우 매수제한(입찰불가)으로 엄격하지만 공매의 경우에는 매수제한규정이 없다(입찰가능). 저당권부 채권의 상계는 경매에서는 상계가 가능하지만 공매의 경우에는 상계가 불허된다.

3　한국자산관리공사(KAMCO)는 정부출자기관으로 1962년 설립된 이후 정부정책을 수행하면서 각종 부동산을 처분한 능력과 경험이 있다.

✎ **법원경매와 KAMCO 공매 비교**

구분	경매(법원)	공매(한국자산관리공사)
매각방법	기일입찰, 기간입찰, 호가경매 (유체동산)	기간입찰(인터넷입찰 방식)
법률적 성격	채권 채무 당사자 간의 합의를 전제로 한 공권력의 개입 (민사집행법)	공법상의 행정처분(국세징수법)
개시기입등기	경매개시결정 후 경매개시기입 등기	공매공고 등기촉탁
배당요구종기일	첫 매각기일 이전	최초 입찰기일 이전
매각예정가격 저감	통상적으로 전차가격의 20%씩 저감(30%도 있음)	• 1차 공매예정가격의 50%를 한도로 매회 1차 공매예정가격의 10%씩 저감 • 50% 이하 저감 시는 위임관서와 협의 후 새로운 매각예정가격 결정
명도책임	매수자	매수자
농지취득자격증명 제출시기	매각허가결정 전 (미제출 시 낙찰불허)	KAMCO에 소유권이전등기 촉탁신청 시까지
대금납부기한	매각허가결정 후 1개월 이내	매각결정일로부터 • 3천만원 미만: 7일 이내 • 3천만원 이상: 30일 이내
납부기간 경과 후 대금납부여부	가능(재매각기일 3일이전)	불가능
잔금 미납 시 입찰보증금 처리	배당할 금액에 포함	국고, 지방자치단체 금고에 귀속
대금불납 전 낙찰자 매수자격제한	매수제한(입찰불가)	매수제한규정 없음(입찰가능)
채권의 상계	상계가능	상계불허
인도명령	있음	없음

3. KAMCO 공매

1) 온비드 입찰참가절차

KAMCO 전자자산처분시스템(온비드)을 통하여 공고한 물건을 지정한 입찰일자와 장소에 직접 와서 현장공매에 참가하거나 온비드의 입찰화면에서 입찰서를 제출하는 인터넷공매 입찰에 참가한다. 이 경우 가장 높은 가격으로 입찰한 사람이 낙찰자로 결정되며, 낙찰되지 않은 자의 입찰보증금은 현장공매 참가자인 경우에는 즉시 반환하고, 인터넷 입찰 참가자인 경우에는 환불예금계좌로 환불한다.

> 온비드 입찰참가 시 절차
> ① 회원등록 → ② 공인인증서등록 → ③ 입찰대상 공고확인 → ④ 입찰대상 물건확인 → ⑤ 입찰서제출 → ⑥ 입찰참가자준수규칙 확인 → ⑦ 공인인증서 및 보증금납부계좌 확인 → ⑧ 보증금납부(입찰서 제출 후 제시된 입금은행과 입금계좌로 입찰금액의 10%를 납부) → ⑨ 입찰서 제출 및 보증금납부 확인 → ⑩ 입찰 후 입찰결과에서 확인

2) 유찰(수의)계약

신문에 공매공고를 게재하여 지정된 일자에 공개경쟁 입찰을 실시하였으나 팔리지 않고 유찰되었을 때 다음 공고 전일까지 최종공매조건으로 누구나 자유로이 살 수 있는 제도를 유찰계약이라고 한다. 따라서 유찰계약은 10% 계약보증금만 있으면 누구든지 부동산을 구입할 수 있다.

3) 공매공고

일반적으로 수탁재산은 연 4~10회 정도, 압류재산은 주 2회 정도 공매를 하고 있다. 국유재산임대(대부)는 부정기적으로 연 14~17회 실시하고 있으며, 물건의 수량에 따라 변동이 있을 수 있다. 공매공고 기간으로 수탁재산의 경우에는 통상 10일 이상의 기간을 두고 있다. 압류재산의 경우에는 공고한 날로부터 통상 4주 후 정도 경과한 후에 공매한다(공고 기간의 여유를 두는 것은 원매자의 현장확인, 공부열람 등 조사 기간을 감안한 것).

4. 공매물건의 분류

KAMCO의 공매물건은 수탁재산, 압류재산, 국유재산 등으로 분류된다.

1) 수탁재산

수탁재산은 이미 법원의 경매과정에서 모든 권리가 말소되고 소유권이 이전되어 권리의 하자가 없지만, 행정상의 규제, 공부와의 차이점과 현황 등은 매수자 본인이 조사하여야 한다. 또한 수탁재산은 세입자나 부동산을 넘겨주는 책임은 대부분 KAMCO가 부담하고 있지만, 매수자가 명도책임을 지는 경우도 있다(압류재산인 경우 명도는 매수자 책임이다).

공매공고는 입찰일 전일부터 역산하여 10일 전에 일간신문에 게재하며 매각예정가격 책정기준은 최초의 경우, 감정가격을 기준으로 하며 2회차 이후에는 매 공매 시 최초 매각예정가격의 100분의 10에 해당하는 금액을 저감한다(위임기관별로 저감률이 다를 수가 있다).

공매에서 낙찰된 물건의 계약체결은 낙찰일로부터 5일 이내에 하며, 동 기일 내에 계약체결하지 않을 경우 계약체결 의사가 없는 것으로 간주하여 계약보증금은 위임기관에 귀속처리한다.

수탁재산 구입 시에는 공매공고문의 물건별 부대조건 등 공지사항을 정확하게 이해할 필요가 있고, 명도책임이 사는 사람인지 파는 사람인지 확인해야 한다. 매각하는 토지지상에 KAMCO에서 제시하지 않은 건물의 철거책임은 매수인이 부담하므로 토지구입 시 현황을 파악하여야 하며, 신축이 가능한지 등의 여부는 관할관청에서 조사하여야 한다.

공매공고한 건물면적은 등기부상 기재된 수량을 기준으로 한다. 관리비는 원칙적으로 전 점유자가 부담하여야 하나 체납이 되어 있을 경우 관리사무소에서 매수자(신규입주자)에게 납부하도록 종용하여 분쟁이 있을 수 있으므로 관리비 체납여부를 반드시 확인해야 한다. 또한 임야의 경우 지상에 식재된 수목(예: 감나무 등 유실수)의 소유권 취득여부를 확인한다.

(1) 매매대금의 납부방법

압류재산과 달리 수탁재산의 경우 권리관계가 명확하여 별도의 권리분석을 필요로 하지 않아 KAMCO 공매물건 중 가장 안전하게 구입할 수 있는 장점이 있다. 매매대금 분할납부가 가능하고, 매매대금 선납 시 감면이 있다. 물건에 따라 달라질 수 있으나 통상 6개월~3년까지 분할납부할 수 있고, 수탁재산을 매수한 후 잔금의 전액 또는 일부를 3개월 이상 선납할 경우 선납기간 및 선납금액에 해당하는 위임기관이 정한 정기예금 이자액을 산출하여 감면한다. 단, 선납이 허용되지 않는 경우도 있다.

(2) 매수자 명의변경

계약된 조건에 따라 대금을 정상적으로 납부하고 있으면서 매수자가 그 계약상의 지위를 제3자에게 승계시키려는 경우, 매수자의 명의변경을 허용할 수 있다. 위임기관인 매도자와의 조건에 따라 할부납부 등 대금납부 방법을 협의할 수 있다.

(3) 매매대금 완납 전 사용

매매대금의 1/3 이상 선납할 경우 점유사용(사전점유)을 허용한다. 사전점유 사용조건은 위임기관별로 상이한 경우도 있다. 특별한 경우를 제외하고 매각부동산에 대한 명도소송, 강제집행 등을 통하여 KAMCO에서 책임진다. 또한 공매에서 3회 이상 유찰된 부동산에 대해 토지거래허가신청이 면제된다.

2) 압류재산

압류재산은 세무서나 지방자치단체 등 국가기관이 세금을 내지 못한 체납자의 재산을 압류한 후 체납세금을 받아내기 위하여 KAMCO에 매각을 의뢰한 재산을 말한다. 또한, 압류재산 공매는 국가공권력을 동원하여 체납된 조세채권을 강제적으로 실현하는 절차로서, 조세채무가 이행 지체된 경우에 독촉절차 후 압류된 체납자의 재산을 매각(환가)하여 그 매각대금으로 체납세액에 충당하는 행정절차이다. KAMCO는 국세징수법에 의거 체납처분(공매) 절차를 통하여 체납세액 강제징수를 대행하는데, KAMCO에서 진행하는 공매물건의 약 85%가 압류재산이다.

(1) 공고방법

공고방법은 1회차 공매 시 공매예정가격이 5백만원 이상인 경우 신문 공고, 온비드(OnBid) 공고, 게시공고를 하며, 공매예정가격이 5백만원 미만인 경우

KAMCO 내 게시공고, 온비드 공고(www.onbid.co.kr)를 한다. 매각예정가격 책정 기준은 1회차는 감정가격을 기준으로, 2회차 이후에는 최초 매각예정가격의 100분의 50에 해당하는 금액을 한도로 공매를 할 때마다 최초 매각예정가격의 100분의 10에 해당하는 금액을 저감한다. 매매대금의 납부기한은 매각결정일로 부터 매각금액 3천만원 미만은 7일 이내, 3천만원 이상은 30일 이내이다. 납부 최고기한까지도 매수대금이 납부되지 아니하면 보증금은 국고나 지방자치단체 의 금고에 귀속된다.

(2) 명도책임

KAMCO가 매각하는 부동산은 등기부를 기준으로 하고, 물건의 하자에 대 한 책임을 KAMCO가 지지 않으므로 입찰하기 전에 입찰자 책임하에 현장조사 를 꼭 확인하고 입찰하여야 한다. 조사내용으로는 주변시세, 입지조건, 향후 발 전성, 물건상태 등을 확인하며, 특히 주거용 건물인 경우는 임대차 조사를 꼭 확 인하고 입찰하여야 하며, 압류재산의 명도책임은 매수자에게 있다. 주택 또는 상가건물의 경우 부동산등기부상 최선순위 근저당권자 등 다른 채권자의 설정 등기일보다 먼저 주민등록 전입 및 주택의 인도를 마친 임차인(상가건물은 건물 의 인도와 사업자등록 신청한 임차인)의 임차보증금은 낙찰자가 인수해야 하는 경 우가 생길 수도 있으므로 주의해야 한다. 압류재산의 경우에는 체납자 소유 물 건으로 공매가 진행되므로 인수하여야 할 권리의 유무나 부담하여야 할 대항력 있는 임대차 유무를 매수자가 확인하여야 하며 명도 또한 매수자가 직접 해결하 여야 한다.

부동산의 명도책임은 매수자가 부담하므로, 사전에 자진명도 가능성 및 명 도의 난이도 등을 조사하여야 한다. 또한 권리분석도 매수인이 하여야 한다. 세 금 압류일자 또는 근저당설정등기 이전의 가등기, 가처분 및 지상권 등은 말소 가 되지 않으므로 사전에 등기부등본을 열람하여야 하며, 낙찰자가 부담하는 '대항력 있는 임차인'의 유무도 확인해야 한다. 권리분석 시 선순위 근저당·가 처분 및 현장확인을 통한 임대차확인 등을 하여야 하며, 법정기일과의 순위를 확인해야 한다.

CHAPTER 10

(3) 법원경매와 경합하는 경우

압류재산 공매와 법원경매가 경합하는 경우, 원칙적으로 양 제도는 상호불간섭의 원칙[4]에 따라 각각 절차의 진행에 영향을 미치지 아니한다. 법원경매가 진행 중이어도 공매절차를 계속 진행하는데, 이는 법원경매 절차가 여러 가지 사정으로 연기 및 취하될 가능성이 있기 때문이다. 또한 소유권 취득기준도 경매와 공매가 경합하는 경우 양 낙찰자 중 먼저 잔금을 납부한 자가 소유권을 취득하게 된다.

(4) 자산의 명도

명도가 지연될 경우 최종 잔금의 납부기일을 명도완료 후 1개월 이내까지 연장하고, 동 연장기간에 대한 이자는 부과하지 않는다. 이때 명도소송을 제기하기 전 부동산에 대한 명도·인도청구권을 보전하기 위한 계쟁물(係爭物)에 관한 가처분인 '부동산점유이전금지가처분신청'을 통해 현 점유자의 점유상태의 변경을 금지토록 조치한다. 이는 현재의 점유자가 원고 모르게 제3자가 점유하게 하든지, 또는 점유상태를 변경할 경우 불법점유자를 대상으로 다시 소송을 제기하여야 하는 문제점을 방지하기 위함이다.

3) 국유재산

국유재산은 국가가 행정목적을 수행하는 데 필요로 하여 소유하고 있는 일체의 재산(광의) 및 국가의 부담이나 기부채납, 법령 또는 조약에 따라 국가 소유로 된 재산(협의)을 말한다. 국유재산은 크게 행정재산과 일반재산으로 분류되며, 행정재산은 다시 공용재산, 공공용재산, 기업용재산, 보존용재산으로 분류되며 행정재산 이외의 모든 재산을 일반재산이라 부르며, 일반재산이 대부 및 매각 가능한 대상 재산이 된다.

KAMCO공매는 국가(지식경제부)가 취득(주로 국세물납)한 일반재산 중 기획재정부가 KAMCO에 관리처분을 위탁한 부동산과 유가증권을 대상으로 한다. 주요 공매내용은 부동산의 관리대부(임대), 매각 및 유가증권의 관리, 매각업무

---

4   대법원 1961.2.9. 선고 4293민상124 판결[부당이득금반환]

이다. 즉 공매를 통해 부동산을 임대할 수도 있다는 의미이다.

국유재산은 국유재산법에 의거 국가의 부담으로 취득하거나, 기부채납 또는 국세물납 등에 의해 국가 소유가 된 부동산, 유가증권, 기계기구 및 각종 권리 등 일체의 재산을 의미한다. 물납은 개인이나 법인이 부담하여야 할 세금(국세)을 현금으로 납부하지 못하여 현물(재산, 유가증권 등)로 대신 납부하는 행위를 말한다. 국유일반재산의 대부분을 광역자치단체인 17개 시·도에 위임하고 시·도는 기초자치단체로 재위임하여 관리하고 있으며, 이 중 일부를 KAMCO가 위탁받아 관리하고 있다. KAMCO가 위탁받아 관리하는 재산은 대부분 건물이 있는 활용도가 높은 재산이다.

✎ 국공유재산의 종류

구분		국유재산	공유재산
행성 재산	공용	국가가 직접 청사, 관사, 학교, 기숙사 등으로 사용하는 재산	지방자치단체가 직접 사무용·사업용 또는 공무원의 거주용으로 사용하거나 사용하기로 결정한 재산과 사용을 목적으로 건설 중인 재산
	공공용	국가가 직접 도로, 하천, 항만, 공항, 철도, 구거 등으로 사용하는 재산	지방자치단체가 직접 공공용으로 사용하거나 사용하기로 결정한 재산과 사용을 목적으로 건설 중인 재산
	기업용	정부기업이 직접 사무용, 사업용 또는 직원의 주거용으로 사용하는 재산	지방자치단체가 경영하는 기업용 또는 그 기업에 종사하는 직원의 거주용으로 사용하거나 사용하기로 결정한 재산과 사용을 목적으로 건설 중인 재산
	보존용	문화재, 사적지, 국유림 등 국가가 필요하다고 인정하여 보존하기로 결정한 재산	법령·조례·규칙에 따라 또는 필요에 의하여 지방자치단체가 보존하고 있거나 보존하기로 결정한 재산
일반재산		행정재산 이외의 모든 국유재산으로서 장래 행정목적, 재정수입 등에 제공하기 위해 보유한 재산	행정재산 외의 모든 공유재산

출처: 기획재정부 국유재산 시스템 e나라재산(www.k-pis.go.kr), 기획재정부 정보공개시스템 열린재정

(1) 국유재산의 매각

국유재산은 원칙적으로 매각을 금지하나 극히 예외적인 경우에 한해 매각을 한다. 매각을 하기 위해서는 기획재정부장관의 승인을 득하여야 한다. 매각방법은 원칙적으로 공개경쟁입찰에 의하나 경우에 따라서는 지명경쟁입찰 및 수의계약으로 할 수 있다. 매각금액의 산정방법은 시가를 참작하여 예정가격을 결정하나 예정가격이 300만원 이상(인구 20만 이상의 시 지역은 1천만원 이상)으로 추정되는 경우에는 2개 이상의 감정평가법인의 감정평가금액을 산술평균한 금액을 예정가격으로 한다. 예정가격은 공개하여야 한다. 매각대금의 납부에 있어서 입찰보증금(10%)은 계약보증금으로 대체하고 나머지 대금은 계약체결일로부터 30일 이내에 일시 전액을 납부함이 원칙이다. 특정한 경우에는 분할납부가

 참고 REFERENCE | **국유재산 매각기준**

- 일단의 면적이 서울특별시 및 광역시 지역에 있어서는 200㎡, 기타의 시 지역에서는 300㎡, 기타 지역은 700㎡의 영세규모의 토지로, 국가와 국가 이외의 자가 공유한 일단의 토지로서 국가지분면적이 위 기준에 해당하는 경우에는 수의계약으로 매각할 수 있음
- 좁고 긴 모양으로 되어 있으며 폭이 5㎡ 이하(폭 5㎡를 초과한 부분이 전체 길이의 20% 미만 포함)로 여타 토지와 합필이 불가피한 토지
- 건축법 제49조 제1항의 규정에 의하여 최소분할면적에 미달하는 일단의 토지로서 그 경계선의 50%가 동일인 소유의 사유토지와 접하여 있는 토지
- 일단의 면적이 시 지역에서는 1,000㎡, 시 이외의 지역에서는 2,000㎡ 이하로서 1981년 4월 30일 이전부터 사인의 건물이 있는 토지의 경우 바닥면적의 2배 이내의 토지를 동 건물의 소유자에게 매각할 수 있음
- 국가가 활용계획이 없는 국유건물이 있는 토지로서 건물의 관리가 극히 어려울 뿐만 아니라 계속 보유할 경우 건물의 노후화로 재산의 가치가 감소하여 이의 매각이 불가피할 경우
- 서울 및 광역시의 경우 1억 원 이하, 기타 시 지역은 8천만원 이하, 시 이외의 지역은 5천만원 이하의 토지로서 위치, 규모, 형태 및 용도 등으로 보아 당해 국유지만으로는 이용가치가 없으나 인접 사유토지와 합필하는 경우 토지의 효용성이 제고되는 토지
- 기타 재개발사업 등 관계법령에서 특정한 사업목적을 위한 경우

가능하며 이 경우에는 잔액에 대하여 8%의 이자가 가산된다.

(2) 국유일반재산의 대부

권리금이 없고 연간 사용료인 대부료만 납부하며, 계약기간이 만료하거나 종료 시 일체의 권리금 및 시설비 또는 유익비를 청구할 수 없다. 대부계약자 결정방법으로는 공개경쟁입찰이 원칙으로, 2인의 유효한 입찰자 중 낙찰자를 결정하며 단독입찰은 무효이다. 또한 주거용 및 경작용인 경우, 2회 이상 2인 이상의 유효한 입찰이 성립하지 아니한 입찰의 경우 수의계약이 가능하다.

연간대부료의 산정은 토지는 개별공시지가, 건물은 감정가액을 기준으로 재산가액을 산출하고, 2차년도 이후 대부료는 첫해 결정된 사용료를 기준으로 당해연도의 재산가액을 감안하여 산정한다. 경쟁입찰을 2회 실시하여도 유찰될 경우 다음 차수부터 매회 최초 연간대부료 예정가격의 10%씩 해당하는 금액을 저감(최초 예정가격의 50%까지 저감)한다. 대부료는 1년치를 선납하는 것이 원칙이며, 계약기간이 장기간이더라도 매년 1년씩 산정해서 선납하게 되며 대부계약 체결 후 연체할 경우 최고 연 15%의 연체료가 부과된다. 연간대부료의 10%에 해당하는 별도의 부가가치세가 부과되나, 경작용 또는 주거용으로 대부받는 경우 부가가치세가 면제된다. 대부기간은 재산의 유형에 따라 10년 이내, 5년 이내, 1년 이내로 결정된다. 조림을 목적으로 하는 토지와 그 정착물에 대해서는 10년 이내, 조림목적 이외의 토지와 그 정착물에 대해서는 5년 이내, 기타의 물건에 대해서는 1년 이내로 하게 된다.

> **참고** REFERENCE │ **국유재산대부의 계약기간**
>
> • 조림을 목적으로 하는 토지와 그 정착물: 10년
> • 조림목적 이외의 토지와 그 정착물: 5년
> • 위 계약기간 내에서 물건에 따라 계약기간을 달리 적용할 수 있음
> • 계약기간이 종료하면 주택 및 농지를 제외하고 반드시 명도를 하여야 함

연습문제
EXERCISE

01 부동산경매의 장단점에 대해 기술하라.

02 강제경매와 임의경매의 차이점에 대해 기술하라.

03 경매배당순위에 대해 기술하고, 필요비와 유익비의 배당순서에 대해 논의해 보고, 또한 법정기일에 대해 토의해 보라.

04 경매에서 적용되는 말소기준권리를 모두 기술하라.

05 경매에서 소멸주의가 적용됨에도 불구하고 인수해야 하는 권리들에 대해 기술하라.

06 경매 낙찰 후에도 소멸되지 않는 권리들에 대해 기술하고, 그 이유에 대해 설명하라.

07 경매와 공매의 차이와 특징에 대해 기술하라.

08 압류재산의 특징과 내용에 대해 기술하라.

CHAPTER 11 부동산개발

부동산개발의 개념과 방법

1. 부동산개발의 개념

부동산개발은 토지, 노동, 자본과 같은 생산요소를 결합하여 토지개량물을 생산하는 활동으로, 토지개량물은 토지에 자본·노동과 같은 인공적인 힘이 부과된 것을 의미한다. 따라서 부동산개발은 개발주체가 대상부동산을 둘러싼 공간적·물리적 환경을 개선하여 경제성 및 편익과 쾌적성의 효과를 증진시키는 과정으로, 토지와 개량물을 결합하여 분양, 임대 또는 운영할 수 있는 부동산을 생산하는 활동이다.

1) 부동산개발의 분류

(1) 개발주체에 의한 구분

부동산개발은 개발주체별로 보면 공공개발과 민간개발, 민·관합동개발로 나눌 수 있다. 공공개발은 국가, 지방자치단체, 공공기관 등이 사업시행자가 되는 경우이다. 이때 개발대상은 사회간접시설이 대부분으로 공공성과 공익성을 우선으로 한다. 인프라시설은 물론이고 공공기관이 추진하는 택지개발, 산업단지조성, 수자원개발 등은 공공성을 가진 개발사업이다.

민간개발은 민간이 보유한 부동산을 개발하는 것으로 단독개발과 공동개발로 대별할 수 있다. 단독개발은 시행자가 직접 시공사를 선정하여 개발하거나, 건설회사 등이 자체적으로 보유하고 있는 부동산을 개발하는 사업 등을 말한다. 공동개발은 신탁회사, 금융기관 등과 함께 사업을 추진하는 공동개발과 지주가 건설회사와 함께 사업을 추진하여 개발하는 방식으로 볼 수 있다.

민·관합동개발은 제3섹터 방식이라고도 하며, 지방자치단체 등이 민간기업과 합동으로 개발하는 방식이다. 공공기관은 토지와 인허가를 담당하고, 민간은 기술과 자본을 담당하여 민간활력을 공공과 접목하여 공공목적과 사업목적을 동시에 달성하는 효과가 있다. 이는 주로 사회간접자본시설의 확충을 위한 사업이 주를 이룬다.

(2) 개발방식에 의한 구분

개발방식은 단순개발방식, 환지방식, 매수방식, 혼합방식으로 구분한다. 단순개발방식은 토지형질을 허가기준에 적합하게 변경하는 사업을 하는 방식으로, 지주가 자력으로 개발하는 것을 의미한다. 지주자력개발은 토지의 사유개념을 바탕으로 대규모 토지개발방식이 채용되기 이전부터 오늘날까지 전통적으로 이루어져 왔다.

환지방식은 국내에서 택지개발 수법으로 널리 활용되던 토지구획정리사업에서 사용하는 방식으로 택지화되기 전의 토지를 도로, 공원 등의 공공용지나 체비지를 고려한 비례율에 따라 감보한 후 기존 토지소유주에게 재분배하는 것이다. 통상적으로 비례율로 인해 소유주가 환지 이후에 받는 면적은 줄어들지만, 그 가치는 종전 가치를 훨씬 상회하여 막대한 개발이익을 남길 수 있었다. 1970년대부터 1990년대 초까지 전국의 많은 지역에서 이러한 방식으로 개발이 성행하였으나, 1990년대 들어서 토지소유자의 개발이익 독점에 따른 문제점 등으로 가급적 전면매수방식에 의한 택지개발이 진행되고 있다.

환지방식

매수방식은 일단의 주택지조성사업과 같이 대규모의 택지를 조성할 때 토지를 일괄매수하여 사업을 진행하는 방식이다. 일단의 주택지조성사업은 주택의 집단건축을 위하여 일정규모 이상의 구역에서 하는 사업으로 토지소유자나 공사, 국가 및 지방자치단체가 사업의 주체가 되어 왔으며 토지의 전면매수를 원칙으로 하므로 일부 매수되지 않은 토지는 사업시행자에 의한 수용이 가능하였다.

혼합방식은 도시개발사업이나 대지조성사업, 산업단지조성사업 등에서 대상토지 확보에 매수방식과 환지방식을 적절히 혼합하여 사용하는 방식이다.

2) 부동산개발의 과정

부동산개발과정은 개발목적에 맞는 토지의 취득에서부터 개발된 토지의 이용과 처분에 걸친 일련의 과정을 의미한다. 부동산개발의 단계는 개발의 목적이나 주체에 따라 달라질 수 있지만, 통상적으로 아이디어, 예비적 타당성분석, 부지의 모색과 확보, 타당성분석, 금융, 건설, 마케팅의 단계를 거치게 되는데, 개발사업의 성격에 따라 일부 과정은 생략될 수 있고 순서가 달라질 수도 있다.

부동산개발은 계획의 구상단계에서부터 참여자들이 각각의 역할 배분을 하

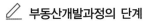 부동산개발과정의 단계

업무진행단계	특성에 따른 실행단계	관련자
사전평가단계	• 구상단계 • 기획단계 • 사업타당성분석단계	시행사, 시장분석가, 설계사, 건설사
개발준비단계	• 토지계약단계 • 개발사업 인허가단계	시행사, 중개업자, 설계사, 엔지니어링, 건설사, 금융기관
분양·시공단계	• 공사시공단계 • 영업활동단계(분양 등)	시행사, 건설사, 감리사, 분양대행사, 중개업자, 금융기관
입주·정산단계	• 입주관리 하자보증 등	시행사, 건설사, 관리회사

자료: 김재태, 부동산 개발사업 참여자간 관계구조에 관한 연구, 건국대학교 대학원 박사학위논문, 2010

면서 관계를 형성하게 된다. 사업부지에 대한 입지분석에서부터, 사업조건, 시장환경의 분석과 개발이 가능한 유형과 규모를 구상한다. 이후 이를 토대로 예비설계를 하여 개발사업에 따라 예상되는 수입과 비용을 추정하고, 개략적인 수지분석을 하며 사업가능 여부를 판단하는 과정을 거쳐 사업부지 매입에 들어간다.

(1) 사전평가단계

사전평가단계는 사업착수 전 타당성을 평가하는 단계로, 대상사업지가 교통 및 환경에 적합한지에 대한 입지조건과 사업조건, 시장환경, 사업특성이 분석대상이 되며, 이때 검토되는 주요 위험요인으로는 교통이나 환경여건의 적정성, 사업주체 구성의 적정성, 세제 및 금리·법률이나 규제·소비자 선호의 변화, 사업기간이나 개발방식, 사업규모의 적정성 등이다. 이 단계에서 시행사는 사업파트너인 시공사와 함께 사업구도를 검토하며 시장분석가로도 활동한다.

(2) 개발준비단계

개발준비단계는 실질적인 개발을 위한 토지매입단계로서 본격적인 개발사업을 위해 해당 부지를 분석하고, 부지에 따른 사업성을 검토한 후 실질적인 사업계획과 자금조달계획을 수립하고, 토지를 매입한 후 인허가를 진행하는 단계이다. 이 단계에서는 실제로 사업이 진행되기에 자금이 투입되고 구체적인 마스터플랜을 수립하고 집행해 나간다. 즉 사업추진계획, 개발계획, 자금조달계획, 분양계획 등을 포함한다. 사업추진계획에는 부동산개발사업의 시행주체를 자체적으로 할 것인지 신탁사를 활용할 것인지 등의 여부도 검토한다. 개발계획의 수립 시에는 설계를 통해 개발방향에 따른 건축물의 규모, 시설물의 배치 등 건축에 관한 기본계획도 수립한다.

(3) 분양과 시공단계

분양·시공단계는 분양과 실질적인 공사가 이루어지는 단계이다. 관계법규에 의해 분양이나 임대 공급승인이 이루어지면, 분양이나 임대하기 위한 영업활동을 하게 된다. 영업활동단계에서는 개발되는 상품의 유형(예를 들면, 주거용 아파트, 주상복합 아파트, 테마상가, 오피스텔 등)에 따라 임대 또는 분양이 정해지고 영업활동의 방향도 정해진다.

주택과 같이 보증을 받아야 하는 경우는 분양보증과 함께 상품개발이 완성되고, 이에 대한 각종 인허가가 완료되면 착공신청과 함께 공식 분양승인 등을 위한 활동을 전개한다. 대체로 아파트의 경우에는 모델하우스를 설치하여 미리 일반인에게 보여주고 분양을 하게 된다. 분양의 경우에는 사업 착수 후 분양승인과정을 거치면 언제든지 가능하지만, 임대의 경우에는 대체로 건물이 준공되어야 가능하다. 또한 이 단계는 이제까지의 계획을 실제로 건축을 실행하는 단계인 바, 인허가를 받은 사항에 따른 제 조건을 이행하면서 설계에 따라 공사를 진행한다. 소비자가 원하는 상품을 현실적으로 만들어내는 작업으로 시간이 많이 소요되며 시공사가 전반적으로 담당하게 된다.

(4) 입주와 정산단계

입주와 정산단계는 건축물 공사가 종료되어 입주와 정산이 이루어지는 단계이다. 건물의 준공이 이루어지면 수분양자 또는 임차인의 입주가 시작된다. 이후 사업에 관한 정산을 하고 완료하게 된다. 입주에 따라 하자책임에 따른 위험요인이 발생할 소지가 있으며 시행사와 시공사, 관리회사가 주로 담당한다.

3) 부동산개발의 위험

법률위험은 부동산개발과 관련된 용도지역지구제 등 토지이용규제의 공법적 규제, 담보물권 설정 등 사법적 제한 등 다양하게 초래될 수 있는 법률적 위험으로, 부동산개발에서는 인허가가 나지 않을 가능성이 가장 큰 위험이라 할 수 있다. 이러한 위험을 회피하기 위해서는 토지이용계획이 확정된 토지, 즉 인허가가 완료된 토지를 구입하는 방법이 있지만, 이럴 경우 상대적으로 높은 토지가격을 지불하게 된다.

시장위험은 부동산시장의 불확실성으로 인해 발생하는 위험으로, 부동산시장은 끊임없이 변화하기 때문에 개발업자는 시장의 상황과 개발기간 동안의 가능한 변화를 시야에 넣고 검토해야 한다. 공사기간 중 이자율의 상승, 노임의 상승, 기후의 악조건으로 인해 비용의 초과가 발생하면 개발이익을 기대하기 어려워진다.

비용위험은 부동산개발이 장기에 걸쳐 진행되기 때문에 부동산개발기간이 길어질수록 개발비용이 증가하여 위험이 커지게 된다. 이를 회피하기 위해 시공사와 고정건설비용으로 도급계약을 체결할 수 있지만, 시공사는 이윤을 내기 위해 낮은 건설비용을 투입하게 되어 건축이 부실해질 우려가 있다.

> **참고 REFERENCE │ 흡수율분석**
>
> 흡수율은 시장에 공급된 부동산이 단위시간동안 시장에서 흡수된 비율을 말하고, 흡수기간은 공급된 부동산이 시장에서 완전히 흡수될 때까지 소요된 기간을 말한다. 개발업자는 흡수율이나 흡수기간 분석을 통해 시장수요를 추정할 수 있다. 이는 부동산시장의 추세를 파악하는 데 도움을 주는데, 이를 바탕으로 대상개발사업에 대한 향후의 방향을 모색할 수 있다.

2. 부동산개발방법

1) 신개발

신개발은 전·답·임야 등과 같이 건축이 허용되지 않는 토지를 건축이 가능한 택지로 전환하는 것으로, 신개발은 토지를 절토·성토 또는 정지 등의 행위로 토지의 형상을 변경하는 토지형질변경을 통해 물리적으로 건축이 가능한 택지로 전환하고, 합필·분필의 과정을 거치면서 필지별 토지소유관계를 재편성하게 된다. 택지개발의 유형으로 택지개발사업, 도시개발사업, 토지형질변경사업, 대지조성사업 등이 있다.

(1) 택지개발사업

택지는 주택건설의 필요에 따라 개발·공급되는 주택건설용지 및 공공시설용지를 말한다. 택지개발사업은 토지를 전량 매입하여 개발계획대로 개발하여 공급하는 방법으로 대단위 택지개발에 적합한 제도이다.

(2) 도시개발사업

도시개발사업은 도시개발구역 안에서 주거·상업·산업·유통·정보통신·생태·문화·보건 및 복지 등의 기능을 가지는 단지 또는 시가지를 조성하기 위하여 시행하는 사업을 말한다. 그리고, 도시개발구역은 도시개발사업을 시행하기 위하여 특별시장·광역시장 또는 도지사가 계획적인 도시개발이 필요하다고 인정되는 때에 지정한다. 도시개발사업의 방식은 수용 또는 사용 방식, 환지방식, 혼용방식 등 세 가지이다.

(3) 토지형질변경사업

토지의 형질변경은 토지의 원형·지표·지질 등을 변경하는 일체의 행위이다. 이와 같은 토지의 형질변경은 절토·성토·정지·포장 등의 방법으로 토지의 형상을 변경하는 행위와 공유수면의 매립 등으로 구분된다. 이러한 토지형질변

참고 REFERENCE │ 개발권양도제

개발권양도(TDR: Transferable Development Right)제도는 개발권과 소유권을 분리하되 개발권 상실로 인한 우발손실을 시장기구를 통해서 우발이익으로 보상함으로써 용도지역 간의 형평성 문제를 보완하려는 취지에서 만들어진 제도이다. 즉, 이용 및 개발제한으로 인하여 사용하지 않는 용적률을 주위 건물에 이양해주고 적절한 경제적 대가를 주위 건물로부터 받을 수 있게 하여 공공의 직접적인 부담 없이 시장기구를 통해 규제에 따른 손실보상을 한다는 점에 그 의의가 있다.

경의 목적이 대지화에 있다고 볼 때, 지목상 전·답·잡종지·임야 등이 대(垈)로 지목이 변경되는 경우가 대부분이다.

2) 도시 및 주거환경정비사업

도시 및 주거환경정비사업은 도시기능의 회복이 필요하거나 주거환경이 불량한 지역을 계획적으로 정비하고, 노후하고 불량한 건축물을 효율적으로 개량하여, 도시환경을 개선하고 주거생활의 질을 높이기 위해 하는 사업이다.

이 사업은 주거환경개선사업, 주택재개발사업, 주택재건축사업, 도시환경정비사업이 있다. 주거환경개선사업은 도시 저소득주민이 집단으로 거주하는 지역으로서 정비기반시설이 극히 열악하고 노후·불량건축물이 과도하게 밀집한 지역에서 주거환경을 개선하기 위하여 시행하는 사업이다. 주택재개발사업은 정비기반시설이 열악하고 노후·불량건축물이 밀집한 지역에서 주거환경을 개선하기 위하여 시행하는 사업이다. 주택재건축사업은 정비기반시설은 양호하나 노후·불량건축물이 밀집한 지역에서 주거환경을 개선하기 위하여 시행하는 사업이다. 도시환경정비사업은 상업지역·공업지역 등으로서 토지의 효율적 이용과 도심 또는 부도심 등 도시기능의 회복이 필요한 지역에서 도시환경을 개선하기 위하여 시행하는 사업이다.

(1) 재개발사업

재개발사업은 도시 및 주거환경정비사업 중 하나에 해당하는 사업으로서 정비기반시설이 열악하고 노후·불량건축물이 밀집한 지역에서 주거환경을 개선하기 위해 시행하는 사업을 말한다. 재개발사업은 도시 및 주거환경정비기본계획과 도시 및 주거환경정비계획의 수립을 시작으로 재개발사업 조합설립추진위원회를 구성하여 재개발사업조합을 설립하고, 사업시행인가를 받아 사업을 시작한다. 이후 분양절차를 거쳐 관리처분계획이 인가되면 철거 및 착공에 들어간다. 공사가 완료되어 준공이 인가되면 이전고시를 하고 재개발사업조합은 청산절차를 진행하여 재개발사업이 완료된다.

(2) 재정비촉진사업

재정비촉진사업은 '도시재정비 촉진을 위한 특별법'에 따라 낙후된 지역에 대한 주거환경의 개선과 기반시설의 확충 및 도시기능의 회복을 광역적으로 계획하고 체계적·효율적으로 추진하기 위해 재정비촉진지구에서 시행되는 사업을 말한다.

재정비촉진사업은 서울시가 강남과 강북의 지역균형발전을 위해 도입한 생활권 대상의 광역적·종합적인 도시정비방법으로 공공부문에서 먼저 종합개발계획을 수립한 후, 구역 내의 개별지구는 민간이 중심이 되어 재개발사업이나 재건축사업 등을 적용하여 추진하는 방식이다. 이는 여러 사업을 하나의 광역사업으로 연계하여 개발함으로써 기반시설을 효율적으로 확보·배치하고 도시의 균형발전을 도모하는 새로운 개념의 정비방식으로 자리 잡았다.

도시 및 주거환경정비기본계획은 도시 및 주거환경정비사업에 관한 종합계획이며, 도시 및 주거환경정비계획의 상위계획으로 유형별 정비구역 지정대상과 정비방향을 설정하고, 정비기반시설기준, 개발밀도기준, 정비방법 등 정비사업의 기본원칙 및 개발지침을 제시하며, 이는 10년 단위로 수립해야 한다.

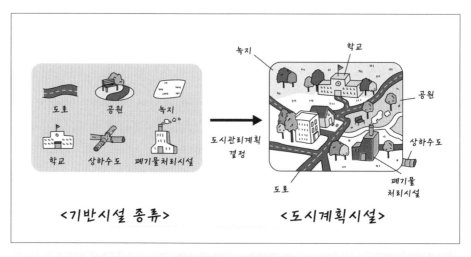

기반시설과 도시계획시설

✎ 도시 및 주거환경정비사업과 재정비촉진사업의 비교

구분	도시 및 주거환경정비사업	재정비촉진사업
개발방식	소규모 블록별 개발	광역단위(생활권)별 선계획, 후개발
개발주체	• 지방자치단체가 정비계획수립 • 민간(조합)이 정비계획에 따라 개발계획 수립 후 사업 시행	• 지방자치단체가 재정비촉진계획수립 • 민간(조합)은 촉진계획 고시 후 사업 시행
개발형태	주택개발 위주	다양한 사업방식 혼용(주거, 상업, 업무 등 복합 자족도시)
비용지원	–	• 지방세 감면(문화시설, 종합병원, 학원시설 등) • 기반시설 설치비용의 국고 지원
행위규제	정비구역 지정·고시일부터 개발행위 제한	• 촉진지구 지정·고시일부터 개발행위 제한 • 토지거래 허가
사업유형	• 정비구역별 다음의 정비사업 　– 재개발사업 　– 재건축사업 　– 도시환경정비사업 　– 주거환경개선사업 • 정비구역 안에 1개의 사업	• 재정비촉진지구에 포함된 다음의 사업 　– 정비사업(재개발사업, 재건축사업, 도시환경정비사업, 주거환경개선사업) 　– 도시개발사업, 시장정비사업 　– 도시·군계획시설사업 • 촉진지구 안에 여러 개의 사업
시행절차	정비기본계획 → 정비계획수립 및 구역지정 → 조합설립인가 → 시공자선정 → 사업시행인가 → 분양 → 공사 → 준공 및 이전	재정비촉진지구 지정 → 재정비촉진계획 수립 및 결정 → 개별법에 따른 절차 이행
특례사항	–	• 용도규제 완화 • 건폐율, 용적률 등 건축규제 완화 • 주택의 규모별 비율 완화 • 지방세 및 과밀부담금 감면 • 교육환경개선 특례 등

자료: 국토교통부, 도시 및 주거환경정비사업 여행

(3) 재건축사업

　　건물을 건축한 후 상당한 시간이 지나 건물이 훼손되거나 일부 멸실되거나, 그 밖의 사정으로 건물가격에 비하여 지나치게 많은 수리비·복구비나 관리비용이 드는 경우 또는 주변 토지의 이용상황의 변화나 그 밖의 사정으로 건물을 다시 지으면 그에 소요되는 비용에 비하여 현저한 효용의 증가가 있는 경우에 그

건물을 철거하여 그 대지 상에 새로운 건물을 건축하는 것을 말한다.[1] 재건축사
업은 도로·상하수도·가스공급시설·공원·공용주차장 등과 같은 정비기반시설
은 양호하나 노후·불량건축물이 밀집한 지역에서 주거환경을 개선하기 위하여
시행하는 사업이다.

재건축사업을 위한 정비구역은 주거환경개선사업, 재개발사업, 도시환경정
비사업, 주거환경관리사업 및 가로주택정비사업의 대상에 해당하지 않는 지역에
대하여 지정하여, 재건축사업을 시행할 수 있다.

안전진단은 현지조사 결과, 안전진단 실시로 결정된 경우에 구조안전성, 건
축 마감 및 설비노후도, 주거환경, 비용분석의 각 분야에 대하여 세부 평가항목
별 평가를 하고, 평가결과를 종합하여 유지보수, 조건부 재건축, 재건축 여부를
판단하기 위한 평가행위를 말한다. 주택재건축에서 말하는 '안전진단'은 시장·
군수가 현지조사를 거쳐 '안전진단 실시'로 결정한 경우에 안전진단기관에 의뢰
하여 실시하는 것으로 '구조안전성', '건축 마감 및 설비노후도', '주거환경' 및
'비용분석'으로 구분하여 평가하고, 종합판정방법에 따라 A~C등급은 유지보수,
D등급은 조건부 재건축, E등급은 재건축으로 판정하는 것을 말한다.[2]

3) 민간개발방식

지주공동사업방식은 토지소유자와 개발업자(건설사, 시행자), 자금조달자 간
에 부동산개발을 공동으로 시행하는 것으로, 토지소유자는 토지를 제공하고, 개
발업자는 개발의 노하우를 투입하여 상호이익을 추구하여 위험을 분산시키는
사업방식으로, 공사비 대물변제형식, 분양금 공사비 지급형식, 투자자 모집형식,
사업제안형식이 있다. 공사비 대물변제형식은 토지소유자가 건설공사의 도급발
주에 있어서 공사비의 변제를 준공된 건축물의 일부로 받는 구조이고, 분양금
공사비 지급형식은 토지소유자가 사업시행에 있어 건설업체에 공사를 발주하고,
공사비의 지급은 분양 수입금으로 지급하게 된다.

투자자모집형식은 개발업자가 조합아파트와 같이 투자자로부터 사업자금을
마련해 사업을 시행하고 투자자에게 일정의 투자수익 또는 지분을 보장해 주는

---

1 '집합건물의 소유 및 관리에 관한 법률' 제47조 제1항
2 한국시설안전공단, 주택 재건축사업의 안전진단 매뉴얼, p.4, 2009

구조이고, 사업제안형식은 토지소유자가 사업주체가 되어 개발업자에게 사업시행을 의뢰하는 형태로 개발업자는 시행을 대행하는 것에 대한 수수료를 취하게 된다.

토지신탁방식은 토지를 신탁회사에 위탁하여 개발관리처분하는 방식으로 신탁회사에 형식상의 소유권을 이전하고, 토지신탁회사가 사업주체가 되고, 토지소유자는 이익의 귀속을 받게 되는 방식이다. 컨소시엄구성방식은 대규모 개발사업의 경우 사업자금의 조달이나 상호 간에 기능을 보완해야 할 필요에 의해 법인 간에 컨소시엄을 구성하여 사업을 수행하는 방식이다.

4) 용지취득방식

단순개발방식은 지주에 의한 자체개발로 전통적인 개발방식이다. 환지방식은 토지구획정리사업을 통하여 택지를 개발하고 개발된 토지 중에서 사업에 소요된 비용을 충당하는 체비지 및 공공용지를 제외한 토지를 원래 토지소유주에게 비례율을 적용하여 환지처분하여 재분배하는 방식이다. 매수방식은 협의매수와 수용방식이 있는데, 수용방식은 토지의 전면매수를 원칙으로 하기 때문에 사업시행자에 의한 수용절차가 필요하다. 혼합방식은 대상토지를 전면적으로 매수하여 개발하여 환지하는 매수방식과 환지방식을 혼합하는 방법이다.

SECTION 02+ 부동산개발사업

1. 부동산개발사업의 개념

부동산개발사업은 부동산개발활동에 사업가치를 부가시킨 것이다. 부동산개발사업은 부동산을 하나의 경제적 가치로 평가하고 부동산의 특성, 부동산시장의 구조적 특성 그리고 부동산 수요자의 요구 수준을 가장 적절하게 반영한 하나의 상품으로, 부동산으로서의 가치와 효용도의 극대화를 이루게 하는 적극적인 활동이다. 즉, 부동산개발사업은 개발목적에 사업적인 요소가 강조되는 것으로서 부동산개발활동에 경영이라는 전문적인 영역이 포함된 것이다. 국내 관련법에서 부동산개발사업은 토지를 택지, 공장용지 등으로 개발하거나 건축물 그 밖의 공작물 등을 신축 또는 재축하는 사업으로 정의하고 있다.[3]

부동산개발사업은 경제적인 이익추구를 목적으로 부동산개발활동을 통하여 경제적 가치가 있는 상품(예: 아파트, 오피스, 호텔, 상가, 레저시설 등)을 만들어 판매, 분양, 관리, 운영하는 모든 사업이라 말할 수 있다. 즉, 시장환경을 분석하는 개발기획과정부터 토지의 확보 및 인허가, 건설, 판매 및 준공과 입주 및 운영 등의 과정을 담당하는 사업이라 할 수 있다.

2. 부동산개발사업의 특성

부동산개발사업 특성은 부동산의 특성에서 출발한다. 개인에게는 재산과 권리로서 중요한 의미를 가지며, 국가로서는 세제징수 및 국토의 효율적인 이용을 위한 규제로서 의미가 있다. 이러한 부동산의 특성을 이용하여 민간부문 개발은 화폐적 이윤의 극대화를 목표로 하지만, 부동산의 특성상 공공적 성격을 고려하지 않을 수 없다. 따라서 개발자는 이윤을 극대화하면서 위험의 최소화를 추구하게 된다.

한편 공공부문 개발은 건물의 안전성을 높이면서 도시의 기능성을 높이고자 한다. 따라서 공공부문에서는 부동산개발을 통해 공간을 공급하면서 경제성장에 필요한 공공서비스를 제공하고 도시민의 삶의 질을 향상시키는 공공의 책임을 조화시킬 수 있어야 한다.

부동산개발은 기회와 위험이 공존하고, 부동산개발이 주변의 제반여건과 너무나 밀접하게 관련되기 때문에 다양한 상황에 대응해야 되는 과제를 수반하게 된다. 부동산개발사업의 특성은 다음과 같다.

---

3 국민이 부동산에 투자할 수 있는 기회를 확대하고 부동산에 대한 건전한 투자를 활성화하여 국민경제 발전에 이바지함을 목적으로 하는 부동산투자회사법에서는 부동산개발사업을 제2조 제4호에서 용지개발이나 건축물을 건축하는 것으로 정의하고 있다.

1) 사업기간의 장기화

개발사업은 준비기간까지 고려하면 매우 긴 기간이 소요된다. 또한 초기에 예상 혹은 계획하였던 기간 내에 사업이 완료되는 경우는 매우 드물고, 진행과정에서 예상하지 못한 문제로 인하여 사업기간이 연장되는 경우가 많다. 기획단계에서 사회·경제적인 상황이 개발과정에서 변화될 수 있으며, 특히 정부정책이나 경제적인 외부 충격으로 인한 상황변화로 사업이 추진되지 않을 수도 있다. 따라서 사업 초기부터 장기적인 전망과 예측이 필요하며 이를 위하여 시장조사와 경제상황 예측, 정부시책 등에 대한 분석도 함께 검토하고 대응하여야 한다.

2) 다양한 분야의 전문가

부동산개발은 여러 분야가 모인 복합분야로 그 과정을 보면 부지매입, 개발기획, 설계, 시공, 분양, 준공, 운영의 단계를 거치게 된다. 각 단계별로 부지매입의 전문가인 공인중개사나 도시정비업체, 개발기획의 전문가인 컨설팅회사, 자금운용을 위해 은행이나 신탁 또는 펀드 등 금융전문가, 지자체의 건축법규를 해석하여 최유효성이 있는 건축물을 설계하는 건축설계사, 시공을 위해 시공사, 시공관리를 위한 감리자, 마케팅을 위한 광고기획자와 분양전문가, 준공, 입주에 이르기까지 다양한 분야의 전문가를 필요로 한다. 다른 어떤 업종보다도 많은 분야의 전문가가 필요한 것이 부동산개발사업이다.

3) 대규모의 자금

부동산개발을 하기 위해서는 토지를 확보해야 하고, 시공할 수 있는 부지를 만들거나, 직접 건축물을 지어 분양을 하거나 운영을 해야 하는데, 부지매입비용부터 공사비용, 마케팅비용, 운영비용 등 많은 자금을 필요로 한다. 따라서 부동산개발사업은 이러한 대규모의 자금을 확보하고 지속적으로 조달할 수 있는가 하는 것이 사업성공의 관건이 되고 있다. 개발기간이 장기화되는 것은 개발사업을 고비용으로 만드는 한 요인이 된다.

부동산개발사업은 소요되는 전체 투입금액 대비 상대적으로 적은 규모의 자기자본을 투자하여 사업을 전개한다. 개발업체는 사업성이 양호한 프로젝트의 토지계약금(10%) 투자 이후 다양한 자금조달과정을 거쳐 개발사업을 수행한다. 토지비가 전체사업비에서 차지하는 비중이 약 30~50%[4]인 점을 감안하면 레버리지효과가 매우 큰 사업임을 알 수 있다.

대부분의 소요자금을 외부로부터 조달하는 자금조달구조는 개발사업이 금융기관과 선분양과정을 통하여 개발자금을 조달하게 하고, 자금의 복잡한 구조는 조기에 자금을 회수하고자 하는 단기사업을 추구[5]하게 한다. 따라서 회수기간이 장기인 레저시설이나 호텔, 대중제 골프장, 임대아파트 등의 사업보다는 분양아파트 등의 단기사업을 선호하게 된다.

4) 광범위한 파급효과

부동산개발사업은 사회·경제적으로 주변에 미치는 파급효과가 크다. 부동산개발이 성공적으로 완료될 경우 사업에 참여한 투자자, 기업, 금융기관, 정부기관 등이 이익을 얻게 될 뿐만 아니라 주변지역의 가치가 상승하고, 그로 인하여 지역개발의 촉진제 역할을 하게 되어 지역 전체의 개발활성화 현상이 나타나게 된다. 반면에 실패할 경우 개발한 사업 자체의 처리문제, 개발업체의 부실위기, 대출기관의 위험부담, 투자자의 위험부담 등 커다란 사회문제를 일으키게 된다.

5) 개발시기의 적시성

부동산개발사업은 개발시기와 전략이 매우 중요하다. 개발사업 자체가 비교적 장기적인 사업이므로, 사업초기단계부터 치밀한 종합계획과 세부시간계획을 마련하여 어떠한 상품을 개발하여, 어느 시기에 누구에게 팔 것인가 하는 전략은 사업성공의 핵심요소로 작용한다. 따라서 개발기획안 작성 시에는 개발단계별로 주요 사항에 대한 추진전략도 포함되어야 하며, 장기 프로젝트의 경우 수립된 전략은 변화하는 시장여건에 따라 지속적으로 수정, 보완하는 작업을 통

---

4   정대석, 부동산 프로젝트 금융 적용사업에 대한 사업성 연구, 국토계획 통권 39권 제6호, 대한국토도시계획학회, 2004. 48건의 PF사업성 검토 자료의 평균 토지비 비중이 25%임을 밝히고 있다.

5   이는 선분양을 통하여 토지비를 제외한 대부분의 사업비용을 충당할 수 있기 때문이다. 초기에 분양이 순조롭게 이루어질 경우 수분양자의 입금액으로 공사비와 기타 사업비를 조달한다고 보면, 실제로 조달해야 하는 금액은 토지비에 대한 것으로 축약할 수 있다.

하여 사업이 진행되면서 수정되어야 한다.

개발사업 시 당면하는 큰 위험 중의 하나는 분양위험이다. 분양률은 경기변동과 정부정책 등 외부적인 환경변화에 민감하게 작용한다. 따라서 이러한 외부환경의 변화를 고려하여 적정한 분양시점을 정하는 것은 매우 중요하다.

3. 부동산개발사업의 참여자와 역할

개발사업은 사업추진과정이 길고 규모가 크기에, 다수의 참여자들이 각자역할을 맡으며 사업을 이끌어 간다. 주요 참여자를 구분하면 사업부지의 매입및 사업기획과 인허가, 분양 등의 사업전반을 수행하는 시행사가 있고, 공사관련 시공을 하며 공사를 책임지는 시공사가 있고, 시공사는 PF관련 보증책임도함께 맡는 경우도 있다. 이들 외에 사업자금을 마련하여 PF를 진행하는 금융기관이 있다. 또한 부동산신탁, 설계·감리와 엔지니어링, 광고·홍보, 분양대행 등의 영역에서 많은 참여자가 각각 개발사업 프로젝트에서 역할을 수행하고 있다.

✎ 개발사업의 참여자

주요 영역	관련자
시행	• 시행사(개발주체) • 토지소유자
시공	• 시공사(건설회사): 도급공사 • 하도급업자
자금조달	• 금융기관, 부동산투자자
업무대행(각종용역)	• 부동산신탁사 • 설계업체, 감리업체, 엔지니어링업체 • 업무대행사(예: 도시정비업체-재건축, 재개발) • 분양대행사 • 광고, 홍보회사 • 컨설팅회사(시장조사) 등

1) 시행사

　　개발사업 추진을 위해 사업초기 기획에서부터 부지매입 등의 초기자금을 투입하며, 프로젝트 사업주로서 사업을 이끌어 간다. 시행사는 프로젝트의 손익에 직접적인 관계를 가지고 있는 사업주체이고 개발사업의 전 과정에서 발생하는 리스크에 대한 책임을 지게 된다. 우리나라에서 부동산개발업체는 디벨로퍼 또는 시행사로 통용되고 있다.

　　국내에서 디벨로퍼는 1990년대 말 외환위기과정에서 대형 건설업체들이 자체 사업을 축소하는 대신 도급공사에 중점을 두게 되면서, 용지매입과 개발기획의 영역이 시행사로 분화[6]되었고, 부동산시장이 활황을 보인 2001년 말 이후 증가하였다. 대형 건설사로부터 개발업체가 분화되어 나오면서 영역이 전문화되고 의사결정이 신속해지고 개발업의 효율성이 제고되었다. 시장 측면에서도 수요창출을 위해 새로운 평면개발, 새로운 관리시스템의 적용 등 질적 향상을 도모하

✎ 시행사의 역할

업무영역	역할
사업검토와 사업부지 확보	• 사업아이디어 도출, 사업계획수립 • 사업부지의 모색과 확보, 소유지와 교섭
인허가 진행 및 제반 용역 발주	• 인허가 진행, 심의 및 사업승인과정 진행 • 용역발주(설계, 감리, 교통영향평가, 지구단위 등)
시공사 협의·선정	• 시공사 협의 및 선정 • 공사범위, 공사수준, 공사비 지불조건 등
자금조달	• 토지비 및 사업비 일부 PF 조달 • 수분양자 중 잔금의 금융기관 지원방법 등
사업관리·입주관리	• 사업진행관리: 수분양자관리, 공사관리 등 • 입주관리업무
마케팅업무	• 임대 및 분양방법 결정: 분양, 광고대행사 선정 • 모델하우스의 부지 물색, 설치, 운영
민원업무	• 사업진행관련 민원처리업무: 일조권, 조망권 등 민원처리

6　김성호(2004)는 외환위기 이후의 부동산개발업의 분화원인에 대해 수직분화론적 시각(전문성에 따른 분화, 조직의 슬림화 차원), 시장환경론적 시각(재무건전성의 확보 차원, 부동산금융제도의 다양화에 따른 대응, 위험분산 차원), 사업다각화론적 시각(부동산관련 업체의 업무영역 확대, 건설사의 수주증대, 시장의 지역성 대응)에서 분화된다고 하였다.

여 소비자만족도를 높이는 긍정적인 효과가 있었다.

그러나 각 사업단계 주체들의 지나친 수익추구로 개발비용이 증가하고 토지매입단계부터 지가상승을 부추기는 경향과 이를 최종적으로 분양가로 전가시켜 가격이 상승되었으며, 도덕성 결여 또는 분양대금의 유용 등 사회적인 문제가 발생하는 부정적인 측면도 생겨났다.[7]

오늘날 국내 개발사업체의 관리는 이원화되고 있다. 우선 주택사업자는 대한주택건설협회에 등록하여 사업을 추진하도록 하고 있으며, 주거용 이외의 일정규모 이상의 사업은 '부동산개발업의 관리 및 육성에 관한 법률'에서 관리하고 있다. 다만 주택사업자로 등록한 자가 주택사업 이외의 사업을 할 경우 추가로 개발업 등록을 하여야 하기에 일부 중복하여 등록되고 있다.

개발사업자의 업무 전문성에 대하여는 용지구입, 상품기획, 설계, 시공, 마케팅, 분양, 입주, 정산, 사후관리까지의 총괄적인 업무를 수행하는 것으로서, 같은 토지라도 누가 어떤 아이템을 가지고 어떻게 개발하느냐에 따라 사업의 성공여부가 결정된다.

부동산개발사업은 입지여건, 주변요소 등을 분석하여 가장 적합한 상품을 기획하여 제공하는 것이다. 설계는 설계사무소에 시공은 건설회사에 발주하지만, 개발사업자는 진행과정에 적극적으로 참여하여 수요자의 욕구를 반영한다.

이러한 업무는 부동산개발업무 전반에 대한 업무흐름 파악과 분석력이 수반되어야 하며, 개발환경에 적합한 아이디어로 개발기획을 실현할 수 있어야 한다. 이는 부동산개발사업의 기획단계에서 구현되며 개발사업 진행 전체과정 중에 가장 중요한 단계[8]로 볼 수 있다.

기획단계의 특성은 경험과 전문적 지식을 바탕으로 한 예측성, 사업 아이디어, 창의적 구현으로 정리할 수 있다. 사업 아이디어는 결국 부지매입단계, 설계시공단계, 자금조달단계, 분양단계 등 각 사업단계에서 표출될 것이며, 성공적인 개발사업의 수행은 정확한 사업환경예측과 사업추진력에 의해 좌우된다.

---

7 정부에서는 국내 개발사업구조의 선진화를 위해 '부동산개발업의 관리 및 육성에 관한 법률'을 시행하며 일정한 자격을 조건으로 등록하도록 하여 관리하고 있으며, 개발업계에서도 발전과 자체 자정을 위한 한국부동산개발협회(KODA)를 구성(2005.1.28)·운영하고 있다.

8 김성호의 2004년 조사(수도권 민간시행사와 종합건설사를 대상으로 한 부동산개발업의 분화원인과 효과에 관한 설문)에서 부동산개발과정 중 중요한 단계를 묻는 질문에서 응답자 257명 중 39.3%가 기획단계가 가장 중요한 업무단계라고 응답하여 중요하다고 인식하고 있음을 나타낸 바 있다.

부동산개발업의 등록

부동산개발업의 관리 및 육성에 관한 법률 제4조에서는 타인에게 공급할 목적
으로 건축물의 연면적이 2천㎡ 또는 연간 5천㎡ 이상이거나 토지의 면적이 3
천㎡ 또는 연간 1만㎡ 이상의 부동산개발을 업으로 영위하려는 자는 국토교통
부장관에게 등록을 하여야 한다.

등록요건	• 주식회사인 경우에는 자본금 3억원 이상일 것 • 개인인 경우에는 영업용자산평가액 6억원 이상일 것 • 시설(사무실) 및 부동산개발 전문인력 2명 이상이 상근할 것

---

2) 시공사(건설사)

시공사로서 건설사는 시행사와의 도급계약을 통해 시공을 책임지고 진행하
는 회사이다. 국내 건설회사는 프로젝트의 특성과 사업조건에 따라 시공과 시행
을 병행하거나 시공만을 담당한다. 즉 시공사는 도급계약을 통해 확정된 공사금
액으로 공사기간 내에 상품이 수분양자인 소비자에게 인도될 수 있도록 시공을
책임지게 된다.

아울러 시공사는 금융사에서 사업비 대출 시 프로젝트 사업주(시행사)의 상
대적으로 낮은 신용도와 프로젝트 진행 도중 부도로 인한 사업중단의 리스크를
보완하기 위해 일정한 의무를 부담한다. 공사와 관련된 업무 외에 일반적인 PF
약정체결 시 부가적으로 의무를 부담한다. 시공사는 단순한 시공의 범위에만 머

✎ 건설사의 역할

업무영역	역할
사업검토	• 시행사의 사업계획 검토 및 보완, 시장조사
책임준공 및 하자보증	• 건축물의 시공 및 책임준공 • 건축물의 준공에 따른 하자보증(보증서 발급)
자금지원(PF보증 등)	• 시행사의 PF에 대한 금융기관 입보 등 • 시행사 초기 사업비 일부 대여 • 수분양자 중도금 대출 시 연대보증 등
마케팅 지원	• 분양 및 광고대행에 관한 지원
민원업무	• 공사시공에 대한 민원처리

물지 않고 시공범위를 넘어서 금융기관의 연대보증, 책임준공, 시행사의 부도 또는 파산 시에는 사업전체의 인수에 관한 사항, 시행사의 경험부족으로 인한 사업기획이나 분양 영업활동에 대한 보완 역할도 수행하고 있다.

3) 금융기관

부동산개발사업은 소요자금의 규모가 너무 크기 때문에 시행사나 건설사가 자기자본으로 사업비 전체를 부담하는 경우는 거의 없다. 따라서 금융기관에서 사업에 필요한 자금을 조달하게 되는데, 금융기관이 건설에 대한 지식부족과 건설의 특성을 금융의 관점에서 해석함에 따라 대출과정에서 사업주이자 차주인 시행사에 대한 과도한 채권확보 및 시공사에 대한 보증요구 등 사업주체 간의 리스크분담의 불균형으로 인한 마찰이 발생하기도 한다.

PF실행 시 금융기관은 프로젝트에 투입되는 초기 사업비의 대부분을 책임지는 역할을 하지만, 개발사업에 대한 지식 및 전문가 부족으로 사업관리의 대부분을 부동산신탁사 등 전문회사에 맡기거나, 리스크의 대부분을 시공사 등 사업의 다른 주체에게 전가시키기도 한다.

✎ 금융기관의 역할

업무영역	역할
사업성분석	• 사업성분석: 사업성 검토 • 자금수지분석: 자금수지 및 운영계획 검토
자금지원	• 개발사업의 자금조달지원: PF대출 등 • 수분양자 중도금 대출 • 자금관리: 분양수입금 별도 계좌관리 지원
시공사 선정 및 협의	• 재무구조 및 시공능력 및 분양성을 감안한 시공사 선정·협의

✎ 주요 참여자의 역할과 위험부담

구분	시행사	건설사	금융기관
역할	• 사업계획의 수립 • 사업부지 매입 • 인허가 진행	• 사업의 시공, 하자보증 • PF 및 중도금연대보증	• 사업성 검토 • 자금(토지비 등)대여 • 중도금 대출
주요 위험	• 인허가 리스크	• 공사비 수금 리스크 • 보증해소 리스크	• 주요 리스크는 타 참여자에게 전가

4) 기타 참여자

이 외에도 개발사업 참여자로는 부동산신탁사, 설계업체, 감리업체, 컨설팅사, 감정평가법인, 분양대행사, 광고대행사, 법률회사 등이 있다. 부동산신탁사는 프로젝트 사업주가 확보한 사업부지를 위탁받아 관리하면서 금융기관의 대출채권을 안전하게 확보하는 역할을 하거나 사업의 인허가 시점부터 분양보증 전까지 제3자로부터 채권채무관계에서 안전하게 보호되도록 하는 역할을 한다. 신탁방식에 따라 개발신탁과 담보신탁, 처분신탁, 관리신탁 등이 있는데 개발사업의 사안에 따라 적절한 방식을 적용한다. 전문성을 갖춘 시행사는 신탁회사에 개발신탁을 맡기기를 꺼리기도 하는데 이는 시공단가는 내려가지만 신탁수수료의 부담이 생긴다. 그러나 전문성이 없고 신용도와 인지도가 낮고 자금이 부족한 시행사는 신탁사의 노하우와 신용력, 거래기반을 이용하기도 한다.

설계업체와 감리업체는 부동산개발사업에서 중요한 역할을 담당한다. 수요자의 욕구를 반영하며 건축의 조형미와 경제성, 안전성, 기능성 등이 투영된 이상적인 건축계획안 및 설계도서를 마련해야 상품가치가 높은 부동산이 개발되기 때문이다. 감리업체는 설계도서 내용대로 시공이 정확히 진행되는지 확인하는 업무를 통해 질적으로 안전성을 확보한 건축물을 만드는 역할을 한다.

컨설팅사는 기본적으로 사업에 대한 제반 문제점을 검토하여 투사사 또는 금융기관에 의견을 제시하거나 대안을 검토하여 해결방안을 제시하는 업체이다. 금융기관에서 대출을 위하여 객관적인 사업성검토를 필요로 할 때, 전문가에 의한 사업성 검토를 대행하여 대출의 타당성을 파악하는 자료를 제공하기도 한다.

분양대행사는 분양 등 판매기획과 대행에 나서는 업체이다. 특히 분양대행의 경우 시장이 호경기일 때는 광고전략과 이벤트전략이 시장몰이 형태로 진행되면서 부동산거품에 영향을 주기도 한다. 하지만 불경기에는 분양대행이 원만히 이루어지도록 하여 경기활력이나 경기회복에 긍정적인 영향을 주기도 한다.

광고대행사는 개발부동산의 판매를 위해 광고홍보 안을 작성하고 게재, 운영하는 업체이다. 과거 공급자 위주의 개발시장이 소비자 위주의 시장으로 변화되면서 점차 그 비중이 중시되고 있다. 주로 상품에 대한 광고를 위주로 하였으나 상품광고 이외에 사업주체인 시행사, 사업자금관리의 금융기관, 신탁사 등을 광고하여 소비자가 선호하거나 신뢰하도록 이미지를 부여하기도 한다.

법률회사는 주로 PF의 약정 및 각종 계약서의 체결 시 자문역할을 통해 리스크 요인을 사전에 검토하고, 개발사업 중 생기는 각종 민원과 법적인 문제에 대처하는 등 부동산권리에 대한 법률자문과 지원을 한다.

　이와 같은 개발사업의 참여자들은 상호 협력과 갈등 속에 개발프로젝트를 진행해 나가는데, 시행사와 시공사가 주로 책임과 권한을 지니며 사업에 관한 관계구조를 형성해 나간다. 따라서 개발사업에서 시행사는 사업의 진행을 위해 시공사의 보증 등 보완이 필요하며, 시공사는 사업수주를 위해 시행사와의 연계가 필요하다.

5) 개발사업 참여자의 관계

　일단 사업이 시작되면 개발사업의 진행은 주로 시행사와 시공사가 이끌어 간다. 즉 시행사가 토지의 매입과 인허가를 진행하며 분양에 대해 주관한다면, 공사가 착공되고 준공되기까지의 긴 시간은 시공사가 역할을 한다. 시행사와 시공사는 사업이 진행되는 긴 사업기간 동안 민원과 같이 다양하게 발생하는 상황에 노출되어 때로는 협력으로, 때로는 갈등으로 사안들을 겪으며 사업을 진행한다.

　개발프로젝트의 진행과정에서 정책이나 금융상황과 경기가 변화하는 등 사업환경이 변하고, 인허가에 조건이 붙거나 민원의 발생으로 추가적인 비용이 부담되는 등 각종 불확실한 사안이 발생한다. 자금이 투입되어 토지를 매입하고 인허가 과정을 거치며 진행되는 개발프로젝트가 건축물을 준공하고 입주하여 서로 정산과정에 이르기까지는 상당한 기간이 소요된다. 이러한 과정 중에 다양한 사안들을 처리해야 하고 또한 예기치 못한 사안도 발생하기에 서로 논의하고 결정하며 집행하는 과정을 거치게 된다. 즉 투입되는 비용의 수준과 범위, 비용 집행방법, 수입의 수준과 범위, 수입을 배분하는 방법 등에 대해 전반적으로 협의하고 결정한다.

　예를 들어, 토지의 매입단가와 범위에 대한 사항, 공사의 수준과 범위를 정하는 사항, 분양가의 책정과 분양의 방법 및 시기를 결정하는 사항, 광고의 실행과 범위에 대한 사항, 설계회사나 분양대행사, 감정평가법인, 광고대행사와 같은 각종 용역사의 선정과 관리에 관한 사항, 해당 용역비의 집행에 관한 사항, 민원 발생 시 이에 대한 대처방법과 비용의 부담에 관한 사항 등 각종 발생하는 안건들에 서로 각자의 이익이 결부되어 이견을 보이기도 하고 협의하며 결정하는 과정을 거친다. 각각 발생하는 사안에서는 개별적으로 결정하여 집행하는 과정을 거치지만, 건물이 준공되고 사업이 정산하는 단계에 이르는 종국에는 이러한 모든 사항이 집합되어 성과로 나타나게 된다. 즉 시행사와 시공사는 상호 갈등 속에서도 협력적으로 사업구조를 진행하게 된다.

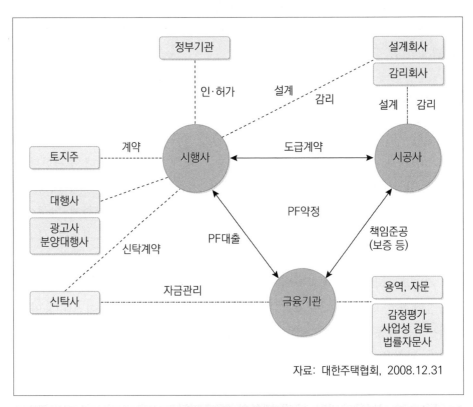

개발사업 관계구조

4. 부동산개발사업의 타당성분석

1) 사업타당성분석

개발사업의 타당성분석(FS: Feasibility Study)은 법률적, 기술적, 정책적, 경제적, 재무적 분석을 통해 투자대상을 탐색하고 최유효상품을 계획하며 그 경제성을 평가하는 등 사전에 특정 프로젝트의 개발가능성에 대해 사업가능여부를 평가하는 것을 의미한다. 이 과정이 중요한 이유는 투입비용이 5% 미만인 사업초기단계에서 전체비용의 80%가 결정된다. 다시 말해 개발사업의 주기상 사업계획수립단계, 즉 사업타당성분석단계에서 사업이 통제되어야 비용절감 및 사업성공의 가능성이 증대되기 때문이다.

사업타당성분석은 초기단계에서 하는 사업의 미래에 대한 예측으로 수많은 불확실한 요소를 포함하고 있지만, 물리적 환경분석과 법규분석을 포함하는 개발환경분석, 지역입지, 교통여건, 편의시설, 교육여건 및 가격경쟁력 분석, 시장분석, 수지분석 등을 통해 구체화하게 된다.

✏ 투자의사결정방법

구분	결정론적 방법	확률론적 방법
확실성하의 의사결정	• 회수기간법 • 회계적 이익률법 • 순현가법(NPV) • 내부수익률법(IRR)	–
불확실성하의 의사결정	• 시나리오분석 • 민감도분석(최상, 최적, 최악)	• 시뮬레이션 • 몬테카를로 시뮬레이션

2) 민감도분석

미래의 불확실성이 사업성 평가에 어떤 영향을 주는가를 분석하는 것이 민감도분석이다. 민감도분석은 재무적 타당성 평가 시에 주요한 위험변수를 선정하여 개별변수의 변동범위를 정하고 이에 따라 사업 전체(사업기간, 비용, 수익성 등)에 어떠한 영향이 미치는지를 분석한다. 즉, 당초 예상수지에 적용하였던 주요 변수의 예상치 대신 다른 수치를 대입시킬 경우 수익성, 차입원리금 상환능력 등이 어떻게 변화하는가를 비교·검토하는 과정을 의미한다. 예를 들어, 각 요인[주요 민감도 변수: 사업비, 이자율, 환율, 수요량, 요금, 운영비용(고정비, 변동비), 건설공사지연, 관리운영기간, 자기자본 투입비율, 자기자본 투입시기]의 변화가 사업의 경제성과 재무성에 어떤 변화를 주는가를 분석하는 것이다.

🖋 민감도분석의 변수와 목적

민감도 분석의 변수	• 투자비용(프로젝트의 건설비 등)의 증감 • 건설원가 등 영업비용(원료, 임금 등)의 증가 • 분양률의 증감 • 분양가격 등 가격의 등락 • 생산성(1일 생산량 등)의 감소 • 가동률의 감소 • 건축비의 변화, 건설기간의 연장 • 환율, 이자율 또는 인플레이션의 변동 등
민감도 분석의 목적	• 사업의 성격과 투자효과에 대한 이해 증진 • 사업의 시행방법을 개선함으로써 기대 순현재가치의 증대 • 투자에서 일어날 수 있는 사고의 예방책을 제시함으로써 위험부담 감소 • 보다 철저한 조사를 필요로 하는 분야를 지적하므로 이에 대한 정보나 지식의 향상

민감도분석은 가정을 달리한 몇 개의 비교안을 작성하여 당초 기본안과 비교해 보는 것이다. 재무제표의 기본안 추정 작업은 보수적인 입장을 견지하는 것이지만, 민감도분석은 미래의 불확실성을 낙관적 견해와 비관적 견해로 추정한 후 그 결과를 검토해 보는 것이다. 민감도분석에는 변수들의 정확한 선정에 주의를 기울여 철저한 검토가 될 수 있도록 하여야 하며, 필요한 경우에는 변수의 불확실성을 최소화할 수 있는 대책을 수립하여야 한다.

한편, 불확실성에 대처하기 위한 수법으로서의 민감도분석은 개념적으로 주관적 추정, 선택적 민감도분석, 일반적 민감도분석의 세 가지 방법으로 구분할 수 있다. 효과적인 민감도분석을 위해서는 주요 변수에 대한 현금흐름을 동시에 반영시켜 보는 것이 바람직하며, 다음과 같이 세 가지 기준틀을 마련하여 실시하여야 한다.

🖋 민감도분석의 기준

Best Case	모든 리스크가 통제가능한 상황이며, 변수가 유리한 방향으로 상승하는 경우
Base Case	프로젝트금융을 제공하는 금융기관의 시각, 사업의 목적, 리스크 등에 대한 검토를 통하여 결정하는 기본적인 상태
Worst Case	선택된 변수가 불리하게 변동하는 경우(공사비 증가, 가격하락 등)

연습문제
EXERCISE

01 부동산개발의 과정을 기술하고 각 단계별 수행 내용에 대해 설명하라.

02 부동산개발의 위험에 대해 기술하고, 법률위험과 시장위험, 비용위험에 대해 설명하라.

03 택지개발사업과 도시개발사업의 차이에 대해 설명하라.

04 개발권양도제(TDR)에 대해 설명하라.

05 도시 및 주거환경정비사업의 종류와 사업별 특징을 설명하라.

06 부동산개발사업의 특성에 대해 설명하라.

07 부동산개발사업의 참여자와 역할에 대해 설명하라.

08 부동산개발사업에서 시행사의 업무영역과 역할에 대해 기술하라.

09 부동산개발사업에서 시공사의 업무영역과 역할에 대해 기술하라.

10 부동산개발사업에서 금융기관의 업무영역과 역할에 대해 기술하라.

11 부동산개발사업의 타당성분석에서 고려하는 요소에 대해 설명하라.

12 부동산개발사업에 있어서 민감도분석에 대해 설명하라.

CHAPTER 12 부동산자산관리

1. 부동산자산관리

1) 부동산자산관리의 의의

부동산자산관리는 부동산 소유주의 목적에 따라 부동산을 매입, 유지, 관리, 운용 및 처분하는 일련의 과정으로, 대상부동산의 현상유지를 위한 보존활동을 통하여 물리적·경제적 내용연수를 높이고, 대상부동산의 이용을 통하여 쾌적성과 수익성을 증대시키고, 법률적·경제적·기술적 하자를 제거함으로써 부동산의 유용성을 극대화하는 것을 말한다. 부동산자산관리는 부동산사업에 대한 이해를 바탕으로 사업이 처한 환경과 변화에 따라 어떻게 발전해 나아갈 것인가의 목표를 세워 추진해 나가는 것으로 자산관리(AM: Asset Management), 빌딩 또는 재산관리(PM: Property Management), 시설관리(FM: Facility Management)로 구분되고 있다.

2) 부동산자산관리의 변화

우리나라에서 부동산에 대한 자산관리라는 용어가 보편화된 것은 외환위기 이후라고 할 수 있다. 그 이전에도 자산관리라는 말이 사용되어 왔지만 주로 은행이나 보험업계에서 금융상품의 관리나 운용 측면에서 제한적으로 사용하였다.

1997년 말의 IMF 구제금융 이후, 부동산시장의 개방화는 외국계 부동산투자회사의 국내 진출과 함께 본격적인 재산관리(PM) 업무가 시작되는 계기가 되었다. 특히 리츠 및 부동산펀드의 시행 등 부동산시장환경의 변화로 부동산투자의 패러다임은 직접투자에서 간접투자로, 소유와 경영이 분리되는 새로운 전환기를 맞게 되었다. 이러한 투자방식의 변화는 과거에 단순한 매입과 매각을 통한 자본수익에 의존하는 투자접근방법보다는 보유기간 동안의 효율적이고 전문적인 자산운용을 기반으로 하는 운영수익을 중요시하는 방향으로 패러다임의 전환을 가져왔다.

오늘날의 부동산자산관리는 과거처럼 단순히 건물의 유지나 보수 및 임차인 관리 등 기본적인 부분에 관한 것이 아니라 빌딩의 매입이나 운용, 매각에 이르기까지 전반적인 모든 업무를 시행하는 것을 말한다. 또한 부동산관리는 시설관리(FM) 측면으로 이해되기도 한다. 시설관리는 부동산의 기본적인 전기, 설비, 기계의 운영과 예방점검으로 건물의 유지보수에 치중하였으며, 빌딩관리는 부동산의 자산가치 제고를 위한 부동산의 운용으로 임대료 수준을 높이고, 공실률을 낮추는 것과 경비절감을 통한 수익의 극대화에 목적을 두었다. 그러나 이제는 점차 부동산이 다양화되면서 건물도 대형화, 고층화, 첨단화되고 있다. 또 다른 한편으로는 법률적인 문제나 회계, 행정, 기술적인 분야까지 포괄적으로 해결할 수 있는 전문적인 자산관리가 필요하다는 인식의 전환이 이루어졌다.

3) 부동산자산관리의 중요성

전문 부동산자산관리자는 관점에 따라 소유부동산의 이용가치를 통한 수익 또는 소유주의 목표달성 전략을 수행하게 된다. 부동산자산관리를 통한 수익의 극대화를 위해서는 적정하면서 저렴한 가격에 매입하고, 보유기간 동안에 운영수익이 극대화되도록 관리하고, 적정한 시기에 높은 가격에 매각하는 것이 필요하다. 과거의 부동산관리가 부동산을 고정자산으로 인식하고 단순히 유지·보수하는 데에 중점을 둔 소극적인 관리였다면 오늘날의 자산관리는 부동산을 투자자산으로 인식하여 해당 부동산으로부터 최대의 운영수익(NOI)을 창출하는 데 초점을 맞춘 적극적인 관리라고 할 수 있다.

자산관리는 주로 부동산을 많이 소유하고 있는 기업 또는 기관투자자들에 의해 포트폴리오 경영관점에서 수행되었으며, 이는 기업가치 극대화를 위한 경영의 의미로 관리되고 있다. 국내에 진출한 외국계 부동산투자회사들과 리츠 및 부동산펀드 운용회사들은 부동산을 통한 수익창출을 위해 자산관리회사를 설립하거나 부동산자산관리를 전문으로 하는 회사에 위탁하여 부동산을 전략적으로 운영하고 있다. 운영수익을 높인 부동산은 매각할 때에도 매매차익을 실현할 수 있으므로 전문적인 부동산자산관리자의 역할은 매우 중요하다고 할 수 있다.

이러한 국내 부동산업에 관한 인식과 운용방식의 전환에 따라 투자자의 요구에 맞는 선진화된 전문 부동산관리서비스를 제공하는 부동산자산관리회사에 대한 관심과 수요가 급증하였다. 국내 관련업계도 혹독한 경쟁에서 살아남기 위하여 외국의 선진화된 부동산자산관리 기법을 습득하고 업계의 체질을 개선하여 날로 다양하고 높아져 가는 시장과 고객의 욕구를 만족시켜 줄 수 있는 경쟁력을 갖추기 위해 많은 노력을 하고 있다.

한편 자본시장법과 부동산투자회사법으로 인하여 자본시장과 부동산시장의 통합이 촉진되어, 리츠제도나 부동산펀드가 더욱 활성화됨으로써 어떻게 보유자산을 적정하게 관리·운영하여 목표투자수익률을 최대한 확보하고 부동산 자산가치를 높일 것인가 하는 관점에서 부동산자산관리의 중요성이 부각되었다.

2. 부동산자산관리의 구분

1) 자산관리

부동산자산을 포트폴리오 관점에서 관리하는 종합관리로 자산관리(AM)가 있다. 이는 주로 다양한 부동산자산을 다량으로 보유하고 있는 일반기업들이나 다수의 부동산을 운영해야 하는 특수법인들에 해당되는 경우가 대부분이다.

자산관리의 궁극적인 목적은 자산소유자의 부나 기업의 자산가치를 극대화하기 위하여 부동산의 가치를 증진시키는 것이다. 이를 위하여 다양한 방법을 모색하는 적극적인 관리를 수행하는데 일반적인 관리업무 이외에 회사의 필요 공간 계획, 개발부지의 선정 및 지역조사, 보유부동산의 재활용방안, 각종 부동산거래에 있어서 다양한 협상방안 모색, 금융문제의 해결을 위한 자본시장 활용방안의 구상과 실행 등이 이 분야의 업무이다.

자산관리는 부동산소유자의 소유와 경영 중 소유와 관련된 것으로 부동산 포트폴리오의 관리를 업무로 하고 소유하는 부동산의 순수익을 최대한으로 증가시켜, 총자산가치의 성장전략에 책임을 지닌 고도의 관리이다. 구체적으로는 소유자의 입장에 서서 재산관리(PM) 업무를 총괄하여 개별물건을 관리하고 투자전략을 수립하여 신규투자와 물건의 처분을 담당한다. 즉, 자산관리는 단일부동산 또는 부동산포트폴리오를 포괄하여 가치창출을 위한 투자 및 경영전략을 계획하고 적용하는 기능으로 투자목적과 전략을 수립, 시장분석 및 자산분배를 하고, 리스크를 관리하며 부동산의 성과를 측정, 매입·처분의사결정을 내리는 일련의 기능을 담당하는 것이다.

자산관리는 자금운용의 계획, 결정, 실시, 관리 및 빌딩투자 등의 유리성을 판단하는 역할을 한다. 투자대상을 부동산에 한정해서 보면, 오피스빌딩, 상업시설, 주거용 등 부동산의 형태와 서울, 부산 등 지역성을 파악하고 향후의 시장에

✎ 자산관리의 업무내용

현상파악 및 검증	• 임대차계약 내용의 검증 • 임대료 및 임차인 부담 비용의 검증 • 수지와 손익계획과 실적의 비교검증 • 서비스업무계약(청소, 엘리베이터 보수 등) • 재산관리(PM)에 관한 관리실적보고서 작성 • 임대차에 관한 영업실적보고서 작성 • 건물의 구조에 관한 검사, 기계설비, 전기계통의 검사 등
투자계획의 책정	• 단기, 중·장기적인 투자계획의 설정 • 신규 임차인 유치계획 입안(LM) • 영업비용 절감계획의 입안 • 영업수입, 비용계획서 및 자금조달계획서 작성 등
투자계획의 설정	• 임대조건 등에 관한 조언 • 법률사무소, 회계사무소 및 보험회사 등과의 절충 • 관리회사의 정례회의 출석 • 자산관리 정기보고서 작성 • 수익극대화 전략의 재검토
회계업무의 관리	• 지급계정의 개설 및 집행 • 임대료 등 징수 • 관리회사가 행한 거래업자에의 지불승인 • 재무제표, 영업보고서의 작성 등

대한 전망을 바탕으로 자산을 선택하여 펀드에 편입시키고, 이러한 전반적인 상황을 투자가에게 어드바이스하는 부분이 자산관리의 업무영역이다.

2) 재산관리

재산관리(PM)는 부동산소유자의 소유와 경영 중 경영에 관련된 것으로 개별부동산으로부터 얻어지는 현금흐름을 증가시켜 시장위험을 총괄적으로 통제하고, 중·장기적으로 개별부동산의 자산가치를 높이는 것을 목적으로 하는 활동이다.

재산관리의 주된 목적은 수익의 극대화에 있는데, 효율적 운영을 통하여 보유하고 있는 부동산의 자산가치를 상승시키는 것이다. 자산을 직접 관리하는 데 필요한 주요 업무는 수지분석, 시장분석, 마케팅, 공간배치, 임대료 책정, 테넌트 유치 및 임대차관리, 보험 및 세금, 재무보고, 유지관리 등이다. 즉 재산관리는 개별부동산의 관리적 운영에 초점을 두어 가치창출을 도모한다는 점에서 자산관리(AM)와 구분된다.

일반적으로 재산관리(PM)에는 ① 청소, 해충구제, 운전 및 일상점검, 정기점검, 보수, 식재·외관관리, 경상적·상시적인 수선업무, 개선업무 등의 유지관리보전업무를 수행하는 건물유지관리(BM), ② 중·장기적인 신축공사, 수선·보수공사의 관리를 수행하는 건설공정관리(CM), ③ 임대용 부동산의 영입과 중개

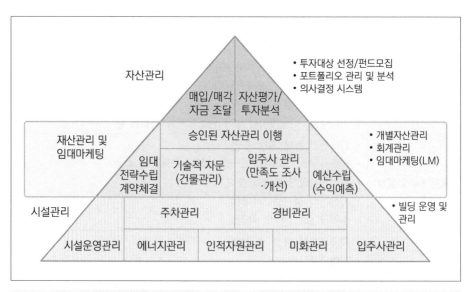

자산관리(AM)·재산관리(PM)·시설관리(FM)의 역할과 구분

의 관리를 수행하는 임대차관리(LM)가 포함된다. 실제로 재산관리를 수행하는
회사는 위의 3가지 업무를 각각 전문관리회사에 위탁하는 경우와 스스로 수행
하는 경우가 있다.

3) 시설관리

부동산관리에서 가장 기본적이며 기술적인 분야는 시설관리(FM)라 할 수
있다. 시설관리의 주목적은 부동산의 물리적 사용환경을 쾌적하고 편리하도록
유지 또는 발전시키는 것이다. 이를 위하여 건물의 경우 설비, 기계운영, 예방적
차원의 유지 및 보수, 에너지관리, 보안, 가구나 집기 등에 대한 관리시스템을

✎ 부동산자산관리 업무 구분

구분	자산관리(AM)	재산관리(PM)	시설관리(FM)
단계	성숙기 경제에서 발전된 종합 서비스 단계	부동산 경영관리의 도입 단계	가장 초보적이고 기술적인 단계
개념	소유주의 부나 기업가치의 극대화를 위해 부동산의 가치를 증진시키는 적극적인 관리	• 자산수익의 극대화 • 자산가치의 상승 (빌딩경영)	시설사용자의 요구에 응하는 소극적이고 기술적인 측면 중시
주요 업무	• 포트폴리오 관점에서 자산·부채 종합적 관리 (One Stop Service) • 보유 부동산의 장기 안정적인 수익기반 확보, 가치상승을 위한 장기전략의 수립 및 실행 – 시장 및 지역경제분석 – 시장경제요인 및 수요분석 – 증개축을 통한 경쟁력 제고 – 금융대안 모색	• 통상적으로 부동산관리와 관련하여 발생하는 업무수행 • 월간 및 연간 재무보고 • 외부용역 및 입주사 관리 • 건물 외부임대 (광고/마케팅) – 수지분석, 시장조사, 마케팅, 공간배치, 임대료 책정 및 임대전략수립, 임대차관리, 보험/세무 관리 등	• 이용자에게 쾌적하고 편리한 사용환경 제공 – 안정성, 생산성향상, 비용절감 • 일상적인 건물운영 및 관리 – 설비, 기계운영, 예방적 차원의 유지·보수, 에너지관리, 보안관리, 청소관리, 가구/집기 관리, 냉·난방 운용 등
국내 현황	• IMF 이후 외국 부동산 자산관리업체 한국지사 설립 • 국내 부동산자산관리회사의 종합자산관리회사로의 전환 노력	• IMF 이후 분사 등을 통한 신설사 급증으로 경쟁 악화 • 중소규모 빌딩전문 부동산관리회사 등장	• 우리나라 전통적인 부동산관리회사 업무 • 대기업계열사 및 영세전문업체전환 노력

운영하고 있다. 시설관리는 부동산 사용자에 관련된 일들을 중점적으로 취급하며, 자산의 성과에 대하여는 직접 관여하지 않는다는 점에서 부동산관리와 구별된다. 시설설계 및 계획, 내부설비, 비용계획 및 최소화, 공간의 쾌적성 및 최유효화 등이 시설관리(FM)의 주요 관심대상이다.

4) 부동산자산관리자의 역할

자산관리자(AMr)는 부동산자산의 관리와 업무수행에 있어서 중요한 역할을 수행한다. 기본적으로 자산관리자는 부동산소유권과 관련된 관리의무를 감독하고 궁극적으로 자산의 성장과 업무수행에 대한 책임을 부담하게 된다.

자산관리자는 투자의 관점에서 자금투하와 자금회수에 관해 종합적인 계획을 세우고 투자를 실행하며, 시장분석 및 자산분배를 실시하고, 리스크관리, 임차인관리, 빌딩관리, 회계처리 등에 관한 투자의 상황을 파악하는 업무영역이다. 따라서 자산관리자의 책임 범위는 광범위하다. 부동산관리, 부동산 및 계약법, 임대활동, 마케팅, 재산세관리, 모기지, 부동산보험, 계약활동, 회계활동, 세무, 재정분석, 감정평가, 의뢰인관계에 대한 지식과 경험 등 부동산운영을 효과적으로 관리하는 데 필요한 자질이 요구된다.

상업용 부동신에 있어서 임차인들은 부동산투자 및 관리와 관련된 포괄적이고도 전문적 지식을 가진 자산관리자들을 만나게 되는데, 이들의 전문성은 부동산관리에 있어서 경험을 통하여 축적되었거나 적어도 부동산학을 전공한 전문인력이 대부분이다. 이들은 부동산관리 및 임대활동의 복잡성을 이해하는 데 일정한 수준의 능력을 갖추었다는 것을 보여주는 관리기능과 관련된 민간자격인 CPM(Certified Property Manager)을 보유하고 있다.

AMr(Asset Manager)은 물건구입 시에는 매매중개자, 관리운영 시에는 PMr(Property Manager)와 임대차 중개자, 물건매각 시에는 매매중개자의 역할을 수행한다. 따라서 부여된 업무를 담당하는 능력뿐만 아니라 스스로 기획하는 기획능력과 그것을 실천하는 실행력, 창의력이 필요한 분야이다.

3. 부동산자산관리의 단계

　　부동산자산관리 및 운용은 취득단계, 운용단계, 매각단계의 3단계로 구분할 수 있다. 투자자는 부동산 소유를 통해 장기적인 가격상승, 인플레 대응방안, 세금혜택 등 효율적인 대처를 할 수 있다. 소유주는 매년의 수익성보다도 장기적인 부동산가격 상승에 따른 매매차익을 목적으로 투자할 수도 있다. 인플레이션으로 인해 실제가치가 하락하는 채권이나 은행의 정기예금보다는 부동산의 임대소득이 더 나은 투자로 볼 수 있다. 반면 인플레이션 상승추세가 이어지는 상황에서 부동산 소유는 인플레이션 헷지 수단으로 사용된다. 기관투자가의 입장에서 부동산이 포트폴리오의 중요한 부분을 차지하는 것은 인플레이션 대응 목적이기도 하다.

　　자산관리는 이러한 부동산의 소유목적에 따라 운용계획이 수립되고, 이를 달성하기 위한 전략이 도출된다. 부동산 운용은 소유자의 투자목적을 이해하고, 목적에 적합한 관리를 하는 데 그 의의가 있다.

✎ **부동산자산관리의 단계별 내용**

구분	취득	보유			매각
		건물유지관리	회계관리	부동산관리	
재산관리 효율적 운영 ▼ 자산관리 포트폴리오 관리	• 매수의사결정 –타당성 –포트폴리오 –시장여건 등	• 유지/보수(FM) • 운영 • 임차인관리 • 외부인력관리	• 예산(안)준비 • 회계기준 정비 • (월별)수입 　지출내역서	• 신규 임대 • 임차인유지 • 임차인스케줄 　관리 • LM • 재원조달 • 보험 • 제세공과금 • 시설물 검사 • 자본가치상승 • 가치평가	• 처분에 　관한 　의사결정 –보유 –매각 –리모델링

1) 자산취득단계

　자산관리에서 부동산투자 목적이 결정되면 포트폴리오에 입각한 투자를 기획하여 실행에 옮기게 된다. 부동산자산관리자가 주체가 되어 위험요소를 염두에 두고 부동산의 신뢰도 및 타당성을 검토하여 투자를 결정한다.

　부동산관리 업무 중 투자는 새로운 포트폴리오의 구성요소가 되는 것으로 매우 중요하다. 특히, 포트폴리오에 입각한 부동산 성과는 주식, 채권 등 다른 투자와 비교가능하여야 하며, 이를 위해서는 부동산의 유형에 따른 거래정보가 요구된다. 일반적으로 시장에서 이에 대한 정보와 사례를 구하기가 쉽지 않고, 객관적인 공시가격 또한 미비하다. 우리나라의 경우 부동산가격공시와 관련된 개별공시지가가 매년 공표되고 있고, 상업용 부동산 임대사례조사 결과도 매년 공표되는 등 상업용 부동산의 투자수익률에 관한 자료가 국토교통부에 의해 생성되고 있다. 민간에서도 신영에셋, 한화63시티, JUSTR, 메이트플러스, 교보리얼코, 젠스타, LG서브원, 에스원 등 자산관리회사를 중심으로 오피스의 지역별·유형별 공실률, 임대료 수준 등의 자료가 제공되고 있다.

　이들의 역할은 부동산에 투자하여 보유기간 동안 사용하고 매각하는 데 따른 현금흐름을 부동산금융 차원에서 검토하는 기능이다. 기본적으로는 신규로 개발할 것인가, 매입할 것인가, 임차할 것인가에 대한 사항뿐 아니라, 자금조달 방법, 기존 부채에 대한 금융비용에 대한 관리문제도 고려된다.

　일반적으로 임대용 부동산의 경우, 임대료 산정방식(상가의 경우 기본 임대료 또는 매출액의 일정 비율, 소비자물가지수 연동에 따른 임대료 상승 등), 운영비용, 차입조달에 따른 금융비용, 건물의 감가상각비 등을 산출한다. 현금흐름표는 임대수입 및 기타 수입(보유자금의 이자수입 등)에서 공실을 고려한 잠재적 임대료 손실분을 공제한 유효수입을 산출한 후, 다시 건물관리비용(관리인 급여, 수선유지비, 전기, 수도, 도시가스, 보험료, 재산세 등)을 공제하여 부동산 운영순수입을 도출한다. 여기에 자본환원율을 적용하여 투자 초년도의 운영순수입과 부동산가치를 비교·판단한다. 운영순수입에서 건물의 감가상각비와 금융비용을 제한 것이 세전 현금흐름표이다. 여기서 소유주의 법인세 또는 소득세를 공제하여 세후 현금흐름표를 작성한다.

2) 자산운용단계

자산운용단계에서 중요한 것은 부동산의 가치증대이다. 부동산가치에 대한 자산관리자의 전문지식은 가치증대에 큰 영향을 미친다. 특히, 소득접근법에 의한 가치추정의 이해와 지식이 필요하며, 부동산 유형에 따른 수입·비용의 관리방안이 수립되어야 한다.

취득단계에서는 예상 현금흐름에 의해 매입의사가 결정되지만, 취득 후에는 임대차계약에 의한 수입과 시장의 임대수준이 가치를 결정한다. 개별부동산의 가치 향상을 목적으로 마케팅 전략 수립, 공간 활용 및 임차인의 신용도, 건물 이미지의 효율적 관리, 수지분석, 회계부분과 세금이 포함된 재무보고, 임대차계약과 관련한 법률자문, 임차인의 관리 및 협상 등 주요 항목을 검토한다.

건물 및 시설관리는 기술적인 분야로서 건물의 효율적 사용으로 운영비를 절감하고 건물과 설비의 생산성을 향상시키는 것이다. 여기에는 전기, 기계설비, 엔지니어링, 방재, 방범, 화재예방관리, 안전관리, 에너지관리 등과 부가적으로 최유효이용의 측면에서 주변 상황과의 조화, 수요변화에 따른 기능 저하, 수익성 및 효율성 감소를 유발하는 사항의 보수 및 리모델링을 수행한다.

이는 보유부동산의 순수익을 향상시키는 것으로 사용하지 않는 공간의 임차·임대조건 변경으로 임차인의 질 제고, 자동화 및 에너지 절감, 기자재 도입으로 운영경비 절감, 임차인의 취향에 맞춘 서비스, 부동산의 잠재가치를 높일 수 있는 건물의 개조와 공간의 재배치, 외벽 개·보수 등을 통하여 임대료를 상승시키고, 운영관리비를 절감하여 부동산의 가치를 증가시킨다.

건물 사용자 입장에서는 더욱 나은 서비스와 저렴한 관리비로 건물에 대한 선호도가 증가하며, 임대기간이 장기화되어 마케팅 측면에도 좋은 효과를 갖게 할 수 있다. 특히, 이 기능은 시장의 활동이 저하되고, 주변환경의 변화가 많을수록 중요한 부분이다.

이상의 기능 이외에도 기존 부동산의 차입금 조건을 변경하여 레버리지 효과를 증가시키거나, 대출금리가 낮아졌을 경우 기존 차입금의 금융비용을 낮추기 위해 금융기관과 협상하여 차환하는 방식으로의 변화도 강구할 수 있다. 또한 옥외 광고판 설치, 이벤트 개최 등 다양한 방법으로 보유부동산의 수익과 가치를 증대시킬 수 있다.

3) 자산매각단계

자산관리의 마지막 단계로 부동산소유자는 특정 부동산의 매각결정을 위하여 투자성과를 평가하여야 한다. 매각 후 대체투자 대안의 매력도, 부동산시장 사이클, 소유자의 자금여력 등이 매각의사결정을 위한 요소가 된다.

일반적으로 자산관리자는 매각단계에서 부동산을 시장에 방매하기 위해 유효한 매각정보를 잠재 매입자에게 제공한다. 아울러 건물의 청소, 유지관리로 잠재 투자자에게 좋은 인상을 부각시키고, 회계부문 및 제세공과금을 포함한 재무보고서, 임대차 현황 및 계약서 등 자산의 실사를 위한 정보를 준비한다.

이 외에 매각부동산의 시장가격 조사, 소유자에 대한 매각전략자문, 매입희망자의 신용 및 자금 등을 확인한다. 특히, 부동산시장의 침체기에는 공매를 통한 매각도 고려할 수 있으며, 매도자가 직접 금융을 지원하여 매매를 촉진시키기도 한다.

SECTION 02+ 부동산관리의 체제

1. 법정관리와 임의관리

구분소유물의 전유부분에 있어서는 각 구분소유자가 자기관리권의 범위에서 상호 공동이익을 침해하지 않도록 협력할 의무를 지고, 공동주택 본래의 주거권을 유지·보존하도록 관리할 책임을 진다. 건물의 공용부분 및 공용시설 등 부속물은 전부 또는 일부 구분소유자들의 공유에 속하므로 공동으로 관리해야 한다. 대규모 단지형태의 집합건물이나 수천 호의 구분소유권을 가진 집합건물에는 민법의 공유규정만으로는 불충분하고 필수적·전문적인 관리체계가 요구된다. 따라서 집합건물의 관리에는 구체적 관계 법률을 두어 그 관리체계를 법정관리체제와 임의관리체제로 나누어 그 관리기능의 합리화를 도모하고 있다.

1) 집합건물법상 관리

집합건물법에서 건물에 대하여 구분소유 관계가 성립하면 구분소유자는 건물 및 그 대지와 부속시설의 관리에 관한 업무의 시행을 목적으로 하는 관리단을 의무적으로 구성하게 한다. 또한 일부 공용부분이 있는 경우, 그 일부의 구분소유자는 그 공용부분의 관리에 관한 업무의 시행을 목적으로 관리단의 당연설립을 규정하여, 이들 중 구분건물의 공용부분에 관하여는 공용법리에 의한 공동관리를 법정관리체제로 규정하였다.

구분소유자 집회는 구분소유자가 일정한 장소에서 집합하여 그들 사이의 공동의 문제를 협의하기 위하여 결합한 회의체로서, 구분소유자단체의 최고의사 결정기관이다. 이것은 공용부분의 보존·관리에 관한 구분소유자 사이의 합의·결정·집회의 결의 등을 실행하고, 구분소유물을 관리하는 권한 등을 가진 관리인을 선임·해임하는 역할을 수행한다.

2) 공동주택관리법에 의한 관리

공동주택관리법에 의한 관리체제로서 입주자대표회의가 있다. 공동주택관리에 관한 동법의 기본적 방향을 보면 정부는 공동주택관리와 관련하여 발생하는 각종 분쟁과 사고를 제도적으로 예방하기 위해 기본적인 사항만을 동법에서 규정하여 지도·감독하고, 입주자는 공동주택관리법에 근거하여 입주자대표회의를 구성, 관리규약을 제정하고 이에 따라 기구를 조직하여 관리업무를 수행하게하고 있다. 임의관리체제를 살펴보면 공용부분의 관리를 위하여 구분소유자는 규약의 설정, 관리인의 선임, 관리소유권의 설정, 기타의 조치를 취할 수 있다.

2. 자주관리와 위탁관리

부동산의 관리주체를 중심으로 보면 거주자들 자신의 관리에 의한 자주관리체계와 위탁관리 등을 통한 간접관리체계 및 혼합관리체계로 나누어 볼 수 있다. 이들 중 어떤 관리체계에 의하느냐는 여러 가지 사정이 참작될 것이지만 그 대표적인 고려사항으로는 주민 자신의 사정과 의향, 주민 간의 자치능력 및 주민의 경제적 수준, 단지의 규모나 집합건물 자체의 설비구조 및 형태, 단지의 위치 및 원하는 '사후관리'의 종류와 수준 등에 따라 결정된다.

소유권에 의한 구분에서 '임대주택의 관리'와 '분양주택의 관리'로 구분되며, 또한 관리주체에 의한 구분에서 자치관리와 위탁관리 및 혼합관리로 구분할 수 있는데, 건물의 규모나 시설의 종류 등에 따라 장·단점이 있으므로 필요에 따라 적절한 관리방식을 정하게 된다.

1) 자주관리

자주관리는 건물의 소유자가 직접 관리하는 방식으로 주로 소규모건물에서 이용되고 있다. 자주관리는 건물소유자가 빌딩을 직접관리하거나 타인에게 임대한 토지나 건물 및 기타 시설물 등을 자기가 직접관리하는 행위 등을 포함하는 것으로 자치관리라고도 한다.

자주관리[1]는 소유자가 직접관리·운영하므로 관리에 필요한 의사결정을 신속히 할 수 있으며, 관리비용도 절감할 수 있는 장점이 있지만, 관리의 전문성이 결여되고 종업원을 고용하는 경우에는 인건비가 비합리적으로 상승될 수 있는 단점도 있다.

2) 위탁관리

위탁관리는 건물의 소유자가 건물관리에 관한 모든 업무를 건물관리전문업체에 위탁시켜 관리하는 방식으로 외주관리라고도 한다. 위탁관리는 건물관리업무를 전문성과 기술성을 갖춘 전문관리업체에서 맡아 하므로 관리의 효율화를 기대할 수 있으나 기밀유지 및 보안유지에 어려움이 있으며, 건물소유자가 건물의 종합적 관리실태를 파악하는 데 어려움이 있다.[2]

1　자주관리의 장점은 소유권자의 의사능력 및 지휘통제력이 발휘되며, 고장 등의 유사시에 관리요원의 협동이 신속하고 각 부분의 종합적인 관리가 용이하다. 또한 기밀유지·보안 등 안전하고 사용자에게 친절한 사후관리가 제공되며, 양호한 환경보존이 가능하고 관리요원의 건물 및 설비에 대한 애호정신이 높으며, 관리요원의 다양한 관리기법이 숙련된다. 자주관리의 단점은 관리요원의 관리업무의 안일화를 초래하며 개혁이 곤란하고, 인건비가 불합리하게 높아지기 쉽다. 또한 임대의 결정, 수납상태가 불합리하기 쉬우며 관리의 전문성이 결여되기 쉽고, 건물소유자가 다른 직업에 종사할 수 없으며, 관리요원이 무사안일주의에 빠지기 쉽다.

2　위탁관리의 장점은 건물관리의 전문성으로 인하여 전문업자의 활용이 합리적이며, 전문적인 계획관리를 행함으로써 시설물의 노후화를 최소화할 수 있고, 적정기의 시설점검으로 안전사고를 미연에 방지할 수 있다. 또한 건물관리를 위탁함으로써 관리회사의 참모체계를 일원화할 수 있고,

3) 혼합관리

혼합관리는 자주관리방식과 위탁관리방식의 절충형태로서 일반적인 업무는 자주관리방식으로 하고 기술이나 자격을 필요로 하는 전문적 업무는 건물관리 전문업체에 맡기는 형태를 말한다. 혼합관리방식은 자주관리방식과 위탁관리방식의 장점만을 활용함으로써 업무에 효율을 기대할 수 있지만, 책임소재가 불분명할 수 있는 단점이 있다.[3]

3. 부동산관리업의 구분

전문적인 부동산관리자에 대한 사회적 수요의 증대는 건물의 고층화와 그 맥을 같이한다. 철제골격의 건물공법과 1889년 전기 엘리베이터의 출현은 고층건물이 급속도로 확산되기 시작하는 계기를 만들었다. 1930년대의 대공황은 부동산관리업계가 획기적으로 성장하는 계기를 제공하였다. 당시만 하더라도 부동산관리의 기법이나 이론 등이 상대적으로 덜 개발되어 있었고, 부동산관리업무에 대한 인식도 그렇게 높은 편은 아니었다. 결과적으로 대공황은 부동산관리가 하나의 전문적인 직종으로 정립되는 데 있어서 중요한 계기를 만들어 주었고, 사회적인 수요도 그에 따라 급증하게 되었다.

전문가의 관리는 우수한 관리로서 효율적 관리를 행할 수 있을 뿐만 아니라, 관리비용을 저렴·안전하게 하며, 대형부동산의 경우 관리가 지니는 규모경제의 이익으로 인하여 관리비가 절약될 수 있고 건물주는 본인이 관리 이외의 업무에 전념할 수 있다. 위탁관리의 단점은 위탁관리제도가 공중주택관리의 이상적인 관리방식이나, 다만 우리나라의 실정에서는 전문직능화의 역사가 짧고 관리자격자 또는 관리회사의 신뢰도가 낮을 뿐 아니라, 관리회사의 관리요원에 대한 인사이동이 빈번해지며 구분소유자 사이에 무난한 인간관계를 형성하기 어렵게 하기도 한다. 또한 관리회사의 경우 업자의 수익상한선이나 용역비에 대한 법제가 없으므로 영리목적에만 치우치게 되면 입주자들에게 막대한 손해를 끼칠 우려가 있다.

3 혼합관리의 장점은 건물소유자의 강한 지휘·통제력이 그대로 지속되며, 필요한 부분만 위탁하므로 건물소유자에게 유리한 경우가 많고, 자치관리에서 위탁관리로 이행하는 과도기적 조치로서 편리하다. 또한 관리가 합리적이며 자주관리와 위탁관리의 장점을 최대한 살릴 수 있다. 혼합관리의 단점은 관리책임소재가 불명확한 경우가 발생하며, 전문가의 능력이 부분적으로만 활용된다. 그리고 자치관리요원과 수탁관리요원 사이의 원활한 인간관계가 결여되기 쉬우며, 자치관리 자체가 미흡하면 양 방식의 결점만 노출된다.

✎ **부동산관리업의 분류**

분류	업무내용	업무의 특징
분양 부동산의 관리업	• 업무관리(출납, 회계, 관리운영사무, 총회, 이사회의 협조) • 자산관리(거주자 간의 이해, 조정과 양호한 커뮤니티의 형성의 작성 협조) • 안전관리(방범, 방재) • 입주자요구의 다양화에 대응(고령화된 시설) • 지역과의 이해조정(일조, 주차장 문제의 대응)	• 관리조직과의 관리위탁계약 • 관리조직이 해야 할 업무에 대해서 전문가로서 조언(총회, 이사회의 운영 등) • 관리조직이 충분히 가능하지 않은 경우 책임 문제 등
빌딩 관리업	• 사무관리(출납, 회계, 관리, 운영사무, 임차인모집 등) • 자산관리(청소, 처리, 건물·설비의 유지, 보전, 대규모수선, 개축, 컨설턴트 및 개축) • 안전관리(방범, 방재) • 입주자요구의 다양화의 대응 • 지역과의 이해조정(일조, 주차장 문제의 대응) • 설계, 건설, 시공과의 업무	• 경영관리의 대행 • 빌딩설비의 고도화에 따른 전문적 지식의 필요 • 임차인의 요구도 고도화
임대 부동산의 관리업	• 사무관리(집세보증, 관리운영사무) • 자산관리(청소, 건물, 설비의 유지·보전·대규모수선, 개축컨설턴트 및 개축) • 임대차계약에 관한 사무	• 임대경영의 대행 • 입주자의 모집 사무와 밀접한 관련 • 집세 보증 • 대행, 임대차 관계의 중개 등

4. 건물관리

　　건물은 '건축법'에 따른 건축물의 한 종류를 말하며, 건물의 관리분야는 일반적으로 이용관리, 안전관리, 위생관리, 유지관리로 나눌 수 있다. 건축물은 토지에 정착하는 공작물 중 지붕과 기둥 또는 벽이 있는 것과 이에 딸린 시설물, 지하나 고가의 공작물에 설치하는 사무소·공연장·점포·차고·창고와 같은 것을 말한다. 여기에서 건축물을 용도별로 구분하고 있는데, 건물은 이러한 용도별 건축물이 속해 있는 건축물의 전체를 일컬어 말하거나 일반업무시설·판매시설 등이 속해 있는 상가를 말하기도 한다. 건물의 관리는 업무영역에 따라 일반적으로 이용관리, 안전관리, 위생관리 및 유지관리로 나눌 수 있으며 업무영역별 세부사항은 다음과 같다.

1) 이용관리

부동산의 기능을 최대한 발휘할 수 있도록 건물 내 각종 설비를 관리하는 것을 말한다. 여기에는 설비의 운전·보수·정비·개량 등이 포함된다. 설비에는 급배수 및 위생설비(급수설비, 배수설비, 위생기구설비, 가스설비 등), 공기조화설비 (환기설비, 냉·난방설비 등), 전기 및 통신설비(변전설비, 발전설비, 조명설비, 안테나설비 등), 소화설비(옥내소화전설비, 스프링클러설비, 화재경보설비 등), 승강 및 운송설비(엘리베이터, 에스컬레이터 등) 등이 있다.

2) 안전관리

안전관리는 방화, 방범 기타 안전대책을 확보하기 위하여 행하는 관리이다. 인명과 재산을 보호하기 위해 부동산 자체가 내포하고 있는 여러 가지 위험성을 감소 내지는 제거하는 것이 필요한데 이것을 안전관리라 한다. 여기에는 화재대책, 풍수해대책, 경비대책 등이 포함된다.

3) 위생관리

부동산의 미관 유지와 쾌적한 환경조성을 위한 관리가 위생관리이다. 여기에는 공기환경의 관리, 청소관리, 해충대책 등이 포함된다. 위생관리의 좋고 나쁨은 사람의 건강과 업무능률에 영향을 미치므로 쾌적한 환경을 조성하도록 해야 한다.

4) 유지관리

유지관리는 부동산의 현상유지 및 예방관리를 말하며, 따라서 현상유지·원상회복뿐만 아니라 개량행위까지도 포함된다. 부동산의 유지관리는 물리적 이용연수 및 경제적 이용연수 등 두 가지 측면에서 고려되어야 한다.

✎ 건물관리 업무영역의 구분

이용관리	안전관리	위생관리	유지관리
• 임대관리 • 교통·환경 관련 부담금의 납부 • 옥외광고물 • 도로명주소 • 건물의 이용자를 위한 준수사항 • 공익을 위한 건물 사용의 협조 의무	• 전기 안전 • 소방 안전 • 승강기 안전 • 도시가스 안전 • 보일러 안전 • 건물의 안전	• 개인하수처리시설(정화조 포함) 관리 • 수도관리 • 실내공기 질관리 • 소독관리	• 청소관리 • 주차관리 • 건물의 하자보수 • 건물의 유지·관리

5. 빌딩관리

경제화와 산업화 추세로 대도시에서는 도시기능상 업무의 전문화와 분업화 경향에 따라 빌딩이 고층화[4]·대형화되고 있다. 빌딩은 철골 또는 철근·철골콘크리트조로 5층 이상이고[5] 엘리베이터 설비, 냉·난방 설비가 있는 건물을 말한다.

빌딩관리(BM: building management)는 소유자 또는 사용자가 스스로 관리하는 방법 및 제3자에게 위탁하는 경우 등 여러 가지 방법이 있다. 종합관리는 광의의 유지관리, 즉 작업관리와 수지관리, 계약관리를 포함한 관리이다. 작업관리는 보존관리를 중심으로 하는데, 이것은 개량행위를 일부 포함한 것으로 협의의 유지관리라 한다.[6] 이에 반해 광의의 유지관리는 협의의 유지관리 이외의 수지관리와 계약관리를 포함한 관리방법을 말한다.

첫째, 수지관리는 두 가지 측면으로 분류되는데, 그 중 하나는 임료, 공익비, 부가사용료, 주차료 등의 계산징수 및 기타 금액에 대한 보관 및 운영이고, 또 다른 측면은 작업관리비, 지대, 공조공과, 손해보험료, 기타 필요 제경비 등

---

4 1972년 국제건축가회의에서 초고층 소도시건물(1,600㎡ 이상)의 가능성에 긍정하였는데, 이에 대한 논란점은 어린이 키우기, 태양광선·공기부족, 지진, 화재, 난류공기로 인해 흔들리는 것 등이었으나 결론적으로 이는 설계기술의 문제라기보다는 심리적·사회적 문제라고 하였다.

5 어느 정도의 규모, 높이가 빌딩이라고 하느냐는 정설은 없으며, 견고한 중층 이상의 건물을 빌딩이라고 한다.

6 빌딩의 위생관리는 빌딩의 위생적 환경의 보존을 위해 행하는 것으로 조도관리, 공기조화관리, 급배수관리, 청소관리, 쥐·해충대책 등의 관리업무를 포함하고 있다. 청소작업은 공동구역, 전용구역, 관리용구역, 외벽의 4가지로 분류하며, 방법은 일상청소, 정기청소, 임시청소로 분류한다.

의 적정한 지불 등의 관리이다.

둘째, 계약관리는 임차인 모집, 선택, 임대차계약의 체결·이행·조건변경·갱신·해제 등의 일로 어떻게 하면 경영의 합리화를 가져올 것인가의 관리이다. 건물의 넓은 부분을 장기간 사용하는 집객력 있는 임차자를 앵커테넌트라고 하는데, 공실의 발생을 최소화하고 안정적이면서 장기적인 수익을 창출하는 임차인이므로, 다른 임차인에 비해 상대적으로 유리한 임대차계약이 제시되기도 한다.

6. 건물의 임대관리

1) 임대관리

부동산임대업을 신규로 하려는 자는 사업개시일부터 20일 이내에 세무서(관할 또는 그 밖의 모든 세무서를 말함)에 사업자등록을 해야 한다. 사업자등록은 사업을 개시하기 전에도 할 수 있지만, 사업자가 사업자등록을 하지 않는 경우에는 세무서장이 조사해서 등록시킬 수 있다.

사업자는 사업장마다 사업자등록을 신청해야 하는데, 사업자등록은 납세의무가 있는 사업자를 정부(세무관서)의 대장에 수록하는 것으로, 이를 바탕으로 과세 관청은 부가가치세의 납세의무를 파악하고 과세자료를 확보한다.

2) 임대사업의 임대차계약

건물의 임대차는 사적자치의 원칙에 따라서 임대인과 임차인의 계약에 따라 성립되지만, 임대차의 존속기간, 임차금의 지급, 계약의 해지 등에 관한 사항은 민법의 규정에 따르며, 특히 상가 임대차인 경우에는 '상가건물임대차보호법'이 적용된다. 임대차는 당사자 일방이 상대방에게 목적물을 사용, 수익하게 할 것을 약정하고 상대방이 이에 대해서 차임을 지급할 것을 약정함으로써 그 효력이 생긴다.

임대인은 목적물을 임차인에게 인도하고 사용, 수익에 필요한 상태를 유지하게 할 의무를 부담한다. 임대인이 임대물의 보존에 필요한 행위를 하는 때에는 임차인은 이를 거절하지 못한다. 임대인이 임차인의 의사에 반해서 보존행위를 하는 경우에 임차인이 이로 인해서 임차의 목적을 달성할 수 없는 경우에는 계약을 해지할 수 있다.

3) 계약의 존속기간 및 갱신

임대차의 존속기간은 석조, 석회조, 연와조 또는 이와 유사한 견고한 건물이 아닌 경우는 20년을 넘지 못하고 이 기간은 갱신할 수 있으며, 그 기간은 갱신한 날부터 10년을 넘지 못한다. 다만, '상가건물임대차보호법'의 규정에 따라 기간을 정하지 않거나 기간을 1년 미만으로 정한 임대차는 그 기간을 1년으로 본다. 임차인은 1년 미만으로 정한 기간이 유효함을 주장할 수 있다. 임대차가 종료한 경우에도 임차인이 보증금을 돌려받을 때까지는 임대차 관계는 존속하는 것으로 본다.

임대차계약의 쌍방(임대인과 임차인)은 당사자의 합의로 임대차계약을 갱신할 수 있다. 또한 임대차기간이 만료한 후 임차인이 임차물의 사용, 수익을 계속하는 경우에 임대인이 상당한 기간 내에 이의를 제기하지 않는 경우를 묵시적 갱신이라 하여 전 임대차와 동일한 조건으로 다시 임대차한 것으로 본다.

연습문제

01 부동산자산관리를 구분하고, 그 중요성에 대해 기술하라.

02 자산관리(AM), 재산관리(PM), 시설관리(FM)의 단계별 차이와 특징에 대해 기술하라.

03 자산관리자(AMr)의 역할에 대해 기술하라.

04 부동산자산관리의 단계를 취득과 보유, 매각의 흐름에 따라 설명하라.

05 집합건물법상 관리와 공동주택관리법에 의한 관리의 차이에 대해 설명하라.

06 자주관리와 위탁관리 및 혼합관리를 설명하고 그 차이에 대해 기술하라.

07 부동산관리업에 있어서 분양부동산의 관리, 빌딩관리, 임대부동산의 관리의 내용을 기술하고 그 특징에 대해 설명하라.

CHAPTER

13   부동산정책

SECTION 01+   **부동산정책의 의의**

1. 부동산정책의 의의

　　부동산정책은 부동산시장에 대한 정부의 정책 방향으로 국토정책, 토지정책, 주택정책 등으로 대별할 수 있다. 국토정책은 국토계획, 토지이용과 규제, 산업입지, 수도권관리, 지역개발 등을 포함하며, 토지정책은 택지개발, 지가안정, 지가조사, 토지투기억제, 토지거래질서 확립, 신도시개발을 포함하며, 주택정책은 주택가격 안정, 주택가격 조사, 주택공급, 주택금융, 주택관리, 주거환경, 주거복지를 포함한다. 더불어 간접적으로 관련이 있는 보유관련 과세, 거래관련 과세, 양도관련 과세를 내용으로 하는 부동산조세정책이 포함된다.

1) 정부의 부동산시장개입 이유

　　부동산시장은 위치의 고정성과 개별성으로 인해 완전경쟁의 조건이 충족되지 못하고, 분배의 왜곡이 일어나 시장실패가 발생하고 효율성을 달성하지 못하는 경우가 많아, 이를 수정하기 위해 정부가 개입한다. 정부가 시장에 개입하는 이유는 정치적 기능으로 형평성과 효율성이라는 사회목표를 달성하기 위함이고, 또한 경제적 기능으로 외부효과의 제거 등 사적 부동산시장의 시장실패를 수정하기 위해서다.

2) 정부의 시장개입 방법

(1) 토지이용규제

토지이용규제에는 용도지역지구제, 건축규제, 인허가 등의 수단이 있다. 용도지역지구제(zoning)는 도시의 토지용도를 구분함으로써 이용목적에 부합하지 않는 토지이용이나 건축 등의 행위를 토지의 효율적, 합리적 이용을 도모하는 방향으로 규제하는 제도이다.

건축규제는 용도지역별로 건폐율, 용적률, 최소대지면적, 용도를 필지별로 규제하며, 높이제한, 건축선 후퇴 지정 등의 방법을 통해 도시의 물리적 통제를 가하는 수법이다. 인·허가는 토지이용의 목적과 거래면적의 적정성 등을 심사하고, 토지형질변경(농경지의 용도전환, 공유수면매립, 절토, 성토 등)에 대해서도 규제를 하고, 개별시설의 건축은 건축법에 따른 허가를 받아야 한다.

(2) 직접적 개입방법

정부나 공공기관이 토지시장에 직접 개입하여 토지에 대한 수요 및 공급자의 역할을 적극적으로 수행하거나 가격을 통제하는 방법으로 소유권통제, 토지은행 및 토지비축제도, 공영개발, 도시개발사업 등이 있다. 소유권통제(택지소유상한제, 농지소유상한제 등)는 개별 가구 혹은 법인이 소유할 수 있는 토지의 규모를 한정하는 직접적인 소유권 통제방식이다. 공공시설의 입지 원활화, 계획적 개발을 위해 토지은행 및 토지비축제도, 공영개발, 도시개발사업 등 공공에 의한 토지개발을 위해 막대한 토지구입비가 소요되는데, 이는 무단점유, 관리행정 등의 부담이라는 문제도 지니고 있다.

(3) 간접적 개입방법

시장기구의 틀을 유지하면서 그 기능을 통해 소기의 효과를 달성하는 것으로, 조세와 금융의 방법이 이 범주에 속한다. 즉, 토지개발 및 이용에 관한 금융지원, 개발이익환수, 보조금 지급과 토지행정상의 지원 등을 꼽을 수 있고, 토지거래정보체계구축, 지적 및 등기에 의한 토지소유권의 설정 등도 시장기능의 조성을 목적으로 하는 정책대안이라고 할 수 있다.

2. 시장실패

1) 시장실패의 원인

시장실패는 정부의 시장개입으로 인해 자원배분의 비효율성이 발생하는 경우가 아니라, 자원배분 문제가 전적으로 시장자율기구인 보이지 않는 손(invisible hand)에 맡겨져 있어도 효율적 자원배분에 도달할 수 없는 상황을 시장실패라고 한다. 즉, 시장에서는 보이지 않는 손이 자원을 효율적으로 배분하지만 시장정보의 비대칭성, 독점, 외부효과, 공공재 등이 시장실패의 요인으로 작용하여 자원의 효율적 배분을 방해한다. 시장실패로 인한 문제를 개선하는 것은 정부가 존재하는 경제학적 근거이다.

(1) 불완전경쟁시장인 경우

독점 및 과점기업, 규모의 경제 등에 의해 평균생산비를 줄여 독과점의 기업이 존재하는 경우, 소수의 독과점 기업들이 자신의 이윤을 극대화하기 위해 공급량을 조절하고 시장가격을 마음대로 조절할 수 있어서 자원의 효율적 배분이 저해되고 시장실패가 발생한다.

(2) 외부효과

외부효과는 어떤 경제주체의 행위가 다른 경제주체에게 기대되지 않은 혜택이나 손해를 발생시키는 경우이다. 즉, 어떤 경제주체의 행위가 다른 경제주체에게 긍정적 혹은 부정적 영향을 미치고 있음에도 이에 대한 금전적인 보상이나 가격 지불이 이루어지지 않는 상황을 말한다. 외부효과는 긍정적 외부효과인 '정(+)의 외부효과'와 부정적 외부효과인 '부(−)의 외부효과'로 구분한다.

부동산시장으로 이를 설명하면, 대상부동산의 주변에서 일어나는 환경변화가 부동산가격결정에 영향을 주는 것으로 사회적 환경, 경제적 환경 및 행정적 환경 등의 요인은 가변적이어서 부동산의 위치를 변하게 하고, 자원배분이 적정치 않은 경우 시장의 실패가 발생한다.

예를 들어, 대상부동산 인근에 발생한 빈집으로 인하여 슬럼화되거나, GTX역의 신설로 인해 사회적, 경제적 환경이 변화하는 경우 등을 들 수 있다. 대상

부동산 인근에 빈집이 발생하여 슬럼화되면 인근 주택가는 가치가 하락하고, 이 경우 부(−)의 외부효과를 미치나 이에 대해 금전적 보상은 발생하지 않는다. GTX 역이 신설되면 인근의 지가는 상승하는데, 이 경우 정(+)의 외부효과를 미치나 이에 대해 금전적 보상은 발생하지 않는다.

(3) 공공재

시장에서 거래되는 재화나 서비스를 이용하려면 그에 상응하는 대가를 지불해야 하는데, 공공재는 시장의 가격 원리가 적용될 수 없고 그 대가를 지불하지 않고도 재화나 서비스를 이용할 수 있는 '비배제성의 속성'이 있다. 또한 일반적인 재화나 서비스는 사람들이 이것을 소비하면 다른 사람이 소비할 기회를 줄여 사람들 사이의 경합관계에 놓이게 되지만 공공재는 한 사람의 소비가 다른 사람의 소비량을 제한하지 못하는 '비경합성의 속성'도 있다. 국방, 외교, 경찰, 소방, 공원, 도로, 가로등, 기초과학연구성과, GPS 등과 같은 재화 또는 서비스를 말한다. 따라서 모든 사람이 혜택을 보면서도 대다수 사람이 무임승차(free rider)하는 현상이 발생하므로, 민간기업은 수지타산이 맞지 않는 공공재 공급에 나서지 않는다. 따라서 공공재의 수요와 공급에 시장기능이 작용하지 않게 되어 시장실패의 원인이 되고, 정부의 공적개입이 요구된다.

2) 외부효과에 대한 대책

부(−)의 외부효과가 발생하는 경우, 시장에만 맡겨두면 사회적 비용보다 사적 이익이 커져 사회가 필요로 하는 양보다 많이 생산될 수 있어, 정부는 법적규제를 통해 시장에 개입한다. 정부의 직접규제는 부(−)의 외부효과를 유발하는 행위를 완전히 금지시키는 방법(예를 들면 용도지역지구제)과 허용기준을 세워 이를 넘지 않도록 감시하는 방법이 있다.

또한 외부비용의 내부화는 외부효과로 인한 문제를 수정하기 위해서 시장의 가격기구가 작동할 수 있도록 하여 외부효과에 대한 값을 치르거나 보상받을 수 있도록 하는 것이다. 예를 들어 부(−)의 외부효과를 유발하는 업체에 세금을 부과하거나 보조금을 주는 방법이다.

> **참고** REFERENCE   **PIMFY와 NIMBY**
>
> PIMFY(please in my front yard)
> 연고가 있는 자기 지역에 정(+)의 외부효과가 있는 지역사회 발전에 기여할 수 있는 시설 또는 사업을 내 지역에 유치하겠다는 지역이기주의 현상의 하나
>
> ┄┄┄
>
> NIMBY(not in my back yard)
> 공익을 위해서는 필요하지만, 자신이 속한 지역에는 이롭지 않은 일을 반대하는 이기적인 행동으로, 위험시설, 혐오시설 등이 자신들이 살고 있는 지역에 들어서는 것을 강력하게 반대하는 시민 행동

SECTION 02 +   토지정책

1. 토지소유제도

토지소유제도는 토지정책 전반에 영향을 주는 기본적인 틀로서 토지사유제에 기반을 두고 토지공개념을 가미한 제도라 할 수 있다. 토지공개념은 토지의 개인적 소유권은 인정하되 이용은 공공복리에 적합하도록 하자는 것으로, 토지시장이 제대로 작동하지 못할 경우 정부가 토지시장에 개입하는 것을 말한다. 즉, 토지의 공공성과 합리적 사용을 위해 필요한 경우에 한해 법률[1]로써 특별한 제한 또는 의무 부과를 하자는 것이다.

토지공개념은 국민의 재산권 침해로 인해 위헌 및 헌법불합치 판결 등으로 폐지되기도 하였는데, 노태우 정부 시절인 1989년 제정된 토지공개념 3법 가운데 '택지소유상한에 관한 법률'과 '토지초과이득세법'은 각각 위헌 및 헌법불합치 판결을 받았고, '개발이익 환수에 관한 법률'만 남아있는 상태이다. 이외에도

---

1 우리나라 헌법 제122조에서는 "국가는 토지소유권에 대해 법률이 정하는 바에 따라 제한과 의무를 과할 수 있다"고 규정하고 있다. 민법에서는 "개인의 소유권이라도 권리는 남용하지 못하며, 개인의 소유권이라도 정당한 이익이 있는 범위 내에서만 행사하여야 한다"고 규정하고 있다.

토지공개념은 토지의 소유 및 이용의 제한 외에도, 지대로 인한 수익의 제한, 토지 처분의 제한 등의 형태로도 적용될 수 있는데, 오늘날에는 토지거래허가제, 종합부동산세, 재건축초과이익환수제, 용도지역·지구 지정을 통한 토지이용규제 등의 제도에서 토지공개념의 흔적을 볼 수 있다.

2. 토지이용규제

용도지역지구제(zoning)의 목적은 토지의 이용목적 및 입지 특성에 따라 적합한 용도를 부여함으로써 국토이용질서의 확립과 토지의 효율적, 합리적 이용을 도모하며 토지이용에 수반되는 부(−)의 외부효과를 제거하거나 감소시키는 데 있다.

용도지역지구제의 효과는 용도에 맞지 않거나 어울리지 않는 토지이용을 규제함으로써 부(−)의 외부효과를 제거한다. 따라서 그 지역의 주택에 대한 수요가 증가하며, 그 결과 단기적으로 주택가치는 상승한다. 주택가치의 상승은 기존의 투자자들의 초과이윤을 발생케 하고, 그 결과 기존기업은 생산설비를 확장하고, 신규기업은 시장에 진입하게 된다. 이는 시장의 공급을 증가시켜 장기적으로 주택가치가 하락하고 초과이윤은 소멸된다.

용도지역은 토지의 이용 및 건축물의 용도, 건폐율, 용적률, 높이 등을 제한함으로써 토지를 경제적·효율적으로 이용하고 공공복리의 증진을 도모하기 위해서 서로 중복되지 않게 도시·군관리계획으로 결정하는 지역을 말한다.

용도지구는 용도지역의 제한을 강화 또는 완화하여 적용함으로써 용도지역의 기능을 증진시키고 미관·경관·안전 등을 도모하기 위한 지역이다.

용도구역은 용도지역 및 용도지구의 제한을 강화하거나 완화하여 따로 정함으로써 시가지의 무질서한 확산방지, 계획적이고 단계적인 토지이용의 도모, 토지이용의 종합적 조정·관리 등을 위해 지정된다.

3. 토지투기억제제도

1) 토지초과소득

토지투기를 원천적으로 막는 방법은 토지로 인한 초과소득(매매차익 및 지대 초과이자액)이 토지소유자에게 귀속되지 않도록 정부가 완전히 징수하는 방법이다.

2) 토지거래허가제

토지가 실수요 목적의 수요자에게 돌아갈 수 있도록 토지거래의 내용을 정부 또는 공적기관이 심사함으로써 투기목적의 토지매입을 배제하는 효과를 낼 수 있는 제도이다. 토지의 투기적인 거래가 성행하거나 성행할 우려가 있는 지역과 지가가 급격히 상승하거나 상승할 우려가 있는 지역을 토지거래허가구역으로 지정하여 계약 전에 시도지사의 허가를 받아야 한다.

3) 토지은행(토지비축)

정부가 직접 개입해 아직 개발되지 않은 토지를 싼값에 대량으로 매입해 매각하거나 공공임대형태로 제공하는 것으로, 공공시설을 위한 토지가 필요할 때 낮은 가격으로 제공하기 때문에 복지정책에도 도움이 되며 도시개발계획에 효과적인 목표를 달성하게 도와준다.

토지은행은 공공토지의 비축 및 공급, 토지비축계획 수립지원, 토지수급조사 등 토지은행사업 시행을 위하여 한국토지주택공사에 설치하는 토지은행계정을 말한다. 통상적으로 한국토지주택공사(LH)가 도로·산업단지, 사회간접자본(SOC) 건설, 공공주택의 수급조절과 지가안정을 위해 미리 토지를 매입한 뒤 정부가 요청하면 공급해 사용토록 한 후 국가재정으로 이를 상환하는 일종의 토지비축제도이다. 여기서 토지은행은 채권 발행 등을 통해 재원을 마련해 공공개발용 토지를 매입·비축한 뒤 매입원가 기준으로 공공기관 등에 제공, 임대산업용지를 활성화하는 역할을 담당한다.[2] 그러나 이 제도는 토지가격이 상승할 때는 효과가 있지만, 경기 침체 및 토지가격이 하락하는 시기에는 예산 확보와 토지 유지 및 관리비용 부담이 증가할 수 있다.

---

2 시사상식사전, pmg 지식엔진연구소, 박문각, 2008

4) 개발이익환수제도

(1) 개발이익

국가나 지방자치단체 등의 토지개발계획 수립, 토지이용계획의 변경, 개발사업 시행 등으로 인해 발생한 토지가격의 상승부분이 개발이익이다. 이러한 개발이익은 토지소유자의 노력이나 투자 없이 이루어진 것이므로, 정상지가 상승분을 초과하여 사업시행자 또는 토지소유자에게 귀속되는 토지가액의 증가분을 국가가 환수하여 사회에 환원하는 것을 말한다. 개발이익환수제는 토지로부터 발생되는 개발이익을 환수하여 이를 적정하게 배분함으로써 토지에 대한 투기를 방지하고 토지의 효율적인 이용을 목적으로 시행되는 제도로, 개발이익 중 국가가 부과·징수하는 금액을 개발부담금이라 한다.

(2) 재건축부담금제도

재건축 초과이익 중 '재건축 초과이익 환수에 관한 법률'에 따라 국토교통부장관이 부과·징수하는 금액을 재건축부담금이라 한다. 아파트의 재건축으로 인하여 정상주택가격상승분을 초과하여 당해 재건축조합 또는 조합원에 귀속되는 주택가액의 증가분으로 산정한다.

CHAPTER 13

SECTION 03+ 주택정책

1. 주택정책의 의의

주택은 상품으로서 특수한 성격이 있고, 주택시장에는 가격 메커니즘이 기능을 다하지 못해 양의 부족과 질의 저하라는 문제가 상존한다. 이러한 왜곡을 해결하기 위해 주택수급의 불균형에 따라 분양주택시장과 재고주택시장을 조절하기 위해 시장개입을 하게 되는데 이러한 행위를 주택정책이라 할 수 있다.

주택정책은 국민경제의 발전단계 및 주택에 대한 국민의 요구에 부응하면서 양호한 주거환경에서 안정된 주거생활을 영위하는 데 충분한 주택을 확보할 수 있도록 하는 것을 목표로 한다.

> 📝 **참고** REFERENCE ｜ **PIR과 RIR**
>
> 　소득대비 주택가격 비율(PIR: price to income ratio)
> 　연평균소득을 반영한 특정 지역 또는 국가의 소득 대비 주택가격비율로서, 평균(중위)주택가격이 평균(중위)소득의 몇배인가를 나타낸 것이다(PIR = 평균(중위) 주택가격 ÷ 평균(중위) 가구 연평균 소득). 즉, PIR이 10배라면 10년치 소득을 모두 모아야 주택 한 채를 살 수 있다는 의미이다.
>
> --
>
> 　소득대비 임대료 비율(RIR: rent to income ratio)
> 　월소득에서 무주택자가 주거를 위해 소비하는 주택 임대료 부담비중을 파악하기 위한 지수이다. RIR은 평균(중위) 주택임대료를 평균(중위) 가구당 월소득으로 나눈 배수로 나타낸다(RIR = 평균(중위) 월임대료 ÷ 평균(중위) 가구 월소득 × 100). 즉, RIR이 20배라면 월 300만원 버는 사람은 60만원을 임대료로 지출한다는 의미이다.

2. 주택분양제도

　주택분양은 주택사업자가 입주자에게 주택을 판매하는 것을 말한다. 우리나라는 과거 주택의 대량공급정책 목표하에서 제도권의 건설금융공급의 부족문제를 보완하기 위하여 소비자자금을 활용하는 주택선분양제도를 허용하였다.

1) 선분양제도

　선분양제도는 아파트 등 주택건설을 위한 토지가 확보되면 주택업체가 착공과 동시에 분양보증을 받아 입주자를 모집하는 방식이다. 주택선분양제도는 주택청약제도 및 청약관련저축제도, 분양가격규제, 분양권전매제도 등과 연계되어 있으며, 주택법에 의거하여 분양보증제도와 연계된다. 사업 주체가 주택이 건설되는 대지의 소유권을 확보하고, 주택도시보증공사로부터 분양보증을 받으면 착공과 동시에 입주자를 모집하고 주택이 완공되지 않은 상태에서도 입주자의 자금 동원이 가능하다. 사업 주체가 입주자로부터 받는 입주금은 청약금·계약금·중도금 및 잔금으로 구분되며, 분양주택의 경우 청약금은 주택가격의 10%, 계약금은 청약금을 포함하여 20%, 중도금 60%, 잔금 20%의 범위 안에서 받을 수 있다.

 참고 REFERENCE | **분양보증**

아파트 선분양제도 아래에서 입주예정자를 보호하기 위해 주택사업공제조합이 아파트 준공 때까지 보증하는 제도이다. 분양보증은 분양사업자가 파산 등의 사유로 분양계약을 이행할 수 없게 되는 경우 당해 건축물의 분양의 이행 또는 납부한 분양대금의 환급을 책임지는 것을 말한다. 대표적인 예가 주택을 건설하던 회사가 도산하여도 분양받은 주택은 완공을 보증해 주는 것이다. 주택건설사업자가 보증회사에 보증료를 지급하고 주택도시보증공사가 분양을 책임져준다.

선분양제도하에서 주택사업자들은 입주자들이 내는 계약금과 중도금, 잔금을 받아야 집 짓는 것이 가능하므로 건설업체는 자금조달 능력이 없어도 주택을 건축할 수 있었다. 따라서 선분양제도는 주택건설자금 확보가 쉬워 주택공급을 늘리는 장점이 있다. 또 소비자에게는 내집마련을 위한 목돈을 순차적으로 나누므로 비용부담을 안분할 수 있다. 선분양제도는 분양권 전매를 통한 투기과열로 주택시장을 교란시키고, 확정분양가격 및 분양가격 자율화 등과 맞물려 주택가격의 상승요인으로 작용하는 부작용을 낳기도 했다.

2) 후분양제도

후분양제도는 주택을 일정 정도 지은 후에 분양하는 것으로, 주택건설 공정률이 80% 정도 되었을 때 분양을 시작하는 방식이다. 후분양제도 아래에서는 주택사업자가 소비자에게 완공된 주택을 판매하게 되므로 시공사의 부도위험과 입주에 대한 불확실성이 해소되고, 소비자가 주택품질을 비교할 수 있어 소비자의 권익이 제고되고 선택권이 강화된다. 한편 주택사업자는 미분양에 대한 부담으로 인해 분양성이 양호한 토지를 매입하여 주택을 공급하게 되는데, 분양성이 양호한 토지는 한정되어 있으므로 토지매입가격이 상승하게 되고, 이는 분양가격에 전가되어 주택분양가격이 상승하게 된다. 또한 대형건설업체의 독점화 현상이 늘어날 우려가 있고, 자금력 없는 주택사업자가 도태되는 등 주택건설업계의 양극화 현상이 나타날 수 있다.

🖉 선분양과 후분양의 비교

구분	장단점	내용
선분양 (공급자 주도시장)	장점	• 건설회사는 자금조달이 용이하고, 주택공급의 활성화에 기여 • 소비자는 주택자금 부담이 계약금과 중도금·잔금으로 완화됨
	단점	• 시공사의 부도시 소비자 피해 발생(이를 보완하기 위해 분양보증이 만들어짐). 주택의 질적 저하우려 • 주택 가수요 증가로 인한 투기조장 우려
후분양 (수요자 주도시장)	장점	• 소비자의 권익보호(주택품질비교 가능) • 시공사의 부도위험 해소. 주택거래의 투명화에 기여
	단점	• 소비자는 분양가격 상승에 따른 주택자금 부담이 가중됨 • 대형건설사의 독점화 현상 • 자금력 없는 시공사는 도태되는 등 주택사업자의 양극화 현상 대두

3) 분양가상한제

분양가상한제는 분양가격을 시장가격 이하의 수준에서 안정시켜 최고가격을 설정하여 주택 공급을 원활하게 하기 위해 아파트 가격을 일정 수준 아래로 규제하는 것으로, 일정한 표준건축비와 택지비(감정가)에 가산비를 더해 분양가를 산정하고, 그 가격 이하로 분양하도록 한 제도이다. 감정된 토지비용(택지비)과 정부가 정한 기본형 건축비에 개별 아파트에 따라 추가된 비용인 가산비용을 더해 분양가의 상한선을 결정한다.

여기서 분양가격과 시장가격의 차이로 전매차익이 발생하여 투기수요를 조장할 우려가 있는바, 분양가상한제 적용주택은 전매가 제한된다. 전매제한 기간은 분양가격과 시세, 보금자리주택 등 조건에 따라 수도권의 경우 2~8년이 적용된다. 수도권 과밀억제권역에 속하는 투기과열지구의 경우 3~5년, 수도권 이외의 투기과열지구의 경우 1~3년, 비투기과열지구는 공공택지주택만 1년이고, 민간택지주택은 수도권 및 광역시 6개월, 그 밖의 지역은 제한이 없다.

3. 공공분양주택

국가·지자체·LH(또는 지방공사)가 주택도시기금 등을 지원받아 건설하여 공급하는 전용면적 85㎡ 이하의 주택으로서 수분양자에게 소유권을 이전하는 주택이다. 공공분양주택제도는 소득이 낮은 무주택서민이나 국가유공자, 장애인, 신혼부부, 다자녀가구, 노부모 부양자 등 정책적 배려가 필요한 사회계층의 주택마련을 지원하기 위한 제도이다. 공급가격은 분양가상한금액(건축비＋택지비) 이하에서 결정하며 다자녀, 신혼부부 및 생애 최초, 노부모 부양 등의 특별공급은 65%, 그 외의 일반공급은 35%의 비율로 공급된다.

4. 임대주택

임대 또는 임대한 후 분양전환을 할 목적으로 공급하는 주택으로서 공공주택 특별법에 따른 공공임대주택과 민간임대주택에 관한 특별법에 따른 민간임대주택으로 구분된다. 공공주택건설 등에 관한 특별법과 임대주택법, 택지개발촉진법 등 임대주택 관련법 체계를 공공주택 특별법과 민간임대주택에 관한 특별법으로 개정하면서 공공과 민간임대주택 규정이 혼재되어 있던 것을 건설주체에 따라 구분하였다.

1) 민간임대주택

민간임대주택에 관한 특별법에서 말하는 민간임대주택은 기업형임대주택, 준공공임대주택, 단기임대주택을 말한다.

민간임대주택의 유형

유형	설명
기업형임대주택	기업형임대사업자가 8년 이상 임대할 목적으로 취득하여 임대하는 민간임대주택
준공공임대주택	일반형임대사업자가 8년 이상 임대할 목적으로 취득하여 임대하는 민간임대주택
단기임대주택	일반형임대사업자가 4년 이상 임대할 목적으로 취득하여 임대하는 민간임대주택

2) 공공임대주택

공공주택 특별법에서 말하는 공공임대주택은 영구임대주택, 국민임대주택, 행복주택, 장기전세주택, 분양전환 공공임대주택, 기존주택 매입임대주택, 기존주택 전세임대주택을 말한다.

✎ 공공임대주택의 유형

유형	설명
영구임대주택	국가나 지방자치단체의 재정을 지원받아 최저소득계층의 주거안정을 위하여 50년 이상 또는 영구적인 임대를 목적으로 공급하는 공공임대주택
국민임대주택	국가나 지방자치단체의 재정이나 주택도시기금법에 따른 주택도시기금의 자금을 지원받아 저소득 서민의 주거안정을 위하여 30년 이상 장기간 임대를 목적으로 공급하는 공공임대주택
행복주택	국가나 지방자치단체의 재정이나 주택도시기금의 자금을 지원받아 대학생, 사회초년생, 신혼부부 등 젊은 층의 주거안정을 목적으로 공급하는 공공임대주택
장기전세주택	국가나 지방자치단체의 재정이나 주택도시기금의 자금을 지원받아 전세계약의 방식으로 공급하는 공공임대주택
분양전환 공공임대주택	일정 기간 임대 후 분양 전환할 목적으로 공급하는 공공임대주택
기존주택 매입임대주택	국가나 지방자치단체의 재정이나 주택도시기금의 자금을 지원받아 기존주택을 매입하여 국민기초생활 보장법에 따른 수급자 등에게 공급하는 공공임대주택
기존주택 전세임대주택	국가나 지방자치단체의 재정이나 주택도시기금의 자금을 지원받아 기존주택을 임차하여 저소득 서민에게 전대하는 공공임대주택

3) 임대사업자

기업형임대사업자는 8년 이상 임대할 목적으로 일정규모(민간건설임대주택의 경우 단독주택 300호, 공동주택 300세대, 민간매입임대주택의 경우 단독주택 100호, 공동주택 100세대) 이상 민간임대주택을 취득하였거나 취득하려는 임대사업자를 말한다. 일반형임대사업자는 기업형임대사업자가 아닌 임대사업자로서 1호 이상의 민간임대주택을 취득하였거나 취득하려는 임대사업자를 말한다.

SECTION 04 + 부동산조세정책

1. 부동산조세

1) 의의

부동산조세는 부동산과 관련된 조세 전반을 의미하고, 여기에서 부동산은 생산요소가 아니라 재산으로서의 부동산을 의미한다. 이처럼 부동산조세가 재산가치에 대한 조세로 전환하게 된 것은 부동산의 효율적 이용을 유도하기 위한 정책적 목적이 개입되어 있다. 주택관련 세제는 주택의 건설공급, 거래 등에 직접적인 영향을 미칠 뿐만 아니라 주택자원배분의 효율성과 형평성에도 기여하게 된다.

2) 부동산 과세 목적

부동산에 세금을 부과하는 목적은 크게 두 가지다. 첫째, 정부나 지방자치단체가 공공재 공급을 위해 재원조달을 목적으로 하고, 개인의 사회 욕구를 충족시키기 위해 조세를 부과한다. 둘째, 사회경제 정책목적을 달성하기 위한 것으로, 공해·독점·도시집중·토지투기 등의 비효율적 경제행동을 제거하며, 분배의 불공정 및 경제의 불안정을 시정하기 위해 조세를 부과한다.

3) 부동산조세의 기능

부동산조세의 기능으로 부동산 자원분배, 소득재분배, 지가 및 주택가격 안정 등이 있다. 조세를 통하여 토지이용을 규제하거나 조장시켜 민간과 공공부문에서 활용할 수 있도록 분배한다. 특히, 서민주택을 위한 조세 상 특혜는 주거공간분배에 큰 역할을 담당한다. 소득분배에 불공평이 존재할 때는 소득분포의 시정이 요구되며, 부동산조세는 소득을 재분배하는 도구로 쓰인다. 상속세·재산세 등은 소득을 재분배하는 중요한 조세이다.

조세는 토지가격을 안정시키는 기능도 있다. 정책수단의 하나로 조세제도

를 이용하는데, 예를 들어 양도소득세, 개발부담금제, 종합부동산세 등 다양한
세제를 통해 부동산경기를 부양하기도 하고 규제하기도 한다.

2. 부동산의 단계별 세금

부동산조세는 부동산의 취득, 보유 및 양도와 관련된 조세들과 상속세와 증
여세 등으로 구분된다. 부동산 취득과 관련한 주요 조세로는 취득세, 교육세, 인
지세 등이 있으며, 부동산 보유와 관련한 주요 조세로는 재산세, 종합부동산세
가 있고, 부동산양도와 관련한 주요 조세로는 양도소득세가 있다.

1) 부동산 취득 관련 세금

부동산의 취득은 매매, 신축, 교환, 상속, 증여 등의 방법에 의하여 대가를
지급하거나 대가 없이 부동산의 소유권을 획득하는 것을 말한다. 부동산을 취득
하고 등기하면서 내야 하는 세금으로는 취득세가 있고 취득세에 덧붙여 내는 농
어촌특별세와 지방교육세가 있으며, 매매계약서를 작성할 때 내야 하는 인지세
가 있다. 또한 부동산을 증여 또는 상속받았을 경우에는 증여세와 상속세를 내
야 하며, 이 외에도 부동산 취득에 소요된 자금출처를 소명하지 못할 경우에는
증여세를 추가 납부해야 한다.

2) 부동산 보유 관련 세금

부동산을 보유단계에서 부과되는 세금으로는 재산세, 종합부동산세, 도시계
획세, 공동시설세, 택지초과소유부담금, 교육세, 사업소세 등이 있다.

3) 부동산 양도 관련 세금

부동산 등을 이전하고 세금을 신고·납부하는 경우에는 먼저 당해 자산양도
가 양도소득세 과세대상인지, 증여세 과세대상인지, 종합소득(사업소득)세 과세
대상인지 등을 명확히 구분하여 신고해야 한다. 왜냐하면 그 소득의 구분에 따
라 과세표준 및 세액계산과정, 세율적용, 납세절차, 부가가치세 등의 과세여부,

비과세·감면의 적용 등이 달라져 결과적으로 부담하는 세금에 차이가 발생하기 때문이다.

양도소득은 원칙적으로 사업의 일부로서가 아니고 단순히 비사업자의 지위에서 자산을 이전하는 개인에게 과세되는 것이고, 사업소득은 부동산매매업, 주택신축판매업 등과 같이 자산이 사업의 일부로서 이전되어 사업자에게 과세되는 것이다. 또한 양도소득은 자산이 유상으로 이전되는 경우에 양도자에게 과세하는 세금이나 무상으로 이전하는 경우에는 수증자에게 증여세, 종합소득세(개인사업자)·법인세 등으로 과세된다.

3. 조세의 전가와 귀착

조세의 전가는 시장의 가격기구를 통해서 직접적 화폐부담이 이전되는 현상을 말하는데 그 전가의 정도는 조세의 성질, 시장의 여건과 재화의 성질에 따라서 좌우된다. 조세의 성질에 따라 전가의 정도가 다른데, 소득세와 같이 조세의 부담이 일반적인 조세일수록 전가는 일어나지 않는다. 재화의 수요 및 공급의 탄력성이 조세전가의 중요한 결정요인이 되는데, 생활필수품과 같이 수요탄력성이 작은 재화에 대한 과세는 소비자에게 전가될 가능성이 크며, 사치품의 경우는 수요탄력성이 큰 까닭에 소비자에 대한 전가의 가능성은 작다. 또한 재화의 공급이 탄력적일수록 조세전가의 가능성은 크며 공급이 비탄력적일수록 전가의 가능성은 작다.

재화의 성질(내구성 또는 소모성)에 따라서 전가의 정도가 다르게 나타나는데, 내구성이 있는 재화는 조세환원의 효과를 발생시키고 조세의 부담이 현재의 소유자에게 귀착된다. 조세부담이 최종적인 납세자에게 귀속되는 것을 귀착이라고 한다.

임대주택시장에서 재산세 등의 과세는 수요의 탄력성과 공급의 탄력성의 상대적 크기에 따라 부담자가 다르게 나타나는데, 탄력성이 상대적으로 작은 측이 더 많은 재산세를 부담한다. 일반적으로 임대주택시장에서는 수요곡선이 비탄력적인 경우가 대부분이므로 재산세 등의 과세는 임차인에게 귀착된다.

> 📝 **참고** REFERENCE │ **토지단일세**
>
> 미국의 경제학자 헨리조지는 토지가치세(land value tax)를 주장했다. 이는 토지의 가치에 비례하여 토지소유자에게 부과하는 세금이다. 지대라는 형태 또는 명목으로 토지소유자에게 귀속되는 불로소득을 국가가 환수하여 국민 전체의 편익을 위해 사용해야 한다는 주장으로, 매년 토지의 연간 임대수입을 정부가 환수하고 그 금액만큼 다른 조세를 면제하자는 것이다. 즉, 토지에서 발생하는 지대수입을 100% 징수한다면 그 규모가 커서 토지가치세의 수입만으로도 정부가 필요로 하는 재정을 충당할 수 있기 때문에 토지가치에 대한 조세 이외의 모든 조세를 철폐해도 된다는 것이 토지단일세(single tax)의 논리이다.
>
> 토지가치세는 토지소유에 따라 부과되는 일반적인 토지보유세와는 구별된다. 토지가치세는 토지소유자의 노력이나 공헌과 직접 관계없이 인구증가나 지역사회의 발전 등 외부효과에 의해 증가하게 되는 토지가치에 대해 부과되는 세금이다.
>
> 토지의 가치는 사회 전체의 인구증가와 더불어 필연적으로 상승하는데, 토지를 사적으로 소유하고 있는 사람이 사회 전체의 인구증가에 기여하는 바는 극히 미미하다. 그럼에도 불구하고 지대라는 명목으로 인구증가에 따른 토지가치 상승을 사유화하는 것은 부당한 특권에 해당한다. 즉, 불로소득을 취한 토지소유자는 이 특권에 대한 사용료를 납부해야 할 사회적 의무가 있다고 주장했다.
>
> 헨리조지는 토지의 부증성으로 인해 토지의 물리적 공급은 완전비탄력적이므로 토지지대 또는 지가상승분에 과세하는 토지가치세는 전액 지주에게 귀착되고 사용자에게 조세전가가 발생하지 않으므로 거래의 동결효과 및 자원배분의 비효율성, 사회적 후생손실이 발생하지 않는 조세라고 주장했다. 토지세가 높을 경우 토지이용을 위축시키거나 비효율적 이용을 야기할 수도 있으나 토지가치세가 높을 경우에는 투기적 이득을 목적으로 방치하는 토지가 줄어들게 되어 오히려 토지이용을 활성화할 수 있다고 주장하여 많은 공감을 얻었다.
>
> 이러한 토지가치세는 현대 국가에서 다양한 형태로 발전되었는데, 우리나라는 1980년대 후반의 토지공개념의 이론적 틀이 되었고, 이는 노무현 정부에서 도입한 종합부동산세의 논리적 기반으로 연결되었다.

연습문제

EXERCISE

01 정부가 부동산시장에 개입하는 이유에 대해 설명하라.

02 정부가 시장에 개입하는 방법에 있어서 직접적 개입방법과 간접적 개입방법에 대해 설명하라.

03 시장실패의 원인을 설명하고 그 대안을 모색해본다.

04 우리 학교의 환경에서 나타나는 PIMFY와 NIMBY에 대해 토론해 보라.

05 용도지역지구제(zoning)의 목적과 효과에 대해 설명하라.

06 토지투기억제제도의 유형과 효과에 대해 설명하라.

07 주택선분양제도의 연혁을 살펴보고, 후분양제도와 선분양제도의 차이를 기술하라.

08 분양보증의 내용과 역할에 대해 기술하라.

09 분양가상한제의 의의와 기능에 대해 기술하라.

10 공공임대주택의 유형을 설명하고 유형에 따른 입주자의 특징에 대해 기술하라.

11 부동산의 취득단계, 보유단계, 매각단계별로 부과되는 조세를 나열하고 그 내용에 대해 설명하라.

12 헨리조지의 '진보와 빈곤'을 읽고 토지단일세에 대한 의견을 기술하라.

CHAPTER 13

부동산학원론

CHAPTER 14 부동산산업윤리

SECTION 01+ 부동산윤리

1. 부동산윤리의 의의

윤리는 사람이 사회관계에서 마땅히 지켜야 할 도리로서, 일반적으로 행동의 옳고 그름에 대한 판단기준이며, 보통은 도덕과 혼용되어 사용된다. 이 두 단어는 어원상 대체로 습관 혹은 풍습의 의미를 담고 있으나 엄밀하게 같은 말은 아니며, 일반적으로 윤리라는 말은 '인간 사회의 규범'을 의미할 때 사용되고, 그 '규범을 준수하는 개개인의 심성'을 의미할 때는 도덕이라는 말이 사용된다. "타인과의 관계에서 벗어난다면 도덕적 필요성은 존재하지 않는다"[1]는 말처럼 윤리는 사회 안에서의 옳고 그름에 대한 판단기준이므로 시대에 따라, 문화와 사회에 따라 변화할 수 있다.

윤리가 어려운 것은 세부적인 윤리 의무 간의 대립과 충돌 때문이다. 트롤리의 딜레마에서 보는 것처럼 "다수의 생명은 한 사람의 생명보다 더 가치가 있는가부터 거액의 연구개발비를 들여 개발한 신약을 죽어가는 사람을 위하여 무상으로 제공하여야 하는가"까지 옳고 그름의 판단은 쉽지 않다. 이러한 문제들에 대하여 보편적인 법칙에 대한 답을 도출하기 위하여 역사적으로 여러 철학자가 노력했지

---

1 Piaget, J., 『Biology and knowledge』, Chicago: The University of Chicago Press, 1971

만, 현재까지는 어떠한 이론도 보편적인 윤리이론으로 받아들여지고 있지 않다는 점에서 보편적인 윤리기준을 만드는 것이 얼마나 어려운지 알 수 있다.

윤리의 문제는 어떤 원리가 윤리적 행위를 위한 근본 원리로 성립할 수 있는지를 보여주는 이론윤리와 윤리적인 추론을 구체적인 실천에 적용하는 응용윤리로 나눌 수 있다. 과학기술의 발전과 사회의 변화는 과거 고려할 필요가 없었던 문제를 발생시키며, 새로운 가치 판단의 문제를 만들어낸다. 이런 사회적 흐름은 기존의 제도나 가치 기준을 기능하기 어렵게 하여 지금까지 우리가 경험하지 못한 낯선 고민을 발생시키고, 도덕 문제에 대한 명쾌한 해답을 찾기 어렵게 한다. 따라서 윤리학과 인접 학문의 협력을 통해 각 분야에서 발생하는 윤리적 갈등과 이익의 충돌을 조정하고 해결하는 방안을 모색하는 것이 필요해진다. 이러한 윤리의 분류로 살펴볼 때 부동산산업윤리는 의료윤리나 법조인윤리와 같이 윤리이론이 개별적 산업의 영역에 적용되어 부동산산업 분야에서 업무를 수행할 때 지침으로 삼을 수 있는 구체적 사항에 관한 것이라고 할 수 있다.

2. 부동산산업윤리의 필요성

부동산산업의 윤리는 왜 필요한 것일까? 어떠한 산업의 영역이 원활한 업무 수행을 하기 위해서는 그 업역 종사자의 정직, 성실, 전문성 및 능력에 대해 일반 대중의 신뢰를 확립하고 유지하는 것이 필요하다. 이러한 신뢰의 확립에 필요한 것이 부동산산업의 윤리라고 할 수 있다. 부동산산업에서 윤리는 그 중요성을 아무리 강조해도 지나치지 않지만, 일반적으로 신문이나 뉴스에 등장하는 부동산과 관련된 이미지는 투기나 사기 등을 통한 탐욕적 이익의 추구가 많아 부동산산업 종사자의 이미지가 긍정적이라고 말하기는 어려운 것이 현실이다.

윤리는 사회에서 정한 규범과 규칙으로, 이는 사회를 보호하기 위한 사회적 합의이다. 따라서 사회구성원이 정한 규칙을 지키는 것은 사회구성원 모두를 보호하고, 사회를 견고하게 하는 기본적인 약속이다. 우리가 이러한 약속을 지켜낼 때 자신을 포함한 사회공동체가 건강해진다. 부동산산업윤리는 부동산산업을 둘러싼 사회환경을 보호하고 지켜내기 위한 사회적 합의이다. 따라서 부동산산업윤리를 잘 지켜내는 것은 부동산산업을 보호하는 사회적인 작동기제를 건강하게 하는 것이다.

이 장에서는 부동산산업윤리의 정의와 부동산산업이 처해있는 윤리적 환경을 돌아보고, 윤리적 기반에 입각한 부동산산업의 윤리를 살펴본다. 이를 바탕으로 부동산산업 윤리교육의 필요성을 고찰하고, 이를 통한 부동산산업 종사자의 자긍심과 전문성을 높이고, 일반대중의 신뢰향상을 제고하기 위해 윤리교육의 필요성에 대해 고찰한다. 나아가 부동산산업의 다양한 영역 중, 사회책임투자와 TBL 투자 등 윤리투자에 대해 살펴보고자 한다. 윤리투자는 주로 기관투자가에 의해 수행되는데, 거대한 자산운용과 경제에 미치는 심대한 영향으로 인해 부동산산업 내에서도 높은 윤리수준이 요구된다. 부동산투자에 사회책임투자의 원칙을 적용한 행위규범인 부동산책임투자(RPI)를 고찰하고, 사회책임투자와 지속가능발전 차원에서 지역사회에 공헌하는 DBL 펀드, 이러한 사회책임투자가 창출하는 사회적·환경적·경제적 가치를 이해하고 측정하며 보고하는 사회적 투자수익률(SROI) 등에 대해 고찰한다.

SECTION 02 + 부동산산업의 윤리

1. 부동산산업윤리의 정의

한 사회의 도덕성은 그 사회의 지속적인 경제성장의 중요한 요소로서 소위 '사회자본[2](social capital)'이 된다. 신뢰[3]는 '한 행위자가 위험에도 불구하고 다른 행위자가 자신의 기대 혹은 이해에 맞도록 행동할 것으로 생각하는 주관적 기대를 의미'하는데, 이러한 신뢰관계가 형성되면 통제와 감시비용을 줄일 수 있어 공공재의 성격을 갖는 사회적 자본의 하나로 인식된다.

부동산산업이 국민(투자자나 소비자 혹은 의뢰인)의 신뢰를 얻지 못한다면 산업의 지속가능성도 담보하기 어렵다. 따라서 부동산산업에 신뢰가 형성될 때 마

---

2   Coleman, J. S., 『Foundations of Social Theory』. Cambridge. MA: Belknap Press of Harvard University. 1990

3   Gambetta, D., 『Trust』. New York: Basil Blackwell. 1988

찰비용도 감소하게 되고, 마찰비용이 감소하면 부동산산업의 효율도 제고된다. 부동산은 국부와 가계자산의 2/3 이상을 차지하는 중요한 자산이며, 부동산산업 역시 국내총생산과 부가가치 측면에서 그 비중이 금융보험업 이상으로 큰 서비스산업이다. 다른 전문 직업군에서도 그러하지만, 특히 가계자산의 상당부분을 차지하는 부동산을 다루는 직업에서는 각별한 직업윤리의식이 필요하다.

정보통신과 금융기술의 발달로 산업과 학문의 융복합화가 활발히 진행되면서 부동산산업에서도 새로운 기회의 장이 마련되고 있으며, 지난날 직접투자 위주의 부동산투자관행도 투자기구에 의한 전문적인 간접투자 형태로 변모되고 있다. 이제 부동산의 매매나 임대, 금융, 평가, 개발, 관리의 전 분야에서 부동산산업은 도약의 전기를 맞이하고 있다. 그런데도 우리나라의 부동산산업은 국민에게 정보의 비대칭으로 인한 투기의 만연과 이를 통제하기 위한 수많은 규제 때문에 불투명하고 부정적 인식이 팽배한 낙후된 산업으로 인식되고 있다. 부동산산업이 이러한 부정적 인식을 불식하고 새로운 도약의 기반을 마련하기 위해서는 부동산산업에 있어서 기업과 종사자 그리고 의뢰인 모두가 윤리적 책무를 인식하고 업무의 수행에 있어서 윤리적 관행이 정착되어야 한다.

부동산서비스산업의 영역이 업무수행을 원활하게 하기 위해서는 대중의 신뢰를 얻는 것이 중요하다. 부동산산업 종사자가 업무를 수행하면서 준수해야 할 부동산 산업윤리로 중요한 것이 직업윤리이다. 일반적으로 일에 대한 바람직한 태도를 의미하는 직업윤리는 개인의 직업생활 적응에 도움을 주고, 기업의 생산성 향상과 기술발전에 기여하며, 사회의 안정된 운영에 근간을 마련하게 하여 사회 전체의 효율성을 높여주는 것[4]이다.

2. 국내 부동산산업의 윤리적 환경

1) 윤리기준

국민소득이 증가하고 교육수준이 높아질수록 사회의 정의나 절대적 윤리기준에 대한 대중의 관심은 높아질 수밖에 없다. 부동산산업이 잘 발달한 선진국을 보면, 건전한 투자시장으로 정착되어 있으며 국민의 신뢰를 바탕으로 지속가

---

4 박순성 외 5인, 전환기 한국사회의 새로운 직업윤리 모색, 한국직업능력개발원, 2004

능한 산업으로 발전하고 있음을 알 수 있다. 즉, 부동산산업의 구도가 단기차익형이 아닌 장기수익형에 기반을 두는 건전한 투자시장으로 자리잡았고, 과학적인 시장분석과 예측을 기본으로 하여 예측하지 못한 위험들에 대해서는 다양한 리스크 통제장치로 방어하고, 또한 공시의무 준수 등 투자자나 의뢰인이 신뢰할 수 있도록 경영을 투명화하고 있다.

우리나라는 임대수익에 기반한 장기수익형보다는 양도차익을 목적으로 하는 투기적인 전매시장이 선호되고, 시장규제를 중심으로 하는 정부의 부동산시장개입으로 인해 부동산시장은 풍선효과 등 비정상적인 왜곡이 나타나기도 하였다. 이러한 왜곡을 바로잡고 국민의 신뢰기반을 구축하기 위해 부동산산업의 영역별로 협회를 중심으로 상세한 윤리강령의 제정과 행동강령을 준수토록 자율규제가 이루어지고 있다. 특히 소비자(혹은 투자자)보호와 소비자문제 해결에 각별한 관심이 있으며, 생태와 환경, 문화까지도 아우르는 공간의 개발과 공급을 통해 사업의 성공은 물론 지역사회의 건전한 발전에 기여하는 고급 비즈니스로서의 이미지를 심고 있다. 이는 부동산산업의 종사자가 개인적 차원에서나 관련 협회 차원에서 사명감과 긍지를 가지고 업무에 임할 필요가 있음을 시사한다.

2) 윤리적 기반

우리나라는 부동산산업이 영세하고, 시대의 변화와도 괴리되어 있으며, 시장의 메커니즘도 제대로 작동하지 않아 윤리적 기반이 취약하다. 첫째, 부동산산업이 영세하여 정상적인 절차로 사업을 수행하기가 어렵다. 예컨대 부동산개발업의 경우 연매출 5억 미만의 사업자가 전체 사업자의 77%[5]를 이루고 있어 사업의 구도가 단기분양 위주의 사업을 할 수밖에 없으며, 개발금융구조가 취약하여 대부분의 사업위험을 시공사에게 떠넘길 수밖에 없는 구조[6]이다. 따라서 사업의 수행과정을 보면 하루살이같이 현금흐름(cash flow)의 위기를 넘겨야 하는 살얼음판을 걷는 위험의 연속일 수밖에 없다.

둘째, 기존의 제도가 시대의 변화와 괴리되고 있다. 부동산산업은 영역별로 감정평가사, 주택관리사, 공인중개사 등 국가자격제도가 별도로 있고, 이러한 전

5　통계청, 서비스업조사, 2019

6　조주현, 부동산업과 직업윤리, 부동산 포커스 Vol.75, 한국감정원, 2014

문자격사제도는 법률의 보호를 받고 있지만, 오히려 이러한 보호막이 진입장벽으로 작동하여 부동산산업이 종합부동산회사로 가는 길을 가로막는 요인이 되고 있다. 예를 들면, 부동산가격공시제도가 감정평가사의 전문성과 경쟁력을 저해하고 감정평가사의 업무영역 확대에 걸림돌이 되고 있다. 부동산개발사업의 사업타당성평가를 회계법인이 수행하고, 구조화금융에서 만들어지는 SPC의 현금흐름분석을 신용평가회사에서 수행하고 있다. 약 10만명이 개업하고 있는 부동산중개시장도 상업용·업무용 부동산의 중개는 변호사와 회계사가 수행하고 공인중개사의 대부분은 소규모 토지·주택의 중개에 한정되고 있다. 4차산업혁명으로 인한 시대의 변화로 중개시장은 스타트업을 중심으로 새로운 양태로 재편되고 있지만, 대부분의 공인중개사는 여전히 이러한 변화와 무관하게 지역시장의 전문가로 시대의 변화를 외면하고 있다. 전문자격사제도가 기존의 보호막으로 인해 손쉽게 돈을 벌 수 있는 단순한 업무에 안주하면, 결국 자신의 고유한 업무영역도 지킬 수 없다는 오늘날의 시대변화를 직시해야 한다.

셋째, 시장의 징벌적 메커니즘이 제대로 작동하고 있지 못하다. 분명한 위법행위에 대해서는 법적인 제재가 가해지지만, 눈에 띄지 않는 잘못은 그대로 넘어가고, 혁신적인 방법을 사용한 노력은 시장에서 제대로 평가받지 못하거나 위법으로 징계를 받는 경우가 있다.

SECTION 03+ 부동산산업 윤리교육

1. 부동산산업 윤리교육

부동산산업의 윤리는 소비자에 대한 윤리와 부동산산업 종사자 간 윤리로 구분할 수 있다. 부동산산업 종사자에 대한 윤리교육은 부동산산업분야의 윤리의식을 확립하는 효과와 더불어 부동산산업종사자로서의 사명감을 높여 자긍심을 향상시키고 전문성을 제고하며, 사회 전반에 만연한 부동산산업에 대한 부정적 인식을 경감시키는 데도 기여할 수 있다.

이러한 중요성에 대한 자각으로 부동산산업윤리와 관련해서 감정평가, 중개, 부동산개발, 부동산금융, 분양상담사 등 다양한 분야에서 윤리교육이 전개되고 있다. 그럼에도 불구하고 부동산산업 윤리는 지금까지 연구가 충분하지 못하였으며, 산업종사자 등에 대한 교육도 필요만큼 활성화되었다고 보기는 어려운 상황이다. 이는 윤리라는 개념의 추상성과 산업영역에서 필연적인 이윤추구라는 가치추구와 상충된다는 이유에 기인하는 것[7]으로 이해된다.

앞서 말한 것처럼 부동산산업 윤리 역시 응용윤리학의 한 분야로, 부동산산업은 전통적인 산업의 영역인 부동산개발과 임대·관리, 중개·감정평가의 영역부터 연관 산업인 금융, 신탁, 자산운용, 자문, 측량 등에 이르기까지 업무의 영역과 그 특성이 다양하여 분야별 윤리가 만들어지고 있다. 또한 부동산산업이 부동산 즉 토지와 그 정착물과 관련된 경제활동으로 정의되었던 과거와는 다르게 경제구조가 변화하고 기술이 발달하면서 부동산산업도 다른 산업과 서로 직간접적으로 융·복합되고 있어, 부동산산업에 대한 새로운 패러다임이 출현하고 있다. 이러한 변화는 부동산산업 종사자의 윤리적 이슈들도 복합적이고 다양하게 변화시킬 수 있다. 이로 말미암아 부동산산업 영역의 윤리적 이슈들은 법과 제도로 정의되지 않는 문제들로 확장되고 있으며, 윤리적 회색지대[8]의 등장으로 문제가 심화되기도 한다.

2. 부동산산업 윤리교육의 필요성

과거 종교나 철학적 관점에서 탐구되었던 윤리의식의 문제가 오늘날에는 기업의 경쟁력이 되기도 하며 국가의 신뢰성을 결정하는 열쇠가 되기도 한다. 부동산산업 영역도 예외는 아니어서 윤리의 중요성은 점점 강조되고 있다. 부동산산업은 금융, 관리, 중개 등 대국민 접점이 크고 거래되는 자산의 규모가 다른 재화보다 커서 문제가 발생하였을 경우 피해의 규모가 커지는 특성이 있어 부동

---

7 신은정·이주희, 부동산산업 윤리교육의 교육효과에 대한 탐색적 연구, 부동산·도시연구 제11권 제2호, 건국대학교 부동산·도시연구원, 2019

8 회색지대는 모호한 영역이라는 뜻으로 이도 저도 아닌 상태를 의미하는 말로 전략무기인지 전술무기인지 판단하기 힘든 무기를 지칭하는 회색무기(grey zone weapon)에서 유래된 것으로, 윤리적 회색지대는 판단하기 모호한 윤리적영역을 의미하는 용어로 비윤리적이나 합법적인 영역이 문제가 된다.

산산업 종사자들의 윤리의식은 다른 분야보다 더 강조[9]된다.

이렇게 국민에게 미치는 영향과 사회에 끼치는 파급력이 매우 커서 윤리적인 직무수행이 강조되는 산업분야임에도 불구하고 국내에서는 부동산산업 윤리의 중요성에 대한 논의가 부족했다. 그간 부동산산업 각 영역에서의 윤리 확립방안은 주로 법과 제도적 통제 위주로 진행되어, 자율적인 통제보다는 외부적 통제방안 중심으로 이루어져 왔다. 그러나 IT기술의 발달로 부동산 시장 참여자가 확대되고 정보가 실시간으로 공유되면서 가격담합 등의 비윤리 행위가 산업 종사자뿐 아니라 일반인으로 확대되는 등 처벌의 기준이 모호해지는 영역이 늘어나고, 법·제도를 통한 타율적 통제가 불가능한 영역이 증가하는 등 한계가 나타나고 있다. 4차산업혁명에 따라 기술의 발달과 함께 산업영역이 빠르게 변화하는 가운데 윤리문제는 법·제도적인 제한에서 윤리적 회색지대를 아우를 수 있는 자율규제의 중요성이 증대되고 있다.

이러한 분위기에 발맞추어 국내 부동산산업 윤리분야에서 건국대학교는 산업종사자들의 직무윤리에 관한 책을 편찬하였으며,[10] 건국대학교의 부동산학과와 부동산대학원에서는 전공필수 과목으로 '부동산산업윤리' 강좌가 개설되기도 하였다. 이러한 측면에서 점차 부동산산업 종사자의 윤리의식이 향상될 것으로 기대되고 있지만, 이러한 산업 윤리를 산업종사자들과 시장 전반에 내재화시키기 위해서는 부동산산업 종사자에 대한 윤리교육이 장기적이고 지속적이며, 보다 광범위하게 이루어질 필요성이 있다.

2015년, RAK자산운용 케빈정 회장의 기부를 통해 건국대학교 부동산·도시연구원에 투자윤리연구센터를 설치하고, 건국대학교 부동산학과와 부동산대학원에도 부동산산업윤리 과목을 전공필수로 설강하고 미래의 부동산산업 종사자와 현업 종사자들의 직업윤리 함양을 위해 노력하는 등 우리나라 최초로 부동산산업과 관련된 활동의 투명성과 신뢰성을 제고하기 위한 초석을 닦고 있다.

9   신은정·이주희, 부동산산업 윤리교육의 교육효과에 대한 탐색적 연구, 부동산·도시연구 제11권 제2호, 건국대학교 부동산·도시연구원, 2019
10 케빈정/알에이케이 투자윤리연구센터, 『부동산산업의 윤리』, 건국대학교 부동산·도시연구원, 2016

SECTION 04+ 부동산산업과 윤리투자

1. 윤리투자

부동산은 자산 특성상 국가경제에서 차지하는 비중이 높고, 부동산산업은 산업연관효과가 크며, 부동산관련 직업은 전문성이 강하기 때문에 다른 분야에 비해 높은 수준의 윤리가 요구된다. 이러한 필요에 의해 국내에서도 평가, 중개, 관리 등 전통적인 부동산서비스업에서부터 개발, 투자, 금융 등 보다 확대된 산업에 이르기까지 윤리를 강조하고 있다. 그러나 국내에서 부동산산업 윤리에 대한 논의는 중개 등 부동산서비스업 종사자의 직업윤리에 집중되어 있어 활발하지 않은 편이다.

부동산산업에는 다양한 영역이 있지만, 타인의 자금을 위탁받아 부동산에 대신 투자하는 부동산금융·투자[11] 분야에 주목하여 사회책임투자, TBL 투자 등 윤리투자에 대해 살펴보고자 한다. 윤리투자는 주로 기관투자자에 의해 수행되는데, 기관투자자[12]는 거대한 자금을 운용하므로 경제에 미치는 영향이 크고, 자신의 재량으로 타인의 자금을 운용하기 때문에 부동산산업 내에서도 특히 높은 수준의 윤리수준이 요구된다.

윤리투자는 세상에 긍정적인 변화를 창조하는 기업을 지원함으로써 금융시장에서 수익을 취하는 투자방식[13]을 말한다. 윤리투자는 사회책임투자(Social Responsible Investing), 도덕책임투자(Moral Responsible Investing), 임팩트투자(Impact Investing), 미션투자(Mission Investing), 지속가능투자(Sustainable Investing), TBL투자(Triple Bottom Line Investing) 등 필요와 상황에 따라 다양하게 불리고 있다. 최근에는 이 중에서 사회책임투자라는 표현이 가장 많이 쓰이면서 윤리투자라는 표현을 대체하고 있다.

---

11 민성훈, 기관투자자의 부동산투자윤리에 대한 논의의 동향과 쟁점, 부동산·도시연구 제8권 제2호, 건국대학교 부동산도시연구원, 2016

12 여기에는 연기금, 공제회, 보험사 등 전형적인 기관투자자로부터 자금을 다시 위탁받아 전문적으로 운용하는 집합투자업자, 투자일임업자, 신탁업자 등 포괄적 의미의 자산운용업자가 포함된다.

13 Fontinelle·Amy, 『Ethical Investing Tutorial』, Investopedia, 2016

2. 기업의 사회적 책임과 사회책임투자

기업의 사회적 책임(CSR)과 사회책임투자(SRI)에 대한 이해는 지속가능발전이라는 개념에서부터 시작된다. 지속가능발전은 환경보호 및 사회발전, 그리고 경제성장까지 확대되어 3대 기본조건인 환경, 사회, 경제를 통합적으로 충족시킴으로써 인류사회의 지속가능성을 보장하고자 하는 실천적인 개념으로 발전하게 되었으며, 이를 기업경영에 적극적으로 반영하면서 기업의 지속가능성 또는 지속가능경영이라는 개념이 등장하게 되었다.

기업의 사회적 책임(CSR: Corporate Social Responsibility)은 기업이 환경 및 사회, 그리고 경제적 책임을 포괄해 지속가능한 경영을 달성하기 위한 의사결정 준칙이라고 볼 수 있다. 따라서 기업의 사회적 책임(CSR)을 기업의 내부적인 관점에서 지속가능경영을 위해 노력해야 하는 경영의사결정의 준칙이라고 하면 사회책임투자(SRI)는 투자자입장에서 투자의사 결정 시 기업들의 사회적 책임을 장기적인 관점에서 고려하는 것으로 볼 수 있으므로 두 개념은 매우 밀접한 관계를 맺게 된다.

3. 사회책임투자의 의미

사회책임투자(SRI: Social Responsible Investment)는 해당 기업의 재무적 특성만을 고려하던 전통적인 투자방식과는 달리 기업의 윤리 및 투명성 등의 비재무적 특성까지 고려함으로써 기업의 지속가능성에 근거를 둔 투자방식이다. 사회책임투자는 투자의사 결정 시, 기업의 재무적 요소뿐만 아니라 ESG 요소, 즉 환경(Environmental), 사회(Social), 지배구조(Governance) 등과 같이 기업의 지속가능성에 영향을 미치는 비재무적 요소를 동시에 고려하여 보다 장기적이고 능동적인 관점에서 투자하는 것을 말한다. 예를 들어 환경 모태펀드, 에코펀드의 경우 친환경·대체에너지 관련 산업의 인프라확대에 기여하는 등 환경, 사회(ESG) 전반에 긍정적 파급력을 지닐 수 있기에 '착한 투자'라고도 한다.

미국에서는 저소득 공동체나 지역개발을 위해 투자하는 지역사회투자(Community Investing)까지도 SRI로 분류하고 있으며, 전 세계적으로 SRI 투자상품이 헤지펀드, 벤처캐피털, 사모펀드(PEF: Private Equity Fund), 부동산투자신탁회사(REITs) 등으로까지 확대되고 있어 SRI는 계속 확대될 전망[14]이다.

사회책임투자는 전통적으로 도박 및 음주 관련 기업에는 투자하지 않는다는 원칙인 윤리적 투자(Ethical Investing)와 인권 등의 사회적 문제를 고려한 사회적 투자(Social Investing)를 중심으로 전개하다가, 환경투자(Eco Investing)와 엔론 등의 사태를 계기로 지배구조(Governance) 문제가 윤리 측면을 대체함으로써 환경, 사회, 지배구조(ESG)를 중심[15]으로 정착되었다.

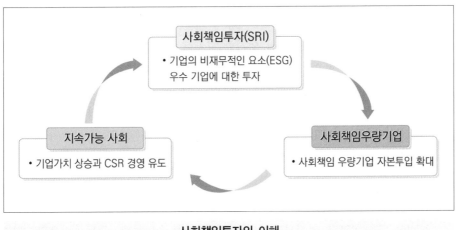

사회책임투자의 이해

4. 부동산에 대한 사회책임투자

사회책임투자의 대상에는 주식, 뮤추얼펀드, ETF, 채권, 헤지펀드 등 증권뿐 아니라 부동산과 같은 실물자산도 포함된다. 특히 부동산은 환경이나 지역사회와의 연관성이 커서 부동산투자는 ESG 이슈와 밀접하다는 특징[16]을 가진다. 한편 이와 반대로 부동산투자는 주식투자에서 흔히 문제되는 기업 지배구조나 노동착취 등의 이슈와 거리가 멀어 완성도가 높은 사회책임투자를 실현할 수 있다는 특징도 있다.

UN은 사회책임투자에서 부동산이 가지는 중요성을 인식하고, UNEP FI

---

14 여은정, 국내외 사회적 책임투자 사례분석과 시사점, 한국금융연구원, 2019

15 김진성, 사회적 성과 평가의 발전 동향, KCGS Report 9권 7호, 한국기업지배구조원, 2019

16 민성훈, 기관투자자의 부동산투자윤리에 대한 논의의 동향과 쟁점, 부동산·도시연구 제8권 제2호, 건국대학교 부동산도시연구원, 2016

(United Nations Environment Programme Finance Initiative) 차원에서 부동산투자에 사회책임투자의 원칙을 적용한 행위규범인 부동산책임투자(RPI: Responsible Property Investment) 개념을 정립하였다. 부동산책임투자[17]의 핵심적인 구성요소는 다음과 같다.

UNEP FI의 RPI

• 기후변화, 자원의 희소성, 거대 도시화 등 부동산투자의 장기적인 성과에 영향을 줄 수 있는 환경적, 사회적 이슈에 대한 이해
• 환경적, 사회적 요구와 관련된 엄격한 규제에 주목함으로써 경쟁우위 확보 (이는 투자자의 위험조정수익률이나 비용구조에 영향을 줄 수 있음)
• 환경적으로 효율적인 건물에 대한 임차인 수요에 대응
• 부동산에 대한 투자와 이용에 관계된 다른 분야와의 제휴와 협력 강화
• 환경적, 사회적 이슈가 투자성과에 미치는 영향을 이해하고, 적절한 위험조정수익률과 부동산의 지속가능성을 향상시키는 경제적 방법을 추구하는 것이 투자자의 신인의무라는 인식

UNEP FI는 RPI가 기관투자자의 자산배분과 종목선택, 포트폴리오와 개별 자산의 관리, 임차인 요구에 대한 대응, 협력과 지식교환을 통한 혁신 등에 영향을 미칠 수 있다고 보고 이에 대한 연구를 지속하고 있다. 그러나 현재는 체계적인 방법론이 도출되기보다는 글로벌 리더들의 RPI 적용사례를 지속적으로 조사하여 알리는 수준[18]에 머물고 있다.

5. 지속가능발전과 DBL 펀드

사회책임투자는 궁극적으로 지속가능발전에 연결[19]된다. 지속가능발전은 '미래 세대가 그들의 필요를 충족시킬 수 있는 능력을 희생하지 않는 범위 내에

---

17 UNEP FI, "Responsible Property Investment: What the leaders are doing, 2nd edition", 2012

18 민성훈, 기관투자자의 부동산투자윤리에 대한 논의의 동향과 쟁점, 부동산·도시연구 제8권 제2호, 건국대학교 부동산도시연구원, 2016

19 유상현, 공적 연기금의 사회책임투자(SRI) 방안, 국민연금연구원, 2006

서 현재 세대가 자신의 필요를 충족시키는 발전방법'을 말한다. 지속가능발전은 TBL(Triple Bottom Line), 즉 경제성장(자원의 효율적 배분), 사회발전(자산과 소득의 공정한 분배), 환경보전 등 세 개의 축으로 하는데, 기업의 지속가능성(Corporate Sustainability)에 대해서도 경제적 성과, 사회적 책임, 환경적 책임이라는 세 가지 기준을 제공한다. 이러한 의미에서 사회책임투자는 기업의 지속가능경영을 유도하는 투자방법이라고도 볼 수 있다.

DBL(Double Bottom Line)은 2가지의 수익을 의미하는데 첫째는 주주이익 극대화라는 기업 본연의 목표를 추구하는 경제적·금전적 수익(first bottom line), 둘째는 사회적 책임투자 차원에서 지역사회나 환경에 공헌(second bottom line)함으로써 얻어지는 수익을 말한다. 경우에 따라서는 지역사회에 대한 공헌과 환경에 대한 공헌을 분리하여 3가지 투자목표를 설정하는 것을 TBL(Triple Bottom Line)이라고 칭하기도 하며, 이와 같은 투자목적 하에 구성된 펀드를 DBL펀드[20]라 한다. DBL의 First Bottom Line은 은행, 보험, 연금, 재단, 기금, 부유층 등의 투자자에 대해서 시장 수준의 수익을 목표로 하며, Second bottom line에서는 고용형성, 부가가치 창출, 지역 활성화, 중·저소득층의 스마트 그로스(smart growth)[21]에 의해서 측정 가능한 경제적·사회적·환경적 수익창출을 목표로 한다.

지역형 DBL펀드는 중·저소득층이 살고 있는 구 시가지나 교외의 부동산 사업에 투자하고, 출자자는 DBL Private Equity Fund를 설립하여 중심 시가지를 개발, 구 시가지의 인프라 정비, 노동력의 활용 및 구매력의 향상을 촉진한다. 즉 DBL 펀드는 지역의 상업, 공업 및 복합이용이 가능한 부동산, 저가격의 임대주택 및 벤처기업에 투자하는데, 사회적 책임투자 차원에서 지역사회에 공헌(second bottom line)함으로써 얻어지는 수익, 즉 부동산 사업을 통해 침체하고 있는 지역의 고용을 촉진하고, 기업 의욕을 높이고, 부가가치를 향상시키기 위해 조성된다.

---

20 신창균, 사회책임투자(SRI)와 사회투자수익률(SROI), 기업지배구조리뷰 Vol.70, 한국기업지배구조원, 2013
21 Smart growth는 고용과 사업기회의 창출에 의한 경제적 발전, 주민들에게 가장 적합한 주거 및 여가활용 환경을 제공을 통한 이웃 공동체 의식의 창출, 맑은 공기와 물의 제공 등 양질의 환경제공을 통한 건강한 공동체 조성 등을 합한 개념임

6. 사회적 투자수익률

사회적 투자수익률(SROI: Social Return on Investment)은 사회적·환경적 결과물을 유형의 통화가치로 환산함으로써 조직과 투자자가 시간, 자금, 기타 자원의 투자로부터 창출되는 효과를 보다 폭넓게 이해할 수 있도록 돕는다. SROI 분석은 한 조직이 창출하는 사회적·환경적·경제적 가치를 이해하고 측정하며 보고하는 과정을 말한다. nef(신경제재단, new economics foundation)[22]의 SROI 프레임워크는 비용편익분석, 사회적 회계 및 사회적 감사를 기반으로 개발된 측정에 대한 접근법으로서, 사회적 목적을 재무적, 비재무적 측정치로 환산함으로써 사회적 가치를 측정[23]한다.

SROI = 투자효과의 순현재가치 ÷ 투자의 순현재가치

사회적 책임투자에서 그 투자효과를 객관적이고도 정량적으로 평가하는가는 중요한 과제이다. SROI의 기법은 DBL 투자에도 도입할 수 있으며, SROI에 의해서 정량적이고도 객관적인 평가가 가능하다. 예컨대, DBL 투자에 있어서 Second Bottom Line의 평가가 주관적이면, DBL 투자는 출자자의 자기만족으로 끝날 가능성이나 사기로 착각하게 하는 상품설계가 이루어질 위험성도 있다. 그래서 주목받는 것이 사회적 투자수익률(SROI)이다. 예컨대, 풍력이나 태양광 등 재생가능 에너지에 투자하는 펀드의 Second Bottom Line의 Scope로서 CO_2 배출 삭감, 고용 창출·확대, 재생 가능한 에너지 관련산업에의 파급효과, 타 산업으로의 파급효과 등을 들 수 있다. 이러한 효과는 모두 Second Bottom Line에 상당하는 것이며, 화폐가치로 환산하여 정량적이고 객관적으로 평가할 수 있다. 이와 같은 프로세스에 의해서 First Bottom Line의 수익과 Second Bottom Line의 수익이 화폐가치로 환산될 수 있다.

7. 우리나라의 사회책임투자

SRI는 단순히 수익을 많이 내는 기업에 투자하는 것이 아니라 기업의 사회적,

---

22 www.neweconomics.org
23 조용복·류정란, SROI 사회적 투자수익률 측정 가이드, 시그마프레스, 2010

환경적, 윤리적 책임 및 지배구조 등과 같은 무형자산 가치에 초점을 맞춰 지속적으로 성장 가능한 기업에 투자하는데, 기업의 ESG 요소가 재무적 요소와 마찬가지로 리스크 관리차원에서 다루어야 할 중요한 관리대상이며 기업가치와 그 성장잠재력을 보여준다는 믿음을 토대로 한다. 즉 SRI는 '사회적 위험'을 고려하여 기업이 속해 있는 사회와 환경을 생각하는 기업에 우선적으로 투자하는 펀드이다. 기업이 속한 사회에 대한 책임, 소비자와 근로자 그리고 환경과 인권을 생각하지 않는 기업이라면 장기적으로 이해관계자들과의 신뢰 위기에 봉착하게 되어 지속적인 성장이 어려워질 수 있다는 것이 SRI 단체에서 제기하는 '사회적 위험'이다.

국내의 전체 운용자산(AUM: Asset Under Management)에서 차지하는 SRI 비중은 크지 않은 편이다. 특히 우리나라의 경우 일부 투자자, 운용사들 사이 만연한 선입견과 국내 특유의 투자환경 및 관련 법, 제도의 미비가 SRI 발전을 저해하는 요소가 되고 있다. SRI가 특정 종목을 편입 또는 배제시키는 종목 선정의 제약으로 인해 편중현상 및 투자 리스크 확대의 우려가 있으며, 기업의 사회적 책임(CSR)을 강조하느라 정작 투자자들의 최대 관심사인 수익률 극대화에는 소홀하다는 비판[24]도 있다.

사회책임투자는 개인투자자보다는 기관투자자, 그 중에서도 연기금에게 특히 요구되는 전략이라고 볼 수 있다. 연·기금이 아닌 기관투자자, 즉 자산운용업자와 같은 금융회사의 경우 고객의 이익을 최우선으로 할 수밖에 없으며, 투자대상 기업과 긴밀한 관계를 형성하므로 사회적 책임을 고려할 여지가 크지 않기 때문이다. 반면 연·기금은 공공적 성격을 가지고 있을 뿐 아니라 장기적 관점에서 소극적 투자(Passive Investment)를 하기 때문에 CSR 경영을 하는 기업을 선별하고 독려할 유인[25]이 있다. 우리나라의 연·기금은 국내 SRI 규모의 대부분을 차지할 정도로 국내 SRI에 중요한 열쇠를 쥐고 있다. 특히 국민연금과 사학연금은 유엔책임투자원칙 서명기관으로서 자체운용 외에도 매년 자산운용사, 투신사, 투자자문사의 SRI 위탁운용을 통해 국내 SRI 시장을 주도하고 있다. 보다 명분있는 투자대상에 대한 장기 투자가 가능하고 SRI를 추진할 수 있는 대규모 공적 연기금의 역량은 매우 중요하다.

CHAPTER 14

---

24 박영석, ESG를 활용한 자산운용 전략, 기업지배구조리뷰 Vol. 86, 한국기업지배구조원, 2018
25 곽관훈, 사회책임투자(SRI)와 기관투자자의 역할, 비교사법 제13권 제2호, 한국비교사법학회, 2006

CHAPTER

15   프롭테크

SECTION **01 +** 부동산과 프롭테크

1. 부동산산업과 프롭테크

1) 배경

정보통신기술(ICT)의 융합에 의한 4차산업혁명은 부동산분야에도 다양하게 영향을 미치고 있다. 빅데이터, 인공지능(AI), 가상현실(VR), 사물인터넷(IoT), 블록체인 등과 결합된 다양한 부동산서비스가 공급되면서 부동산산업은 과도기에 놓여 있다. 이와 같은 혁신적인 변화의 물결, 즉 가상현실과 블록체인 등 기술력이 부동산에 장착되면서 부동산산업은 스마트시티, 모바일 앱, 공간공유서비스 등 새로운 양태로의 변화를 꾀하고 있으며, 이러한 첨단기술(Tech)이 부동산(Property)의 부가가치를 높이는 프롭테크(Proptech)와 맞물리면서 그 영역을 확대하고 있다.

프롭테크 산업은 기존 부동산산업에 4차산업혁명의 다양한 방법론에 IT 기술을 접목한 것으로, 부동산서비스의 질적 측면이 크게 개선되어 부가가치가 제고되는 분야이다. 교육(education)에 기술력(technology)이 부가된 것을 에듀테크, 금융(finance)에 기술력이 부가된 것을 핀테크라 할 때, 부동산(property)에 ICT 등 기술력이 부가되어 부가가치가 높아지고 이로 인한 시너지효과가 나타나는

것을 프롭테크(Proptech)라 할 수 있다. 예를 들어 블록체인은 투명성과 보안이 강화된 전자거래원장으로 디지털 장부, 스마트 계약을 통해 거래프로세스를 혁신할 수 있기에 블록체인이 프롭테크에 적용되어 부동산등기를 비롯하여 거래단계별 유통체인과 시스템이 보안과 개인정보의 한계를 해결하는 것이다.

2) 프롭테크의 정의

JLL(2017)은 프롭테크를 '부동산 중심의 관점에서 기술을 활용한 부동산서비스를 보다 효율적으로 개발하거나 개선하는 것'으로 정의[1]하였다. 즉, Proptech가 부동산(Property)과 기술(Technology)의 합성어인 것처럼 '부동산 관점에서 정보기술을 활용한 기업과 산업 전반'을 의미하는 것으로 해석할 수 있다. 이때 부동산은 구매, 판매, 임대, 개발 관리의 모든 단계를 의미하며, 물론 프롭테크를 활용하여 전통적인 부동산시장에서는 지금까지는 존재하지 않았던 새로운 형태의 시장이 만들어지고 있다.

프롭테크 산업을 구체적으로 정의하기 위해서는 4차산업혁명에 대한 이해가 필요하다. 2016년 다보스포럼에서는 4차산업을 ICT의 융복합으로 이루어지는 차세대 산업혁명으로 정의하며 4차산업혁명의 중심으로 초연결과 초지능을 지목하였다. 초연결은 지금까지 연결될 수 없다고 생각했던 분야들이 연결되는 현상을 의미하며, AI로 상징되는 초지능은 인간의 평범한 지능을 넘어서는 인공지능 체계를 의미한다. 이와 함께 IoT 기술, 디지털트윈과 같이 사람과 사물과 공간에 대한 융복합 현상도 4차산업혁명의 중요한 축으로 인식되고 있다.

이렇게 4차산업혁명에 따른 기술혁신으로 AI, 빅데이터, 드론, 증강(가상)현실, 핀테크와 같은 새로운 산업 분야가 발전하기 시작하였으며, 이러한 기술혁신은 실제 산업에 있어서 그 구조를 변화시키고 있다. 그러나 4차산업혁명을 정의하기 위한 이런 노력에도 불구하고 현실적으로 4차산업혁명을 명확하게 정의하기는 쉽지 않다. 4차산업혁명을 논하는 현 상황에서도 새로운 모습으로 변화하고 있으며, 이러한 변화는 거의 모든 산업 분야에서 나타나고 있다. 프롭테크도 이러한 4차산업혁명을 기반으로 발전한 부동산서비스산업으로 테크의 진보와 함께 자가발전하고 있기에 이를 명확하게 정의하는 것에 한계가 있다.

---

1   Jones Lang LaSalle, 「A New Era of Co-working」, 2017

2. 프롭테크의 위계

프롭테크의 위계를 살펴보기에 앞서 부동산서비스산업의 측면에서 부동산, IT, 그리고 금융 산업간 융복합 관계를 볼 필요가 있다. 산업의 융복합 (Convergence)은 다른 종류의 것을 하나로 합치는 융합과 두 가지 이상을 하나로 합치는 복합의 개념이 합쳐진 개념으로, 포지셔닝이 불가능한 새로운 가치를 창출하는 새로운 비즈니스를 총칭하는 용어로 정의[2]한다. 이런 융복합은 산업 내, 산업간, 그리고 기술간 융복합으로 분류될 수 있으며 부동산산업[3]에서도 타 산업과의 융복합을 통하여 미래산업으로 성장시킬 수 있다.

프롭테크는 산업간 경계를 허물고 새로운 부동산의 영역을 발생시킨다는 측면에서 타산업과의 융복합과 동일한 의미를 지니는 것으로 볼 수 있다. 산업 간 융복합은 두 개의 산업이 중심이 되는 것이 아니라 더 많은 산업을 포괄하는 형태로 발전하고 있다. 즉 부동산과 금융산업간 융복합에 IT 산업이 복합될 수 있으며, 이러한 과정들을 통해 새로운 서비스산업이 생성되고 산업간 경계가 점점 더 사라지는 현상이 나타나고 있다.

스마트 부동산(Smart Real Estate)은 부동산자산의 운용 및 관리를 용이하게 하는 기술기반 플랫폼을 의미한다. 이때 의미하는 부동산자산은 단일 부동산 단

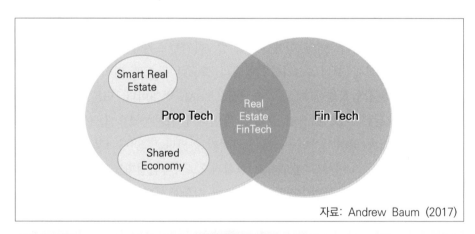

자료: Andrew Baum (2017)

프롭테크의 위계

---

2   Andrew Baum, PropTech 3.0: the future of real estate, University of Oxford Research, 2017
3   이현석 외, 「네트워크형 부동산 종합서비스 인증제 도입(안)에 관한 연구」, 한국부동산분석학회, 2016

위 또는 도시 전체일 수 있다. 한편, 플랫폼은 건물 또는 도시 중심 성과에 대한 정보를 제공할 뿐만 아니라 건물 전체의 서비스를 직접 제공하거나 통제할 수 있다. 이러한 측면에서 스마트 부동산은 전통적인 부동산산업의 영역 중 부동산 자산관리, 시설관리, 콘테크(Construction Tech)나 스마트시티 등을 포함한다.

공유경제(Shared Economy)는 부동산자산의 사용을 쉽게 하는 기술기반의 플랫폼을 의미한다. 이때 자산은 사무실, 상가, 보관소, 주택 및 기타 부동산 유형을 포함한 토지 또는 건물로 거의 모든 분야의 부동산이 해당된다. 한편 플랫폼은 공간의 잠재적 사용자 또는 공간을 구매하고자 하는 수요자에게 정보를 제공하거나, 임대료 또는 수수료를 기반으로 거래를 직접 제공하는 형태로 이루어진다. 공유경제는 주로 부동산을 소유(점유)하고 있는 사람이 이윤을 추구하기 위한 목적으로 제공되는데, 이러한 공유경제 프롭테크 기업으로는 Airbnb나 Wework 등을 예로 들 수 있다.

부동산 핀테크(Real Estate FinTech)는 부동산자산의 소유권 거래를 쉽게 하는 기술기반의 플랫폼을 의미한다. 이때 자산은 건물, 주식, 자금, 부채, 자본 등 반드시 부동산이 아닌 여러 가지 형태로 나타날 수 있다. 또한 소유권의 의미도 자기소유나 임대를 통한 보유가 될 수도 있다. 부동산 핀테크 플랫폼은 잠재 구매자와 판매자에게 정보를 제공하는 형태뿐만 아니라, 플랫폼을 통한 소유권이나 임차권의 거래를 통해 자산의 가치를 향상하는 데 영향을 줄 수 있다.

Gartner Symposium(2017. 10)에서는 시간의 경과에 따라 디지털 마케팅 및 광고의 기대가 변화하는 단계를 다섯 개로 분류[4]하였다. 1단계는 혁신이 시작되는 태동기(Innovation Trigger), 2단계는 관심의 과도한 거품기(Peak of Inflated expectations), 3단계는 거품(환멸)이 제거된 시기(Trough of Disillusionment), 4단계는 시장 재조명이 이루어지는 시기(Slope of Enlightenment), 마지막 5단계는 안정화 단계(Plateau of Productivity)로 해석할 수 있다. 그림과 같이 프롭테크 산업은 플랫폼 및 포털, 위치기반서비스, 데이터 사이언스 등 기술이 활용될 것으로 예상되는 만큼 거품제거기에 위치한 것으로 보인다. 그러나 커넥티드 홈은 태동기, IoT와 AI도 거품기에 머물러있는 만큼 프롭테크 산업을 특정 시기로 정의하는 것은 한계가 있다.

CHAPTER 15

---

4 「Gartner Identifies the Top 10 Strategic Technology Trends for 2018」, 2017, October
https://www.gartner.com/newsroom/id/3812063

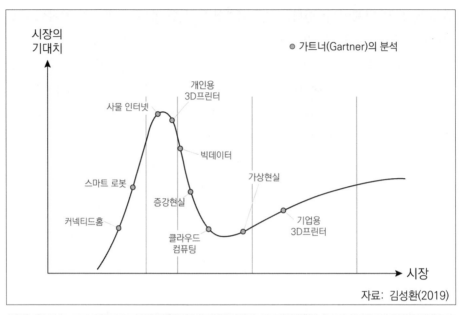

프롭테크 기술의 하이프 사이클

SECTION 02+ 프롭테크의 효과

　　Fuster(2018)[5]는 프롭테크 산업의 발전은 대출 시간을 축소시키고 금리 부담을 줄이며 탄력성을 높이는 측면에서 부동산금융 시장을 효율적으로 만든다고 하고, 김성환(2019)은 프롭테크가 부동산산업의 생산성을 높일 것으로 전망하였다. 즉, 프롭테크 산업의 발전은 비용 절감을 통한 시장 효율성 확대, 정보탐색 비용 축소와 정보불평등 해소, 디지털화를 통한 효율성 향상에 중요한 역할을 하는 것으로 나타났다.

5　FUSTER, A., PLOSSER, M., SCHNABL, P. and VICKERY, J., 「The role of technology in mortgage lending」. The Review of Financial Studies 32(5). 2019

1. 시장 효율성 확대

1) 한계비용 제로 사회

한계비용의 가장 중요한 특징 중 하나는 기술집약적 산업에서 한계비용이 거의 영(zero)에 가까워질 수 있다는 것이다. 한계비용 제로 사회에 관한 논의는 제러미 리프킨과 같은 미래학자들로부터 시작되었으며, 컴퓨터와 인터넷이 정보의 생산 및 유통에 필요한 비용을 제로에 가깝게 만들면서 한계비용이 영에 가까워진다고 설명한다.

이러한 한계비용의 절감은 프롭테크 기업에서도 큰 영향을 미치고 있다. 혁신의 특징 중 하나가 서비스를 제공하는데 사람의 개입을 최소화시키고 대신 자동화하여 비용을 절감할 수 있는 것이며, 국내의 프롭테크 기업들도 대부분 플랫폼 사업모델을 기반으로 설립된 기업이 대부분을 차지하는 만큼 한계비용이 제로에 수렴하게 된다.

한계비용이 제로에 가깝다는 의미는 '한계수입'이 온전하게 '총수익'으로 전환될 수 있으므로 제품이나 서비스를 무제한으로 제공할 수 있다는 의미이다. 부동산시장에서 한계비용이 많이 들어가는 산업으로 호텔산업을 예로 들 수 있다. 이는 부동산이라는 고정비용과 인건비 등 가변비용이 많은 비중을 차지하기 때문이다. 그런데 에어비앤비와 같은 플랫폼을 기반으로 한 프롭테크 산업이 발전하면서 한계비용이 많이 들어가는 호텔산업의 경쟁력은 감소하고 있다. 호텔산업이 에어비앤비에 경쟁우위를 점하기 위해서는 결국 비용을 절감시켜야 하는데 전통적 사업구조에서는 에어비앤비와 같은 플랫폼보다 한계비용이 많이 들어 가격경쟁력에서 우위를 점하기 어렵다.

2) 서비스의 접근성

프롭테크 산업의 경쟁력은 서비스의 접근성에서 나타난다. 전통적인 부동산산업은 인적자원을 중심으로 운영되었기 때문에 대부분 대면 서비스가 중심이 되었다. 하지만 프롭테크 산업은 모든 서비스를 웹이나 앱을 통한 비대면으로 제공할 수 있다는 데 차이가 존재한다. 이렇게 비대면(untact)을 통한 서비스 제공은 서비스를 공급할 수 있는 시간과 장소에 대한 제약이 없어 더 많은 수요자에게 더 많은 서비스를 더 낮은 가격으로 공급할 수 있게 된다.

이러한 비대면을 통한 비용절감효과가 잘 드러나는 사례로 미국의 아이바잉(iBuying)[6]이 있다. 아이바잉[6]은 주택을 매매하는데 매도자―중개인―매수자에 걸친 고리를 매도자―매수기업, 매도기업―매수자로 구분한 방식으로, 매도자가 주택을 팔고자 하는 경우 매수기업은 24시간 이내에 희망 매수가격을 제시한다. 아이바잉을 통한 주택거래에 여러 가지 특징이 있지만 그중에서 가장 중요한 특징은 매수의향자에게 '집 보여주기'를 하지 않는다. 즉 집을 판매하는 전체의 과정에서 매도인이 작성한 주택의 상태가 실제와 같은지 직접 검사하는 단 한번의 경우를 제외하면 대면으로 이루어지는 작업이 하나도 발생하지 않는다. 이렇게 아이바잉 방식을 통해 주택을 판매할 경우 빠르게 주택을 거래할 수 있고 편리하고 안전하게 거래할 수 있다는 것 이외에도 중개보수가 발생하지 않는다는 특징도 있다.

2. 정보비대칭 및 정보격차 완화

부동산이나 금융은 의사결정에 따른 결과가 자산의 가치 변동에 따른 금전적 이득이나 손실에 직결되는 만큼 정보탐색이 중요한 시장으로 분류된다. 특히 정보가 복잡하고 어려운 만큼 정보탐색에 정보를 쉽고 빠르게 얻을 수 있는 효율성이 중시된다. 한편 부동산시장의 특성 중 하나인 거래의 비공개성은 정보수집을 어렵게 만들어 정보탐색비용을 증가시키게 된다.

프롭테크가 정보격차를 완화할 수 있는 것은 정보처리 비용이 감소하고 처리가 가능한 정보의 양이 많기 때문이다. 프롭테크는 빅데이터의 발전과 정보처리속도의 향상을 기반[7]으로 하고 있다. 이렇게 활용 가능한 정보가 많아지면서 폐쇄적이었던 정보가 시장에 나타나게 되었다. 즉 자료를 수집할 방법이 확대되고 기존에 데이터화가 이루어지지 않았던 자료들이 활용 가능한 정보로 전환되면서 정보의 비대칭성이 축소되게 된 것이다.

6   윤수민, 서울경제(2020.4.11), https://www.sedaily.com/NewsVIew/1Z1FMEXBXV
7   목정환, 「핀테크가 금융안정에 미치는 영향 및 시사점: 국내 핀테크 동향 및 금융안정 리스크 평가를 중심으로」, 한국경제포럼 11(3), 2018

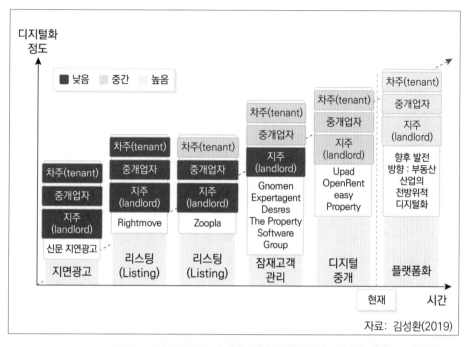

영국의 부동산서비스 진행과정과 프롭테크의 역할

또한, 프롭테크 산업의 주요 형태인 플랫폼(Platform)이 부동산시장의 정보 격차를 크게 완화한다. 플랫폼 비즈니스 모델은 사업자가 직접 재화를 생산하는 것이 아니라 수요자와 공급자가 플랫폼 안에서 직접거래를 하도록 유도한다.

과거에는 소비자와 공급자간 발생하는 정보비대칭을 완화하기 위해 대리인을 통한 계약이 주를 이루었다면, 지금은 플랫폼을 통한 소비자와 공급자간 직접 계약을 통해 정보비대칭이 완화되고 있다. 뿐만 아니라 플랫폼에서 생성되는 새로운 형태의 데이터는 과거와는 완전하게 다른 형태의 데이터를 형성하면서 정보의 다양성을 확대하는 임무를 수행[8]한다.

3. 디지털화를 통한 효율성 향상

McKinsey(2018)는 매년 산업별 디지털화 지수와 생산성 향상 정도를 분석

---

8   김성환, 「프롭테크와 부동산서비스의 발전」, 국토, 2019

하면서 산업의 디지털화가 가져오는 생산성의 향상을 보여주고 있다. 부동산산업은 여전히 디지털 정도가 낮지만 부가가치는 높은 것으로 나타나, 디지털화에 따른 부가가치 상승효과가 크게 나타날 것으로 예상하였다. 김성환(2019)은 부동산 데이터의 대량화와 전문화가 이루어지면서 프롭테크 산업을 기반으로 부동산 서비스산업이 발전하는데, 그중에서도 부동산 데이터가 점차 디지털화(자동화)되면서 의사결정이 투명해지고 효율적으로 변화하고 있다고 하였다. 특히 Gartner Symposium(2017. 10)의 발표와 같이 디지털화는 단순히 절차가 자동화되는 것뿐만 아니라 비즈니스의 모델이 완전히 변화하는 것으로 해석할 수 있다. 따라서 프롭테크의 디지털화가 계속되고 실제 기존의 부동산산업에서 이루어지던 업무가 부동산 플랫폼으로 이전될 경우 프롭테크를 통한 부동산시장의 생산성은 더욱 확대될 것으로 보인다.

SECTION 03+ 부동산과 언택트

1. 언택트(비대면)

　　프롭테크의 발달은 부동산 고유의 특성인 부동성과 위치의 고정성으로 인한 지역성을 약화시킨다. 과거 부동산 거래에서 임장활동은 필수적인 요소로, 현장방문을 하지 않고 부동산계약을 한다는 것은 상상할 수 없었다. 그러나 전자지도와 항공사진 등을 통한 사전조사와 VR, AR 등 실감형 기술을 통한 원거리 조사 등은 부동산의 전통적 특성을 약화시켰으며, 팬데믹을 몰고 온 코로나19(COVID19)는 이러한 추세를 가속화시켰다.

　　부동산 마케팅의 영역에서 살펴보면 현장방문이라는 기존의 패러다임을 뒤집고 사이버모델하우스라는 마케팅 방법을 통해 높은 청약경쟁률로 분양을 마감하는 사업장을 탄생시켰고 현장방문의 필요성을 약화시켰다. 유튜브 라이브 방송과 VR, AR 등 실감형 기술을 기반으로 부동산 디지털 인프라를 제공하는 등 첨단 기술을 통해서 언택트(untact)를 부동산마케팅에 구현하였다.

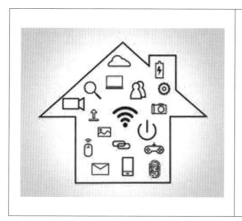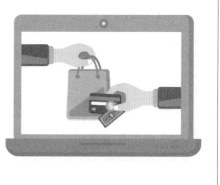

사이버모델하우스와 언택트

이러한 변화로 인해 기존에는 큰 비용을 들여 구축하던 모델하우스도 이제는 사이버공간에서 5G와 만나 구현되는 사이버모델하우스로 충분하다는 인식의 전환을 가져왔으며, 이를 통하여 좀 더 효율적이고 저비용으로 가능한 마케팅 방법의 모색을 시도하도록 진화하고 있다. 즉, 과거에는 사이버모델하우스가 부동산마케팅의 다양한 마케팅 채널 중의 하나였다면, 앞으로의 사이버모델하우스는 유튜브 라이브 방송을 통해 소비자들과 소통하고, 실내 평면을 VR, AR 등 실감형 기술로 구현해 실제 내부를 둘러보는 것처럼 자세하게 볼 수 있게 된다. 세대별 VR, AR 영상을 비롯해 단지 모형과 주변 입지 등을 시간과 공간을 초월하는 언택트(비대면)로 보고 판단할 수 있도록 하는 새로운 마케팅 채널로 자리매김하게 되었다.

2. O2O시장의 변화

코로나19로 인해 사회적 거리두기(social distance)가 방역을 목적으로 정부 주도로 시작되었고, 행정명령으로까지 사회적 거리두기는 강력하게 시행되었다. 그 결과 과거에는 불가능할 것으로 여겨지던 재택근무가 시행되었고, 이로 인해 재택근무에 대한 직장인들의 인식도 달라졌다. 또한 5G 등 IT관련 인프라의 중요성과 Zoom과 같은 소프트웨어는 사회의 새로운 트렌드로 자리 잡아가고 있다. 이러한 변화는 전통적으로 리테일 매장에 가서 쇼핑하던 기존의 트렌드를 온라인으로 물건을 사거나 주문하는 것으로 변화하게 하였고, 이러한 언택트

CHAPTER 15

(untact)의 여파는 부동산시장의 지도를 바꾸고 있다.

　　Finger Traffic이 강조되는 온라인시장은 사회적 거리두기를 하기 이전에도 물류(Logistics) 시장의 변화로 인해 오래전부터 오프라인 시장을 위협하고 있었다. 옥션, G마켓, 11번가, 인터파크, 위메프, 티몬을 비롯한 다양한 온라인 시장과 마켓컬리, 쿠팡, 새벽배송, 총알배송 등 다양한 양태로 온라인과 오프라인시장을 연결하는 연결고리는 기존에도 다양하게 있었다. 이러한 언택트 기조로 인해 온라인 부문의 성장이 현저해졌다.

　　오프라인시장은 사회적 거리두기로 인해 언택트(비대면) 거래가 확산되었고, 이는 전통적 소비 활동의 위축을 불러와 전통적인 대면거래 기반 유통업과 리테일의 폐점이 급증하는 등 유통산업의 구조재편이 가속화되고 있다. 대면 중심의 리테일 시장의 경우 백화점, 대형마트, 복합쇼핑몰, 대형 아울렛 등 대기업 유통부문에 대한 소비 지출액이 크게 감소하면서 도심 등 상업지역에서 일어나던 소비의 패턴이 집 근처의 슈퍼마켓, 편의점 등 주거지역으로 옮겨지고 이로 인해, 도심 내 중소형 상가의 매출이 감소하게 되었다. 또한 코로나19 여파로 해외여행이 제한되는 상황에서 항공, 운수는 물론이고 호텔, 숙박 등 여행인구가 급감하고 이로 인한 관련 비즈니스 위축 등 부동산시장도 코로나19를 피할 수 없었다. 오프라인 소비활동 감소는 오프라인 업종의 매출총량감소와 이에 따른 상업용 부동산(상가) 수요의 감소로 이어지고, 구도심 등 전통적 중심상권의 쇠퇴 현상이 심화되고 있다.

　　즉 코로나 이전에는 임대료가 비싸더라도 시내 좋은 위치에 눈에 잘 띄고 유동인구가 많은 상가가 투자매력이 있는 부동산으로 인식되고 있었다면, 코로나 이후에는 사회적 거리두기와 언택트 기조로 인해 이러한 부동산은 코로나 이전의 매력을 상실하게 되었다. 대신에 온라인시장의 영향을 상대적으로 덜 받는 집 근처의 슈퍼마켓, 편의점이나, 크고 작은 물류시설, 5G시대에 필요한 통신인프라를 구축하는 타워, 데이터센터 등 부동산시장의 새로운 트렌드로 그 선호가 옮겨지고 있다.

3. 프롭테크와 언택트

　　코로나19로 위축된 부동산시장에서 프롭테크, 그중에서도 언택트에 기인하는 비대면 서비스가 부동산 트렌드의 새로운 축이 되고 있다. 코로나19로 인해

외출을 자제하는 분위기에서 프롭테크 플랫폼들은 고도화된 기술력과 함께 온라인과 오프라인을 새로운 질서로 연결하는 상호보완 시스템의 역할을 담당하고 이를 통하여 서비스 편의와 안전을 동시에 만족시키고 있다.

코로나19로 인한 사회적 거리두기로 인해 비자발적으로 재택근무와 언택트 문화를 경험하게 되었지만, 언택트의 편리함에 쉽게 익숙해진 소비자 선호의 변화는 부동산시장의 질서를 재편하는 기폭제가 되고 있다. 이러한 변화의 중심에는 부동산산업에 빅데이터, 인공지능(AI), 가상현실(VR), 사물인터넷(IoT), 자율주행차, 드론, 드론배송, 로봇공학, 로봇서빙, 인공지능, 머신러닝, AR, VR, 디지털 추적기술, 3D프린팅, 무인매장, 가상피팅 등 유통혁신 사례들이 확산되는 등 IT 기술이 접목되어 부동산의 부가가치를 제고시키는 프롭테크산업이 그 중심에 있다. 프롭테크산업은 오늘날 코로나19로 인한 사회적 거리두기와 언택트로 인한 비대면 거래의 새로운 대안이 될 것이다.

참고문헌

금융감독원, 『대학생을 위한 실용금융』, 박영사, 2019

김경준 외 7인, 『SMART시장경제』, 박영사, 2019

김경환·손재영, 『부동산경제학』, 건국대학교출판부, 2020

김성수, 『윤리경영론의 콘서트』, 탑북스, 2017

김영진, 『부동산학총론』, 범론사, 1987

_____, 『부동산의 학문적 체계화에 관한 연구』, 건설연구사, 1977

매경닷컴, 『매일경제용어사전』, 매일경제신문사, 2012

문영기, 『부동산중개론』, 범론사, 2000

방경식, 『부동산용어사전』, 부연사, 2011

_____ ·장희순, 『부동산학개론』, 부연사, 2007

신용철 외 2인, 『부동산 경·공매 상담업』, 형설출판사, 2004

안정근, 『부동산평가이론』, 법문사, 2006

_____, 『현대부동산학(4판)』, 양현사, 2011

유선종, 『생활속의 부동산 13강』, 청람출판사, 2016

이병태, 『법률용어사전』, 법문북스, 2010

조용복·류정란, 『SROI 사회적 투자수익률 측정 가이드』, 시그마프레스, 2010

조주현, 『부동산학원론』, 건국대학교출판부, 2012

제러미리프킨, 『한계비용 제로 사회: 사물인터넷과 공유경제의 부상』, 민음사,
    2014

최상복, 『산업안전대사전』, 골드기술사, 2004

케빈정/알에이케이 투자윤리연구센터, 『부동산 산업의 윤리』, 건국대학교 부동
    산·도시연구원, 2016

통계청, 『서비스업조사』, 2019

_____, 『전국사업체조사』, 2019

한국법제연구원, 『법령용어사례집』, 법제처, 2002

한국시설안전공단, 『주택 재건축사업의 안전진단 매뉴얼』, 2010

pmg 지식엔진연구소, 『시사상식사전』, 박문각, 2008

곽관훈, 「사회책임투자(SRI)와 기관투자자의 역할」, 비교사법 제13권 제2호, 한국비교사법학회, 2006

국토교통부, 「2019년 부동산가격공시 연차보고서」, 2020

김선주·유선종, 「역모기지 선택 결정요인에 관한 연구: 민간 역모기지 이용자 특성 분석」, 국토연구, 제50호, 국토연구원, 2006

김성환, 「프롭테크와 부동산서비스의 발전」, 국토, 2019

김재태, 「부동산 개발사업 참여자간 관계구조에 관한 연구」, 건국대학교 대학원 박사학위논문, 2010

김정은, 「표준지공시지가의 가격형성에 관한 연구」, 건국대학교 부동산대학원 석사학위논문, 2013

김진성, 「사회적 성과 평가의 발전 동향」, KCGS Report 9권 7호, 한국기업지배구조원, 2019

목정환, 「핀테크가 금융안정에 미치는 영향 및 시사점: 국내 핀테크 동향 및 금융안정 리스크 평가를 중심으로」, 한국경제포럼 11(3), 2018

민성훈, 「기관투자자의 부동산투자윤리에 대한 논의의 동향과 쟁점」, 부동산·도시연구 제8권 제2호, 건국대학교 부동산도시연구원, 2016

박순성 외 5인, 「전환기 한국사회의 새로운 직업윤리 모색」, 한국직업능력개발원, 2004

박신응·최정혁, 「美 상업용 부동산 시장 현황 및 향후 전망」, KDIC 금융분석정보, 예금보험공사, 2010

박영석, 「ESG를 활용한 자산운용 전략」, 기업지배구조리뷰 Vol.86, 한국기업지배구조원, 2018

신은정·이주희, 「부동산산업 윤리교육의 교육효과에 대한 탐색적 연구」, 부동산·도시연구 제11권 제2호, 건국대학교 부동산·도시연구원, 2019

신창균, 「사회책임투자(SRI)와 사회투자수익률(SROI)」, 기업지배구조리뷰 Vol.70, 한국기업지배구조원, 2013

양승철·이성원, 「비주거용 부동산 가격의 가격형성요인에 관한 연구」, 한국부
　　동산연구원, 2005

여은정, 「국내외 사회적 책임투자 사례분석과 시사점」, 한국금융연구원, 2019

유선종·노민지, 「주택연금 계약해지의 결정요인에 관한 연구」, 부동산학연구
　　제19집 제2호, 한국부동산분석학회, 2013

유선종·이석희, 「주택연금 계약특성이 월지급금에 미치는 영향」, 국토연구 제
　　77권, 국토연구원, 2013

유선종, 「부동산 부가가치를 높이는 프롭테크, 그리고 언택트」, 이코노미스트
　　1533호, 2020.5.11

유상현, 「공적 연기금의 사회책임투자(SRI) 방안」, 국민연금연구원, 2006

이현석 외, 「네트워크형 부동산 종합서비스 인증제 도입(안)에 관한 연구」, 한국
　　부동산분석학회, 2016

윤수민, 서울경제(2020.4.11), https://www.sedaily.com/NewsVIew/1Z1FMEXBXV

정대석, 「부동산 프로젝트 금융 적용 사업에 대한 사업성 연구」, 국토계획 통권
　　39권 제6호, 대한국토도시계획학회, 2004

조주현, 「부동산업과 직업윤리」, 부동산 포커스 Vol.75, 한국감정원, 2014
　　August

지대식 외 3인, 「부동산산업의 발전방향과 향후과제」, 국토연구원, 2010

진영남·손재영, 「교육환경이 주택가격에 미치는 효과에 관한 실증분석: 서울시
　　아파트시장을 중심으로」, 주택연구, 2005

최인호, 「농지연금제도에 대한 연구」, 토지공법연구 제61집, 한국토지공법학회,
　　2013

황재훈, 「고령화사회 진입에 따른 주택연금 활성화 방안」, 주택금융월보 통권
　　제86호, 한국주택금융공사, 2011

국토교통부 토지이용규제정보서비스 https://luris.mltm.go.kr

국토교통부 지적통계연보

기획재정부 국유재산 시스템 e나라재산 www.k−pis.go.kr

기획재정부 정보공개시스템 열린재정

농지연금 www.fbo.or.kr

디딤건축사사무소 www.didim.co.kr

법제처 www.easylaw.go.kr 찾기 쉬운 생활법령, 100문 100답, 부동산/임대차

은행연합회 대출금리비교 https://portal.kfb.or.kr/compare/loan_household.php

일사편리 https://kras.go.kr

Andrew Baum, PropTech 3.0: the future of real estate, University of Oxford Research, 2017

AIREA, Appraisal Terminology and Handbook, 4th ed., Chicago: AIREA, 1962

Coleman, J. S., 『Foundations of Social Theory』, Cambridge. MA: Belknap Press of Harvard University, 1990

Fontinelle · Amy, 『Ethical Investing Tutorial』, Investopedia, 2016

FUSTER, A., PLOSSER, M., SCHNABL, P. and VICKERY, J, 「The role of technology in mortgage lending」, 『The Review of Financial Studies』 32(5), 2019

Gambetta, D., 『Trust』, New York: Basil Blackwell, 1988

Gartner Identifies the Top 10 Strategic Technology Trends for 2018(2017, October), https://www.gartner.com/newsroom/id/3812063

Jones Lang LaSalle, A New Era of Co-working, 2017

Joyce Wadler, "New York, Once Nearly Bankrupt, Rides Manhattan's Boom," pg. A2: In recent years, 160,000 jobs have been added in the "fire" section: finance, insurance, and real estate, Washington Post, 21 October 1982

Piaget, J., 『Biology and knowledge』, Chicago: The University of Chicago Press, 1971

UNEP FI, "Responsible Property Investment: What the leaders are doing, 2nd edition", 2012

저자약력

유선종(劉銑鍾, Yoo Seon-Jong)
(yoosj@konkuk.ac.kr)

[약력]

현) 건국대학교 부동산학과 교수
　　예산고 졸업, 건국대학교 부동산학과 졸업
　　日本大學 大學院 理工學研究科 不動産科學專攻 修了(工學修士, 學術博士)
　　미국 조지아주립대학(GSU) 부동산학과 방문학자
　　Appraiser(Georgia State Registered, #346869)
　　MRICS(Valuation, #6544659)

[경력]

현) 호텔롯데 사외이사, 한국투자부동산신탁 사외이사
　　국토교통부 공인중개사 정책심의위원회 위원, 전국공동주택가격협의회 위원
　　서울특별시 지방토지수용위원회 위원
　　광진구 부동산가격공시위원회 위원, 공유촉진위원회 위원
　　한국토지주택공사 기술심사평가위원
　　공무원연금공단 실물자산운영위원회 위원
　　지방공기업평가원 사업타당성심의위원회 위원
　　한국부동산원 부동산가격공시전문교육심의위원회 위원
　　굿네이버스미래재단 시니어주거공동체프로젝트 자문위원

전) 한국감정원 비상임이사
　　국토교통부 국토정책위원회(국토계획평가분과) 위원, 감정평가관리·징계위원회 위원, 중앙부동산평가위원회 위원, 중앙지적재조사위원회 위원, 법무부 투자이민협의회 위원, 행정안전부 지방공사채승인심의위원회 위원, 지방세과세표준포럼 위원, 경기도시공사 내부성과평가위원회 위원, 서울특별시 공유재산심의위원회 위원, 강남구 재건축안전진단자문위원회 위원, 성북구 공유촉진위원회 위원, 송파구 분양가자문위원회 위원, 강동구 도시계획위원회 위원, 건설근로자공제회 리스크관리위원회 위원, 한국감정평가사협회 감정평가사실무수습심사위원회 위원

[논문]
"노인주거복지시설개발 의사결정요인", "표준지공시지가의 가격형성요인", "주택연금의 보증료 특성"을 비롯한 100여 편의 논문을 국토연구, 부동산학연구, 주택연구, 부동산학보, 부동산연구, 주거환경, 국토계획 등에 발표

[주요 저서]
생활속의 부동산 13강(도서출판 청람), 대학에서 배우는 부동산경매(메가랜드), 외국의 역모기지 사례(집문당), 지방소멸 어디까지 왔나(매일경제신문사), 노인주택 파노라마(집문당), 초고령사회 뉴노멀시리즈(新노년의 삶, 웰에이징 트렌드/新노년의 주거, 노인복지주택), 엔딩노트 등

제2판
부동산학원론

초판발행   2020년 9월 1일
제2판발행   2024년 2월 5일

지은이   유선종
펴낸이   안종만·안상준

편 집   전채린
기획/마케팅   노 현
표지디자인   권아린
제 작   고철민·조영환

펴낸곳   (주) **박영사**
                서울특별시 금천구 가산디지털2로 53, 210호(가산동, 한라시그마밸리)
                등록 1959. 3. 11. 제300-1959-1호(倫)

전 화   02)733-6771
f a x   02)736-4818
e-mail   pys@pybook.co.kr
homepage   www.pybook.co.kr
ISBN   979-11-303-1944-5   93330

copyright©유선종, 2024, Printed in Korea

정 가   22,000원